DU MÊME AUTEUR

*Aux Éditions Gallimard*

CRITIQUE DE LA RAISON POLITIQUE, *essai*.
LA PUISSANCE ET LES RÊVES, *essai*.

*Le monde actuel*

RÉGIS DEBRAY

# Les Empires contre l'Europe

nrf

GALLIMARD

© *Éditions Gallimard,* 1985.

# AVERTISSEMENT

« Oh, East is East and West is West,
and never the twain shall meet,
Till Earth and Sky stand presently at
God's great Judgment Seat;
But there is neither East nor West,
Border, not Breed, not Birth,
When two strong men stand face to
face, though they come from the ends of
the earth ! »

RUDYARD KIPLING
*The Ballad of East and West* (1889)

*Il sera ici question du seul « problème Est-Ouest ». Qu'on choisisse d'y voir une guerre de religion mondiale entre deux idées de l'homme ou une simple compétition de puissance entre deux Etats, voire l'une et l'autre ensemble, il est clair que cette opposition surplombe toutes les autres. En dépendent la guerre ou la paix entre les nations, notre vie ou notre mort à tous, car la lutte entre les camps est universelle et englobe, qu'on le veuille ou non, le sud et le nord. Ainsi parlent le Diplomate, le Bon Sens et le Journal.*

*Problème il y a, certes, mais l'Est et l'Ouest, cela n'existe pas. Notre enquête sur deux mythes au-dessus de tout soupçon nous fera remonter aux sources d'une hallucination épique, romance collective qui berce trop de renoncements. Nos façons de dire ne sont pas innocentes et ces commodités de langage — « Est-Ouest », « Nord-Sud » — ne se contentent pas d'accrédi-*

*ter des fictions. Notre lexique de base est une duperie faite géographie.*

*Une portion d'espace n'est pas en effet un acteur de l'histoire, ni les points cardinaux des centres de décision. Yves Lacoste a baptisé « géographisme » cette façon « d'escamoter au sein d'espaces soi-disant en lutte les contradictions qui opposent les hommes qui s'y trouvent et les desseins de ceux qui les commandent ». Un espace est amorphe et inanimé, sans bras ni tête, sans drapeau ni chaîne de commandement. On ne peut se passer de symboles ni de repères mais tous les géographismes ne se ressemblent pas. Quand on lit ou entend « la France estime utile que » ou « il est de bonne stratégie pour l'Espagne de », nous pouvons remplacer « France » ou « Espagne » par* un nom propre *(celui par exemple du Président de la République française, élu par le peuple français, habilité à le représenter dans les Conférences internationales et à parler ou trancher en son nom)*, ou une personne morale, un *sujet collectif* déterminé *(un gouvernement régulièrement investi, contrôlant un territoire et représentant une population donnée). Quand on lit ou entend : « L'Ouest doit se ressaisir et se donner un vigoureux programme de défense » ou bien « L'Occident doit amener l'Est à la table des négociations », à quel responsable fait-on appel, habilité à parler au nom de quelle souveraineté et selon quel mécanisme de représentation, reconnaissance et délégation de pouvoir ? Les mots se servent toujours de ceux qui se servent d'eux mais en l'occurrence l'hygiène de l'esprit et le souci de sa liberté suggèrent de soumettre chaque fois ces lieux communs au test d'une traduction pratique : substituer au terme abstrait, noble mais flou, l'homme ou l'organisme concrètement en mesure de prendre la décision invoquée. On sera surpris du nombre de phrases toutes faites qui se révèlent creuses ou truquées, dépourvues ou saturées de sens.*

*La seule interrogation aujourd'hui décisive, à laquelle sont suspendues nos remarques quotidiennes comme les plus hauts délires : y a-t-il un Occident et si oui, quel est-il ? Y a-t-il un Orient et si oui... ? Ce livre n'y répond pas car il n'est ni d'histoire, ni de philosophie, ni d'économie, ni de sociologie, ni de théologie, mais un simple dossier utilitaire, recueil de données plus proche du journalisme que de l'essai. En d'autres temps, moins jargonneurs, il aurait évoqué « l'Europe entre l'Amérique et la Russie ». Car le pseudonyme « Est-Ouest », cynique métaphore de dominations précises qui ne se peuvent perpétuer qu'à n'être jamais précisément nommées, sublime en fait la relation américano-soviétique, entre ici le Politburo du Parti communiste de* l'Union soviétique avec le Conseil des ministres correspondant et là le Président et l'administration des Etats-Unis d'Amérique. Ces structures de pouvoir débordent leurs limites territoriales, de chaque côté, par le truchement d'un système d'alliances. « L'est-ouest » : blason que Washington et Moscou font porter par leur piétaille respective.

Les termes « Est », « Ouest », « Sud », « Occident », « Orient » que nous utilisons par la force des habitudes seront à lire comme de pures désignations géographiques, sans valeur d'axiome ou d'essence. De même celui de « tiers monde », autre mystification déjà amplement démontée, ne renverra ici qu'à un ensemble spatial regroupant la majorité des pays d'Asie, d'Afrique et d'Amérique latine, étant entendu que le peu d'unité d'une collection aussi baroque relève d'une histoire commune et non d'un voisinage géographique (tout comme celle des « pays de l'Est » et des « pays occidentaux »). « Le mythe, disait Barthes, a pour charge de fonder une intention historique en nature, une contingence en éternité. » Ajoutons : une liberté en destin. Qu'on nous pardonne le paradoxe consistant à mentionner ces catégories pour en montrer la vacuité. Si « l'Est-Ouest » domine en apparence les relations internationales comme un décor et non un scénario, il n'en détermine pas le cours car la responsabilité de son histoire échoit à l'homme en son milieu et non à la rose des vents.

## AVANT-PROPOS

Il ne suffit pas de se faire du tort pour avoir raison. Ni d'aller à contre-courant pour arriver à bon port. Pas plus que le martyr chrétien ne prouve l'existence de Dieu, je concède que l'impopularité n'est pas en soi un gage de vérité, même si l'histoire des sciences comme celle de la stratégie (disons Galilée et le colonel de Gaulle) autorisent à y voir une probable hirondelle. C'est vrai : on peut passer aux yeux de ses contemporains pour un dangereux imbécile, et en être un. Et pourtant, feuilletez les revues d'histoire, et vous verrez qu'il n'y a pas d'exemple d'une conduite juste, vérifiée par la suite des événements, dont l'énoncé, sur le moment, n'ait mis en colère les gens bien.

La grande majorité de mes compatriotes et la quasi-totalité des directeurs de la conscience publique soutiennent sur l'état du monde des vues opposées aux miennes. Je concède que le consensus n'est pas par lui-même une preuve de fausseté. Le fait que pendant des siècles tous les Occidentaux doués de raison aient cru en l'existence du Diable ne suffit pas à démontrer que le Diable n'existe pas. Il peut aussi arriver que les hommes croient que deux et deux font quatre, et que l'Europe n'est pas en Amérique. Tout est possible et cependant je ne jette jamais les vieux journaux, album caché de la connerie humaine, avec une préférence pour les grandes illusions : Munich 1938, Pétain 1940, Indochine 1949, Suez 1956, Algérie 1957, etc. Je constate, à les dévorer, qu'il est rare qu'une politique qui obtient l'unanimité parmi tout ce qui compte dans le pays ne fasse pas, quelque temps plus tard, sa honte ou son embarras.

Voilà pourquoi je réclame, au seuil d'un livre scandaleux, le bénéfice du doute.

\*

Les Français ne sont pas les seules ni les premières victimes de la fatalité selon laquelle nul n'est contemporain de son présent (j'entends : spontanément). Jamais le monde n'a été plus complexe, et le discours dominant, plus simpliste ; et rarement l'écart plus grand entre l'état du monde et notre état d'esprit. Rarement y aura-t-il eu plus d'urgence à relever l'éternel défi, rassembler et moderniser, programme paradoxal puisqu'une communauté se rassemble d'instinct sur ses archaïsmes et se cimente par l'habitude. De même qu'un Etat a plutôt tendance à subventionner dans l'industrie le passé plutôt que l'avenir car là sont les gros bataillons, électeurs et syndicats, de même une intelligentsia soucieuse de son crédit investit-elle dans les idées les mieux accréditées, donc les plus obsolètes. Rarement aura-t-on vu, dans l'histoire de la France contemporaine, plus de synchronisme dans l'anachronisme, je veux dire un accord plus compact des sensibilités en matière de « politique étrangère ». Un petit exemple, provocant à souhait, de ce décalage entre les perceptions et la réalité. L'U.R.S.S. s'est définie massivement, à nos yeux, comme « le pays du Goulag » à partir des années qui virent la disparition du Goulag en U.R.S.S. (laquelle n'a jamais compté depuis 1919 aussi peu de prisonniers politiques, psychiatrisés compris, qu'aujourd'hui). L'efficace magie du mot « Goulag », désignation moderne de l'enfer, reposant sur son absence de définition précise, précisons : à partir du moment où la nature oppressive du régime soviétique cessa d'avoir pour forme caractéristique la déportation et l'emprisonnement administratif de masse [1]. Pendant ce temps,

---

1. Sur l'histoire du phénomène concentrationnaire en U.R.S.S. (causes et modalité), l'œuvre admirable de David Rousset, martyr et pionnier, demeure la référence majeure.

la Chine maoïste mais aussi post-maoïste, ou deux pays socialistes aussi différents que la Yougoslavie et la Corée du Nord, qui comptent en proportion un nombre bien plus élevé de déportés, détenus et condamnés politiques, échappent à la répulsion occidentale. Incohérence facilement explicable, mais par des raisons étrangères à la morale des droits de l'Homme ou à la revendication démocratique de l'opinion.

Exception faite d'un parti marginal, repoussoir déclinant, dont les positions internationales — pensons à l'Afghanistan — mêlent souvent le grotesque à l'odieux, la conception du monde extérieur qui fait vibrer de concert, selon des intensités variables, stridentes ou ronronnantes, partis politiques, intelligentsia et médias, dresse le « monde libre » encerclé et infiltré, le nôtre, face à une subversion essentiellement unique derrière ses masques de circonstance, le communisme totalitaire, danger majeur, principal adversaire de nos libertés[1]. Cette adhésion collective à un jeu de valeurs où l'appartenance compte moins que l'exclusion, la volonté que le rejet, s'apparente plus à une humeur qu'à un panorama, à une rumeur qu'à un raisonnement : le sol de nos certitudes est pavé d'images approximatives plutôt que d'idées claires. En cerner les contours ne peut qu'irriter. Serait-ce pour autant trahir l'air du temps (à Paris, en 1985) que de dégager comme suit les leitmotive de notre musique d'ambiance ?

— L'îlot démocratique est dans le monde encerclé de toutes parts (à tout le moins en position de faiblesse), affronté qu'il est à la double menace d'une agression directe de l'Union soviétique et de la lente expansion totalitaire par le Sud.

— De même que le camp démocratique ne fait qu'un avec l'Alliance atlantique, le camp totalitaire est le communiste, et ce dernier ne fait qu'un avec le monde soviétique.

— Résister au goulag expansionniste est l'impératif suprême,

---

1. La réunion aux colloques de l'*Institut international de géopolitique* animé par Marie-France Garaud des divers establishments nationaux, des responsables du Parti socialiste à ceux de la droite néo-conservatrice, sous l'égide des représentants les plus « hard » de l'administration Reagan (juin 1983) illustre et cristallise fort bien le consensus flottant dont il sera question ici.

car le système communiste mondial vise et marche à l'empire mondial ; étant entendu que le fait idéologique pèse plus dans la conduite soviétique ou vietnamienne ou éthiopienne, etc., que le fait national russe, vietnamien, éthiopien, etc.

— Cette résistance suppose une cohésion accrue de l'Alliance occidentale.

— Laquelle exige un regroupement des nations européennes encore libres autour du bastion de la démocratie que constituent les Etats-Unis d'Amérique, sans vaine querelle d'amour-propre national ni diversion sur des fronts secondaires (dans le tiers monde, par exemple).

Ce livre entend démontrer l'irréalisme de ces postulats collectifs, en même temps que le danger mortel auxquels ils exposent ceux qui, en les embrassant, courent vers leur perte à reculons.

\*

Il est clair qu'aucune formule simple, aucun -isme, axe ou pôle, ne peuvent aujourd'hui rendre compte d'un monde définitivement compliqué. La pratique des affaires enseigne au théoricien qu'on ne peut parler en général de rien, et que les étiquettes correspondent peu aux marchandises. A cette désespérante généralité, j'ajouterai d'emblée quelques observations plus concrètes (à charge d'en établir plus avant le bien-fondé).

1) L'idée comme le fait démocratique se portent dans le monde de mieux en mieux, et n'en déplaise à l'élitisme chagrin des augures, « la fragile presqu'île de la démocratie », l'Europe, doit partager de plus en plus « son dernier privilège » avec le vulgum pecus planétaire des pays « arriérés ». Nous avons vu au milieu du siècle comment *une* démocratie finit : en Tchécoslovaquie. Nous avons pu voir, depuis, comment des dizaines de démocraties *naissent,* et quelques autres *ressuscitent* : en Amérique latine, qui émerge inexorablement de l'autoritarisme militaire (Argentine, Brésil, Uruguay par exemple), sans verser dans l'Etat-Parti ; en Afrique, maghrébine et subsaharienne, malgré un retard économi-

que qui en fait le Continent le plus vulnérable (Guinée, Egypte, Sénégal, Tunisie) ; en Asie, avec, au premier chef, le maintien contre vents et marées de la démocratie indienne, la plus grande du monde ; la stabilisation d'un Etat de droit civil au Japon ; l'expansion du suffrage universel dans les pays de l'A.S.E.A.N.[1] ; l'atténuation des régimes militaires en Turquie, Indonésie et Corée du Sud. Il y a aujourd'hui plus d'hommes et de femmes vivant sous un régime démocratique, et un plus grand nombre de démocraties, dans le tiers monde qu'en Europe occidentale et en Amérique du Nord. Plus près de nous, l'Espagne, le Portugal et la Grèce ont récemment rejoint le groupe des Etats de droit. Les sociétés civiles renaissent lentement en Europe orientale, affirmant déjà leur autonomie, leur culture et leur histoire propre face à leur Etat de fait. Si les démocraties européennes étaient menacées dans les années trente par une subversion intérieure remettant brutalement en cause le consensus républicain, c'est la « gangrène » démocratique qui menace cinquante ans plus tard l'est de l'Europe du dedans. La Chine elle-même s'ébroue. On n'instaure pas par décret la démocratie politique, qui est la résultante d'une histoire longue. Il est compréhensible que l'Organisation de coopération et de développement économique (O.C.D.E.) qui regroupe les vingt-quatre pays les plus développés de la planète, les seuls à réunir toutes les conditions économiques, sociales et culturelles permettant à la souveraineté populaire de s'exprimer régulièrement, coïncide avec le noyau stable de l'avancée démocratique, mais cette dernière déborde désormais ses frontières, sans doute en vertu de l'avance prise par l'éducation sur le développement, d'un état très relatif de paix et d'une diffusion centrifuge des « Lumières » à l'échelle mondiale. A juger le courant sur les deux derniers siècles, et si on veut bien se rappeler qu'en 1867 encore un tiers des adultes mâles britanniques jouissait du droit de vote et que le suffrage à moitié universel ne fut instauré

---

1. A.S.E.A.N. : Association of South-East Asian Nations, fondée en 1967, rassemble six Etats (Indonésie, Thaïlande, Singapour, Malaisie, Philippines et Brunei) et 260 millions d'habitants.

en France qu'en 1875, *après* la révolution industrielle, on se réjouira que l'embellie démocratique ait pu devenir en si peu de temps *norme*, sinon fait, *universelle*, en s'imposant comme l'horizon ultime de l'humanité pauvre, au point de forcer les derniers contradicteurs à la contrefaçon.

2) L'Union soviétique et son empire représentent une puissance sur le déclin et en recul qui a aujourd'hui atteint son plafond de possibilités, ou son niveau d'incompétence historique (gage de renommée, selon le principe de Peter). Il n'y a pas « fatalité de conquête », mais au contraire probabilité de contraction. L'occupation de l'Afghanistan par cent mille soldats et les efforts actuels d'assimilation de ce pays inassimilable ne constituent certes pas un « acte défensif », ni un mouvement de repli. Y voir pour autant une étape soigneusement délibérée d'un grand dessein expansionniste ne paraît pas correspondre à la séquence des engrenages sur le terrain, ni les avantages à long terme de cette avancée stratégique balancer les inconvénients du faux pas politique et de l'enlisement militaire. Pour parer à la menace soviétique, mieux vaut être vigilant que médusé. La surestimation généralisée des capacités de cet impérialisme (neutralisation de l'Europe, trouée sur les mers chaudes, mainmise sur le Golfe, coupure des routes du pétrole, implantation de bases militaires en Amérique centrale, déstabilisation du Sud-Est asiatique, etc.) traduit au mieux l'éternel retard de la conscience sur la réalité, au pire un effet d'entraînement collectif par une puissante désinformation extérieure, relayée de l'intérieur. En 1985, le communisme, qui ne s'identifie pas au seul bloc soviétique et à sa mouvance mais recoupe le monde chinois, est une survivance historique — douloureuse en Europe orientale, et de plus en plus inconfortable ailleurs, dans les pays où le « socialisme » n'a pas emboîté le pas à l'Armée soviétique (Chine, Cuba, Yougoslavie, Vietnam, etc.). Privé de force motrice, le communisme a cessé d'être « la question majeure de l'humanité moderne » (Edgar Morin) : Européens amputés, nous devons nous en préoccuper ; intellectuels prévoyants, il n'est plus besoin de nous en obséder. L'expansionnisme

totalitaire d'aujourd'hui, le plus offensif et le plus mobilisateur, le seul qui ait la démographie de ses ambitions, porte dans le monde les couleurs de l'islam et fait de la Charia la source de toute législation civile. La sacralisation du pouvoir a beaucoup de drapeaux, mais à l'échelle du monde le vert domine désormais le rouge, de très loin et apparemment pas pour un instant.

3) Le monde n'est pas triste car il ne court pas à l'abîme. Dans nos contrées, deux vents de panique se disputent en même temps les esprits. « Il faut sauver le monde de la catastrophe nucléaire ! La tension internationale devient insupportable. Jamais la paix n'a couru de plus grands risques qu'aujourd'hui. » Ce vent d'est susurre : « Passez donc par nos conditions. » « Il faut sauver le monde de la paix totalitaire ! L'Europe glisse à la servitude. Jamais l'ombre de la Kolyma n'a été plus proche de nous engloutir. » Ce vent d'ouest chantonne : « Serrons les rangs derrière notre protecteur. » Les grandes peurs sont toujours exaltantes et les pathos cosmiques, échange de banalités au bord du gouffre (« ni rouges ni morts »), sont du meilleur rendement médiatique, mais il n'y a pas lieu de céder, pour nous Français, à aucun de ces vertiges disciplinaires. Le chantage de « la paix en danger » cher aux compagnons de route oublie que « la paix » n'est pas le Bien suprême auquel toutes les valeurs morales doivent se subordonner ; que celle-ci est du reste assurée, dans l'hémisphère Nord, par l'équilibre global des forces militaires ; et que les risques de déflagration n'augmentent pas à proportion des moyens de destruction (la guerre n'est pas deux fois plus probable en 1985, quand 20 000 têtes stratégiques nucléaires se tapissent sous les océans et sur terre, qu'elle ne l'était en 1975, quand il y en avait moitié moins). Le tocsin antitotalitaire, qui permet au suzerain d'Occident de lever le ban quand bon lui semble, oublie que pour nous Européens en deçà de l'Elbe, le danger de devenir rouges est encore plus imaginaire que celui de mourir vitrifiés ; que pour nous Français, la fausse querelle du pacifisme n'a strictement aucun enjeu (personne ne proposant de déployer des Pershing sur notre sol, pas plus que de saborder notre force de frappe), ce qui

rend l'agitation du bocal distrayante mais vaine ; et que la véritable question est de savoir à quelles conditions cette polémique-fiction peut rester, en France, sans objet. Pour continuer d'échapper à ces mauvaises fièvres et sans s'attarder aux émotions idéologiques ou religieuses qui les suscitent, il suffit que la France poursuive sereinement, froidement, implacablement son effort national de dissuasion du faible au fort. C'est en assurant au mieux sa sécurité qu'elle contribuera le plus à celle des autres. Ce qui exclut de notre part tout engagement au non-emploi en premier de l'arme nucléaire (qui ruinerait la dissuasion), au gel des arsenaux (qui nous interdirait de moderniser le nôtre), à la dénucléarisation de l'Europe (qui la livrerait aux systèmes stratégiques des deux grands).

4) La question vitale pour l'Europe et la France (mais sans doute pas pour les Français, que la France intéresse aussi peu que l'Europe les Européens) est aujourd'hui de savoir si elle doit acquiescer à son insensible mais progressive satellisation sur orbite américaine et se satisfaire de la modeste sous-traitance régionale qui lui est assignée par le chef de l'Occident que croit être, non sans raison, le Président des Etats-Unis d'Amérique. La « globalisation » en cours de l'Alliance atlantique (supposée réfléchir en miroir un défi soviétique non moins global) permet aux Etats-Unis de faire endosser par leurs alliés, sous couvert de « solidarité », leurs intérêts nationaux propres, dont la définition est unilatérale mais la sauvegarde multilatérale. Cette confusion ne répond ni aux intérêts de la cause démocratique dans le monde ni à ceux de l'Europe (les deux étant liés). Diminuant notre vitalité nationale et sociale, elle met en danger à la fois notre aptitude à nous défendre et notre conscience de ce qui est à défendre. La capacité de résistance ne faisant qu'un avec l'aptitude à la solidarité, un pays qui ne sait, n'ose, ne peut plus être lui-même, n'apporte rien à ses alliés et que des langueurs à ses rejetons.

Brisons le miroir du narcissisme hexagonal : les émergences de demain, les menaces ou défis qui caractérisent le nouvel état du monde ont déjà fait sauter la grille (la pauvre croix des points cardinaux) par où l'Ancien se déchiffrait lui-même. Les déséquilibres démographiques, notamment autour de la Méditerranée ; les monopoles agro-alimentaires, l'affolement du système monétaire, la concentration du pouvoir technologique, la vague de fond des islams, le retour du Japon sur l'avant-scène de la puissance sont des phénomènes autrement plus déterminants pour la paix ou la guerre que le nom du principal locataire du Kremlin ou le nombre exact de missiles intercontinentaux en cours de déploiement ici ou là. La France n'a pas qu'une frontière stratégique, l'Elbe. Bien plus vulnérables, et plus déterminants pour son avenir immédiat, sont ses frontières du Pacifique Sud (dont dépend pour le moment son indépendance militaire et donc politique), le désenclavement de son action africaine, sa présence dans l'Antarctique, ses fenêtres sur l'océan Indien : voilà des enjeux stratégiques encore recouverts dans nos têtes par l'écho obnubilant des luttes du passé. Stratégiques pour qui ? Pour notre survie comme communauté, nous qui ne sommes, sur ce terrain, ni gens de gauche ni gens de droite mais gens d'ici (en supposant toujours que cela vaille la peine de faire entendre sa petite différence dans le capharnaüm universel).

L'explorateur, on le voit, a dépassé les bornes : l'esprit de contradiction n'y est pour rien, mais l'esprit de suite.

*

Je ne résume pas là des convictions mais des conclusions. Je ne justifie pas des penchants ou des a priori, j'avance les résultats d'une investigation longue, minutieuse, conduite à travers les cinq continents, sur le terrain et dans les dossiers. Je ne me suis pas contenté du jet en ligne droite Paris-New York-Los Angeles-Tokyo-Bonn-Bruxelles-Paris, sentier battu du libéralisme doré. J'ai aussi zigzagué hors O.C.D.E., les yeux grands ouverts. Mes évidences ne sont pourtant que des certitudes (subjectives), prêtes à en confronter d'autres. Je crois avoir raison, je sais que je peux me tromper. Il est flagrant que les mêmes faits et données supportent des lectures contradictoires, et qu'aux tranchantes incertitudes politiques, le raisonnement stratégique ajoute ses aléas propres. Aucun observateur n'avait prévu la trouée nucléaire avant 1945, et si demain, par on ne sait quelle percée technologique, aujourd'hui imprévisible, les océans devenaient soudain transparents et les sous-marins lanceurs d'engins partout et à tout instant détectables, il nous faudrait tourner la page de la dissuasion du faible au fort et trouver à la paix mondiale d'autres garanties. En deçà de ces ruptures toujours possibles mais qui échappent à la prise, l'information vérifiable offre assez de champ à la controverse, voire à l'accusation de mauvaise foi (les dénombrements reconnus des systèmes d'armes n'autorisent-ils pas des thèses contraires sur l'équilibre des forces militaires ?), pour qu'on n'aggrave pas ces différences de perception par les prestiges de la colère, ou des foudres de procureur. L'imprécision ou le mépris de l'information factuelle et chiffrée alimentent l'intolérance. Il paraît y avoir chez nous pléthore de spéculateurs et insuffisance d'enquêteurs. Combiner la pensée et l'information — disons le plaisir facile du concept avec l'effort du renseignement — devient un impératif pour quiconque veut échapper à l' « hexagonie ». L'enquête qui suit s'efforce d'utiliser le maximum d'informations ouvertes — avec indication de sources — non pour fermer la bouche, d'autorité, aux contradicteurs, mais pour engager loyalement la discussion, tout en la soumettant aux *obligations de l'analyse et de la preuve* (non aux réflexes haineux du terrorisme en gants blancs baptisé « grande information »).

Il va de soi que j'ai consulté le plus possible de personnalités et d'ouvrages professant des thèses entièrement contraires : les best-sellers français des dix dernières années, section « Essais et Documents » m'ont donc accompagné dans mes pérégrinations. Si je ne sais pas de quoi je parle, du moins ai-je étudié la façon dont les auteurs les plus prestigieux, les plus comblés en ont jusqu'ici parlé — assez pour en retirer une seule certitude : quitte à jouir d'une certaine solitude, il est temps de faire bande à part.

\*

La mondialisation du nationalisme, y compris là où la nation n'existe pas (Afrique noire), et là où elle ne devrait pas exister (Oumma islamique), apparaît sur un demi-siècle comme le phénomène majeur de la vie internationale. Chassée au lendemain de la guerre d'une Europe recrue de sang et de mythes, l'idée nationale s'en était alors allée enflammer l'Asie, le Proche et le Moyen-Orient, l'Afrique : ce furent les insurrections coloniales. Ce sont les tensions frontalières de partout. Voici que par un étrange ressac, elle revient sur son lieu d'origine, cette même Europe communautaire où les frontières, de lignes de défense, deviennent zones d'échanges. Là, l'acuité perdue de l'Etat-nation se retrouve dans les communautés régionales ou culturelles. Renouveau « russite » ou russophile en U.R.S.S. même, malgré l'orthodoxie de l'internationalisme d'Etat, par quoi Soljenitsyne rejoint l'officiel Bielov. Remontée du sentiment panallemand, de part et d'autre du Mur. Réveil de l'orgueil britannique assoupi, fouetté par un lointain outrage atlantique. Picotements italiens, démangeaisons polonaises, nouvelles fiertés slaves — bref, retour aux troubles marécages. C'est le moment de sortir nos poussiéreux manuels d'histoire-géo pour réapprendre son puzzle vieil-européen : où se nichent la Bessarabie roumaine, les minorités hongroises de Slovaquie et l'ancienne Silésie allemande, le Tyrol italien, la Transylvanie et le Kossovo de population albanaise rattachée à la République de Serbie ? La libanisation élargie fait remonter le référent religieux sous le national, voire contre lui, à des profondeurs qu'ignorait encore l'avant-14 des Empires centraux. Au sein des jeunes nations et des vieilles cultures, la montée du sentiment mystique et souvent des *partis confessionnels,* que ce soit en Israël, en Egypte et en Inde ; ou encore, à l'intérieur des vieux Etats-nations comme l'Espagne, la Grande-Bretagne, demain peut-être la France, l'expansion ou le retour des pulsions *séparatistes, autonomistes* ou *irrédentistes* gouverne derechef, et pour longtemps, leur actualité. Plus spectaculaire, le terrorisme de provocation (du type brigades rouges ou bande à Baader), sanglant emblème d'un internationalisme exsangue, n'a pas la densité spécifique des longues mémoires basque, irlandaise, arménienne, pour ne pas parler des Corses, des Macédoniens et des Croates. Le granit de l'histoire, culturel ou religieux (là où la religion et non la langue assure l'unité du groupe), fait sous nos yeux litière des clivages de surface. La montée religionnaire met les monothéismes aux prises, la fin de l'universel éclate dans l'universelle explosion des particularismes. Un communiste juif qui a vieilli avec son siècle, que ce soit à Paris, Moscou ou Jaffa — la trajectoire individuelle emblématise notre histoire à tous — a neuf chances sur dix de s'être éprouvé de moins en moins communiste et de plus en plus juif (c'est-à-dire « anticommuniste »). Tout comme, dans la même période, le musulman occidentalisé et libéral, qu'il soit du Caire, de Lagos ou de Kuala-Lumpur, sera devenu de plus en plus musulman (c'est-à-dire « antioccidental »). Un socialiste français, plus français encore — ou plus européen — et un peu moins socialiste. Arrivé au pouvoir, on le dira plus sensible aux murmures du pré-carré d'Afrique qu'aux protestations de l'Internationale socialiste, comme s'il se découvrait plus d'atomes crochus avec un féodal francophone qu'avec un vertueux Finlandais. Pendant que son homologue socialiste espagnol veillera comme un cerbère sur l'« hispanidad » de l'Amérique latine, quitte à refuser toute action conjointe dans cette région avec d'autres Européens socialistes, qui auraient pourtant pu apporter de l'eau à son moulin. Moins de progressisme, plus de judaïté; moins de libéralisme, plus d'islam. Moins de socialisme, plus de francité ou d'hispanitude. Partout, moins d'idéologie et plus de culture. Ne disons pas : « moins de mythe et plus de réalité », car chaque époque définit *sa* réalité par ceux-là de ses mythes qu'elle s'accorde à tenir pour réels. La nôtre, dont l'économie se mondialise, passe au plan politique des *principes* aux *racines,* et du grand au petit. Mythes ici et là, mais qui agissent en sens contraire.

Si j'avais à proposer une matrice rationnelle du désordre mondial, dont ce qu'Hubert Védrine appelle « la prolifération des souverainetés étatiques » (52 Etats en 1950, 161 en 1985) est un symptôme parmi d'autres, j'avancerais derechef la thèse d'un *principe de constance* maintenant l'équilibre, dans le devenir des groupes historiques, entre les facteurs de changement et les facteurs de stabilité [1]. Un équilibre dynamique de crises (chacune restaurant l'équilibre perdu à un niveau supérieur) où l'on peut voir une sagesse des sociétés comme on parle de la « sagesse du corps », assurerait au fil des temps une *relation invariante* entre ce qui bouge (le progrès scientifique et technique) et ce qui demeure (les repères d'identité). Par exemple, plus s'accélèrent le renouvellement technologique, le recouvrement des bases agraires par les révolutions industrielles successives, l'effacement des cadastres communautaires et des cadres de vie traditionnelle, la standardisation des outils et des produits, etc., plus le retour se précipite aux critères fondateurs, aux sources et emblèmes de l'*appartenance* ethnique menacée. Plus il y a « progrès », plus il y a « régression » ; plus il y a nivellement, plus il y a de clôtures ; plus il y a atomisation, plus il y a tribalisation. La modernité sera archaïque, ou ne sera pas. Et quand l'humanité « en marche » se civilise par la main, elle s'ensauvage dans sa tête et son cœur. L'élévation quantitative des facteurs du progrès — l'expansion des idéologies humanistes du XIXe siècle en est un — augmente à terme l'intensité qualitative des régressions, dont au premier chef l'actuelle résurgence « communaliste » et confessionnelle (pensons à l'Inde). Ce modèle a au moins le mérite d'expliquer pourquoi la troisième révolution industrielle (« la troisième vague » de Toffler) relance, « contre toute logique », l'escalade des affrontements tribaux et des résurrections religieuses, non seulement aux pourtours mais au cœur du monde industriel.

Et en avant la musique : chiites contre sunnites ou Arabes contre Persans, alaouites contre sunnites, Turcs cypriotes contre Grecs cypriotes, Druzes contre Maronites, juifs contre musulmans, Kurdes contre Arabes et Persans, Maures contre Berbères, sikhs contre hindous, Cinghalais contre Tamils, Germains contre Slaves et Slaves contre Turcs, catholiques contre orthodoxes, croyants contre athées, Hazaras et Pachtounes contre occupants russes, Baloutches contre Pendjabis, Vietnamiens contre Khmers

---

1. Voir *Critique de la Raison politique*, livre II.

et Chinois contre Vietnamiens, ou l'inverse, canaques contre caldoches. Voilà l'histoire « immobile à grands pas. » L'absurdité de ce manège vaut-elle défaite de la raison ? L'éternel branle des nationalités ne fait pas sens. « Pourquoi me tuez-vous, ... — Eh quoi ! ne demeurez-vous pas de l'autre côté de l'eau ? » Ne parlez-vous pas une autre langue ? N'adorez-vous pas un autre Dieu ? Ou autrement le même ? Les champs de bataille les plus cruels de cette fin de siècle traversent en diagonale notre champ mental, basculent nos points cardinaux. Gauche et droite, blanc et rouge, dans ce kaléidoscope ? L'espace d'une alliance distribue les couleurs : un clignement d'yeux les inverse. Réduire le débat stratégique à un échange de cartes de visite entre « proaméricains » et « prosoviétiques », « monde libre » et « totalitarisme », comme l'exige le roman Est-Ouest, relève d'un idéalisme utile : il est toujours consolant de distinguer sur l'instant les bons des méchants. Mais le fait que chaque bloc, comme le font les forts avec les faibles depuis que le monde est monde, essaie d'exploiter des événements qui lui échappent de plus en plus pour étendre son influence ou limiter celle de l'adversaire n'empêche pas ces conflits de ne trouver ni leur source ni leur fin dans l'opposition du capitalisme et du socialisme, ou dans celle des deux superpuissances. Nous mettons de l'ordre dans nos esprits, mais non dans la réalité, en nous persuadant de vivre « une guerre civile mondiale », entre deux conceptions du monde arc-boutées de part et d'autre d'une ligne centrale. Séparant bourgeois et prolétaires, pensait le marxiste d'antan — ou bien « nations bourgeoises » et « nations prolétaires », selon la version tiers-mondiste de ce sens-là de l'histoire. Entre Démocratie et Dictature, dira aujourd'hui monsieur tout le monde, libéral. Le malheur veut que le monde ne forme pas une nation transnationale, un Super-Etat à compartiments. Toutes les guerres sont civiles si l'on veut — mais elles ne le seront que rétrospectivement, le jour où l'humanité unifiée par l'imminence de sa mort comparaîtra devant le Tribunal Suprême de la Bombe. Mais las, ce tribunal est fait pour ne jamais siéger. En attendant Godot, nous devons nous convaincre que les cent quarante et quelques guerres qui ont ravagé la planète et continuent de plus belle depuis la fin de la Deuxième Guerre mondiale ne sont pas les ombres de la caverne parce qu'aucune Idée transcendantale ou dérobée n'illumine dans notre dos l'actualité. Les trois cent cinquante mille hommes tombés entre Abadan et Mossoul, par exemple, comme d'autres millions de frères ennemis en de semblables carnages, ne sont pas des simulacres d'un affrontement stratégique qui les dépasse et les englobe, soldats de plomb manipulés par deux Causes grandiosement planétaires. Ce sont de vrais morts pour rien — d'autre que leur propre mythologie collective. Chacun la sienne.

# LIVRE I

## *L'Alliance*

« *Le lieu le plus obscur est toujours sous la lampe.* »

(PROVERBE CHINOIS)

« *L'Amérique a une responsabilité morale. La leçon de l'après-guerre est que l'Amérique doit être le chef du Monde Libre.* »

(GEORGE SHULTZ, secrétaire d'Etat aux Affaires étrangères, San Francisco, 1985.)

L'indifférence générale aux « grands sujets de politique internationale » vient de ce qu'ils ne semblent pas avoir assez de retentissement sur notre vie personnelle. A moins qu'ils n'en aient trop, et que la pudeur déconseille d'évoquer en public les questions de vie ou de mort. Les débats de politique étrangère ne mobilisent pas plus les électeurs que les députés à la Chambre, et encore moins de lecteurs que d'auteurs. Ces derniers ne se font pourtant pas faute de monter au bon créneau : les devantures regorgent d'excellents ouvrages sur le Grand Frère, la Nomenklatura et le Goulag. Seules d'obscures revues spécialisées apportent quelque lumière sur la nature et le fonctionnement de l' « Occident ». Les kremlinologues ont pignon sur rue et l'*homo sovieticus* nous est devenu familier. L'otanologie n'est pas même une bizarrerie et l'*homo atlanticus* attend son Zinoviev. Ce qui nous touche de plus près ne devrait-il pas retenir en priorité notre attention ? Pourquoi le « monde libre », si bavard sur sa liberté, se montre-t-il si discret sur ce qui fait de lui un monde ? La poutre dans l'œil du voisin oriental nous dispense-t-elle d'enlever la paille du nôtre ? A force de répéter que le renvoi dos à dos est un service rendu à l'U.R.S.S. et que tenir pour équivalentes les deux superpuissances est une grave mystification, nous finissons par oublier *comment* s'impose la première des deux, et d'abord à nous-mêmes. $H_2O$ n'est pas une découverte de poisson : on comprend que l'analyse du système atlantique intéresse peu les Européens, spécialistes et responsables politiques compris. Quand il faut en parler, dans les discours officiels, la célébration de ses raisons d'être paraît rendre superflue la description du « comment c'est ».

# I. DE L'ALLIANCE AU SYSTÈME

*1. Parlons vrai ?*

Dire ce qui est. La France appartient à une Confédération d'Etats présidée en permanence par l'un d'entre eux, les Etats-Unis d'Amérique. Peu de Français sont au courant, et pour cause : cette union n'a pas d'existence officielle. Bien qu'on sache depuis Valéry que « l'Europe aspire à être gouvernée par une Commission américaine », cette Confédération n'est pas, hélas, malgré les apparences et les rites de la coopération politique, l'Europe communautaire, dont les bases sont économiques et commerciales. Elle porte le nom trop modeste d' « Alliance atlantique ». Ce n'est plus une *alliance* mais une *communauté* ou une *famille* (escortée des querelles, fêtes, réunions, déjeuners du même nom) : les membres d'une même famille s'appellent-ils entre eux des alliés ? Et l'Alliance n'est plus *atlantique* : « pacte à vocation mondiale [1] », cette organisation politico-stratégique globale regroupant des pays très éloignés de cet océan, supporte le déploiement d'une stratégie planétaire élargie en ce moment à l'espace.

Ce qui se dit chez nous n'est pas ce qui est, tout en étant conforme à ce qui devrait être. La France, pays souverain, maître de ses choix et de ses décisions se dit « partenaire fidèle d'une alliance militaire défensive, aux compétences limitées et circons-

[1]. Claude Delmas, *Le Monde atlantique*, P.U.F., 1965.

crites à la zone de l'Atlantique Nord ». C'est à la fois exact et faux. Exact parce que conforme au seul engagement que la France ait jamais souscrit, qui est le texte du traité de Washington, signé dans cette ville le 4 avril 1949 par les représentants de douze pays (Belgique, Canada, Danemark, Etats-Unis, France, Islande, Italie, Luxembourg, Norvège, Pays-Bas, Portugal et Royaume-Uni). Faux parce que ce texte (que les fidèles gagneraient à relire), devenu prétexte, a trente ans de retard sur les pratiques actuelles, qui donnent leur assise à un « Occident ferme et uni sous la direction d'une Amérique revivifiée », selon les propres termes, plus véridiques, des responsables américains [1].

« Une Alliance *militaire* » ? Elle le fut au début, pour l'essentiel, et a cessé de l'être officiellement dès décembre 1956, lorsque le Conseil Atlantique adopta le « Rapport des Trois Sages » (Pearson, Lange et Martino, ministres des Affaires étrangères du Canada, de la Norvège et de l'Italie). Ces derniers avaient formé, pour répondre aux premiers tiraillements entre puissances nucléaires et puissances non nucléaires de l'Alliance, le « Comité sur la coopération non militaire » chargé par la session précédente d'étudier les moyens de « développer et améliorer la coopération entre les pays de l'O.T.A.N. dans les domaines non militaires et pour accroître l'unité au sein de la Communauté atlantique ». Les principaux points de ce volumineux rapport, considéré comme « la charte morale » de l'O.T.A.N., ont été depuis vingt ans mis en application [2]. Les Français sont les seuls confédérés à avoir pris

---

1. Richard Burt, sous-secrétaire d'Etat aux Affaires européennes, 1983.
2. Les principaux points de ce rapport sont les suivants : « Si la crainte a été surtout à l'origine de l'O.T.A.N., nous avons aussi compris — consciemment ou non — qu'en cette ère atomique, dans un monde où les distances comptent de moins en moins, le moment était venu de grouper en une association plus étroite les nations sœurs de l'Atlantique et de l'Europe occidentale à des fins autres que strictement défensives et que la mise en commun d'une partie des souverainetés nationales pour notre protection naturelle contribuerait aussi au progrès et à la coopération en général. Les gouvernements et les peuples intéressés sentaient que cette plus grande unité était à la fois naturelle et souhaitable, que cette communauté de traditions culturelles, de libres institutions et de concepts démocratiques qui étaient mis au défi et voués à la destruction par ceux qui les défiaient, constituait aussi une raison de s'unir davantage non seulement pour les

l'habitude, depuis 1965, d'opposer O.T.A.N., l'organisation militaire dont ils se seraient retirés, et Alliance, cadre politique formel et presque vide où ils seraient restés par courtoisie. Cette distinction est une fiction. L'Alliance atlantique n'existe plus indépendamment de l'O.T.A.N., depuis que cette dernière a été instituée par simple convention en 1951, et la France est membre de plein droit de l'Organisation du traité de l'Atlantique Nord, structure permanente de l'Alliance en temps de paix, à caractère politique, dont le Secrétaire général est un civil[1]. Dans ce

défendre, mais pour les développer. En résumé, la conscience d'un danger immédiat commun se doublait d'un sens de communauté atlantique » (chap. I, art. 12).

« L'O.T.A.N. ne doit pas oublier que l'influence et les intérêts de ses membres ne se limitent pas à la zone d'application du Traité et que des événements extérieurs à cette zone peuvent gravement affecter les intérêts collectifs de la communauté atlantique. Tout en s'efforçant d'améliorer leurs relations entre eux et de renforcer leur unité, les pays membres devraient donc aussi s'attacher à harmoniser leurs politiques dans les autres parties du monde » (chap. I, art. 32).

« L'association des nations atlantiques à des fins nobles et constructives — ce qui est le principe de l'idéal même du concept de l'O.T.A.N. — doit se fonder et se développer sur quelque chose de plus profond et de plus durable que les divisions et les dangers de ces dix dernières années. Elle est le résultat d'une évolution historique bien plus que du fait contemporain » (chap. I, art. 35).

« Coopération politique et conflit économique sont inconciliables... » (chap. III, art. 60).

« Science et technique sont des domaines d'une particulière importance pour la communauté atlantique. Au cours des dix dernières années, il est devenu de plus en plus évident que le progrès scientifique et technique pouvait être déterminant pour la sécurité des nations et pour leur position dans le monde » (chap. III, art. 67).

« Un sens de la communauté atlantique doit exister parmi les peuples aussi bien que dans les institutions des nations de l'Alliance. Cela ne sera que dans la mesure où les peuples auront une claire conscience, tant de leur commun patrimoine culturel que du prix des libertés matérielles et de la liberté de penser qui sont les leurs. Il importe par conséquent au plus haut point que les pays de l'O.T.A.N. encouragent la coopération culturelle entre leurs peuples par tous les moyens pratiques à leur disposition, afin de renforcer leur unité et de procurer à l'Alliance le soutien le plus large possible. Il est particulièrement important que cette coopération culturelle dépasse les limites d'un continent » (chap. IV, art. 73).

1. Secrétaires généraux successifs depuis 1952 : Paul-Henri Spaak (Belge), Dirk Stikker (Néerlandais), Manlio Brosio (Italien), Joseph Luns (Néerlandais), Lord Carrington (Anglais).

complexe élastique d'organismes civils et militaires, l'aile civile n'a cessé de croître. Il existe à Evère (Belgique), le siège de l'O.T.A.N., près de deux cents Comités spécialisés, parmi lesquels un *Comité d'information et des Relations culturelles,* un *Comité scientifique,* que le Secrétariat international entend précisément renforcer dans le but de « promouvoir les activités non militaires » (juillet 1982). L'Alliance, se fondant sur l'article 2 du Traité, s'est donné un *Comité économique* dès 1957, qui fait rapport au Conseil, et qui a vu en 1978 rehausser sa composition et sa vocation. Elle s'est adjoint en 1981 un groupe ad hoc consacré au développement *technologique.* Elle songe depuis 1982 à se doter, sur proposition américaine, d'un « mécanisme de coordination de l'action des pays occidentaux sur les droits de l'Homme en U.R.S.S. ». L'adjectif « militaire », on le voit, est ou trop étriqué ou trop accueillant pour qualifier cet ensemble qui va de la logistique à la philosophie, des pipelines à l'écologie. La France participe à l'ensemble des activités politiques de l'O.T.A.N. Elle siège au *Conseil de l'Atlantique,* organe politique suprême, et à tous les organismes subordonnés, le *Comité politique,* le *Comité économique,* et les groupes ad hoc ; elle participe aux organismes techniques relevant du soutien à la défense (comité de Défense aérienne, comité des plans civils d'urgence, comité d'infrastructure, comité pour les télécommunications, etc.). Elle a toute sa place dans le *Secrétariat international* de l'Organisation (où elle passe avant l'Italie et l'Allemagne fédérale, pour les effectifs), comme elle contribue à son budget civil (et militaire en partie). Elle est absente du Comité des plans de défense (C.P.D.) et de l'Eurogroupe. Comme du groupe des plans nucléaires (N.G.P.) et du Groupe de haut niveau (H.L.G.) chargé de définir les besoins de l'O.T.A.N. en matière d'armes nucléaires de théâtre [1].

« Alliance militaire *défensive* » ? L'Alliance atlantique l'est certainement, par la lettre et l'esprit du traité de 1949, comme par les circonstances de sa naissance. On ne connaît d'ailleurs pas d'alliance de nos jours qui se déclare offensive, et il va de soi que

---

1. Pour la signification des sigles, se reporter aux annexes.

des signataires de la Charte des Nations unies, qui stipule l'obligation du non-recours à la force, ne peuvent conclure d'Alliance que défensive. Juridiquement, le qualificatif est une superfluité. Stratégiquement, c'est une difficulté : celle classique, qu'il y a parfois à distinguer une défense d'une contre-attaque ; psychologiquement, ce peut être un embarras : lorsque le chef de file estime opportun d'adopter une stratégie offensive, les alliés peuvent-ils ne pas emboîter le pas sans faillir au devoir de solidarité ? La redondance de l'expression cache alors un dilemme, entre l'Alliance et la défensive, la fidélité à l'esprit et la fidélité au Leader. Justifié ou non, le changement d'administration, de mentalité et de stratégie qu'ont connu les Etats-Unis après l'occupation soviétique de l'Afghanistan (décembre 1979) et l'échec de l'opération aéroportée en Iran (24 avril 1980) tombe sous ce cas de figure. Il n'est pas de tout repos en effet de maintenir une Alliance globalement défensive avec un Leader qui utilise l'arme commerciale dans un but politique, la sanction économique comme moyen de pression stratégique, non seulement pour imposer au Kremlin, conformément aux analyses de Richard Pipes, un changement de ligne, mais éventuellement, croit-on, pour ébranler et liquider le régime en place ; qui théorise et met en pratique l'escalade horizontale (Libye, Syrie, Grenade) ; qui entend militariser l'espace, en faisant fi d'un traité et de la sécurité de ses alliés français et britanniques ; qui augmente de 40 % en trois ans son budget militaire ; qui paraît donner à sa posture stratégique une tournure plus opérationnelle que défensive, plus offensive que dissuasive, par le biais de la « warfighting capability », tendant à banaliser l'échance nucléaire limité ; qui passerait volontiers de la « countervailing strategy » (Schlesinger) à la « prevailing-strategy » (plate-forme du Parti républicain), ou encore de l'équilibre stratégique à « la marge de sécurité » ; qui réhabilite les « opérations spéciales » des services secrets, alloue 80 millions de dollars à l'Agence d'Information des Etats-Unis pour le projet « Démocratie », relance la guerre radiophonique, et déstabilise à ciel ouvert, par une guerre non déclarée, un membre de la Communauté internationale. Les « croisades pour la liberté » étant rarement défensives, la question, toute pratique, devient alors pour les petits de la famille : comment rester membre de la Confédération sans aliéner ma faculté souveraine de décider si, quand et où l'intérêt vital de mon pays me commande d'abandonner, face à l'Est, la défensive ?

« Alliance militaire défensive à *zone d'application limitée* » ? Il est vrai que l'article 6 du Traité circonscrit expressément les consultations à tenir en cas d'attaque armée contre l'une des parties « dans la région de l'Atlantique Nord, au nord du tropique du Cancer, ou contre les navires ou aéronefs de l'une des parties dans la même région ». Périmètre largement fictif. « Au défi global du monde soviétique, l'Alliance doit opposer une réplique globale », disait déjà Paul-Henri Spaak, ancien Secrétaire général, en 1959 (le même qui, bon prophète, affirmait dix ans plus tôt : « Nous devons passer de l'Alliance à la Communauté »). Les Américains ont utilisé leurs bases en France pour transporter leur armée au Liban en 1958, ou au Congo en 1964, et ils ont tenté ailleurs de le faire en 1973, pour le pont aérien vers Israël. Portugal, Espagne, Italie, Grèce, Turquie servent à présent de relais (transit et positionnement des moyens, dépôt de matériels, etc.) à la Force de déploiement rapide ; et l'argument de la protection des routes maritimes prolonge en fait l'Alliance jusqu'au Moyen-Orient, Golfe inclus. Le « hors-zone » a du reste été institutionnalisé dans la Déclaration d'Ottawa en 1974, qui décide de « renforcer la pratique des consultations franches en temps opportun, par tous les moyens qui pourraient être appropriés sur les questions touchant leurs intérêts communs en tant que membres de l'Alliance, *en tenant compte de ce que ceux-ci peuvent être influencés par des événements survenant dans d'autres parties du monde* ». Déclaration souscrite par la France, comme celle de Bonn en 1982, qui réitère plus clairement encore le principe de l'élargissement de la zone aux crises du « système sud ». La pratique dépasse les périphrases. Militairement, les responsabilités du S.A.C.E.U.R. (le Commandement en chef américain en Europe) englobent une partie du Proche-Orient (Israël, Liban, Syrie). Géographiquement, le raccordement ou « linkage » des divers systèmes de sécurité ayant les

Etats-Unis pour centre est une constante du leaderhip (hier O.T.A.N.-C.E.N.T.O.-O.T.A.S.E., aujourd'hui O.T.A.N.-A.N.Z.U.S.-Japon)[1]. Par le biais des Sommets supposés économiques, les Etats-Unis ont introduit déjà tacitement le Japon dans « le monde atlantique » (Williamsburg, mai 1983), en utilisant de façon ambiguë la question du déploiement des euromissiles, et leur effort depuis ne se relâche pas. Elargissement conforme à l'intérêt du Leader : « Une alliance à multiples théâtres ne se conçoit que comme empire — l'unification des intérêts s'opérant alors par la domination — ou comme forum de discussions, impuissant dans la maîtrise réelle des crises[2]. » Ce n'est pas en ce cas une alternative mais une séquence. On peut commencer par le forum académique et poursuivre au niveau des états-majors.

Ces réalités s'autorisent d'une certaine logique. On peut arguer avec vraisemblance que la guerre étant la continuation de la politique par d'autres moyens, une Alliance militaire privée d'assises politiques n'aurait pas de consistance ; pas plus que de cohérence un cadre de concertation politique sans un organisme de collaboration économique. Que la coordination opérationnelle en temps de guerre ne s'improvisant pas du jour au lendemain, la Communauté doit être servie par des organes permanents chargés de préparer l'action collective. Que la défensive devient passivité face à un adversaire lui-même offensif. Que l'interconnexion des théâtres, jointe à l'horizon nucléaire des conflits, rend inévitable la globalisation. Qu'il serait absurde de dire : « au-delà de cette ligne imaginaire sur la carte, notre solidarité n'est plus valable », car si elle a des raisons d'exister, elle n'est pas fonction des kilomètres. Que la suprématie unilatérale d'un Etat sur tous les autres reflète au plan politique le rapport matériel des forces militaires (99 % des 6 000 têtes nucléaires de l'O.T.A.N. sont américaines), des

---

1. C.E.N.T.O. : ancien Pacte de Bagdad, dissous en 1979.
   O.T.A.S.E. : ancien Pacte de Manille, dissous en 1977.
   A.N.Z.U.S. : traité conclu en 1951 entre l'Australie, La Nouvelle-Zélande et les Etats-Unis pour une durée indéterminée.
2. Dominique David, « L'Alliance : notre Arche et son Déluge », *Stratégique*, Ier trimestre 1983 (Fondation pour les Etudes de Défense nationale), p. 103.

effectifs engagés à l'extérieur (320 000 soldats U.S. stationnent en Europe), des contributions financières (65 % des dépenses), des poids économiques (les Etats-Unis représentent 46 % du P.N.B. total de l'O.T.A.N. et 38 % de sa population). Mais comment discuter cette logique, c'est-à-dire les vrais problèmes de la Confédération sans commencer par se défaire des mots qui servent au Chef à gouverner ? « Peu importe ce que les mots veulent dire, il s'agit de savoir qui est le Maître », disait Alice au pays des Merveilles. Aux pays de l'Alliance aussi, la volonté de savoir exige peut-être de ne pas prendre, au pied de la lettre, un système d'unification politique pour un club de discussions académiques réunissant seize pays « sur un pied de totale égalité, quelle que soit leur puissance », où l'entrée serait gratuite et l'adhésion sans conséquence.

## 2. *L'être et le paraître.*

Dire ce qui est, donc dire autre chose que ce qui se dit pour sauver les apparences — amour-propre oblige. L'idée stricte et limitative que nous nous faisons de l'Alliance, et qu'exige la face, nous permet de ne pas voir ce qu'est Alliance devenue. Non qu'on ne dise pas tout mais le tout a une manière de se dire qui le fait passer pour peu de chose. Pour réduire le champ de gravité du système, banaliser ses pesanteurs, il suffit de déconnecter l'Alliance de la pléiade d'institutions formellement distinctes, aux compétences variées, qu'elle polarise en sous-main et unifie en réseau : O.C.D.E., F.M.I., U.E.O., C.O.C.O.M., Agence internationale pour l'Energie, Sommets à Sept, Conseil européen, cadre à Quatre, etc. ; et de la réduire ensuite à sa stricte réalité institutionnelle, soit ce qu'elle est sur le papier. Cette opération peut se faire de la meilleure foi du monde. Elle reproduit simplement la « mauvaise foi » objective du système confédéral, dont la force consiste, comme la conscience sartrienne dans *L'Etre et le Néant*, à être ce qu'il n'est pas et à ne pas être ce qu'il est. Chacun des confédérés peut donc se mentir à lui-même et aux autres.

L'Alliance telle qu'elle devrait être, telle qu'on voudrait la croire est celle des principes, objectifs et structures consignés dans le Traité : un simple système de sécurité régional, résiliable à volonté et à tout instant depuis 1969 (article 13), qui n'engage pas à grand-chose (l'article 5 écarte toute automaticité dans l'assistance, sans rendre obligatoire l'emploi de la force armée), se contente d'un Conseil sans périodicité fixe, d'un Comité de défense sans attributions précises (article 9), et le tout pour sauvegarder la civilisation, la démocratie et le règne du droit (préambule). L'Alliance telle qu'elle est, au jour le jour, a l'avantage d'opérer à huis clos, entre spécialistes, sans drapeau visible ni pignon sur rue (les Belges eux-mêmes ne s'aperçoivent pas de son existence), sans incidence visible sur la politique intérieure. L'Alliance de droit est publique mais elle n'existe pas hors de nos discours ; la machine est un fait, mais presque personne n'en parle. Le Traité définit une alliance classique entre pays souverains ; son organisation réelle structure un camp, c'est-à-dire une hégémonie. La deuxième n'est pas au premier comme le décret d'application à la loi, car ils se contredisent dans l'esprit et la lettre. L'O.T.A.N. cristallise l'unification d'une Communauté sous direction américaine, mais les divers organismes de l'O.T.A.N., dont la mise en place s'est opérée insensiblement, coup par coup, sans document ni discussion ouverte, n'ont fait l'objet d'aucun débat parlementaire, et ils ne figurent pas dans le seul texte ratifié qu'est le Traité. Point n'est besoin, donc, de modifier les institutions ni les textes pour élargir les compétences, l'aire géographique ou les prérogatives du Leader. « Le pragmatisme anglo-saxon ! » dirait Alice émerveillée.

Même jeu de miroir à l'intérieur de l'Organisation elle-même, où superstructures officielles et fonctions effectives ne correspondent pas. Qu'en est-il du « commandement militaire intégré » ? Le *Comité des Plans de Défense* (C.P.D.), créé en 1963, est devenu en 1966 l'organe de coordination militaire attitré, de même niveau que le Conseil ; ce n'est qu'un forum sans pouvoir propre. Quant au *Comité militaire,* sommet théorique de la structure militaire de l'organisation, sans autorité directe sur les Commandements, il se contente d'émettre des « recommandations » à l'intention du C.P.D. Le rôle en cas de conflit de cet organe multinational, Comité interallié des chefs d'état-major, n'est fixé par aucun document. A côté de ces superstructures délibératives sinon décoratives, les commandements réels sont exercés, à l'étage en dessous, par les S.A.C.E.U.R., S.A.C.L.A.N.T. et C.I.N.C.H.A.N.[1]. Concrètement, le S.A.C.E.U.R.[2] est l'autorité suprême, supérieure au Comité militaire dont il est théoriquement le subordonné. Ses décisions ont la dimension politique déterminante qui manque à l'échelon fictif du Commandement intégré, puisque ses plans d'opérations sont élaborés par le Pentagone et qu'il ne recevrait d'ordres, en cas de crise, que du seul Président des Etats-Unis. En un mot, le Commandement en chef des forces américaines en Europe est le Commandant Suprême allié en Europe.

Avantage polémique de l'équivoque : mettez-vous en question le système permanent d'hégémonie en temps de paix, on vous accuse de récuser le principe de l'Alliance en cas de guerre qui lui sert de support (ou le principe du couplage des systèmes de défense), à savoir qu'Américains et Européens doivent en cas de malheur se trouver du même côté face à des agresseurs soviétiques. Vous voilà soit irresponsable soit suspect. Sommé de choisir entre le papotage au Café de Flore et le rempaillage à la Santé. Mettez-vous en cause, plus sobrement, les rapports de subordination au sein de l'Alliance, on vous renvoie aux textes qui garantissent clairement l'indépendance et l'égalité de tous. La preuve de l'union libre ? L'absence de contrat de mariage.

Avantage politique. Quand un chef de gouvernement réitère dans un Sommet atlantique ou ailleurs sa « totale fidélité aux engagements de l'Alliance », personne ne se demande plus, à la longue, de quels engagements on parle. S'il s'agit des seuls

---

[1]. S.A.C.L.A.N.T., Commandement de l'Atlantique basé à Norfolk (U.S.A.) ; C.I.N.C.H.A.N., de la Manche basé à Northwood (Grande-Bretagne).
[2]. Le S.A.C.E.U.R., installé à Casteau, près de Mons, couvre une zone qui va du littoral atlantique à la frontière turque, et du cap Nord à l'Afrique du Nord. Il a sous ses ordres Nord-Europe, Sud-Europe et les Forces aériennes du Royaume-Uni.

auxquels son pays ait juridiquement souscrit, il pourrait quitter aussitôt la séance et rentrer chez lui (rien n'oblige dans le Traité un chef de gouvernement à assister au Conseil atlantique, où n'était même requis en 1949 aucun représentant permanent des pays signataires). L'ambiguïté en fait reconduit et entérine le statu quo créé par trente-cinq ans de glissements de souveraineté, subreptices et cumulatifs, de la part des « alliés ».

Un esprit cartésien dirait peut-être : « Eh bien ! Changeons les textes pour les rendre conformes aux pratiques, ou changeons les pratiques pour les rendre conformes aux textes de la Confédération. » Est-il sûr qu'une clarification de ce type fasse l'affaire de toutes les parties ? Du protecteur, certainement pas. Des protégés, on peut en douter. Le jeu de cache-cache n'est-il pas plus commode ?

### 3. Un peu d'histoire.

Dire que ce qui est l'est devenu. Il y a un fétichisme de la Confédération atlantique qui en fait une donnée immuable de la géopolitique, un legs de civilisation, une fatalité stratégique hors le temps. Commencer donc par dire la création continue, qui chaque jour s'étend, se complique, s'épaissit, d'abord sans, puis avec notre aveu (de guerre lasse). Un tabou est moins une idée vague qu'une idée fixe et les mythes ont l'avantage de transmuer une circonstance en permanence. Démystifier ce système c'est d'abord le rendre à son histoire et à celle de notre après-guerre, car « tout ce qui existe mérite de périr ».

Rendre d'abord à César sa sollicitude et à l'Europe sa peur. Spaak à Vichinski en 1948 : « Sans vouloir discuter aucun régime, nous voulons affirmer qu'après avoir lutté contre le fascisme et contre l'hitlérisme, nous n'entendons pas nous soumettre à n'importe quelle doctrine autoritaire ou totalitaire, lance le ministre belge au chef de la délégation soviétique aux Nations unies. La délégation soviétique ne doit pas chercher d'explications compliquées à notre politique. Savez-vous quelle en est la base ?

C'est la peur, la peur de vous, la peur de votre gouvernement, la peur de votre politique. » La genèse de l'Alliance ne laisse aucun doute : la demande de protectorat a précédé l'offre, les solliciteurs ont mis deux ans, de 1947 à 1949, pour surmonter les réticences des Pères conscrits de Washington, et notamment de la Commission sénatoriale des Affaires étrangères (« résolution Vandenberg », du nom de son président républicain). Cette suzeraineté, c'est nous, Européens, qui l'avons voulue, en désespoir de cause. Qui avons mis en branle la dynamique impériale, l'apolitique et immémorial automatisme de la domination parce que l'insécurité, la pauvreté, le désarmement européen nous y poussaient, face à une puissance soviétique toujours mobilisée, surarmée conventionnellement bien qu'alors dépourvue de l'arme nucléaire, dirigée par un autocrate paranoïaque appliquant sans fioritures aux pays conquis la vieille règle féodale « *ejus regio, cujus religio* ». « Chaque armée apporte avec elle ses idées », disait laconiquement Staline à Djilas, en 1945. Le protectorat occidental naquit en réaction à cette action, et sa chronologie doit toujours s'écrire en partie double, sur deux colonnes.

1947, année tournant du « *containment* » (endiguement). Dont l'inspirateur, George Kennan, avertissait un an plus tôt : « Il ne suffit pas de presser les peuples de développer des processus politiques similaires aux nôtres. Beaucoup de peuples étrangers, en Europe du moins, sont fatigués... Ils attendent qu'on leur montre le chemin, non qu'on leur confie des responsabilités. Nous devrions être mieux en mesure de leur montrer que les Russes... Et si nous ne le faisons pas, les Russes le feront certainement [1]. »

*Février 1947* : Truman rend publique la doctrine qui portera son nom. *Mars-avril* : échec de la Conférence de Moscou (sur la question allemande, entre les Quatre encore « alliés »). *Juin* : lancement du plan Marshall. *Juillet* : rejet du plan par l'U.R.S.S. *Septembre* : Pacte de Rio, premier pacte de sécurité régional signé par les Etats-Unis, avec leurs voisins de l'hémisphère, et qui

---

[1]. Cité in *L'Alliance atlantique*, présenté par Pierre Mélandri, Archives, Julliard, 1979.

servira de modèle à l'Alliance atlantique. *Octobre* : naissance du Kominform, suppression du parti paysan en Roumanie, entrée du P.C.F. dans l'opposition. *Novembre* : dissolution des partis d'opposition en Hongrie. *Décembre* : le P.C.I. décrète la grève générale à Rome. Une année faste pour l'insécurité européenne. On connaît la suite des coups et contrecoups. Pour mémoire : 22 février 1948 : coup de Prague. 17 mars 1948 : Traité de Bruxelles, conclu pour cinquante ans, entre Belgique, Luxembourg, Pays-Bas, Royaume-Uni et France. 21 mars 1948 : ouverture de négociations à huis clos, entre Anglo-Saxons (Etats-Unis, Canada, Grande-Bretagne), hors toute présence européenne ou française, conduisant à l'adoption d'un « accord de défense collective pour la zone de l'Atlantique Nord », base du futur traité. Juin 1948 : blocus de Berlin-Ouest. Septembre 1948 : Organisation de défense de l'Europe occidentale (complément au Traité de Bruxelles). 4 avril 1949 : Traité de Washington. 25 juin 1950 : invasion de la Corée du Sud. 1951 : Signature de l'A.N.Z.U.S. (U.S.A., Philippines, Australie, Nouvelle-Zélande). Traité de paix avec le Japon signé par 48 pays, et Pacte de sécurité Japon/U.S.A. Installation du Quartier général de l'O.T.A.N. en France.

Regardons maintenant les toutes premières étapes de l'institutionnalisation, dans la foulée du traité lui-même.

— Avril 1949 : seule structure politique, un Conseil occasionnel, sans précision de niveau (art. 9). Est prévu seulement un Comité de défense.

— Décembre 1949 : à la première réunion du Conseil à Washington, il est décidé qu'il sera composé des ministres des Affaires étrangères ; qu'il siégera au moins une fois par an ; qu'outre le *Comité de Défense,* destiné à établir les plans unifiés de défense, serait établi un *Comité de défense économique et financier* (avec les ministres des Finances) et un *Comité militaire de production.*

— Mai 1950 : création d'un *organisme civil permanent,* à Londres, avec, pour chaque gouvernement, un suppléant du ministre des Affaires étrangères (le Conseil des suppléants).

— Septembre 1950 : Institution d'une force militaire unifiée et d'un Commandement suprême intégré (S.A.C.E.U.R.).

— Avril 1951 : Installation du premier S.A.C.E.U.R. en France.

— Mai 1951 : *Le Conseil de l'Atlantique Nord,* intègre le Comité de défense, qui disparaît donc, et le *Comité de défense économique et financier* devient un véritable Conseil des ministres intergouvernemental (Affaires étrangères + Défense + Finances).

— Février 1952 : Institution de la permanence du Conseil qui sera désormais assisté d'un Secrétaire général et d'un *Secrétariat international* groupant tous les organismes civils existants. Nomination des représentants permanents chargés de représenter leur gouvernement en l'absence des ministres. Lord Ismay, I$^{er}$ Secrétaire général.

Dès 1952 donc, les représentants des pays associés, en contact permanent, tiennent séance une fois par semaine. Les réunions du Conseil au sommet s'instaurent en 1957 et à Paris, où se tient la première réunion des chefs d'Etat et de gouvernement confédérés (Félix Gaillard pour la France), à propos du premier déploiement d'armes nucléaires en Europe. La deuxième à Evere en 1974, adopte la déclaration d'Ottawa ; une troisième se tient en mai 1975 après la chute de Saigon. Le Sommet atlantique devient alors normal, ponctuant, à son initiative, les tournées européennes du Leader : à Londres en mai 1977, à l'occasion du voyage de Carter ; à Bonn, en juin 1982, lors de la tournée du Président Reagan. Pour la première fois depuis 1957, et après le retrait français des commandements intégrés, le Conseil de l'Atlantique s'est réuni à Paris en session ministérielle (juin 1983).

Le Traité d'amitié, de coopération et d'assistance mutuelle connu sous le nom de Pacte de Varsovie, réaction soviétique tardive à la réaction occidentale, ne fut signé que six ans après le Traité de Washington (mai 1955). L'U.R.S.S. avait entre-temps conclu des accords bilatéraux avec les démocraties populaires sur lesquels se fonde jusqu'à présent la présence de troupes soviétiques en Europe de l'Est (sauf en Roumanie, d'où les derniers soldats russes sont partis en 1958). Ces conventions particulières furent couronnées par un Traité global (bien qu'ouvert à tous les Etats « indépendamment de leur régime social et politique ») seulement après l'adhésion de la R.F.A. au Traité de l'O.T.A.N., le 5 mai 1955, et non sans que l'U.R.S.S. ait proposé, en mars 1954, d'adhérer à l'Alliance (proposition jugée « irréelle » par les signataires). Formellement, les textes des traités se ressemblent, sauf que sont rappelés dans celui-là, sans humour apparent, les principes du respect de l'indépendance, de la souveraineté de chaque pays membre, et de la non-ingérence dans ses affaires intérieures. Les institutions aussi. Equivalent du Sommet atlantique, le *Comité consultatif politique,* organe suprême, réunit Premiers secrétaires et chefs d'Etat « en tant que de besoin ». Viennent ensuite le *Comité des ministres des Affaires étrangères,* organe devenu permanent en 1976 et qui siège au moins une fois par an, et le *Comité des ministres de la Défense,* créé en 1969 (réunions semestrielles), doté d'un organisme subsidiaire, le *Conseil militaire du Pacte,* présidé par le Commandement en chef (soviétique) des Forces alliées.

Notre Alliance est une Communauté, celle des autres est un Bloc. Et vice versa. Il est vrai que la « communauté socialiste » ne se distingue pas seulement de la nôtre par sa continuité géopolitique (un espace d'un seul tenant) mais par les critères relatifs qui distinguent une communauté d'un bloc, où le sens commun préfère voir une différence absolue, métaphysique : degré de choix des Etats membres, degré de contrôle sur leur vie politique interne, degré d'inégalité entre partenaires [1]. La marge de désaccord tolérable est plus grande à l'Ouest qu'à l'Est, mais le monolithisme du bloc de l'Est n'a pas empêché le retrait de l'Albanie, la dissidence ouverte de la Roumanie, la petite France du Pacte (qui a demandé dès les années soixante la rotation de la fonction de commandant suprême, interdit les manœuvres conjointes sur son territoire et condamné l'intervention en Tchécoslovaquie), la relative autonomie hongroise ni les élancements nationaux de la R.D.A. Même s'il n'y a pas, sauf dans la défense aérienne, intégration des commandements militaires, les forces du Pacte restant sous commandement national, l'uniformisation des

---

1. Pierre Hassner, rapport à la Conférence de Varna (octobre 1972).

structures, la standardisation des armements, des écoles et de la science militaires répondent aux normes soviétiques. Politiquement, le Pacte garantit officiellement à l'U.R.S.S. le maintien, sous couvert du statu quo territorial, du statu quo politique dans son glacis de sécurité, même si elle a dû, lors de ses interventions en Hongrie en 1956 et à Prague en 1968 avec quatre de ses alliés, violer pour ce faire le texte du traité (article 4) qui ne prévoit l'assistance mutuelle qu'en cas d' « agression armée en Europe ». En ce sens, le Pacte de Varsovie n'a pas pour répondant l'Alliance atlantique, mais plutôt le traité de Rio, et l'U.R.S.S. limite la souveraineté dans sa zone d'intérêt vital selon la même doctrine que les Etats-Unis dans la leur, le continent sud-américain. Les changements politiques nationaux ne relèvent de la compétence intérieure des Etats que dans la mesure où ici, ils ne mettent pas en péril l'appartenance à la « communauté socialiste » et là, l'appartenance à la « famille occidentale ». « L'affirmation péremptoire des autorités soviétiques de ne jamais permettre à qui que ce soit d'arracher un seul chaînon de la communauté socialiste n'est pas sans rappeler la fameuse déclaration du président Johnson en 1965 sur la volonté des Etats-Unis de ne tolérer à aucun prix le passage d'un nouvel Etat de l'hémisphère au communisme[1]. » Affirmation que les événements de Bolivie en 1971 ou du Chili en 1973 ont depuis ratifiée, sur un mode « polonais », le Nicaragua relevant de l'intervention militaire lente. Dans le système international, l'Europe orientale n'a pas pour pendant l'Europe occidentale mais l'Amérique latine[2].

L'invention de la notion d' « agression indirecte » ou de « danger contre-révolutionnaire », pour occulter l'absence de toute demande du gouvernement légal (Nagy en 1956 ayant même demandé le départ des forces soviétiques aux Nations unies en même temps qu'il annonçait son retrait du Pacte) décalque le modèle de la Sainte-Alliance absolutiste, en subordonnant les

---

1. « Problèmes politiques et sociaux », *Les Grands Pactes militaires*, janvier 1982, p. 31.
2. Pour un intéressant parallèle, voir de Edy Kaufman, *The Superpowers and their spheres of influence*, 1976, Croom Helm, Londres.

règles des rapports entre Etats à celles de la solidarité idéologique (le consentement est obtenu a posteriori). C'est le « droit d'intervention de la communauté socialiste ». Si la doctrine de la « souveraineté limitée » n'a jamais été énoncée sous ce nom, le contenu en a été défini par Brejnev en 1968, *post festum*. « On constate par là que la garantie du Pacte de Varsovie a la même portée que la garantie fédérale dans les fédérations classiques. La fédération garantit aux Etats membres (qui de leur côté doivent comporter des gouvernements d'un certain type) le fonctionnement régulier de leurs pouvoirs publics [1]. » A la Confédération tacite des démocraties parlementaires, processus en cours reposant sur l'autolimitation des souverainetés, s'oppose la fédération d'Etats non démocratiques unifiés de l'extérieur sous et par l'autorité d'un seul. A la dynamique de l'engrenage librement quoique inconsciemment consenti, le cadre statique d'une organisation irrévocable. Il y a un *système des blocs,* pur effet de l'affrontement des camps, ni voulu ni conscient, mais non une *essence de bloc* commune à l'Ouest et à l'Est, dont les mises en plis ne se ressemblent pas. Flagrante est la dissymétrie entre les deux Empires de l'hémisphère Nord, mais il ne s'en déduit pas que la seule alternative à une *Europe sous influence* soit une *Europe sous tutelle*. Etrange exercice d'*amor fati* : la gaieté d'un club d'unijambistes daubant sur la corporation des culs-de-jatte...

Le monde atlantique, à l'instar du capitalisme réel, est un *monde en expansion.* Onze pays membres en 1949, seize en 1985 (Grèce et Turquie ont adhéré en 1952, la R.F.A. en 1955 et l'Espagne en 1982). Raccordé à l'Amérique latine et au Maghreb par l'Espagne (rattachée elle-même au S.A.C.E.U.R., le Portugal restant au S.A.C.L.A.N.T.), à l'Asie antérieure par la Turquie, à l'Arctique par la Norvège. Le monde soviétique, à l'image du socialisme réel, est un *monde en contraction,* doublet amoindri du premier. Huit pays signataires en 1955, plus un observateur : la Chine. Six membres effectifs aujourd'hui, et un ancien observateur qui a, stratégiquement, changé de camp. On comprend qu'en 1976 l'U.R.S.S. ait

---

[1]. Paul Reuter, *Les Organisations européennes*, P.U.F., 1970, p. 174.

jugé utile de proposer aux Etats-Unis la suppression de la clause d'ouverture des deux traités concurrents, pour empêcher l'agrandissement des alliances existantes. Ici, un Empire « gymtonic » que ses crises revitalisent et qui trouve la percée au bout de chaque impasse ; là, un Empire qui se fane et qui, voulant faire bloc, se craquelle.

La direction de son camp, donnée à l'U.R.S.S. comme un cadeau de la Providence par la mythologie du « rôle dirigeant du Parti », demande plus d'effort historique aux Etats-Unis, qui ne peuvent sans coup férir se reposer sur leurs lauriers. Ce que la métaphysique déterministe d'un système religieux permet à la première, seuls l'exercice quotidien et l'invention pratique le fournissent au second. L'hégémonie américaine sur la Confédération est une constante à intensité variable. De 1949 à aujourd'hui, elle a connu deux périodes d'épanouissement : 1949-1963, 1974-1981. La première courbe ascendante retombe avec le naufrage du projet kennedyen de force nucléaire multilatérale (M.F.L.), et se brise sur la résistance française, à l'avènement entre autres d'une Europe supranationale (le grand dessein américain poursuivait à l'époque l'intégration politique européenne, devenue depuis une menace à conjurer). Le maintien d'un système de subordination somme toute assez fruste n'était plus compatible avec la fin des guerres coloniales, la relève des économies, l'assurance politique retrouvée, la réouverture par les Européens de relations directes avec Moscou. Dès 1969, après le coup de semonce de l'invasion de la Tchécoslovaquie, l'administration Nixon remit l'ouvrage sur le métier dans un grand bouillonnement d'études et de rapports [1]. Le départ de De Gaulle, qui laissait prévoir « un style plus conciliant » chez la partie française, le feu vert donné par Kissinger à la suggestion anglaise d'un regroupement des Européens au sein de l'O.T.A.N. (naissance en 1969 de « l'Eurogroupe », où Pompidou voyait « un sac dont le cordon qui le ferme est américain »), un nouveau train de consultations, le rejet de la proposition Mansfield au Sénat (pour un retrait partiel des forces

---

1. H. Kissinger, *A la Maison Blanche*, tomes I et II, Fayard.

américaines d'Allemagne), l'entrée de la Grande-Bretagne et à travers elle, du « special relationship » dans la Communauté européenne, la présence au Secrétariat général d'un Italien obligeant ranimèrent l'ardeur américaine à surmonter les lassitudes européennes. La fin, peu après, de l'enlisement vietnamien, qui redonnait la priorité à l'Atlantique, permit enfin la mise sur pied en 1973 de « l'année de l'Europe », qui capota sur un imprévu, la crise pétrolière. On put croire sur le moment au fiasco, car le volontarisme solitaire de Pompidou et de Michel Jobert (« Bonjour les traîtres ») vint alors à bout de la « nouvelle Charte atlantique ». Le succès fut seulement différé. A l'ardeur unificatrice qui avait buté sur le mauvais vouloir pompidolien, les bonnes volontés françaises, après l'élection de Giscard d'Estaing, redonnèrent l'élan souhaité. 1974 marque le début d'une deuxième montée hégémonique. En 1973, était née la Commission trilatérale, « enceinte officieuse de réflexion » (par laquelle les milieux dirigeants américains cooptent leurs homologues japonais et européens, dont la plupart des dirigeants libéraux français qui seront en place de 1974 à 1981). 1974, Déclaration d'Ottawa. 1975, premier Sommet trilatéral. Promotion de l'ancien « Standing group », ou Groupe permanent, au rang de cadre quadripartite permanent. L'opiniâtreté paye : toutes les suggestions officieuses et recommandations officielles de Kissinger, repoussées lors de l'année de l'Europe, deviennent réalité après coup dans la foulée du libéralisme avancé qui lève l'obstacle français.

L'embellie des blocs est toujours funeste pour l'« unité de l'Occident » : le dégel de 1954 coïncide avec la première crise, la coexistence pacifique khrouchtchévienne, avec la seconde, la détente brejnévienne avec la troisième. En revanche, la montée des menaces sied à la Confédération. Le déploiement des SS-20 à partir de 1977 et l'occupation de l'Afghanistan en 1979 suscitent dans l'immédiat des réponses divergentes ou décalées à l'Ouest (boycott olympique, sanctions), mais permettent à Washington d'utiliser de nouveau la peur comme moyen de gouvernement (la fiction de la « fenêtre de vulnérabilité » remplissant au début des années quatre-vingt la même fonction coagulante que l'inexistant « missile gap » des années soixante). Ces remous polémiques distraient du principal, qui est la consolidation, en profondeur, d'un ensemble de procédures dont le fonctionnement ne dépend plus des fonctionnaires ni de la couleur des gouvernants. Au terme de cette période (1974-1981), la mécanique des obligations l'emporte au sein du système sur la logique des intérêts. On peut se mettre dès lors en pilotage automatique (un peu comme la machinerie soviétique naguère), et c'est cet appareil étudié et monté dans les dix années précédentes qui souhaite la bienvenue, en mai 1981, au passager socialiste français. En 1973, Kissinger de passage au Quai d'Orsay lançait à Jobert : « Votre administration est aussi antiaméricaine que la mienne est antifrançaise. » M. Schultz dix ans plus tard aurait pu rassurer son homologue : « Votre administration est devenue plus pro-américaine que la mienne profrançaise. »

4. *La loi.*

Redire la loi.
Au début était, est, sera la peur. Reflet de l'insécurité. D'où vient le système de défense tour à tour appelé Empire, Cité, Seigneurie, Royaume, République —, et au-dehors Coalition, Alliance, Bloc ou Communauté.
L'insécurité est la dimension propre à la vie des nations. Faute qu'ils soient justiciables d'un tribunal mondial dont les verdicts seraient également applicables à l'Union soviétique et à la Pologne, aux Etat-Unis et au Guatemala, l'égalité de droits et devoirs des Etats est un principe respectable mais impossible à respecter. La sécurité collective est un pieux mensonge parce que la peur et les moyens d'y faire face ne se répartissent pas collectivement, à part égale, entre faibles et forts.
« Sécurité contre dépendance » : le contrat de la peur, donnant-donnant originaire, unit le petit au Grand, le vassal au suzerain, « the allies » au Leader. La relation d'allégeance traverse les âges à des degrés heureusement variables. Moins variés que ceux qui

distinguent l'esclavage antique du salariat moderne, car il n'y a pas et il ne peut y avoir de progrès dans les rapports entre nations comme il y en a entre les citoyens. On peut soutenir à bon droit que tout est question de degré, mais ne déguisons pas le fond des choses.

Née de la Bombe américaine (août 1945) et du coup de Prague (février 1948), l'Alliance atlantique fut le fruit et le prix de la compréhensible peur européenne d'après-guerre face à l'avancée stalinienne. L'Organisation qui s'est aussitôt substituée à l'Alliance, pour organiser la défense et institutionnaliser les dépendances, fut à son tour l'enfant naturel de la guerre de Corée et du blocus de Berlin. Sauvegarder les libertés publiques au prix de sa liberté d'action — aliéner la souveraineté de l'Etat à l'extérieur pour sauver la souveraineté du peuple sur ses affaires intérieures et avec elle un type de société — fut peut-être une bonne affaire, si tant est que le choix n'était en 1949 qu'entre un lointain vasselage et une très proche servitude (ce dont quelques bons esprits ont douté et doutent encore). Mais commençons par dire et la loi et le fait.

Il est avantageux mais démagogique de décrire l'Alliance atlantique comme « une association de nations libres sans domination de l'une d'entre elles ». Il ne suffit pas de démolir une fausse fenêtre avec un « bloc soviétique soumis à une seule puissance animée par une idéologie et refusant de reconnaître aux Etats qui lui sont extérieurs des droits qu'il réclame pour lui-même » pour dire notre vérité[1]. Il n'y a pas de symétrie entre la

---

1. Un autre exemple de fausse fenêtre journalistique : les « coups d'Etat » militaires en Pologne et au Chili, Pinochet et Jaruzelski. Outre l'impropriété juridique, excusable, de la comparaison (Jaruzelski serre les vis d'une Constitution existante), il y a l'indécence, inexcusable, des chiffres et des manières. Dans les trois jours qui suivirent le 11 septembre 1973, plus de 20 000 personnes furent assassinées et 50 000 emprisonnées. On a compté une vingtaine de morts dans les huit jours qui ont suivi le 13 décembre 1981. Dans la Pologne de Jaruzelski, L'Etat ne torture pas, ne fusille pas et un assassinat politique est un scandale national. On ne tire pas non plus à balles sur les manifestants. Le fait qu'on puisse sortir plus facilement de « l'enfer » du libéralisme que du purgatoire « socialiste » n'autorise pas à les confondre.

Confédération des pays les plus riches, les plus avancés du monde et une Fédération trois fois moins importante par la population et les P.N.B. L'Europe de l'Ouest doit-elle pour autant se réjouir d'être un protectorat parce qu'elle voisine avec des colonies habillées en Etats ? On est fondé à préférer « l'autonomie interne » à la loi du Grand Frère. Reste qu'habiller un *leadership* en *partnership*, une *institution*, avec sa hiérarchie, ses interdits et ses non-dits, en *Communauté* douce et familière, une *hégémonie* en *solidarité*, une *subordination* en *coordination*, des commandements militaires *américains* en commandements « *intégrés* », c'est déjà reprendre à son insu le vocabulaire de l'allégeance, ce qui ne facilite pas ensuite le rejet de sa réalité. On gouverne par les mots et le Maître moderne n'accepte pas que les vassaux se sachent et se disent tels. Même si, à usage interne, les pudeurs tombent. « En ce qui concernait l'Europe, Nixon voulait m'entendre réaffirmer l'article de foi de son apprentissage de la politique : les Etats-Unis devaient garder le leadership. Je n'avais pas à me forcer pour rendre ce verdict : c'était l'essence même de mes propres convictions », écrit candidement Kissinger [1]. Osons traduire : « Leadership » — .s. 1. To be under s.o.'s leadership, être *sous la conduite* de quelqu'un. 2 *(a)* Mil : *Commandement. (b)* Fonctions de *chef*. Broder sur « la grande famille atlantique » pour déplorer les inévitables « querelles de famille » et clore à la hâte un dossier gênant (en oubliant que frères et sœurs supposent quelque part un père), c'est faire sien le jeu du Chef qui consiste à cacher la réalité de l'être-dessous sous les valeurs de l'être-avec.

Les « Communauté de destin », « Règne du droit », « Civilisation de la liberté », « Triomphe de l'Homme » escamotent l'inégalité des contrats de la peur. Les avantages de la protection sans les inconvénients de la dépendance, cela n'existe pas plus que la ville construite à la campagne parce que l'air y est tellement plus pur. *On ne peut vouloir une chose et son contraire :* renforcer l'Alliance atlantique et « sortir de Yalta ». Endosser le système global et récuser l'hégémonie qui en est l'envers. Exalter la

---

1. *A la Maison Blanche*, tome I, p. 399.

souveraineté et chanter la loyauté. Préserver le concept de dissuasion nucléaire et glisser sur la « doctrine Rogers » (priorité à la bataille conventionnelle). S'il est vrai que la France dispose, plus qu'aucune autre puissance moyenne et sans doute la seule parmi elles (avec la Chine), par son armement nucléaire autonome et une doctrine d'emploi originale, d'un peu plus de moyens de marier indépendance et sécurité, elle ne les a pas acquis par fidélité à ses engagements confédéraux et loyauté envers son Leader mais en tant qu'hérétique et rebelle (« traître à l'Occident »), dans l'exacte mesure où elle sut, à un moment donné, bravant le courroux du Chef et les frayeurs des voisins, se soustraire à « l'organisation imposée à l'Alliance atlantique et qui n'est que la subordination militaire et politique de l'Europe occidentale aux Etats-Unis d'Amérique [1] ».

Parler vrai exposerait à un autre risque : découvrir l'étrangeté d'un protectorat où les protégés auraient acquis les moyens de se défendre eux-mêmes, tandis que le protecteur aurait perdu la volonté, ou l'intérêt, de le faire. La bizarrerie d'une alliance où *les garanties de sécurité ont diminué au fur et à mesure que se sont renforcés les liens de dépendance*. Si la Confédération atlantique est un phénomène de croyance collective, comme l'est en définitive n'importe quelle institution politique, il n'est guère roboratif de passer au trébuchet les termes du contrat. Les religions — et la superstition de l'Alliance en est une, chez nous, — ciment l'ordre public, à l'Est comme à l'Ouest. Les fidèles n'aiment pas se découvrir gogos. C'est pourquoi le parler vrai est toujours plus facile à un individu agnostique sans mandat ni responsabilité qu'à un chef politique qui doit maintenir debout les murs de la maison, fussent-ils en papier. Pas facile de leur dire la réalité, aux électeurs, et de s'en faire aimer. Etonnez-vous ensuite d'entendre toujours parler Droits (de l'homme) plutôt que devoirs (du citoyen), sécurité plutôt que dépendance, rose plutôt qu'épines. Quel chef de gouvernement ou d'Etat oserait exposer à ses concitoyens la liste des dépendances françaises (dans tous les domaines : financier,

---

1. Ch. de Gaulle, *Mémoires d'espoir*, tome I, Plon, p. 177.

technique, militaire, industriel, stratégique, agricole, etc.), puis celle des contraintes qui en dérivent au plan politique, soit tout ce que ces dépendances objectives ont empêché la France de réaliser, au-dedans et au-dehors ? Au jeu de la vérité, on commencerait par demander ce que notre appartenance à la Confédération nous rapporte et nous coûte, avoir et débit.

## 5. *Le paradoxe.*

Le Pacte de Varsovie a perdu la guerre (idéologique) mondiale et *toutes* les batailles (politiques) en Europe de l'Ouest depuis 1949 ; le Kominform a disparu, et la dernière Conférence mondiale communiste remonte à 1969 ; l'Atlantique cède la place au Pacifique comme « économie-monde » et centre de gravité des décollages ; crises majeures et affrontements Est-Ouest ont, depuis trente ans, contourné le théâtre européen ; le monde bipolaire s'est effrité avec le retour des tiers mondes à eux-mêmes. Bref, les conditions qui ont suscité l'Alliance ont changé, les structures de la Confédération se sont renforcées. Pour quoi faire ?

Si l'alternative à l'hégémonie américaine était un leadership soviétique, accepter la première resterait le seul choix (pourvu qu'on l'appelât par son nom). Mieux vaut être tête de pont d'une grande Ile que glacis d'un Hinterland : cela fait de l'air. Et suzerain pour suzerain, mieux vaut une démocratie moderne qu'une oligarchie rétrograde : la première hypothèque, la seconde confisque. Dès lors que le Protecteur se désintéresse de sa façade atlantique et que l'Europe se réintéresse à elle-même, le problème, chacun en conviendra, ne se pose plus en ces termes. Plus grave est le fait que le système atlantique soit devenu contre-productif ; sa fausse sécurité, un vrai danger.

1) En irresponsabilisant ses protégés et en ruinant à terme leur esprit de défense, le protectorat précipite ce qu'il veut éviter : la finlandisation de l'Europe. Comme le prouve l'évolution de la Hollande, de l'Italie, de la R.F.A., l'atlantisme des pères porte dans ses flancs le pacifisme des fils, sinon le terrorisme des plus

désespérés. La normalisation des vassaux promet le dévoiement de leur inévitable rébellion. Européens, américanisez-vous jusqu'au bout, et vous serez d'abord terrorisés, ensuite soviétisés !

2) La direction américaine, par téléguidage ou inhibition, des diplomaties « associées » (au sens de Puerto-Rico, « Etat libre associé ») neutralise les capacités d'intervention nationales ou européennes dans les zones de crise, aligne les borgnes sur l'aveugle et conduit au fiasco. Réduire toute complexité régionale à l'option simpliste « proaméricain ou prosoviétique » aliène l'ami et conforte l'ennemi. Comme le montrent les expériences du Liban, d'Indochine, d'Afrique australe, du Proche-Orient ou d'Amérique centrale, le pompier atlantique reste le meilleur et sans doute le dernier incendiaire sur lequel puisse compter le Kremlin pour essayer de mettre le feu à la plaine.

Pourquoi éluder ces constats d'évidence ?

Parce qu'il est toujours plus pénible de se réveiller que de rêver. Le dogme atlantique, gardien du sommeil européen, berce nos « lâches soulagements ».

## II. L'ENGRENAGE

L'organisation atlantique surclasse la soviétique dans l'échelle des valeurs morales mais aussi dans celle des âges techniques — comme la cybernétique, la mécanique, le faire-faire, le faire, le XX$^e$ siècle, le XIX$^e$. Les performances du soviétisme, stade inférieur du colonialisme post-colonial, s'apparentent à celles du boulier dans un environnement de micro-ordinateurs. Les rendements comparés de la cohésion et du consensus, de l'occupation des sols et celle des têtes, du char lourd et de l'« human engineering » sont difficiles à évaluer, mais entre l'Ouest et l'Est il y a le même rapport qu'entre un laboratoire et un musée. Supériorité du droit coutumier sur le formalisme dit latin (et le ritualisme byzantin !) ? A quoi bon commencer par des serments d'amitié éternelle et d'inconditionnalité s'il faut montrer les dents à chaque occasion ; mieux vaut susciter, en préambule, des déclarations d'indépendance (« l'Italie ne fait pas partie d'un bloc mais elle est membre d'une Alliance ») et aboutir en fin de course à un encadrement opérationnel. Fascinante expérience scientifique que cette insensible dérive de l'accord de défense au Système multinational. Tout Empire est une longue patience ; et l'histoire de l'Alliance, un grignotage sans fin. Les « expérimentateurs » n'ont sans doute rien voulu, et les « sujets » rien vu. La domination n'est pas une idée, fausse ou juste, qu'on s'est mise en tête un beau jour pour l'en sortir le lendemain, parce qu'un ministre français convaincant vous a expliqué que ce n'est ni gentil ni intelligent de vouloir dominer ses alliés. C'est un mécanisme, non une machination. Ni bouc émissaire ni grand Satan : les rouages comptent plus que les stratagèmes. Une certaine ignorance de la machinerie internationale (fréquente à gauche mais stupéfiante dans la « deuxième gauche » des grandes révisions), jointe à une idée naïve de la domination expliquent sans doute le cliché populaire selon lequel « la domination des Etats-Unis n'est pas politique, mais culturelle et économique [1] ». Il arrive aussi que les mécaniciens tout à leurs cadrans et manettes perdent de vue le sens de ce qu'ils disent et font. L'ironie légèrement expéditive des diplomates européens lorsqu'ils déplorent la douce manie qu'ont leurs homologues américains de se croire investis de la direction de la politique occidentale — « il faudra les détromper car nous ne pouvons accepter cette absurde prétention » — témoigne que dénoncer verbalement le leadership n'a jamais empêché de le reconduire pratiquement ; cela peut même y aider. Les mécanismes de la domination sont d'abord ses euphémismes (« leadership » en est un), et l'euphémisme sera à mettre en facteur commun devant chacun d'eux. Il suffit pour alimenter la machine de la laisser aller. Répéter soi-même les généralités les plus banales de la langue stratégique en usage, papier-monnaie qui circule sans encaisse. Mariés aux majuscules, les grands esprits dédaignent les petits mécanismes — mais les mots à majuscule tournent aussi leurs petites roues. L' « Est-Ouest » coupe l'universel en deux en identifiant chacun des Grands avec une moitié du monde. La neutralité de l'expression entérine l'exorbitant nationalisme des superpuissances, en même temps qu'elle avalise une sorte de condominium du sens de l'histoire (à vous de choisir : si vous n'êtes pas dans le camp des travailleurs et de la paix, vous êtes dans celui des oppresseurs et de la guerre, ou vice versa). On parlera du Nord-Sud pour le distinguer, assez mystérieusement, de l'Est-Ouest, comme si le Nord n'était pas, en l'occurrence, l'Ouest, et comme si le « Sud », méprisant fourre-tout, n'était pas directement branché sur les systèmes politiques et

---

1. Laurent Joffrin, *La Gauche en voie de disparition,* Seuil, 1984, p. 248.

sociaux qui se partagent le Nord. On érigera en sujet impérieux l'*Occident* (noble unité de compte mise en circulation dans la langue usuelle après la Première Guerre mondiale par la droite intellectuelle fascisante ou conservatrice, de Spengler à Massis et Brasillach, pour légitimer les cadets de l'Alcazar, la montée du Troisième Reich et la conquête de l'Abyssinie), en jouant de toutes les ambiguïtés d'un mot que seul un défaut d'analyse transforme en ultimatum : s'agit-il d'une expression géographique, d'une catégorie historique, d'une entité métaphysique ? De groupe des héritiers de l'Empire romain d'Occident (mais Byzance, berceau de la pensée et centre du monde chrétien pendant un millénaire, n'a-t-elle pas sauvé la culture romaine face aux barbares occidentaux ?) ? Dont la définition ne serait plus celle de la religion chrétienne mais de l'institution démocratique ? Il faudrait alors y inclure l'Inde, les Fidji et le Sénégal, en exclure la Grèce des colonels, la Turquie des généraux et le Portugal de Salazar, auxquels personne en leur temps n'avait demandé de quitter l'Alliance atlantique, dont la démocratie politique n'est donc pas le déterminant principal. L'entité prestigieuse qui, sur les couvertures de magazines et dans les discours dominicaux, explique tout (« l'Occident » menacé, défié, assiégé, pense, veut, décide, s'arme, contre-attaque, mobilise, s'interroge, etc.), gagne en puissance de convocation à rester elle-même inexpliquée. Traduire par « Amérique » serait « réducteur ». « Ou bien il y a un Occident, et il y aura une politique commune ou bien... mais il n'y aura pas d'Occident », confiait de Gaulle à l'auteur des *Antimémoires,* au moment de proposer au Leader son Directoire à Trois (mémorandum du 17 septembre 1958). Prophétie juste quant au fond seulement, car les Etats-Unis ont besoin du vocable pathétique et flou d'Occident pour, à travers l'identification globale des alliés et du Leader, *faire la loi sans le dire.*

Il ne faut pas s'étonner que les mailles du filet normalisateur, sur nous Français et Européens, soient plus serrées en 1985 qu'en 1965, lorsque le général de Gaulle crut le moment venu d'abandonner « la soumission de la France à une loi qui ne serait pas la sienne[1] ». Depuis 1974 — césure marquant le plein retour de la France dans les institutions civiles de l'O.T.A.N. —, l'instauration de nouvelles « structures permamentes de consultation » et un retournement des usages et mentalités dans les grands corps de la défense et de la diplomatie — pas d'année qui n'ait vu une concession devenir coutume, un empiétement, droit acquis. On recommence, déborde, entérine, raccorde ; crée de *nouvelles structures de coordination* (comités, commissions, groupes de travail) ; *élargit* les compétences des enceintes existantes ; *pérennise* les groupes occasionnels ; *institutionnalise* l'informel, *divulgue* l'officieux, *codifie* les bonnes conduites et *pénalise* les écarts. Repérons les principaux rouages qui transforment chaque jour une alliance entre pays coalisés contre une menace précise mais distincts par leurs intérêts, leur position géographique, leurs traditions et leur vocation, en une communauté où, faute de règles écrites, le plus puissant peut imposer sa volonté.

## 1. *L'amalgame.*

« Un pays qui veut compter ne doit pas se confondre. » La France ne pèse jamais autant dans l'arène internationale (et d'abord vis-à-vis de ses alliés y compris les Etats-Unis), lorsqu'elle fait pleinement sienne, contre vents et marées, cette règle d'or. Elle vaut pour tous, mais encore plus pour un pays dont le statut est effectivement singulier et sans équivalent parmi « the allies ». Dotée d'une force nucléaire stratégiquement suffisante et techniquement autonome (au contraire des forces britanniques avec

---

1. Filet *aussi* géographique. Il n'appartient qu'aux Espagnols de décider si leur intégration totale dans l'O.T.A.N. sert ou non l'intérêt de l'Espagne. Il suffit de regarder la carte pour savoir que la France, elle, n'y a pas intérêt. Prise en sandwich entre la R.F.A. et l'Espagne, transformée en pays de deuxième échelon, la France pourrait difficilement empêcher en ce cas que son espace national ne soit utilisé pour des mouvements de troupe ou des liaisons de théâtre : l'intégration militaire (en plus de la politique, déjà acquise) de l'Espagne augmenterait à terme les chances de voir la France engagée de facto dans une bataille non désirée.

lesquelles l'arsenal nucléaire français est trop souvent confondu), la France dispose d'abord d'un espace de sécurité imprenable (sauf par un suicidaire). Les SS-20 peuvent balayer d'un coup, en frappe ponctuelle et préemptive, toutes les infrastructures de l'O.T.A.N. en Europe mais ne peuvent rien contre les sous-marins stratégiques français, le gros de notre force de défense : 80 % de notre capacité nucléaire est à la mer. Notre pays est le seul (avec l'Espagne) à disposer d'une façade atlantique *et* méditerranéenne. Il n'est pas, contrairement à la R.F.A., un pays de première ligne. Il est le seul, sur le continent européen, qui soit implanté dans le Pacifique, l'océan Indien, les Caraïbes et l'Amérique du Sud. « Seule la France... » ne veut ni ne peut évidemment dire « la France seule » comme affectent de le croire tous ceux qui justifient l'effacement au prétexte que l'autarcie est une absurdité (selon l'éternel sophisme consistant à étayer la vérité d'une thèse sur la fausseté de la thèse contraire poussée à la caricature). Ce n'est pas injurier ni dédaigner notre allié britannique que de lui faire remarquer que nous construisons à la fois les vecteurs et les têtes de nos missiles nucléaires, que nous les expérimentons en territoire français et les modernisons avec notre technologie. Ce n'est pas se désolidariser de notre ami allemand que de faire observer que les armes A.B.C. (atomiques, bactériologiques, chimiques) ne nous sont pas interdites, que la défense de notre nation est nationale et qu'il n'existe pas de « question française ». Notre pays n'est supérieur à aucun de ses voisins et alliés : il est lui-même. « Seule la France... » veut simplement dire « la France différente ». Une solidarité n'est pas solide qui se construit sur la confusion des partenaires.

Le Système n'embrigade pas : il *encadre*. Il ne brise pas, il *banalise*. Il n'inféode pas : il *phagocyte*. Dissoudre la singularité stratégique, géographique, culturelle d'un allié se fera de biais et sans choc frontal, par un inlassable exercice de quadrillage, en encastrant l'original, unité parmi d'autres, à l'intérieur d'une série d'enceintes concentriques. Depuis le cadre à Quatre (groupe quadripartite composé des Etats-Unis, Angleterre, Allemagne et France) jusqu'au cadre à Quinze (Seize avec l'Espagne), en passant par les Cinq (ministres des Finances qui se concertent régulièrement sur les questions monétaires), et les Sept (des Sommets dits « économiques »), sans oublier les cadres subsidiaires tels que le Cocom. Chaque cadre a ses compétences et son objet spécifiques, mais leur addition fait réseau ou quinconce. Car à peine une enceinte construite, au nom de la spécificité du champ, on essaiera dans un deuxième temps de l'annexer aux autres, au nom de la coordination des champs. Par exemple, faire de l'O.C.D.E. un échelon avancé de l'O.T.A.N., du groupe des Sept industrialisés une O.T.A.N. économique, de l'U.E.O., un banc d'essai des nouvelles stratégies du Commandement suprême en Europe et, en passant, de la Communauté européenne, l'autre pilier de l'Alliance (projet de Charte atlantique).

Multiplier les enceintes a pour avantage de faire bientôt naître le besoin de les unifier sous une seule direction. L'examen des relations économiques Est-Ouest relève de la compétence d'au moins quatre institutions : l'O.T.A.N. qui a son Comité économique, l'O.C.D.E., la Communauté, et les Sept. Ne faut-il pas « rationaliser »? La géométrie variable de l'Occident peut faire pâlir d'envie les cadres rigides de l'Est. Chez nous, personne n'est bâillonné mais tous ont les mains liées. La France n'a de cesse de lutter pour maintenir la spécificité de chaque forum. Elle avait déjà été soucieuse depuis le sommet de La Haye en 1969, de ne pas superposer la coopération politique des Dix sur les organes communautaires de Bruxelles, et cela jusqu'en 1974. Elle s'efforce aujourd'hui de différer la confusion des genres et des enceintes.

Le mixage permet d'éviter le rapport bilatéral avec l'allié. Les Etats-Unis pratiquent en ce qui les concerne l'unilatéralisme au niveau mondial, mais s'ils abhorrent des procédures et organisations multilatérales de type onusien, ils en raffolent dans leur propre sphère d'influence. Assurant une dénivellation de puissance maximale, elles permettent de noyer les résistances dans l'œuf, en les isolant ; d'unifier les points de vue en présence sous le sien propre ; jouer des uns contre les autres, alternativement (d'abord l'Allemagne contre la France, et dix ans après, la France contre l'Allemagne, qui se voient proposer tout à tour le rôle flatteur d'organisateur du pilier européen et d'interlocuteur principal du Leader). Toutes les administrations américaines emploient le mot « allié » au pluriel (the allies), simple apposition à un moi souverain. Et les Sommets euro-américains (1 + 15) que sont les rencontres atlantiques ne sont pas sans ressembler, par le protocole, l'atmosphère, les préséances implicites et les attentions marquées, aux sommets franco-africains. Plus nombreuses les familles, plus maîtrisables les fortes têtes. La diplomatie des grands ensembles devient une ramification technique de la psychologie de groupe. Le nombre délaye et intimide. Qui veut se singulariser dans une vaste assemblée culpabilise facilement. On le met bientôt sur la sellette et la preuve de son innocence est à sa charge. Le réfractaire, fera-t-on savoir, « s'est distingué avec éclat de ses partenaires ». Il fait « l'unanimité dans le mécontentement ». « Son attitude se retournera contre lui [1]. » Comment ne pas jouer, de guerre lasse, au fils prodigue ? N'oublions pas qu'aux réunions de concertation politique, les partenaires européens du Chef arrivent en ordre dispersé, sans consultations préalables entre eux. La présence britannique prévenant en tout état de cause l'esquisse d'un front uni européen (« Entre l'Europe et le grand large, je choisirai toujours le grand large »).

En matière de concertation, de Gaulle s'arrêtait de compter au-delà de trois — chiffre passé lequel la France ne compte plus mais se range. Il s'ingénia toujours pour traiter les affaires du monde avec le Président américain en tête à tête, et de façon générale pour replacer les rapports franco-américains sur un socle bilatéral, au grand dam de Washington. Le seul Sommet occidental auquel

---

1. Michel Jobert a fort joliment décrit l'effet Panurge en évoquant la Conférence de Washington de février 1974 où Kissinger avait convoqué les neuf ministres européens pour une concertation sur le pétrole. Les résolutions antérieures des membres de la Communauté d'alors s'évaporèrent en quarante-huit heures. « Je n'étais guère surpris de voir mes collègues flancher dès que le Secrétaire d'Etat haussait le ton ou les cajolait un à un. Ce n'était pas pour moi une expérience nouvelle. Mais j'étais impressionné qu'ils aient pu penser qu'il suffisait qu'ils s'alignent sur les instructions américaines pour que la France, maintenant engagée dans la conférence, soit contrainte de les suivre. » (*Mémoires d'avenir*, Albin Michel, p. 287).

il consentit (la France n'ayant pas encore rétabli sa puissance) se tint à Paris, en 1960, et sous sa présidence. Des entretiens à huis clos réunirent alors de Gaulle, Eisenhower et MacMillan, avec Adenauer par moments, dans le but de préparer une rencontre conjointe avec Khrouchtchev, qui avorta comme on sait.

Depuis dix ans, la France a pris l'habitude de se mettre en Quatre pour parler de « grande politique » : rien de sérieux à moins. La nouvelle Charte atlantique de 1973 instituait l'obligation pour les Européens de consulter au préalable les Etats-Unis sur les affaires européennes et d'aligner leurs politiques économiques sur la puissance directrice. Ces objectifs ont été atteints, indirectement, moyennant l'instauration en 1975 de deux nouvelles enceintes : pour la galerie, le *Sommet des Sept* (idée lancée par Giscard mais soufflée par Kissinger). Faute qu'on ait fait accepter une présence américaine aux délibérations du Conseil européen, on rassemblera en sens inverse les principaux européens autour du Leader ; et dans les coulisses, au sein du *Groupe quadripartite*, officiellement confidentiel si l'on peut dire (tous les « petits » de l'Alliance étant au courant). Rappelons-nous 1975 : révolution au Portugal, expédition cubaine en Angola, rumeurs sur la santé de Tito, montée du P.C.I. aux abords gouvernementaux, à Rome. Bon moment pour élever l'ancien « Standing group » créé après-guerre à Washington, dans lequel les ambassadeurs américains, français et britanniques traitaient discrètement les affaires allemandes et berlinoises, où avait été admise la République fédérale à la fin des années cinquante, en un « cadre de réflexion » non plus technique mais stratégique. Peu importe le thème pourvu qu'on ait le cadre. Où d'abord les ministres, puis les directeurs politiques, puis leurs collaborateurs, ont pris l'habitude de « déjeuner » ou « dîner » de plus en plus fréquemment, d'abord en marge puis en dehors de l'Assemblée générale de l'O.N.U. et des Conseils atlantiques. Réunions jadis secrètes, désormais couvertes par tous les experts. Sans oublier le contre-bas, dans les services.

Il ne serait pas sérieux de voir dans la structure à Quatre l'exaucement posthume du vœu gaullien d'un Directoire à Trois (dont l'idée n'est pas moins utopique qu'arrogante). D'abord, et même si l'inclusion de l'Allemagne fédérale est aujourd'hui pleinement justifiée, il s'agissait à l'époque de rassembler les trois puissances mondiales de l'Ouest, et, potentiellement pour la France, atomiques. Mais surtout, le Mémorandum de septembre 1958 n'était qu'un jalon tactique, un incident délibérément provoqué de façon, comme celui de Saint-Pierre-et-Miquelon en 1941, à « remuer le fond des choses comme on jette une pierre dans un étang ». En l'occurrence et comme toujours, le fond des choses était de savoir *qui dirige qui*[1]. En constatant que « l'organisation actuelle de l'Alliance ne répond plus aux conditions nécessaires de l'ensemble du monde libre » et en proposant au Président américain et au Premier britannique un exercice collectif des responsabilités mondiales (la France ayant, écrivait-il alors, des « responsabilités indivisibles » en Afrique, dans l'océan Indien et dans le Pacifique), donc une *réciprocité dans le droit de veto* sur l'arme nucléaire, de Gaulle plaidait le faux pour faire dire le vrai, qui s'avoua par un silence poli : l'hégémonie ne se partage pas, et il est malséant d'en discuter. Tout indique enfin que ce Directoire n'était pas conçu comme un aréopage de bienséance ni une Cour d'enregistrement (où le récalcitrant isolé n'a le choix qu'entre l'esclandre et le ralliement, le clash public ou la complaisance tacite). Il serait donc malséant de confondre l'organisation d'un rééquilibrage avec un déséquilibre organisé.

## 2. *La personnalisation.*

Talleyrand : « Les alliés ne se conservent qu'avec des soins, des égards et des avantages réciproques. » Quand ces derniers susci-

---

1. M. Couve de Murville : « Personne n'a jamais cru — y compris le général de Gaulle — que ce mémorandum aboutirait à quelque accord que ce soit avec les Etats-Unis... C'était une prise de position contre le caractère inacceptable d'un système qui pouvait nous engager, et même nous engager militairement sans notre accord ; dans son esprit, c'était créer une justification supplémentaire pour changer de système » (*L'Entourage et de Gaulle,* Plon, 1979, p. 283).

tent quelque doute, à la périphérie, renchérir sur les égards fait partie des « réassurances » utiles. Le soin ne coûte que du temps, et sans garantir la fusion des cœurs, les effusions servent la confusion des intérêts. Pour ce qui regarde l'Est, l'Ouest a récemment découvert l'imprudence qu'il y avait à trop personnaliser les rapports d'Etat à Etat : la chaleur des Sommets masque la dureté des antagonismes, la fausse connivence, le défaut de concessions sur le fond de la partie adverse, et l'expression d'une divergence finit par ressembler à un affront personnel. Ce sursaut tardif n'a pas complètement affecté les rapports internes à l'Ouest. Et ceux qui s'en félicitent au prétexte qu'amis et ennemis ne sont pas passibles des mêmes règles ont sans doute oublié qu'un Etat n'a pas d'amis, mais seulement des alliés.

Du bon usage de la cordialité. L'aspect Club à l'anglaise des rapports transatlantiques peut faire croire à ses membres qu'il n'y a rien là de contraignant ou de hiérarchique. C'est l'inverse : le flux chaleureux mais balisé des « libres échanges » entre capitales alliées entretient l'illusion de l'informalité en même temps que l'exaucement, sauf accident, des souhaits du Leader. L'Alliance est un quotidien frayage de communications de point à point à l'intérieur d'un cercle de responsables transformé en cercle de famille par la fréquence même des échanges, permettant à une coordination réglée des politiques d'Etat de passer par — et pour — une convivialité spontanée entre chefs d'Etat. A ceci près que tout réseau communiquant est un réseau pensant, et que celui-ci, avec Washington pour point de départ et d'arrivée, ne communique pas n'importe quelle pensée, le tableau de « la classe atlantique » est plutôt celui d'une bande de vieux amis — des chefs d'Etat aux chefs de service, en passant par les conseillers, directeurs, ambassadeurs, experts mais aussi journalistes, officiers généraux, techniciens, etc. — que d'un magistère *ex cathedra* devant des potaches muets. Le Président Reagan est un « Great communicator » mais ses prédécesseurs ont dit, et ses successeurs diront sans doute comme lui, « attacher une grande valeur à ces communications personnelles ». On inondera donc les amis de lettres, messages personnels, congratulations, condoléances, à propos de tout et de rien, et sur un ton d'immédiate intimité : « Dear Helmut », « Dear Margaret », « Dear François ». On dépêchera, en dessous de la ligne de visibilité, missionnaires, conseillers, intermédiaires de tout rang, et, au-dessus, Vice-président et ministres pour la régulière « tournée des popotes » d'une capitale à l'autre — avec le contrepoint de presse cajolant, à chaque escale : « l'étape de Paris (Rome, Bonn, Madrid) était la plus importante de la tournée du secrétaire d'Etat en Europe, dit-on de bonne source à Washington »... Le secrétaire d'Etat aura ses principaux collègues européens au téléphone (on se tutoie d'emblée, dès la prise de fonction) plusieurs fois par semaine, voire par jour, en période de crise (sans doute le plus sûr paramètre pour une courbe de vitalité du système atlantique : suivre la moyenne mensuelle d'échanges téléphoniques entre le ministre des Affaires étrangères français et son collègue américain de 1949 à 1985, et en quelle langue de chaque côté). Quant au niveau plus modeste des cabinets, directions politiques et géographiques, équipes de prospective, etc., le plus rentable et le moins voyant, on veillera à les abreuver d'informations, classifiées si possible (la photo satellite, coup classique, ne déçoit jamais), d'échanges de vue informels, de tours d'horizon, etc. Sans parler des colloques et séminaires à l'invitation d'Instituts privés, déjeuners d'Ambassade, stages, bourses, rencontres avec des journalistes influents, où se forment et transforment modes stratégiques et modes de pensée. La communauté atlantique, qui embrasse désormais les opinions, brasse les ressortissants des divers Etats alliés dans ces clubs strictement anglophones, assez peu cosmopolites hélas — l'*homo atlanticus* n'est pas exactement un citoyen du monde —, à entrées multiples et sortie unique, que sont devenues « la communauté des experts militaires », « la communauté du renseignement », « la communauté des foreign affairs », etc. « Réunions de pure routine » ? Les décisions, il est vrai, ne se prennent pas là. Mais la routine polit les décideurs, qui prennent le pli à leur insu — terminologie, références, façon de poser les questions, découpage du monde en zones principales et zones secondaires, hiérarchie des intérêts, etc. Ce réseau de visites et conciliabules égaie le morne quotidien de nos administrations, qu'il met avantageusement au contact des médias et des milieux d'affaires. Ce soyeux tissu de rapports personnels, qui fait passer de fondations en universités, de centre de recherches en ministères, joint l'agréable à l'utile et desserre l'horizon. La fréquentation de nos amis américains, qui sont en règle générale sympathiques, ouverts, accueillants, chaleureux — ce qui vaut pour l'*average man* vaut pour les hommes du Pentagone, de la Maison-Blanche ou du State Department — distrait favorablement du bourgeois français, qui, grand ou petit, fait à côté figure de chien glacial et coincé. Les retours de Californie, Colorado, Massachusetts, Floride, à Paris, pauvre, prétentieuse province, au bureau qui n'a pas été repeint, au téléphone qui crachouille, à la photocopieuse en panne, aux dossiers sans importance, aux cachotteries des collègues, sont maussades : « Français, si vous saviez... » Et voilà notre bureaucrate envoûté, étourdi, honteux de lui mais fier de ses nouvelles relations, tout pénétré déjà de l'esprit d'Empire, prêt à servir « l'unité de l'Occident ».

Peu importe ce qui se dit dans ces échanges et ces rencontres (la banalité des entretiens entre dirigeants paraît être un trait permanent de la vie internationale). L'important est de s'écrire, de se parler, de se voir. « The massage is the message. » De même que toute lettre mérite réponse — politesse oblige — toute rencontre — journalistes obligent — appelle le sourire. A huis clos, où il serait désagréable de se porter la contradiction, chacun fait assaut de généralités, l'autre d'esquives courtoises. Plus on se voit, moins on se contredit, et mieux l'habitude risque de s'en perdre. Près des yeux, près du cerveau. De même qu'on choisit son conseil en choisissant son conseiller, et son menu avec son convive, on ne peut faire longtemps une politique qui ne soit celle de ses plus fréquents interlocuteurs. Les partenaires atlantiques, eux, ne choisissent pas — contrainte qui ne doit rien à la fatalité amoureuse mais à un calendrier diplomatique soigneusement encombré. Les Sommets, Conseils et réunions du système qui se réclame de l'Alliance sont automatiques, indépendants de la conjoncture et des urgences de chacun, et la France n'a plus la maîtrise du choix du lieu et du moment (contrairement au Leader, qui peut organiser un Sommet, comme celui de Bonn en juin 82, à sa convenance et en fonction de ses dates de voyage). Si l'article 5 du traité écarte l'automaticité de l'engagement militaire en cas d'agression, l'automatisme des concertations politiques, lui, est garanti. Curieux système de production sociale d'intimité. Chacun sait, dans sa vie privée, qu'il vaut mieux s'abstenir de rencontrer « les gens qu'on n'aime pas » parce qu'ils ne correspondent guère à l'idée qu'on s'en fait (et qu'il est fatigant de changer d'idée). Une certaine forme d'intégrité intellectuelle ou morale exige beaucoup de doigté, dans le choix de ses restaurants, soirées, villégiatures, etc. Il en va de même en politique étrangère : l'exégèse des déclarations, communiqués et discours officiels d'un gouvernement en dira moins sur sa posture stratégique que l'agenda du Président ou du Premier ministre, car selon que vous recevrez en audience, à intervalles réguliers, Kissinger ou Arbatov, les événements du lendemain n'auront pas la même couleur. Les administrations américaines le savent bien, qui, à l'instar de la loi athénienne enjoignant aux alliés de la Confédération d'avoir les mêmes amis et ennemis que la Cité de Périclès, et toujours au même moment, transmettent à l'arrière-ban des alliés les interdits pesant sur les parias qu'ils mettent eux-mêmes en quarantaine, pour des raisons qui leur sont propres mais ne le restent pas longtemps — eux seuls ayant le droit de prendre langue en coulisse et sans consulter. Donc pas de contact au sommet avec les Castro, Kadhafi, Arafat, Assad, Pham Van Dong, qui resteront ainsi conformes, urbi et orbi, à leur triste image publique (affaire de consensus ambiant, non d'interdiction formelle).

Procédé à double tranchant, bien sûr : que les meilleurs alliés du monde cessent de se voir quelque temps au plus haut niveau (donc aussi aux échelons intermédiaires), et les pires « dérapages » deviennent possibles. Il n'est pas étonnant que pendant huit ans, de 1961 à 1969, entre la visite de Kennedy (juin 61) et celle de Nixon (février 69), de Gaulle ait oublié de s'entretenir de façon approfondie avec un président américain. Il n'a en particulier jamais tenu avec Johnson une conférence de travail, se contentant de le rencontrer incidemment, par la force des choses, aux obsèques de Kennedy et d'Adenauer. Le protocole fit le reste, chaque partie estimant que c'était à l'autre de se déplacer. Aurait-il pu, sinon, se retirer de l'O.T.A.N. militaire, reconnaître la Chine alors au ghetto, poursuivre un programme nucléaire « inamical » — en dépit des admonestations de Raymond Aron ? Ces décisions ne pouvaient qu'être *unilatérales,* et lui faire grief d'avoir agi sans consulter l'Amérique reviendrait à reprocher à une femme, dont le mari ne veut pas divorcer, d'avoir entamé une procédure de divorce sans avoir obtenu l'accord de son conjoint. La tactique du fait accompli — qu'ont toujours suivie les Etats-Unis dans leurs rapports avec les alliés lorsque leurs intérêts majeurs sont en jeu (Nixon a-t-il consulté les Européens au moment de décider en 1971, ex abrupto, la non-convertibilité du dollar ?) — n'est imputé à crime qu'aux faibles ; et c'est précisément elle que les structures permanentes de concertation ont pour vocation de rendre impossible. La machine s'est depuis remise en marche : le Président Mitterrand, en l'espace de trois ans, a rencontré huit fois le Président américain, et une seule, son homologue soviétique [1]. Ce serait troublant s'il n'avait eu dans le même temps quelque quarante rencontres personnelles avec le Chancelier allemand et ses autres homologues européens.

Il arrive qu'on s'interroge sur l'utilité des Sommets « économiques » inventés à l'occasion du premier choc pétrolier. La question de savoir quel bénéfice concret la France a jusqu'ici retiré de ces exercices est peut-être déplacée, car mal posée, même si les suites assez surprenantes du Sommet de Versailles — embargo unilatéral sur les entreprises sous licence, quota acier, contrats céréaliers, etc. — furent de nature à raviver certaines perplexités (1982). A quoi sert une réflexion et une concertation sur la lutte contre l'inflation et le chômage si chacun, en rentrant chez soi, fait comme si cette réflexion et cette concertation n'avaient pas eu

---

[1]. Ce contraste s'explique évidemment par la mise en suspens, Afghanistan et Pologne obligent, des Sommets annuels franco-soviétiques. Pompidou et Valéry Giscard d'Estaing ont rencontré chacun Brejnev à cinq reprises au cours de leur septennat.

lieu ? Dresser un catalogue de vœux pieux sans préciser les moyens de les exaucer vaut-il le déplacement ? En fait, la finalité de ces exercices est dans l'exercice lui-même, qui couronne la technique de la personnalisation. Utilité subliminale pour créer un climat d'harmonie interpersonnel propre à prévenir incartades et dissidences : l'important est que la famille resserre ses liens, fût-ce par la bisbille.

Etrange métamorphose de ces cérémonies, qui ont glissé en quelques années, sous la ferme pression d'un gant de velours, de l'harmonisation des politiques économiques à la coordination de la lutte antiterroriste. On avait annoncé des rencontres au coin du feu — voilà trois mille journalistes derrière les portes, en fonction desquels tout s'organise, séances, tête-à-tête, conférence de presse. Des rencontres informelles et sans communiqué — chaque sommet tourne à la discussion d'un « draft » de Déclaration solennelle. Des sommets économiques — et voici délibérations et déclarations finales principalement consacrées à des sujets politiques et militaires. Syllogisme : les sommets internationaux sont essentiellement des compétitions médiatiques entre participants ; or les médias sont, en qualité comme en quantité, américains ; donc tout Sommet est d'avance une victoire américaine. Corollaire : quiconque participe à ces cérémonies doit consentir à un certain statut d'infériorité, sauf à engager dans ces batailles d'opinion des moyens, en technologie, en personnel et en temps, disproportionnés avec l'enjeu réel des débats et incompatibles (sauf pour le Japon ?) avec une saine économie de ses forces propres. En attendant, l'orchestration du non-événement, gonflé, crée tant d'attente dans les opinions piégées qu'il ne peut en sortir que de la désillusion.

Ciselure des formes et évanescence des contenus. Absconse préciosité des rédactions préliminaires et minutie du déroulement protocolaire (innombrables réunions, voyages, notes, rapports, commissions, briefings) ; flou des résultats et des procès-verbaux (« mais qu'a-t-on vraiment dit à Versailles ? »). Les Sommets occidentaux d'aujourd'hui donnent un nouveau lustre à cet alliage immémorial. Ces montres molles occupent le temps et les têtes, mais à des chamailleries dont la France n'a pas l'initiative, peu de bénéfice à attendre, et quelques compromissions, inévitables, à redouter. Six mois pour préparer, six mois pour réparer : à peine a-t-on défini ce que sera ou doit être le Sommet à venir qu'il faut définir ce qu'il aurait dû être mais n'a pas été. Au-delà de ces shows désormais sans suspense mais qui paraissent créer chaque fois plus de problèmes qu'ils n'en résolvent, les multiples « concertations » inspirées par la République impériale, à la périphérie de l'Alliance ou en son sein, aliènent et distraient à des sujets qui sont rarement les siens l'intellectuel collectif appelé Quai d'Orsay. Mi-négative — « empêcher les dérapages » — mi-coopérative — « témoigner sa solidarité », cette diplomatie a pour amer destin de résister beaucoup et succomber parfois. Passer la moitié de son temps à freiner, rectifier, défaire les tentatives d'élargir les compétences et zone d'application, et l'autre moitié à accompagner ou mettre en œuvre des décisions auxquelles on se rallie à contrecœur — cela ne fait pas une politique de puissance.

Ajoutons que, maîtresse de ses décisions sans doute mais déjà moins de son temps, notre diplomatie doit à « l'interdépendance » de se voir imposer du dehors, tous les quatre ans, la « top priority » de ses réflexions. Voir, à chaque changement de souverain à Washington, tous les scribes des chancelleries d'Europe se précipiter sur leur porte-plume pour phosphorer sur la lubie quadriennale est un spectacle à la fois comique et humiliant. Notre politique étrangère doit choisir entre la continuité de son dessein et la subordination à la politique intérieure des Etats-Unis, soit au jeu des lobbies et des batailles entre bureaux qui détermine en dernier recours leur action extérieure. A chaque administration son dada : la force nucléaire multilatérale pour Kennedy, l' « arm's control » pour Nixon, la non-prolifération nucléaire pour Carter, la vente de technologie à l'U.R.S.S. pour Reagan, et maintenant le bouclier spatial. Le défaut de synchronisme des mandats électifs entre Centre et périphéries — coordination chronologique qui seule remettrait périodiquement à l'heure légale les montres des pourtours — oblige encore trop souvent nos fonctionnaires et nos généraux à changer de cheval de bataille au milieu du gué.

Les Etats-Unis ont demandé aux Européens d'accepter des missiles de portée intermédiaire en 1957, et ils furent déployés en Grande-Bretagne, en Italie et en Turquie en 1960. Mais retirés en 1963, sans explication. Revenus faire un petit tour avec la force nucléaire multilatérale, ils s'évanouirent derechef en 1965. Les revoilà en 1983, suite à la double décision de 1979. Dans le même temps, on leur a demandé d'approuver S.A.L.T. II, puis de le désapprouver ; de trouver des charmes insoupçonnés à la détente, puis de dénoncer ses maléfices ; de répudier la confrontation, puis de ne pas s'en effrayer. Il leur faut maintenant et pour quelques années réapprendre à sourire au Kremlin (1985). Avantage de la bonne éducation : l'échine ploie mais ne rompt pas.

3. *La coordination.*

La guerre économique, technologique et commerciale que livrent les Etats-Unis à leurs partenaires de l'O.C.D.E. n'a pas besoin de l'O.T.A.N. pour exister ; elle l'a précédée et lui survivra. Le Buy American Act de 1933, qui exige pour les marchés publics que la moitié des composants d'un produit soient fabriqués aux Etats-Unis, et l'Export Administration Act dont le renouvellement donnera bientôt le droit à l'exécutif américain d'imposer à des sociétés non américaines (filiales ou sociétés sous licence) un embargo automatique, se passent et pour cause, du consensus occidental. Avec une panoplie toujours croissante de moyens d'intervention et de contrôle extraterritorial, le Système permet néanmoins, au nom des valeurs communes, d'associer les concurrents à leur propre élimination.

Tout ce qui concerne la sécurité de « notre société occidentale » ne doit-il pas être discuté entre alliés ? L'exportation inconsidérée de technologies civiles vers l'Est n'est-elle pas une contribution à l'effort de guerre de l'Union soviétique ? N'a-t-on pas trouvé dans l'Atlantique une bouée-sonar soviétique incorporant des circuits intégrés fabriqués à l'Ouest ? De même que par des crédits à des taux préférentiels, par ses contrats énergétiques et autres, « l'Occident subventionne le développement économique de l'Union soviétique et lui permet ainsi d'affecter davantage de ressources à ses projets militaires », il améliore les performances de l'industrie militaire soviétique en lui permettant d'acheter des technologies qu'elle ne peut produire elle-même. Lénine ne l'avait-il pas prédit : « Ils nous vendront la corde avec laquelle nous les pendrons. » A partir de ce constat, qui a toutes les apparences du bon sens (la réalité est infiniment moins simple), l'administration américaine avait commencé, en 1981, par réclamer une nouvelle étude globale des relations économiques est-ouest. Les *groupes d'études* apportent toujours un plus puisqu'un groupe est rarement dissous quand il a rempli son mandat. Le Leader pousse d'autant plus à la production que les alliés rechignent à la consommation — des « études ». Mais n'y avait-il pas justement, à côté de l'O.C.D.E. (dont on n'abandonne pas l'espoir de faire un échelon avancé de l'Alliance), le Comité économique de l'O.T.A.N., auquel participe la France, et dont c'est la fonction ? Ce Comité n'est que consultatif. Il appartient à chaque gouvernement souverain d'en tirer les enseignements qu'il juge bons, sans préjuger des décisions du Conseil. A quoi bon un document de travail commun, si on n'en tire pas une ligne directrice ? Il fallait donc une instance plus « active » : le Leader proposa un groupe d'étude ad hoc (AC-134) afin d'établir des listes de technologies sensibles, dans le fil des conclusions d'une réunion en mai 1981 du Comité des Plans de Défense (C.P.D.) de l'O.T.A.N. Craignant d'être isolée, la France accepta d'en faire partie — rappelant, bien sûr, les limites de l'exercice, indicatif et descriptif. Le rapport produit servit ensuite de base à un code de bonne conduite, entériné en 1982 par une Session ministérielle de l'Alliance. Manquait encore au dispositif de « coordination » un bras séculier.

Le Comité de coordination pour le contrôle multilatéral des exportations ou Cocom, n'appartient pas formellement à l'organisation de l'Alliance. Créé en 1947 à l'initiative des Etats-Unis, au début de la guerre froide, il regroupe néanmoins tous les pays de l'Alliance, plus le Japon (et moins l'Islande). Il veille à prévenir le transfert vers l'U.R.S.S. et ses alliés de technologies susceptibles d'applications militaires. Il s'était assoupi au fil des ans, d'exceptions en arrangements, et la France ne s'y référait que lorsque les matériels vendus aux pays de l'Est intégraient des produits ou composants américains. Dès 1978, le Pentagone avait amorcé des démarches pour le réactiver : les alliés avaient passé outre. En 1981, au Sommet d'Ottawa, furent introduits dans la Déclaration finale deux paragraphes d'apparence anodine annonçant l'ouverture de consultations en vue d'améliorer le système de surveillance des flux commerciaux vers l'U.R.S.S. C'était bien le moins : « Au moment où nous accroissons les dépenses pour notre défense commune, les Américains ne comprendraient pas que vous fassiez passer vos mesquins intérêts commerciaux avant la solidarité mutuelle. » Aussi bien une session spéciale de haut niveau, avec la participation des ministères de la Défense, s'est-elle tenue en janvier 1982 pour remettre de l'ordre dans la maison commune. La stratégie à long terme doit avoir le pas sur l'intérêt à court terme, et du commerce Est-Ouest (3,2 % du total des achats de l'O.C.D.E., 3,4 % de ses ventes) dépend l'avenir du communisme : cela va sans dire. A qui de décider que tel équipement est ou non, et à quel moment, critique et donc à mettre sous embargo — gagnerait en revanche à être dit. On ne sache pas qu'il y ait eu dans l'Alliance une demande de réflexion commune sur les effets stratégiques du commerce de grains avec l'U.R.S.S. L'essence dans les réservoirs des T-54 et la puce dans le système de visée du canon sont évidemment critiques. Et les protéines dans l'estomac des équipages ? L'exportation de céréales américaines vers l'U.R.S.S., vous dira-t-on, est un problème de politique intérieure, et ne concerne pas les alliés ; mais l'exportation de tubes d'acier ou de centraux téléphoniques français dans la même direction est un problème qui affecte l'ensemble de l'Alliance et doit être soumis à l'autorisation du Cocom, c'est-à-dire à l'arbitrage américain. La France serait-elle un pays adulte, apte à doser lui-même ses exportations sensibles en fonction de ses impératifs de défense et de ce qu'elle sait devoir à la solidarité ? Lui tenir la main est plus sûr. Washington est-il le tuteur le mieux placé pour déterminer notre politique commerciale (ou nos besoins énergétiques) ? Ce serait oublier que les décisions du Cocom sont prises à l'unanimité. Après de « francs échanges de vues » en tête à tête où seule la malveillance oserait voir des pressions. X, haute personnalité américaine a reçu en audience Y, personnalité française d'un rang inférieur (autorité oblige). Après s'être félicité de la convergence de vues et de l'identité des objectifs entre les deux gouvernements, il s'est étonné d'un certain décalage entre les déclarations officielles et l'attitude française dans quelques affaires. Ses services avaient dernièrement attiré son attention, par exemple, sur tel projet de contrat avec tel pays portant sur tel type d'usine, dont les technologies pourraient avoir des répercussions dommageables pour la sécurité commune. Il ne doutait pas que ces inquiétudes n'étaient dues qu'à un malentendu ou à l'inadvertance passagère d'un service administratif français débordé. M. X. n'est pas personnellement inquiet mais enfin il lui faut pouvoir tranquilliser sous peu ses collègues. Il serait dommage que tel département ministériel voisin tire prétexte de cet involontaire manquement à la solidarité pour interrompre tel programme de coopération bilatéral pourtant en si bonne voie. Il lui était revenu par ailleurs — simple incident mais l'information doit circuler librement entre amis, surtout quand elle est préoccupante — que tel riche pays arabe auquel, comme vous le savez, nous sommes très liés, se posait des questions à propos de ce fameux contrat d'équipement conclu avec la France. Les Etats-Unis pour leur part ne voudraient y voir que des avantages et seraient prêts, si besoin était, à le faire savoir à ce pays ami, mais... Au même moment paraîtront, dans les deux ou trois plus grands hebdos français, sous des titres alarmistes, repris à la radio, à la télévision, et dans tous les journaux, quelques « indiscrétions » bien senties montrant que « la France arme l'Armée Rouge ». Tous les chemins sont bons qui conduisent à l'unanimité des décisions.

En demandant le renforcement du Cocom, les Etats-Unis visent à substituer la notion de *secteurs technologiques* à celle de *produits*. Ces secteurs sont curieusement ceux — télécommunications, notamment — où les alliés sont les plus compétitifs. La part du commerce extérieur dans leur P.N.B., l'étroitesse de leur marché national, le besoin d'amortissement des budgets « recherche et développement », leurs créneaux spécifiques sur le marché international rendent évidemment plus cruciaux les contrats en litige pour la France ou l'Allemagne que pour les Etats-Unis. Saboter ou gêner leurs efforts industriels — pour ne pas, disent-ils, faire le jeu de l'ennemi potentiel — fait en tout cas le leur — en accroissant la dépendance technologique, et donc politique, de l'Europe. En exerçant un droit de regard sur leurs échanges industriels civils, que la « no exception policy » transforme à sa guise en droit de veto (il suffit pour faire échouer un contrat de faire jouer les délais de procédure dans l'examen d'une demande de dérogation), la République impériale ménage d'autant mieux ses propres intérêts commerciaux qu'elle ne manque pas de faire savoir à d'éventuels clients, chinois par exemple, que les restrictions du Cocom qui valent pour les petits ne valent pas pour elle-même, et qu'il vaut donc mieux faire affaire avec l'Amérique. Arrogance à courte vue : est-ce renforcer la sécurité commune que de contribuer au déficit extérieur des alliés, au chômage et aux difficultés de leurs industries de pointe ?

## 4. *Le consensus.*

Ceux qui détiennent le pouvoir dans un pays, une association, un parti, sont naturellement partisans du consensus, ou de voir s'instaurer le consentement le plus étendu possible au pouvoir qu'ils détiennent — au fait que ce soit eux qui le détiennent. Les dirigeants américains postulent qu'au sein de l'Alliance le consensus est naturel, c'est-à-dire qu'il est naturel qu'on consente à leur direction. Rien là que de normal : tous les groupes humains se dirigent de la sorte, c'est l'invariant du contrôle social. Seulement voilà : une Alliance entre Etats n'est pas n'importe quelle société. Et tout se joue sur ce tour de passe-passe.

Le consensus, terme étranger au droit positif (nul juriste ne peut en donner une définition exacte), désigne l'adhésion largement répandue à l'intérieur d'une collectivité à un ensemble de *valeurs*. Une coalition entre Etats doit faire coexister des *intérêts*, qui par définition ne sont pas collectifs, ni automatiquement compatibles entre eux. On peut être en *conjonction* d'intérêts, mais on est en *communion* de valeurs. Le monde des intérêts est celui des faits, qui ne relève pas de la morale mais du calcul. Les valeurs ne se négocient pas, ni ne se choisissent : on y adhère en naissant, sans soupeser avantages et inconvénients.

L'astuce consiste à faire jouer une notion valable à l'intérieur d'une société au plan extérieur des rapports entre Etats. Cette glissade du national à l'international permet ce joli subterfuge : déduire des *idéaux* communs le postulat que les *intérêts* se doivent de l'être aussi. L'identification des intérêts nationaux particuliers devient ainsi une *donnée* générale et permanente, un a priori implicite à vérifier dans la pratique. Posant que seize Etats forment déjà une Grande Société en gestation à l'intérieur de laquelle les oppositions ne peuvent porter que sur les modalités de la vie en commun (comme celles des républicains et démocrates aux Etats-Unis mêmes), la « volonté de vivre en commun » est admise une fois pour toutes. La négociation n'a plus lieu d'être, sinon comme confirmation de cette volonté première. Entre deux parties contractantes, il n'y a pas consensus, il y a accord ou désaccord. Se présentant comme une Alliance, le Système oblige les signataires comme un contrat. Fonctionnant comme une Communauté, il rend le contrat sans objet, et inutiles ses procédures. Le consensus, notion en elle-même circulaire, enferme les Etats membres dans ce cercle.

De ce que les Etats-Unis et la France adhèrent aux mêmes valeurs de souveraineté populaire, d'habeas corpus et de liberté de penser, il ne se déduit pas que ces pays aient sur tous les plans les mêmes intérêts de sécurité, ni les mêmes intérêts économiques ni les mêmes avantages à avoir les mêmes ennemis au même instant. Faut-il que la France, parce qu'elle est en démocratie, déclare à tel moment la guerre à la Libye, oblige ses entreprises à ne pas honorer leur signature avec l'Union soviétique ou renonce à inviter tel ou tel chef d'Etat avec lequel elle a affaire ? Il se peut que oui, il se peut que non. Cela dépend. Cela se discute. En rabattant les intérêts (singuliers) sur les valeurs (partagées), le grand collecteur apparente toute discussion à une velléité de trahison, toute divergence à une dissidence, bref tout débat politique à un début de faute morale.

On comprend pourquoi le mot préféré du chef, que rien n'inquiétera plus qu'une possible altération du consensus (une rafale d'émissaires personnels s'abat sans tarder sur le mauvais coucheur), soit aussi celui qui revient le plus fréquemment dans la bouche et sous la plume des alliés [1]. Si l'Alliance était une tribu, Consensus en serait le totem. Sous des dehors tranquillisants, arrondis, chaleureux, évocateurs d'harmonie et de connivence, il s'oppose ostensiblement à la coercition, comme la manière douce *libérale* à la violence *autoritaire*, comme l'association *volontaire* à l'Empire *totalitaire*. Le consensus, condensé de violence symbolique, est un outil de culpabilisation idéal qui fait de la docilité l'épanouissement d'une vertu et de la soumission politique, la perfection d'un ordre moral intérieur.

Le consensus est l'idée dominante de l'Alliance atlantique parce que c'est l'instrument de la domination des Etats-Unis sur leurs alliés.

## 5. *La concertation.*

Le Traité de Washington n'a pas décidé ni prévu d'aliénations de souveraineté. Ce sont les gouvernements qui sont considérés comme siégeant dans le Conseil atlantique et les autres instances de décision, ce qui donne *en principe* à chaque membre un droit de veto. L'O.T.A.N. n'est pas une organisation supranationale mais intergouvernementale; or, elle ne fonctionne pas *en fait* sur le modèle d'un organisme de coopération internationale comme les

---

1. La traduction la plus exacte de « consensus », concept importé de la sociologie et de la société politique américaines, dans le vocabulaire gramscien de la sociologie européenne est du reste « hégémonie ».

Nations unies, l'Unesco ou la F.A.O., puisqu'elle ne connaît pas la règle de la majorité mais de l'unanimité. En droit international, le consensus désigne « une procédure d'adoption des décisions dans des instances multilatérales », étant entendu que si cette procédure préalable échoue, on passe ensuite au vote[1]. Dans la Communauté atlantique, *on ne vote jamais*. L'accord préalable entre membres conditionne donc l'efficacité des instances réglementaires. Alpha et omega du processus de décision, le consensus pivote en entier sur l'amont, sur les formes préliminaires de production de l'unanimité, ou de reproduction de l'hégémonie, nécessairement informelles et non officielles. L'unanimité est plus que la majorité simple sans être la totalité arithmétique des membres (en bonne règle, l'opposition d'un seul participant dans une assemblée n'interdit pas de prendre acte d'un consensus). L'accord des esprits devant être obtenu *avant* le stade final des mains levées, enregistrement circonstancié des décisions américaines, le centre de gravité du Système ne réside pas dans les Organes suprêmes, en haut de l'organigramme, ni dans les délibérations de ses Sommets, fêtes de famille espacées, mais en bas et en marge, dans le travail terre à terre et trotte-menu de la *concertation*. L'informel n'est pas la crème, mais la pâte de l'Alliance, et le rituel apparemment anodin de la concertation, le véritable *principe d'organisation interne* de la Confédération. Honneur à l'étymologie : l'accord des esprits se confond depuis Cicéron avec l'art de chanter ensemble ou de faire concert[2].

S'engager dans une concertation au sein d'un tel système c'est admettre d'entrée de jeu le devoir de consentement, non comme résultat aléatoire d'une discussion à engager, mais comme son postulat.

Exemple récent : « la crise du gazoduc ».

Dix jours après le Sommet de Versailles (4-6 juin 1982), sans

---

1. « Le Consensus », in *Pouvoirs*, n° 5, 1978, article de Guy de Lacharrière, p. 34.
2. C'est Cicéron qui aurait inventé le *consensus* (*De Oratore*, 3,21), en l'appariant au *concentus*. Voir René Pucheu, « A la recherche du Consensus », in *Pouvoirs, op. cit.*

préavis ni discussion, l'administration américaine décide d'étendre son embargo consécutif au coup de Varsovie aux entreprises européennes produisant sous licence des équipements industriels pour le gazoduc d'Ouregoï. Mesure unilatérale, extraterritoriale, rétroactive — bref exorbitante. Du point de vue américain, une prise de gage pour le déclenchement d'une « concertation ».

« Levez les sanctions, demandent aussitôt les alliés. — Et contre quoi ? Parlons-en. — Oui. Excellente idée. Nous n'avons rien fait de mal. Il faut éclaircir ce malentendu. L'important est de bien se comprendre, et nous sommes prêts à vous prouver notre bonne volonté. Réunissons-nous pour nous concerter sur les objectifs à long terme de notre politique à l'Est. » Ainsi, pouvait-on penser, les Etats-Unis, mis devant les contradictions de leur attitude, seraient-ils amenés à l'avenir à renoncer à toute action unilatérale. D'où une cascade de réunions à Quatre, puis à Sept, puis à Dix. On convient enfin d'une réunion privée des seize ministres des Affaires étrangères de l'Alliance au Canada (2,3 octobre 1982). Approche conceptuelle. Pas d'ordre du jour. Echange de vues dans un climat de libre discussion, pour une meilleure compréhension des positions réciproques ? Soit. Et le représentant américain de sortir en début de réunion un « non-papier », « document de travail » dont les « recommandations » engagent les Européens à ces mêmes restrictions et contrôles en matière de crédits, énergie, commerce, technologie qu'ils venaient d'écarter à huis clos. Etant entendu qu'il s'agit d'un simple *relevé de conclusions* soumis à discussion, c'est-à-dire que la discussion est d'emblée soumise au *cadre d'un texte* qui n'a pas lui-même été négocié. En échange de cet accord, les sanctions seront levées. Bénéfice de la prise de gage : obtenir des concessions nouvelles contre le retour au *statu quo ante*. (Autre technique de forcing, *l'escalade* : la France s'oppose à tel passage de telle Déclaration. La partie américaine le retire et en propose un autre, encore plus inacceptable. Tollé. Magnanime, le représentant américain accepte alors de retirer la deuxième rédaction et de revenir, par esprit de conciliation, à la première. Soulagement général. Accord conclu.)

La partie française refusa alors de souscrire à ce prétendu

consensus. Ne s'agissait-il pas pour nos représentants d'un simple groupe *consultatif*, se livrant à un exercice de *réflexion*, éventuellement d'*évaluation*? Mais novembre, mois électoral, est proche et l'administration américaine a besoin d'un succès d'opinion intérieur et international. En un clin d'œil, l'art de la fuite étant aussi réglé que l'art de la fugue en musique — le « non-papier » se retrouve dans la presse américaine —, sous le nom d'*accord*, objet d' « un consensus général ». Et le tour est joué. Voulant le réparer, la concertation atlantique a en définitive aggravé le « malentendu » né du précédent sommet à Sept. « La France n'est pas partie à l'accord annoncé à Washington » — déclare le Quai d'Orsay (14 novembre 1982). Mais elle a participé officieusement aux discussions. Et ce texte semi-officiel pourra ensuite servir de « draft » ou de précédent pour la prochaine Déclaration officielle du Conseil. L'informel sera alors formalisé ; et une nouvelle étape franchie dans l'intégration. Dans l'immédiat, l'engrenage fut stoppé net par la force tranquille du Président Mitterrand dont la position avait été, dès le début, de dignité : « Nous n'avons pas à quémander d'explications à Washington. Cette négociation n'a pas lieu d'être. » Et c'est bien ce à quoi la fermeté française contraignit cette fois Washington.

Propos du berger aux brebis : « Pour éviter les lézardes, multiplions les échanges de vues, partageons nos informations et notre vision des choses. » La « cohésion de l'Occident » face aux manœuvres soviétiques exige sans cesse de « relever le niveau des consultations », d'accroître la « confiance mutuelle » en vue d'une « approche commune ». Il y a apparence que ce sont les faibles qui ont intérêt à la concertation. C'est l'inverse : la concertation affaiblit le faible et renforce le fort, qui trouve dans les consultations périodiques le moyen d'impliquer les alliés dans ses propres choix nationaux. Le leadership joue du « partnership » quand c'est de son intérêt et sinon il s'en passe. La comédie du Grec influant le fruste Romain — sauve la face, non la mise. Forte de son « special relationship », la Grande-Bretagne (qui ne renonce jamais à l'égoïsme sacré lorsque sont en jeu ses intérêts vitaux) se console en jouant au mentor ou au brillant second, chargée d'informer et d'orienter la puissance majeure. Chacun fait sa cour comme il peut, mais soyons réalistes : dans les préférences impériales, publiques ou gouvernementales, la France vient loin après la Grande-Bretagne, l'amie de cœur, après l'Allemagne, qui pèse et inquiète, au dixième rang dans la liste des pays d'intérêt vital pour les Etats-Unis, selon une enquête d'opinion menée en 1982[1].

A-t-on jamais vu le Leader renoncer, après « concertation » (lui-même ne consulte jamais : au mieux il informe, et le plus tard possible, quand toute réaction est inutile) à prendre une décision conforme à l'idée qu'il se fait de ses intérêts pour la raison que tel ou tel allié en serait affecté ? Il ne le fait pas, et personne à sa place ne le ferait, la France pas plus que lui si elle en avait le pouvoir. Quand les intérêts convergent ou coïncident (euromissiles, par exemple), grand bien nous fasse. Quand ils divergent ou se contredisent, tant pis pour nous (défense spatiale).

Faut-il vraiment lutter mot à mot, semaine après semaine, sur un terrain aussi piégé ? S'associer aux préliminaires en se dissociant des conclusions ? Partager l'esprit, mais non la formulation ? S'engager à l'étude mais non au suivi ? Ces barouds de retardement nous honorent. Même s'ils passent auprès du Chef pour des minauderies de vieille coquette, ingrate et prétentieuse, qu'il lui faut chaque fois violer avec des égards exaspérants. Les précautions oratoires, restrictions mentales et ambiguïtés voulues que nous impose notre singulière position d'allié militairement autonome et politiquement solidaire adoucissent parfois notre sort sans trancher la remorque. Les Etats-Unis ont pour eux l'obstination, l'esprit d'Empire des plus faibles, et une grande variété de niveau de jeu, en sorte que ce qu'un allié recrache un jour peut lui être resservi le lendemain dans un autre verre. L'administration Reagan poursuivant la logique d'extension du « hors zone » veut être en mesure d'appeler les alliés, dans le cadre et au nom de l'Alliance, à déployer des forces militaires dans le tiers monde. On

1. *American Public Opinion and US Foreign Policy 1983*, the Chicago Council on Foreign relations.

peut donc lire dans le communiqué final du Conseil atlantique, où siègent les seize ministres des Affaires étrangères, session de juin 1983, à l'article 17 : « Des événements se produisant en dehors de la zone du traité peuvent affecter les intérêts communs ; en ce cas, des consultations pourront être organisées en temps opportun » (opportun pour qui, et qui décidera de l'opportunité ou non ?). Ce passage glissé à la sauvette — sérieuse entorse à la Charte — recopie à quelques mots près le texte du Comité des plans de défense, où siègent les ministres de la Défense moins le français. Habile façon de tourner l'abstention française, l'amont rattrapant l'aval. Dérive logique : si l'on accepte que la stratégie française vis-à-vis de l'U.R.S.S. soit intégralement concertée dans le cadre « atlantique », il faudra bien accepter que la concertation s'étende à la recherche d'une politique commune envers le tiers monde, puisque, comme chacun sait, les Soviétiques ont fait choix contre l'Occident de la stratégie indirecte (contournement par le sud).

Il est clair dans l'esprit du Président Mitterrand, et pour tous les témoins des délibérations de Williamsburg, que la fameuse phrase : « La sécurité de nos pays est indivisible et doit être envisagée d'un point de vue global » ne s'applique qu'au débat des euromissiles et des SS 20 : tout le contexte de la Déclaration en fait foi. On peut craindre cependant que cette incise ne soit demain, dans un prochain Conseil atlantique, tirée de son contexte puis érigée en fondement doctrinal d'une Alliance mondiale incluant le Japon en pilier asiatique, quoique simple observateur dans un premier temps, et où l'hémisphère Nord sera bientôt soudé à l'Afrique australe, au golfe Persique, à l'Amérique latine et au Pacifique-Sud [1]. On n'arrêtera pas la machine à englober avec une analyse de texte.

---

1. Le Japon, « porte-avions incoulable », a, malgré la règle du 1 %, le 8ᵉ du budget militaire du monde (plus de 12 milliards de dollars en 1984).

# III. DE LA SURVIE À LA SURVIVANCE

*1. Un système inutile.*

« L'Alliance a assuré à l'Europe la plus longue période de paix de son histoire. Qu'elle n'ait pas eu à servir est la preuve qu'elle a atteint son but : dissuader l'adversaire. L'hypothèse d'une agression militaire soviétique est hautement improbable précisément parce que nous ne cessons de la tenir pour possible. »

Ce constat deux fois truqué est du meilleur effet sur l'auditeur d'une conférence, à condition qu'on ne lui laisse pas le temps de réfléchir.

Truqué d'abord pour utiliser l' « après cela, donc à cause de cela ». Il est impossible de démontrer pourquoi un événement ne s'est pas produit. Il y a fort à parier néanmoins que la suprématie nucléaire américaine, puis l'équilibre de la terreur, l'intérêt stratégique que représente la défense de l'Europe pour celle des Etats-Unis, la volonté politique et éventuellement militaire des Européens eux-mêmes, enfin et surtout le défaut plus que probable d'un plan soviétique d'agression militaire contre l'Europe de l'Ouest aient plus à voir avec nos quarante années de paix que l'institution atlantique telle qu'elle existe.

Truqué ensuite, pour déduire d'une généralité technique (la bombe dissuade) la justification d'une politique particulière. Il est certain que la possibilité d'un engagement nucléaire en cas de franchissement de l'Elbe par les armées régulières du Pacte de Varsovie décourage l'agression et complique le jeu soviétique (pour faire comme si). Quel rapport avec la domestication des alliés et les errements du Leader ?

Retournons au point de départ.

La raison d'être de l'Alliance est d'empêcher les démocraties d'Europe occidentale de « tomber aux mains des Soviétiques ». Plus précisément, de garantir aux pays européens non couverts par une dissuasion nationale une riposte nucléaire des Etats-Unis sur le territoire adverse, en cas d'agression militaire. Si le terme « nucléaire » n'est pas employé dans le traité, c'est bien une garantie de ce type qu'aux yeux de tous, protégés et protecteur, l'article 5 apporte, et d'abord à l'Allemagne fédérale, la plus exposée à une attaque classique.

Cette assurance a été effective tant que les Etats-Unis n'avaient pas à mettre leur existence nationale en jeu en déclenchant le feu nucléaire. La validité militaire de l'Alliance a donc duré de 1949 à 1957. Elle a pris fin en ce jour d'octobre 1957 où l'essai réussi d'un missile intercontinental soviétique mit un terme à l'invulnérabilité du territoire américain.

Dès 1958, le général de Gaulle dévoilait le pot aux roses. « Pour les Européens de l'Ouest, l'O.T.A.N. a donc cessé de garantir leur existence. Mais dès lors que l'efficacité de la protection est douteuse, pourquoi confierait-on son destin au protecteur [1] ? » La subordination politique de l'Europe n'avait plus de raison d'être. La France prenait acte d'un état de fait indépendant de la volonté de quiconque. On y vit, bien sûr, l'expression injurieuse d'un ressentiment pathologique et les gouvernements américains se jugèrent en public outragés. Nous savons aujourd'hui par les confidences rétrospectives de McNamara, secrétaire d'Etat à la Défense de Kennedy et de Johnson, que les assurances et protestations de Washington, dont les siennes propres, étaient pour la galerie : aucun des scénarios secrets de riposte élaborés au Pentagone en cas d'attaque conventionnelle sur l'Europe n'incluait un engagement nucléaire américain [2].

---

1. *Mémoires d'espoir*, I, p. 213.
2. Le discours de McNamara qui servit de contre-type à toutes les condamnations des « forces tierces », française au premier chef (reprises ensuite par

Cette évidence objective ne fut officialisée que dix ans après, à l'expiration du deuil, décence oblige, par Kissinger à Bruxelles, et il se trouva encore des Européens pour en frémir [1].

La stratégie des « représailles massives », liée à la *suprématie* nucléaire américaine, céda alors la place, subrepticement, au début, à la « réponse flexible », officiellement adoptée par l'Alliance en décembre 1967. Elle supposait, non plus le monopole ni la suprématie mais la *supériorité* nucléaire, soit une gamme d'options nucléaires à la disposition du décideur américain assez étendue pour que l'U.R.S.S. ait, à chaque palier de l'escalade, moins d'intérêt que les Etats-Unis à passer au palier supérieur, et donc plus d'intérêt à « ouvrir les négociations ».

Cette stratégie a duré à peu près dix ans, jusqu'à la situation actuelle de *parité* nucléaire globale, avec, depuis 1977 à peu près, un transitoire avantage régional pour l'Union soviétique sur le théâtre européen (fusées de portée intermédiaire). L'Europe aurait pu dès lors être mise hors jeu sans que l'U.R.S.S. ait eu à menacer les systèmes centraux américains.

Le contre-déploiement en cours des Pershing et missiles de croisière est censé rétablir le « couplage » Europe-Etats-Unis. Il ne saurait le garantir. Cette contre-mesure — salutaire signal psychologique et politique — ne préjuge nullement des conduites américaines en cas de crise, « épreuve de vérité pour les stratégies déclaratoires » (général Poirier). D'abord, la continuité des ripostes nucléaires (tactiques, intermédiaires, stratégiques) ne se fonde pas sur la seule localisation géographique des systèmes d'armes. Elle est fonction de la « targeting policy » et peut être remise en

---

Raymond Aron et son école) est celui d'Ann Arbor, Michigan, juin 1962. Les forces nucléaires européennes étaient jugées « dangereuses », « coûteuses », « vouées à l'archaïsme » et « manquant de crédibilité ».

1. Aveu explicite plus tard dans « La Défense de l'O.T.A.N. et la menace soviétique », *Survival,* novembre-décembre 1979, où Kissinger écrit : « Les alliés européens ne devraient pas continuer à nous demander de multiplier des assurances stratégiques que nous ne pouvons envisager ou si nous les envisageons, que nous ne voudrions pas mettre en œuvre car si nous les mettions en œuvre nous risquerions la destruction de la civilisation. »

question par une éventuelle discontinuité entre les plans de tir stratégique et intermédiaire : une attaque nucléaire soviétique sur l'Europe peut déboucher sur un échange limité à l'Europe, où la riposte américaine aurait dans un premier temps la faculté de contourner le sanctuaire soviétique (et donc protéger le sanctuaire américain). Compte tenu de la stratégie soviétique et des dernières déclarations de ses dirigeants, ce premier temps risque d'être bref, ce qui reconduit à l'objection fondamentale : la mise à feu des fusées américaines de portée intermédiaire dépend d'une décision politique du Président des Etats-Unis, et de lui seul. Or, on ne voit pas *pourquoi un Président qui n'était pas disposé à risquer la vie de son pays pour la défense de l'Europe, en vitrifiant l'U.R.S.S. à partir des Etats-Unis, serait désormais disposé à le faire à partir de l'Europe.*

Ce bon sens donne sa base logique à la fameuse Déclaration des quatre anciens responsables de la politique extérieure et de la défense des Etats-Unis, dont McNamara, sur le « non-emploi en premier » de l'arme nucléaire[1]. Ils en tirent sans doute des conclusions dangereuses (d'un point de vue européen), puisque l'incertitude fonde toute dissuasion et que garantir officiellement à l'Union soviétique qu'une attaque conventionnelle ne se heurterait pas à une riposte nucléaire équivaut à un cadeau stratégique. Reste que l'objection, du point de vue de l'intérêt national américain, est on ne peut plus forte. La preuve : elle a tacitement justifié le passage à la troisième stratégie officielle de l'O.T.A.N., connue comme « doctrine Rogers », ou « dissuasion conventionnelle », tendant à gagner du temps et à hausser le seuil nucléaire à des altitudes indéfinies, en renforçant au maximum son potentiel classique. En clair : à sauvegarder le territoire américain, par une sorte de *découplage (officieux) dans le couplage (officiel)*, qui puisse rendre *compatibles dégagement stratégique et engagement tactique.* Pas plus aujourd'hui qu'hier, en vertu de l'antinomie entre le fond national de la dissuasion nucléaire et la notion même d'alliance, jadis signalée par François Mitterrand, les Etats-Unis ne sont

---

1. Mac George Bundy, George Kennan, Gerald Smith, Robert McNamara, Nuclear Weapons and the Atlantic Alliance, *Foreign Affairs,* avril 1982.

disposés à recourir les premiers à l'arme nucléaire en cas de conflit conventionnel en Europe. « L'Alliance atlantique est malade, disait Kissinger, lucidement, parce qu'elle n'a pas été conçue pour mener une guerre mais pour déclencher la riposte nucléaire des U.S.A. » On entend aujourd'hui la guérir en la rendant apte à mener une guerre qui évite la riposte nucléaire des U.S.A. La division du travail dans l'O.T.A.N., planifiée par le Leader et selon ses intérêts, réserve aux Américains le nucléaire stratégique et aux Européens l'armement conventionnel. Elle était déjà agitée par McNamara dans les années soixante. Elle s'est affinée depuis : à la Grande-Bretagne l'effort naval, à l'Allemagne la guerre terrestre, à la France, la puissance aérienne.

Etrange retour vingt ans en arrière. Les promesses d'assistance nucléaire américaines demeurent ou bien intenables, aux paliers inférieurs d'un conflit, ou bien superflues, aux paliers supérieurs, car, comme l'avouait un jour un expert en *Realpolitik* : « ce à quoi peuvent réellement s'appliquer les menaces nucléaires est si clairement défini que la nécessité d'engagements formels ne semble pas s'imposer » (Kissinger).

### 2. *Un système périmé.*

Fossile prospère que celui dont les organes s'enflent à mesure que la fonction s'étiole. Double paradoxe de cette évolution à rebours :

— Les institutions du protectorat politique se sont mises en place à l'intérieur et dans la couronne, en même temps que s'estompaient les garanties de la protection militaire (encadrement en hausse, couverture en baisse).

— La prépondérance américaine, dont le système confédéral en gestation est à la fois moteur et vecteur, monte, alors que le poids relatif des Etats-Unis au sein des confédérés baisse.

Le système actuel est périmé parce que le monde atlantique a changé en même temps que sa place dans le monde tout court, depuis la naissance du Pacte.

1) Les Etats-Unis ont perdu le monopole de la richesse (Europe) et des technologies (Japon) qui était le leur en 1949. En 1950, le P.N.B. américain est le tiers du P.N.B. mondial, celui de l'Europe, le sixième. En 1983, l'écart s'est non seulement refermé mais renversé (23 % et 28 % respectivement). La part de l'aide publique des Etats-Unis au développement passe entre 1960 et 1982 de 37 % à 22 %, leur quote-part au F.M.I. de 29 % en 1960 à 20,6 % en 1983, et leur part sur le marché mondial des brevets, de 39 % à 23 % en 1980. Celle du Japon : 25 %. N'ayant plus le même poids spécifique, on comprend que les Etats-Unis mettent tant d'insistance à faire entrer le Japon, stratégiquement sous tutelle, à leurs côtés au sein du système atlantique, pour retrouver face aux Européens leur prépondérance de 1949 (P.N.B. = 23 + 10). Ils ont besoin de leur aile « Pacifique » pour rééquilibrer l'Aile Atlantique de l'Empire. Le Traité de Washington est devenu, stratégiquement, pour ses promoteurs, excentré.

2) L'histoire, depuis 1949 et comme il est de règle, a « avancé par le mauvais côté ». S'il était clair dix ans après le Pacte que « l'Alliance atlantique a été conçue et sa mise en œuvre préparée en vue d'une zone d'action éventuelle qui ne répond plus aux réalités politiques et stratégiques » (de Gaulle, 1959), c'est encore plus vrai depuis vingt-cinq ans, depuis que « l'Est-Ouest » se joue, à chaud et en mouvement, dans le « Sud ». Toutes les crises et guerres internationales ont longé ou débordé, depuis 1949 (Berlin eût impliqué les Quatre, hors ou sans alliance), la zone du Traité. Le tropique du Cancer passe curieusement juste au nord de l'Amérique centrale, de Cuba, du Sahara occidental, et très au nord de la Corne. Jusqu'à la fin des guerres de décolonisation, les Etats-Unis ont soigneusement fait respecter les limites de la solidarité atlantique de crainte d'avoir à défendre les « intérêts régionaux » des alliés, tout en les abrogeant depuis en fait et en droit (Ottawa, 1974) pour appeler les mêmes à la rescousse des « intérêts globaux » de l'Alliance. Le traité de Washington est devenu, géographiquement, pour le Leader, obsolète.

3) La France en 1949 ne pouvait pas se défendre elle-même et

ses forces armées se trouvaient entièrement dépendre des Etats-Unis pour ses infrastructures, sa logistique, ses transmissions et ses armements. Le développement de son industrie d'armements et sa maîtrise des techniques nucléaires ont largement mis fin à cette situation de dépendance, dont la France à présent souffre moins que tout autre pays européen. Notre industrie subvient pour 96 % aux besoins en équipements des forces armées, et les 4 % restants concernent surtout les programmes de coopération avec la Grande-Bretagne et la R.F.A. Les statistiques américaines font état pour 1981 de 52 millions de $ d'achats français de matériels de guerre, dix fois moins que la Grande-Bretagne et la R.F.A. Si la dépendance industrielle civile reste forte (trois brevets sur quatre déposés en France sont d'origine étrangère et un sur quatre américain), exposant la France à des moratoires ou à des dénonciations d'accords de licence, les plages de dépendance en matière militaire sont localisées et non définitives : calculateurs, télédétection (Awacs, satellite d'observation, réseau d'alerte aérienne, etc.), micro-électronique, optronique. Les Forces armées américaines dépendent à leur tour de nous pour certains matériels : fibres en silice, composants optiques, corps de rentrée, etc. Pour le reste, il s'agit de coopération industrielle entre partenaires (moteur S.N.E.C.M.A./General Electric pour les avions ravitailleurs KC 135), d'échanges équilibrés de matériels (avions Crusader pour l'aéronavale française, missiles antipistes Matra pour l'armée de l'air américaine) ou de bons procédés (les Etats-Unis ont autant d'intérêt que nous à respecter les 90 accords qui unissent les Trois Armes sur le théâtre européen). Pour la France en particulier, et même si elle ne peut évidemment se désintéresser du sort de ses voisins, le système du protectorat a donc perdu son noyau rationnel. La sortie de tutelle, pour les membres de l'O.T.A.N. militaire, ne peut prendre que la forme d'une défense européenne autonome. Qu'elle soit en elle-même souhaitable ne signifie pas qu'elle soit dès demain possible — (et même s'il y a beaucoup de vent dans les rêveries en cours, il souffle dans le bon sens). Mais l'autonomie de la Défense française est déjà pour l'essentiel une réalité.

Beaucoup a changé dans et hors l'Alliance, sauf l'Alliance. L'O.T.A.N. ne s'est pas refaite, l'Europe ne s'est pas faite. Le Leader a perdu son monopole nucléaire, technologique, industriel, mais garde le monopole du pouvoir politique. C'est toujours celui qui court le moins de risques qui élabore comme par-devant la stratégie de l'ensemble. Le fort, moins fort, continue un soliloque poli (négociant à Genève la sécurité des alliés en leur absence) et les faibles, moins faibles, de rendre l'hommage de l'effacement. Si le déclin relatif de la puissance matérielle des Etats-Unis au sein de l'Alliance avait été compensé par l'affirmation équivalente d'une capacité stratégique des Européens, l'ensemble atlantique aurait pu procéder à un changement de portage, sans voir sa puissance totale diminuer. Cela n'a pas eu lieu, et pour cause : l'hégémonie à l'intérieur d'un ensemble ne se partage pas, et aucune puissance n'a jamais dans l'histoire renoncé *motu propio* et de plein gré à en dominer d'autres. On a donc décidé, pudiquement et d'un commun accord, de baptiser « malentendus » (provisoires), « frictions » (inévitables) ou « crises » (périodiques) chaque mise au jour de l'inégalité indue des obligations réciproques entre alliés.

### 3. *Un système à sens unique.*

Qu'elle inspire les conventions administratives les plus banales ou les traités les plus solennels, la règle de réciprocité est le fondement officiel des échanges entre Etats. Elle n'est pas encore respectée malgré les accords d'Helsinki, dans les relations franco-soviétiques, protocolaires, culturelles, scientifiques, diplomatiques. La différence de nature entre les Etats explique, sans la justifier, cette fautive indulgence. La parenté démocratique n'explique ni n'excuse les entorses à la règle dans les rapports franco-américains. L'avantage de former une Communauté serait-il d'ouvrir sans cesse de nouveaux espaces de fraternité ? Aussi va-t-il de soi :
— que les ressortissants français aient besoin d'un visa pour

entrer aux Etats-Unis, et que certains d'entre eux se le voient refuser sans appel ni explication ; mais que la réciproque ne s'applique pas aux ressortissants américains entrant en France, sans visa ni, bien sûr, discrimination politique, idéologique ou religieuse ;

— qu'un Vice-Président américain mette solennellement en garde un gouvernement européen sur la présence en son sein, à des postes techniques, de ministres communistes (1 sur 10), mais qu'un Premier ministre socialiste français s'abstienne de déclarer dans un communiqué, devant l'arrivée aux plus hauts postes politiques de l'administration à Washington d'extrémistes belliqueux et « antieuropéens » (1 sur 2), que « le ton et le contenu de nos rapports en tant qu'alliés en seront affectés [1] » ;

— qu'un ambassadeur américain à Paris se permette d'accuser le gouvernement français de ne pas toujours « faire la différence entre terroristes et exilés » (juin 1982), refuse de traiter avec tel ministre parce qu'il n'est pas vraiment français d'après lui (janvier 1984), mais qu'un ambassadeur français à Washington ne se permette pas de voir en MM. Helms, Goldwater ou Buckley des « Américains qui ont mal tourné », de regretter que tant d'exilés politiques aux U.S.A. aient des activités terroristes (faisant par exemple sauter en plein vol un avion civil cubain, 100 morts) ni de signaler du doigt comme indésirables à l'Ambassade de France d'anciens collaborateurs de la Heritage Foundation ou du Hoover Institute. Le premier se voyant alors décerner par nos médias un sympathique brevet d'anticonformisme, mais le second, à déclarations similaires, se voyant sans doute déclarer persona non grata ;

— que le Buy American Act, ou encore la décision du Congrès américain de n'acheter l'équipement des forces armées des Etats-Unis qu'à l'industrie nationale et d'interdire même l'utilisation de pièces d'assemblage importées de l'étranger constituent des actes normaux de souveraineté, mais que des décisions françaises de même nature, dans la mesure et là où elles seraient possibles, des preuves flagrantes de protectionnisme et de chauvinisme agressif ;

---

1. Déclaration du vice-président Bush, juin 1981.

— que les Etats-Unis vendent à leurs alliés de l'O.T.A.N. sept fois plus de matériels militaires qu'ils ne leur en achètent, « flux d'armements » signifiant le transit de technologies et matériels des Etats-Unis vers l'Europe et de l'argent d'Europe aux Etats-Unis ; que lorsque Pays-Bas, Belgique, Danemark, Norvège optent pour le F-16 comme principal chasseur aérien, ils font honneur à la solidarité atlantique mais que lorsque Dassault leur propose le Mirage III, la France cherche à « diviser le front allié » ; que l'annulation soudaine du programme Roland (missile sol-air franco-allemand produit sous licence aux U.S.A.) n'empêche pas le Pentagone de vouloir équiper le réseau « Patriot » de l'O.T.A.N. avec du matériel exclusivement américain ;

— que les événements d'Amérique centrale et latine ne regardent que les Etats-Unis en sorte que toute initiative française ou européenne dans cette région est à traiter comme une ingérence dans une chasse gardée ; mais que les événements du Maghreb ou de l'Afrique francophone intéressent l'Occident en son entier en sorte que si la France doit informer, et si possible consulter les Etats-Unis sur ses projets et activités en Amérique latine, les Etats-Unis n'ont pas besoin d'informer, et encore moins de consulter la France sur ses projets et activités en Tunisie, au Gabon ou en Côte-d'Ivoire ;

— que les réunions quadripartites permettent l'examen systématique de la politique des trois autres par les Américains, mais jamais le contraire ;

— que le Président américain n'ait pas le temps de recevoir un ministre des Affaires étrangères français lorsqu'il va à l'Assemblée générale de l'O.N.U., ou tout autre émissaire personnel du chef de l'Etat, mais que le Président français trouve toujours le temps de recevoir le ministre américain lorsqu'il vient à l'Assemblée générale de l'O.C.D.E., ou tout autre émissaire personnel du Président américain ;

— qu'une initiative américaine susceptible d'affecter les intérêts européens et français — embargo, taxes à l'importation sur l'acier, départ précipité et unilatéral du contingent de Marines de Beyrouth (septembre 82), lancement de « la guerre des étoiles » (mars 1983), parmi d'autres — n'a pas à faire l'objet de consultations préalables avec les alliés, mais que toute initiative, européenne ou française, susceptible d'affecter les intérêts américains relève de la concertation normale entre alliés ;

— qu'un Président américain sur le sol français fasse assurer sa sécurité rapprochée et éloignée par des agents exclusivement américains, contre tous les usages, mais qu'un Président français sur le sol américain s'en remette, conformément aux usages, aux services du pays hôte ;

— que la route Washington-Moscou ne passe par Paris qu'au retour (et dans le meilleur des cas), mais que la route Paris-Moscou passe par Washington à l'aller ;

— que les Européens se réunissent au niveau des ambassadeurs « autour » du secrétaire d'Etat américain à Washington pour examiner les relations économiques Est-Ouest, mais que les ambassadeurs alliés ne pensent pas à se réunir à Bonn ou à Paris « autour » du ministre des Relations extérieures allemand ou français, dans le même but ;

— que les compagnies américaines « respectent simplement leurs engagements commerciaux » lorsqu'elles annoncent l'envoi de 23 millions de tonnes de blé à l'U.R.S.S. (octobre 1982), mais que les sociétés de droit français « affaiblissent délibérément la cohésion du monde libre » lorsqu'elles honorent leur signature en vendant des rotors à l'U.R.S.S. (juin 1982) ;

— que les Américains, comme le remarque joliment Joe Kraft, croient en arrivant en France qu'on ne les aime pas, pour découvrir qu'on les adore, mais que les Français débarquant aux Etats-Unis sont persuadés qu'on les aime et constatent qu'on les ignore ;

— qu'une administration américaine puisse agir, de loin et sans efforts, sur l'opinion française par mille relais et vecteurs d'influence, mais que le gouvernement français ne puisse agir qu'à grands frais sur une fraction marginale de l'opinion américaine, par deux ou trois canaux. Ou que l'opinion américaine puisse supporter sans faiblir dix ans de désagréments franco-américains, mais que l'opinion française menace de craquer au bout d'un mois de tension avec les Etats-Unis.

En cybernétique, asservir un système c'est le commander sans subir sa réaction. Une hausse du dollar commande un déficit de la balance commerciale française, comme le déficit budgétaire américain, une hausse des taux d'intérêts en Europe, mais l'inverse ne se vérifie pas. Ces contraintes à sens unique, sur quoi se fonde la capacité américaine d'imposer aux autres sa volonté, ne dépendent pas de la configuration du système atlantique, qui, comme « dispositif d'asservissement » n'est au mieux que la résultante d'un rapport de forces économique. On ne peut imputer à l'Alliance la moitié ni le quart des asymétries, lourdes ou légères, qu'on vient d'énumérer, mais, plus simplement, le fait qu'elles aillent de soi. Si le système atlantique n'existait pas, les décideurs parisiens continueraient de lire le *Herald Tribune* chaque matin et les décideurs de Washington de ne pas lire *Le Monde* chaque soir. La zone dollar serait toujours le monde entier, Est inclus, et la zone franc un sous-ensemble. Le système n'explique pas l'inégalité. Il l'avalise en la maquillant. Il l'augmente, en la rendant acceptable. Sans la confusion des intérêts et des perceptions qu'il permet, gageons que le bon sens aurait le dessus : « Si le protectionnisme, et le " chacun pour soi " sont mauvais pour l'Occident, ils le sont partout en Occident. Et ce qui n'est pas bon pour l'agriculteur américain ne l'est pas non plus pour l'industriel européen. » Le Système — ou l'art de construire un échangeur avec des « one way streets ». Le cynisme serait-il une vertu à partager ?

### 4. *Pertes et profits américains.*

Le leadership a son prix. Que les Etats-Unis bénéficient du système ne signifie évidemment pas qu'il soit pour eux tout bénéfice. L'extension de la doctrine de Monroe au continent européen suscitée par les leçons de deux guerres mondiales et les circonstances d'après-guerre (Tom Connally en 1949 : « La sécurité de la zone nord-atlantique est nécessaire à la sécurité des Etats-Unis ») avaient déjà coûté à la nation américaine, lors de la signature du Pacte, le sacrifice de son plus vieux principe diplomatique : ne pas se lier les mains en contractant une alliance permanente avec une puissance étrangère au Continent. L'usure du temps a-t-elle, depuis lors, accru les inconvénients de cette innovation pour l'intérêt national américain ? Le vieil isolationnisme a-t-il plus d'arguments aujourd'hui qu'hier pour déposer le fardeau et son bilan ? Il ne le semble pas.

Au passif de la métropole, il y a au premier chef, le risque perpétuel d'avoir, en cas de malheur, à tenir parole. Une alliance est utile tant qu'on juge « le risque *immédiat* d'un conflit moindre que le danger *ultime* d'affronter seul un ennemi prépondérant » (Kissinger). Si le conflit doit être immédiatement nucléaire, donc mettre en péril l'existence du protecteur, les inconvénients de la solidarité dépassent ceux de l'infériorité, ou de l'isolement possible, dans l'affrontement ultime. Le risque de se faire piéger sur un théâtre extérieur comme l'Europe a certainement crû depuis 1949 au fur et à mesure que les Etats-Unis perdaient leur supériorité nucléaire, mais il a été compensé par une hausse concomitante du seuil nucléaire dans les statégies successives de l'O.T.A.N. Tout bien pesé, la perte éventuelle de l'Europe reste aujourd'hui comme hier plus certainement dangereuse pour le Leader que le risque pouvant dériver d'un engagement limité en Europe. L'opinion américaine dans sa majorité continue d'avoir une claire intuition de ses intérêts vitaux à cet égard, comme le montrent les sondages : entre 1974 et 1981, en plein syndrome vietnamien, le nombre d'Américains « considérant qu'il conviendrait de venir en aide à nos alliés européens et japonais s'ils étaient attaqués » a nettement augmenté [1].

Au passif également, les coûts financiers du protectorat. Entre 1970 et 1980, les Etats-Unis dont la population représente 38 % et le P.N.B. 46 % de ceux de l'Alliance, ont assumé 65 % des

---

1. Voir les tableaux statistiques *in* « Le Débat sur la Défense aux Etats-Unis », *Problèmes politiques et sociaux,* La Documentation française, avril 1983, p. 6 et 7.

dépenses totales. Ils augmentent leur budget de défense selon un rythme annuel moyen de 6 % à 7 %, alors que les alliés restent en deçà du 3 % d'augmentation annuelle auquel ils se sont engagés. La part du P.N.B. américain consacré aux dépenses militaires est le double de la moyenne européenne (7 % et 3,5 % approximativement) et malgré l'absence de conscription obligatoire il y a proportionnellement plus d'hommes sous les armes aux Etats-Unis qu'en Europe de l'Ouest. L'estimation du coût des forces américaines consacrées à la défense de l'Europe occidentale (326 000 hommes) a été pour l'année budgétaire 1981 de 81 milliards de dollars, alors que le rapatriement de six des dix divisions américaines affectées à l'O.T.A.N. produirait une économie annuelle d'environ 30 milliards. Ces chiffres expliquent les constantes mais croissantes récriminations du Leader envers les alliés : « Le contribuable américain en a assez de défendre des gens qui ne veulent pas se défendre. N'oubliez pas que si l'Europe est notre première ligne de défense ce n'est pas la seule. Il est temps que vous partagiez les coûts de notre politique mondiale, car vous en avez désormais les moyens. » Il est vrai que la restauration des économies européennes justifie ces rouspétances : « Pendant longtemps, il a été flatteur et utile d'être le généreux protecteur d'une Europe sans défense, remarque un observateur outre-Atlantique. Mais le bébé dans ses langes est maintenant un adolescent de 90 kilos et les Etats-Unis ne disposent plus du surplus économique permettant de faire pour les autres ce que, depuis longtemps, ces derniers sont capables de faire eux-mêmes [1]. » « Encore faut-il, ajoute-t-on traditionnellement, que l'Europe puisse mobiliser ses ressources, et pour ce faire, qu'elle s'unisse. » Cet inégal partage du fardeau exacerbe l'irritation du Protecteur devant une trop commode division des tâches : « A vous la détente, à nous la défense. » L'économie de marché suggère au bon sens libéral que la protection, comme le reste, cela s'achète. Le paternalisme impérial enseigne malheureusement le

---

[1]. Ronald Steel, « Ending the american protectorate of Europe », *Harper's*, juillet 1982.

contraire à l'historien : un pays (comme un individu) trop protégé se conduit très vite en assisté. On ne peut à la fois refuser à ses alliés la double clé pour les euromissiles et accuser les Européens d'irresponsabilité ; traiter des nations en mineurs et leur reprocher de ne pas partager l'addition en adultes. La France, pour s'être un beau jour déclarée majeure au scandale de tous, tout en versant sa quote-part (17 %) au budget civil de l'O.T.A.N. et en tant que de besoin au budget militaire, n'est plus partie prenante à la scène de famille annuelle. Comme dit un Américain perspicace, « si la France est la fille perdue de l'O.T.A.N. alors vive la brebis galeuse ! L'O.T.A.N. en aurait besoin de beaucoup comme elle [1] ».

Si le chantage à l'abandon et au retrait des troupes (« Out of Europe and back to sea ») reste comme par-devant, l'ultime moyen d'intimidation psychologique pour interrompre le chahut dans la classe (le premier qui répond « chiche » prendra une gifle) ; si l'amendement Mansfield ou Nunn, aujourd'hui, sont avant tout destinés à mieux diviser la note, c'est que l' « actif » pèse toujours plus. Ce que reconnaît honnêtement (*ad usum Delphini*) l'avocat du retrait. Pourquoi les dirigeants de Washington ne veulent-ils pas voir diminuer l'implantation militaire américaine sur le continent ? « Parce que la présence américaine et la dépendance nucléaire à l'égard des Etats-Unis semblent constituer un bon moyen de pression sur les Européens. Si les alliés de l'O.T.A.N. créaient une armée classique plus puissante et assuraient à eux seuls le coût de leur propre défense, ils en revendiqueraient la responsabilité. Il n'y a pas de raison pour eux d'assumer des dépenses et de ne pas en retirer les bénéfices. Mais cela signifierait pour les Etats-Unis une perte considérable de contrôle sur leurs alliés, une perte du même ordre que celle survenue avec la France quand de Gaulle retira ses unités de l'O.T.A.N.[2] » Il ne faut pas confondre en effet *repli sur soi* et *désengagement,* humeur et volonté, mythologie et stratégie. La

---

1. Jeffrey Record, « Should America pay for Europ's security ? », in *The Washington Quarterly* (hiver 82).
2. Ronald Steel, *ibid.*

prétendue retraite sur la « Fortress America », fort explicable après les traumatismes des années 70 (Vietnam, Watergate, Iran), ne signifie pas le renoncement aux interventions extérieures, mais seulement la propension à les conduire sans tenir compte des intérêts et points de vue alliés. L'alternance en trompe-l'œil « isolationnisme/expansionnisme » de ces trente dernières années correspond en réalité à l'aller et retour de l'« unilatéralisme » et de l'« internationalisme ». Les Californiens, qui méprisent l'Europe, passent pour isolationnistes, contrairement à nos amis de la côte Est. Ils ont en fait l'isolationnisme expansif, ou l'expansionnisme dédaigneux.

Aux avantages connus de l'hégémonie interne, s'en ajoutent trois autres, non négligeables, sur les fronts extérieurs :

— Verrouiller l'Europe dans sa « vocation régionale » (Kissinger) en garantissant l'exclusivité des « responsabilités mondiales » à la superpuissance. Au moment où cette dernière fait sienne la « stratégie globale » (comme l'atteste la N.S.D.D.-32, ou Document de décision pour la sécurité nationale n° 32, rendu partiellement public en juillet 1982), qui revient à réputer toute altération du statu quo dans le monde pour une menace contre la sécurité nationale des Etats-Unis, il importe d'avoir les coudées franches sur tous les théâtres, sans concurrence ni interférence intempestive. Or l'éteignoir du Système limite considérablement notre liberté de manœuvre *autonome* dans le tiers monde (où, selon la formule consacrée, « il n'est pas de notre intérêt de multiplier inutilement les points de friction avec les garants de notre sécurité »). La fureur de Kissinger en 1974 devant une possible conférence euro-arabe, les mises en garde de ses successeurs à tel ou tel allié tenté d'esquisser une politique propre au Proche-Orient, en Amérique latine, en Asie, rappellent l'Europe à ses devoirs de sous-traitance dans le cadre d'une division de travail préalable (la France en Afrique ou la Communauté européenne en Amérique centrale, comme force d'appoint économique). L'Alliance étant un système d'interdits tacites beaucoup plus que d'initiatives publiques, sa valeur doit s'apprécier d'après ce qu'elle empêche les alliés de faire autant et sinon plus que par ce qu'elle les oblige à faire. La régionalisation de la France en particulier, troisième puissance maritime du monde, possessionnée dans l'Atlantique, le Pacifique, l'océan Indien et les Caraïbes, ne serait pas une mince prouesse.

— Renforcer sa main dans toute négociation avec l'Union soviétique. Qu'il s'agisse de fixer les règles du jeu global ou d'obtenir des équilibres localisés, le système d'alignement des forces donne aux Etats-Unis l'avantage de pouvoir parler et s'engager au nom de tout l'Occident. Remarquable supplément de puissance. L'agglomération des alliés derrière le chef de file fait de l'Europe un élément parmi d'autres du dialogue stratégique avec l'U.R.S.S., entérine *de facto* la répartition du monde en zones d'influence qu'on ne reconnaît pas en droit, et permet le rapport de bloc à bloc.

— Obtenir à bon marché une couverture, alibi ou dédouanement sur les points chauds du tiers monde où une intervention américaine unilatérale, trop voyante, serait inacceptable pour la Communauté internationale ou les pays de la région. Compte tenu de l'image « impérialiste » du Leader dans certaines régions, l'appui d'un allié, en valet d'armes, permet de tirer les marrons du feu à moindre frais. Il prend d'ordinaire une forme économique (à visage européen, par exemple l'appui sollicité de la C.E.E. à la « Caribbean Basin Initiative » en 1982), politique (Alliance pour le Progrès, Congo belge, etc.), diplomatique (Namibie et groupe des Cinq). Mais aussi, en tant que de besoin, militaire : Liban 1983. Impuissance mondiale, l'Europe peut fournir des supplétifs ou des voltigeurs utiles sur les marches.

Solde positif. Les états d'âme du Leader ne sauraient apeurer que les peureux. L'Etat américain a une âme, comme tous ; il a aussi une stratégie. « Les bénéfices réels de l'Alliance atlantique sont, semble-t-il, à rechercher moins sur le plan économique ou politique que psychologique. Les dirigeants américains sont accoutumés à penser de manière globale. Ils aiment à parler pour (aussi bien qu'à) l'Europe occidentale et à définir la grandeur de l'Amérique en fonction de sa capacité à orchestrer un réseau global d'alliances, de protections et de dépendances. Tout amoindrissement de ce contrôle leur semble impliquer nécessairement une réduction de leur statut et de leur puissance. On comprend que cela soit particulièrement difficile à admettre pour un gouvernement obsédé par la puissance militaire et qui essaie aujourd'hui de retrouver la supériorité absolue des armes sur les Soviétiques comme moyen de sa diplomatie [1]. »

## 5. *Malentendus transatlantiques ou contradictions stratégiques ?*

La renégociation de l'Alliance est un serpent de mer qui sort son dos par mauvais temps : tous les dix ans. De 1953 à 1983. De la crise de la C.E.D. à celle de l'embargo, en passant par la Force nucléaire multilatérale de Kennedy, en 1963, et l'essai manqué d'une nouvelle Charte atlantique en 1973. Les Américains préfèrent les termes de « réforme », « remodelage » ou « rééquilibre » — car une Communauté naturelle et transcendante à ses membres ne saurait faire l'objet d'un marchandage (on peut négocier entre Français, mais la France elle-même ne se négocie pas). La gestion de la crise transatlantique, psychodrame rituel, a son protocole, qui va du défi initial à la détente finale : incident spectaculaire, raidissement, déclarations publiques d'une sobre fermeté, annonce d'un réexamen des relations, compromis officieux, apaisement officiel à la faveur d'un imprévu « périphérique » (guerre du Kippour, invasion du Liban) ou d'une exaction soviétique (dissident arrêté), baisser de rideau (« encore une querelle de famille ! »). Trompeuse récurrence : de franco-américaine dans les années soixante, la crise devient euro-américaine dans les années quatre-vingt. Rien d'étonnant si au rendez-vous de la solitude européenne, la France est arrivée avec vingt ans d'avance — l'Europe devenant gaullienne au moment où notre bonne société devient atlantiste... Pour ne pas voir les outrages du temps, Kissinger parle météo : « Juste comme les orages se répètent dans

---

[1]. R. Steel, « Le Débat sur la Défense aux Etats-Unis », *La Documentation française*, n° 461, p. 22.

la nature, les crises se répètent dans l'Alliance atlantique[1]. » D'autres, médecine : l'Alliance a son « accès de fièvre ». Ces métaphores empruntent aux sciences de la nature car un phénomène *naturel* est orphelin. On banalise ainsi en accident contingent, imprévisible, l'effet nécessaire d'une évolution *historique.* En fait, l'anormal ce n'est pas la crise, c'est la norme actuelle. La superstructure politique de l'Alliance ne correspond plus à ses infrastructures stratégiques, économiques, géopolitiques et autres. Le vieux n'est pas encore mort, le neuf pas encore né. Entre l'insécurité, qu'il ne soulage plus, et l'indépendance de l'Europe, qu'il empêche encore, le système atlantique flotte entre deux eaux, hier et demain. La vitalité conseillerait d'innover ; on préfère maintenir, façon Guépard : en changeant assez pour que rien ne change.

Il n'est pas de bonne réponse à une question mal posée. La réforme de l'Alliance est presque toujours envisagée en termes techniques de « burden-sharing » (à ne pas confondre avec le « power-sharing »). Question : Comment parvenir à faire de nos *protégés* des *associés* ? Réponse : en modifiant l'organigramme. Kissinger propose de nommer un Européen en lieu et place d'un Américain au Commandement suprême des forces armées de l'O.T.A.N.[1]. Il y eut dans les années cinquante une « querelle de la C.E.D. » — projet qui pour rendre acceptable aux opinions le réarmement allemand plaçait l'armée européenne sous commandement américain. La France s'était alors coupée en deux. Trente ans plus tard, l'idée de placer directement, *en temps de paix,* et sans défaite préalable des armées européennes, sous les ordres du Président des Etats-Unis cet officier général éventuel ne soulève qu'un murmure flatteur. Il est vrai que le projet de Kissinger réserve à un Américain le poste du Secrétaire général politique (aujourd'hui occupé par Lord Carrington). Les schémas de réformes dites de structures ne voient de contradiction possible entre alliés que dans « les méthodes à employer pour atteindre les

---

1. Henri Kissinger, « A plan to reshape Nato », *Time,* 5 mars 1984.

objectifs communs », comme par exemple, entre les impératifs techniques de centralisation du commandement (un seul doigt possible sur la détente nucléaire) et le partage recommandé des décisions politiques. Pour le reste, « malentendus », « dialogue de sourds », « tensions » seront imputés à des différences de *perception* (vos lunettes sont mauvaises : essayez les miennes), ou de *conception* (vous ne m'avez pas bien compris : je vais recommencer) ; bref, rien d'irrémédiable. L'optimisme des réformateurs de Washington qui ne désespèrent pas de maintenir une « cohérence occidentale » conforme à leurs vues et intérêts ne s'explique que par la pétition de principe du consensus : la Communauté formant « une entité unique », « les intérêts de l'Alliance sont indivisibles »[1]. C.Q.F.D.

Des valeurs idéologiques ou politiques ne cimentent pas une communauté — faute qu'elle soit une communauté de culture, de langue et d'histoire (un Français se sent-il plus proche d'un Turc que d'un Suédois, un Parisien d'un Norvégien plus que d'un Viennois ? Et au nom de quoi ?). Une communauté politique viable, au sommet, suppose une communauté d'intérêts à la base. Or, s'il y a entre partenaires de l'Alliance des secteurs d'intérêts complémentaires, il en est d'autres contradictoires. « Quinze ans d'hégémonie, remarquait en 1965 un professeur de Harvard, nous ont accoutumés à croire que nos points de vue représentent l'intérêt général[2]. » Trente-cinq ans de sujétion ont peut-être eu le même effet en Europe. Ces contradictions — plus que des « divergences », moins que des « antagonismes » — il importe donc de les identifier soigneusement si on ne veut pas se payer de mots (l'Homme, la Liberté, la Démocratie, etc.).

On peut tenir pour normales, entre pays à économie de marché, les réalités de la guerre économique, commerciale, industrielle, technologique que se livrent les firmes américaines et le reste du monde capitaliste, notamment la C.E.E. Sur tous les marchés d'exportation les plus vitaux, nous ne trouvons pas les Soviétiques en face de nous mais les entreprises américaines, et nos principaux

---

1. Kissinger, *Les Malentendus transatlantiques,* Denoël, 1965, p. 26.
2. *Op. cit.,* p. 271.

concurrents, qui sont parfois les seuls, ne nous font pas de cadeau (Airbus, Ariane, Télécom, mais aussi rafle à coups de subventions des marchés agricoles d'Egypte, du Maroc et d'ailleurs). Ces contrariétés font partie du jeu de la concurrence, à ceci près que le jeu ici n'est pas « normal ». D'abord, parce que les Etats-Unis, en partie grâce à la suprématie du dollar, fixent seuls les *règles du jeu* — unilatéralisme encore renforcé par la dérégulation massive des marchés (banque, télécommunications, espace). Ensuite parce qu'ils mènent *double jeu :* en défendant ostensiblement le libéralisme économique, la libre entreprise, l'ouverture des marchés, tout en pratiquant un protectionnisme renforcé (fermeture du marché national, subventions agricoles déguisées, etc.). L'Alliance a appelé officiellement de ses vœux dix fois, depuis la solennelle déclaration d'Ottawa en 1974, et les alliés européens cent fois, isolément ou par Conseil européen interposé, avant chaque grand Sommet, une harmonisation des politiques économiques. Depuis 1980 la baisse des taux d'intérêt, et donc du déficit budgétaire américain (qui, contrairement à la surévaluation du dollar, phénomène en grande partie incontrôlable, dépend d'une décision de l'Exécutif) a fait l'objet de maintes demandes officielles et parfois de suppliques officieuses de la part des alliés. « La stabilité économique de l'Alliance est la condition première de sa capacité de défense. Vous ne pouvez à la fois nous demander notre solidarité politique dans les relations avec l'Est et nous refuser votre solidarité économique dans nos propres relations. Vous nous parlez toujours de la menace soviétique. Ne voyez-vous pas que la clef du problème Est-Ouest se trouve dans l'Ouest et le Nord-Sud ? » Objurgations sans effet. L'égoïsme économique des Etats-Unis, rouleau compresseur aveugle, a *toujours,* sur quelque litige que ce soit, eu raison des meilleurs arguments comme des pires incohérences. Et pour cause : la restructuration en cours de l'économie américaine suppose et reconduit la déstructuration des économies concurrentes, notamment alliées. Phénomène connu, discutable et amplement discuté, à la limite secondaire sur lequel il paraît inutile de revenir ici, les alliés ayant fait leur deuil du Principe Harmonie. En revanche, il sera séant d'opposer aux inévitables points de friction économiques, la vaste gamme des points de rencontre stratégiques, qui sauve l'essentiel : nos intérêts communs de sécurité face au danger communiste. C'est sur ce sol solide que s'est fondée l'Alliance. Il est regrettable, dira-t-on, qu'elle n'ait pas satisfait « toutes les conditions propres à assurer la stabilité et le bien-être », conformément à l'article 2 : « [les parties] s'efforceront d'éliminer toute opposition dans leurs politiques économiques internationales et encourageront la collaboration économique entre chacune d'entre elles ou entre toutes. » Il est rassurant, ajoute-t-on, qu'elle continue de répondre aux exigences minimales de sa création.

Et si les « différences et malentendus » qu'on déplore au plan politique des deux côtés de l'Atlantique traduisaient au plan stratégique des intérêts nationaux non seulement divisibles, mais divergents aujourd'hui et opposés demain ?

1) Les intérêts alliés sont d'abord divisés par l'Atlantique. Ce n'est pas nouveau. La réunion dans un même système de sécurité d'une superpuissance nucléaire et de moyennes ou petites puissances non nucléaires séparées par un océan constituait dès l'origine une formule instable, en raison du défaut de symétrie entre risques et moyens. Cette asymétrie, qu'on aurait pu croire atténuée dès 1957 avec l'inclusion du territoire américain dans le risque nucléaire, s'est accentuée avec la mondialisation de l'espace de sécurité américain. Pour les Etats-Unis, l'Alliance atlantique est un *sous-système* à l'ouest, flanquant le *sous-système interaméricain* au centre, et faisant pendant au *sous-système du Pacifique* à l'est (autour de l'axe nippo-américain, et même si la « Communauté du Pacifique », déjà prépondérante dans les échanges, n'est pas encore formalisée dans les institutions). Le système de sécurité américain n'est pas ou plus l'Alliance atlantique mais la réunion de ces trois sous-systèmes articulés sur le bastion central, à peu près équidistant, entre lesquels la Grande-Ile aux deux façades et cinq frontières (la cinquième étant l'espace) a la faculté de jouer au mieux de ses intérêts. Pour les alliés du front atlantique, l'Alliance est *le* Système, cadre global et référence ultime. Notre *tout* n'est pour le Leader qu'une *partie* ; ce qui est *stratégique* pour

nous (les missiles à portée intermédiaire, ou même à courte portée) est *tactique* pour le Chef, qui réserve la dignité « stratégique » au seul vecteur capable de traverser l'Atlantique, ou de l'atteindre lui, et appelle « guerre nucléaire limitée » la dévastation illimitée de toute l'Europe. Le tactique, c'est le stratégique du pauvre, mais cette misère-là, c'est tout notre magot. Perdre l'avant-poste européen, c'est pour les Etats-Unis perdre une bataille, mais pour nous, la guerre, et plus sûrement encore la vie. Il résulte de cette asymétrie une sérieuse divergence d'intérêts sur la manière de conduire la dissuasion nucléaire.

En cas d'échec de la dissuasion en Europe, les Etats-Unis gardent une stratégie rationnelle, qui est d'arrêter l'escalade en évitant le recours aux systèmes centraux. Ils ont alors un intérêt commun avec l'Union soviétique : protéger leur sanctuaire de la catastrophe, ne pas embrayer sur « l'anticités », sauver leur population. En revanche, si la dissuasion échoue, les Européens n'ont plus de stratégie rationnelle, c'est-à-dire que l'efficace irrationalité de la dissuasion est notre seule stratégie raisonnable en dernière analyse, alors que la raison commande aux Américains d'envisager rationnellement son échec. Le déploiement des euro-missiles par les Américains ne lève pas l'ambiguïté car elle est elle-même ambiguë, assurant et retardant à la fois l'extension du conflit au sanctuaire. La supériorité nucléaire soviétique en Europe a avivé cette contradiction. Les Européens ont intérêt à tout faire pour convaincre l'U.R.S.S. que le conflit ne resterait pas limité à l'Europe ; les Etats-Unis ont intérêt à se ménager une possibilité d'arrêt en et sur l'Europe. L'hypothèse la meilleure pour les Etats-Unis — le conflit limité — est en ce cas la pire pour nous, et inversement.

Cette contradiction hypothéthique suppose l'état de guerre ; elle est euro-américaine, et non franco-américaine (puisque la France dispose de l'allumette stratégique). Bien plus grave que le divorce d'intérêts dans le cadre d'une stratégie de dissuasion, est la remise en cause de cette stratégie elle-même. La « riposte flexible », dès lors qu'il n'y a plus supériorité américaine, découvre à nos amis européens que l'Europe, enfin face à elle-même, sera héroïque ou ne sera pas. La « guerre des étoiles » s'attaque au principe de notre dissuasion. En temps de paix, dès la fin de ce siècle.

La décision annoncée *ex abrupto* par le Président Reagan le 23 mars 1983, sans concertation ni même information préalable des alliés, de doter le territoire américain d'un « bouclier antimissiles », moyennant des systèmes d'armes à énergie dirigée embarqués sur des plates-formes spatiales, introduit le plus important bouleversement stratégique depuis la fin de la dernière guerre. C'est après l'expérimentation réussie de Los Alamos, le deuxième renversement majeur des données de la paix. Les A.B.M. laser sont supposés assurer, d'ici la fin du siècle, la sanctuarisation complète de l'Amérique et à terme des deux superpuissances, la fin de la course aux armements et plus largement du chantage nucléaire, puisqu'ils rendraient inefficace, au départ, le déclenchement d'une attaque. Le passage escompté de la destruction mutuelle assurée (M.A.D.) à la survie mutuelle assurée (M.A.S.) mettrait définitivement à l'abri l'Amérique, et au rebut notre capacité de frappe nucléaire puisque l'étanchéité de la « Fortress America » *provoquerait rapidement* celle de l'Union soviétique (qui rattraperait son retard technologique dans le domaine des A.B.M., comme elle en a rattrapé d'autres). Privé d'une telle couverture défensive, notre territoire deviendrait vulnérable à une agression nucléaire, conventionnelle aussi, et dépourvu des moyens qu'il a acquis de la prévenir. En invitant les Soviétiques à se doter d'un système similaire au leur, les Etats-Unis redonnent à l'U.R.S.S. tout le bénéfice de leur supériorité conventionnelle sur le théâtre européen — dont ils pourraient désormais se moquer (mais pas nous). Ils ratifient à terme le découplage stratégique entre les deux versants atlantiques puisqu'une guerre « limitée » en Europe n'aurait plus aucune chance d'affecter le sanctuaire des superpuissances. Dans un contexte où la France et la Grande-Bretagne seraient contraintes de prélever sur leur secteur classique les ressources nécessaires à l'accroissement de la capacité de pénétration de leurs forces stratégiques, la dissuasion « conventionnelle » serait probablement insuffisante. Jusqu'à présent, la sécurité du monde reposait sur le partage des risques. La priorité donnée à la sécurité augmentera les risques, par un autre tour de paradoxe ; et la stratégie de la défense absolue est plus grosse de catastrophes que celle du cauchemar. Cédant au vertige technologique, « Fortress America » viole le traité A.B.M. de 1972, principal acquis du dialogue stratégique des vingt dernières années, et confirme que l'essentiel à ses yeux est sa propre sécurité, quitte à lui sacrifier celle de ses alliés, et pourquoi pas la sienne propre. Technologiquement *illusoire* — car une étanchéité à 100 % n'existe pas ; *dangereuse* — 5 % des missiles balistiques adverses, bombardiers et missiles de croisière, suffisent à rayer l'Amérique de la carte ; *déstabilisante,* car bloquant le jeu des représailles, base de la dissuasion ; finalement plus *offensive* que défensive, car incitant dans un premier temps à une frappe préemptive (le temps que l'autre se sanctuarise à son tour) et à tout instant à une attaque antiforces et anticités (qui peut le plus peut le moins) ; relançant *la course* technologique aux *contre-mesures* et aux missiles de croisière contournant le bouclier par le bas ; *contradictoire,* car on ne peut à la fois donner la priorité à la défensive chez soi et demander à ses alliés d'accepter le déploiement sur leur sol d'armes offensives à portée intermédiaire, l'adoption de cette stratégie marque une nouvelle étape dans la destruction des bases du système atlantique. Le temps où la stratégie militaire des Etats-Unis pouvait être dite *déphasée* par rapport à une stratégie de dissuasion en Europe a pris fin : elle est désormais *antinomique.* Hier, le Pentagone n'assurait plus la sécurité de la France ; demain, il accroîtra sa vulnérabilité[1]. On a jugé le premier constat outrageant et outrancier — jusqu'à sa vérification officielle. On fera aujourd'hui pareil pour le deuxième — attendons après-demain.

---

1. On prévoit à Washington le prochain doublement des crédits demandés au Congrès pour le projet « Starwar », soit 3,6 milliards de dollars pour l'année fiscale 1986 contre 1,8 pour 1985.

## IV. THIS LAND IS YOUR LAND

*1. Un Empire pas comme les autres.*

La puissance d'outre-Atlantique investit *de l'intérieur* les *sociétés* d'Europe, la puissance soviétique, bien qu'assise sur notre Continent, les investit *de l'extérieur*, y compris dans cette portion de l'Europe qu'elle tient sous le joug. Pourquoi ce paradoxe ? Parce que le Léviathan américain marche sur ses deux jambes, Etat et société civile, coercition et consensus, épée et évangile, crainte et séduction ; le soviétique avance à cloche-pied, par l'Etat et la seule force des armes. Ici, le *soft* précède le *hard*, et peut même en dispenser ; là, la normalisation *suit* la colonisation, derrière les chenilles des tanks. On comprend que l'Europe aliénée regarde l'Europe confisquée comme un enfer ; et cette dernière la première comme un purgatoire fort attrayant, en dépit du chômage et de l'insécurité de l'emploi, le paradis restant l'Amérique. C'est un trait constant de l'alliance soviétique que sa difficulté à pénétrer les sociétés civiles étrangères, à sortir de la sphère étatique. Le plus vieil allié de l'Union soviétique en Asie, l'Inde, offre un exemple à cet égard révélateur : la société indienne ne porte aucune trace d'une quelconque dominance ou présence russe, que ce soit dans l'éducation ou les mœurs des élites, comme dans la culture, lecture, coutumes, alimentation, divertissements, ciné, musique, valeurs et croyances de l'homme de la rue. L'U.R.S.S., influente dans quelques secteurs clés de l'appareil d'Etat indien, est absente du paysage indien, et la même observation peut se vérifier sur des pays du deuxième cercle, comme l'Angola, le Mozambique ou le Yémen du Sud. Autant un Etat sans société est bien armé pour agir sur d'autres Etats, autant il est désarmé pour pénétrer des sociétés civiles, ce monde déjà trop opaque pour un marxiste carré, et carrément incompréhensible pour un apparatchik qu'est celui des affaires, des croyances, églises ou sectes, des universités et des rédactions. Les services secrets soviétiques, traditionnellement tendus vers l'espionnage classique, militaire, politique et aujourd'hui industriel, ne font pas mieux en matière de réseaux d'influence qu'un ours dans un magasin de porcelaine. De la C.I.A. et autres agences similaires, il ne faut pas oublier qu'elles sont d'abord des agences de presse et de voyages. La moitié d'un budget de la C.I.A., sur un programme donné (Chili, Angola, Grenade, Nicaragua, etc.) est affectée, au dire de spécialistes américains, à l'environnement informatif et psychologique des opérations, pour gagner ou neutraliser l'opinion intérieure et internationale ; et c'est en prenant le contrôle, indirectement par des relais privés, ou institutionnels, de la presse, des radios et télés nationales (comme cela se voit en clair dans nombre de pays latino-américains) que le gouvernement nord-américain parvient à « asservir » les gouvernements de sa zone de sécurité. Le soviétique prend d'abord le contrôle de l'Etat et fait faire ensuite le journal local. En démocratie plus qu'ailleurs, transmettre, c'est un peu soumettre. Parce que l'état d'esprit de la majorité des citoyens déterminera en dernière instance l'esprit de l'Etat, et l'humeur de la rue, celle des bureaux. Qui gouverne les perceptions de monsieur tout le monde peut espérer téléguider les conceptions des plus hauts responsables. Cette stratégie de domination indirecte n'est permise que dans le monde libre, mais elle endort sa liberté. La suprématie américaine sur sa zone d'influence agit comme un narcotique, la suprématie soviétique sur la sienne comme un révulsif, qui a réveillé plus d'un pays. Péguy aimait évoquer « la plus dangereuse des invasions, l'invasion qui entre en dedans, l'invasion de la vie intérieure, infiniment plus dangereuse pour un peuple qu'une invasion, qu'une occupation territoriale ». Les tribus afghanes préféreraient sans doute affronter aujourd'hui *Sélection du Reader's Digest* plutôt que les Mig-25, mais c'est parce qu'ils n'ont jamais lu *Sélection* hier et sont restés eux-mêmes, qu'ils peuvent lutter contre les Mig. Il est rare, malgré le dicton, que la servitude abaisse les hommes jusqu'à s'en faire aimer. L'aliénation, qui remplace la peur par le *désir* de devenir l'autre, rend, elle, la domination appétissante, comme une promotion. Le protectorat n'est plus en ce cas une contrainte diplomatique et stratégique, imposée d'en haut, mais un plaisir collectif et une fête permanente : la libido relaye la force des choses. Sournoise habitude, la dépendance intellectuelle, qui est à la base de toutes les autres, s'indique d'abord au refus de regarder la dépendance en face. Une subordination sera dite réussie lorsque le faible, venant à identifier ses intérêts à ceux du fort, chante à pleins poumons la fraîcheur des caves. Plus sobrement lorsqu'un décideur français, espagnol ou allemand, qu'une mercuriale du *Wall Street Journal* au petit déjeuner aura plongé dans la consternation, qui aura ensuite passé deux heures à convaincre un représentant américain de donner son aval à la conclusion d'un contrat commercial avec un pays de l'Est, avant de rédiger une note pour expliquer que telle initiative en direction du tiers monde est inopportune parce qu'elle irriterait inutilement (ou « prématurément », ou « gratuitement », etc.) notre partenaire américain, puis déjeuné avec un journaliste influent de Washington pour tenter de l'apaiser par des propos rassurants, après quoi il aura répondu, en début d'après-midi, à « une demande d'éclaircissement » transmise par l'ambassade amie — passera le reste de la journée à rédiger un discours où il exposera de la meilleure foi du monde qu'il n'est pas de plus grande menace pour son pays que de voir l'Union soviétique avoir barre sur lui, par intimidation politique ou empreinte idéologique. Il est bon de lutter contre une menace *potentielle extérieure*; moins bon que cette juste lutte en occulte une autre, moins inacceptable, mais *intérieure et actuelle*. Certes, « on ne fera plus croire à personne que le Coca-Cola, I.B.M. et les jeux vidéo sont aussi dangereux pour l'identité européenne que les T 72 ou les camps de travail du K.G.B.[1] ». Ces monstruosités orientales ne sont pas en effet de même nature que les aménités de l'Ouest, et tout parallèle serait obscène. Ne prenons pourtant pas notre extérieur pour notre intérieur, hier pour demain, ni l'Ouest pour l'Est. Les monstruosités n'ont aucune chance et chaque jour un peu moins, de s'implanter en Europe de l'Ouest ; les aménités sont d'ores et déjà à l'Est. Outre que l'identité européenne n'a rien à gagner à un tel jeu de bascule, entre deux lignes de produits également étrangers à son histoire, la rigueur interdit de peser sur les plateaux de la même balance un mal pour nous évanescent et des biens pour eux envahissants. Nous que n'est pas près d'affecter la soviétisation des films pour enfants, du polar, de la pub, de l'hôtellerie, des rythmes de danse, du marché de l'art, du vocabulaire scientifique et technique, des colloques internationaux et des revues de référence, des stupéfiants, des boissons, de l'agro-alimentaire, des brevets et licences, de la b.d., des tours de contrôle, des dramatiques et des feuilletons, des images d'actualité, des tableaux de bord, des fringues, des news, des journaux et du reste. Nous, ni rouges ni morts : métèques tout au plus.

Pour comprendre la diplomatie, il faut en sortir. L'horlogerie des relations entre Etats n'intéresse en France que deux mille artisans à peu près, travaillant dans le dos du public plus intéressé au tennis et au foot, aux peines de cœur de Caroline et aux distractions parlementaires qu'à sa propre survie comme nation. Le tic-tac d'un Etat, qui ne bat pas la mesure, ne peut sonner le glas qu'à scander l'allure générale d'une société, porté à l'unisson par l' « interdépendance » des économies de marché, système mondial dont les impératifs ont été maintes fois décrits : contrainte du dollar, dépendance technologique, dominance industrielle, prépondérance commerciale monopolisent les études et l'attention, en sorte qu'on aimerait ici porter la nôtre moins sur les capacités de nuisance du Leader, en amont, que sur les capacités de résistance, culturelles et morales, nécessaires à la sauvegarde

---

1. Laurent Joffrin, *La Gauche en voie de disparition*, Seuil, 1984, p. 248.

d'une originalité politique, en aval. Se faire englober, comme Etat, sans se faire enculturer, comme société, ne crée pas l'irrémédiable. Ce qui verrouille malheureusement le système atlantique, et risque de rendre un jour l'allégeance naturelle, par intériorisation de l'Alliance en *mouvance*, c'est cette assimilation en tenaille qui aligne au cordeau Etat et société civile, hauts fonctionnaires et grands journalistes, bureaux et boutiques, jargon de bloc et argot de métier (ne pas confondre : ceux qui ont des *responsabilités mondiales* et ceux qui ont des *ambitions planétaires* ; qui recherchent une *marge de sécurité* ou bien l'*avantage stratégique* ; ceux qui donnent un *avertissement sans frais* et qui multiplient les *efforts d'explication* afin d'*éclairer* l'opinion et ceux qui recourent au *langage de la menace*, multipliant les *manœuvres de propagande* pour *intimider* l'opinion ; ceux qui *exploitent les opportunités* et ceux qui *répondent aux appels*, ceux qui exercent des *rétorsions* et ceux qui se livrent à des *représailles*, ceux qui *pointent* leurs fusées et ceux qui les *braquent*, ceux qui aident une *résistance* nationale procédant à d'audacieux *coups de main* et ceux qui aident une *subversion* internationale se livrant à des *raids terroristes*; ceux des *faits et gestes* et ceux des *agissements et menées*, les *nouvelles inflexions* et le *revirement soudain*, les *à la lumière de* et les *prenant prétexte de*, ceux chez qui les opposants *pourrissent dans les geôles* et ceux chez qui ils *purgent leur peine en prison*, ceux qui commettent des *maladresses et des bévues*, ceux qui signent leur présence par les *crimes* et *forfaits* habituels, ceux qui manifestent *inlassablement* leur *préoccupation fondamentale* de la paix dans le monde et ceux qui *embouchent le vieux thème de la défense de la paix*, ceux qui *dérapent* et ceux qui se *recentrent*, ceux qui montrent leur *fermeté* envers l'un mais non, ce faisant, de la *complaisance* envers l'autre, et ceux qui font l'inverse, etc.). Le système des blocs devient le confort intellectuel d'un Etat indépendant dès lors que ses serviteurs — experts, directeurs, ou rédacteurs de base, commis aux discours des ministres, à leur note d'entretien, dossiers, pense-bêtes, etc. — voient dans leur revue de presse quotidienne le décalque de leurs propres mots, références et découpages. L'administration française a un fort indice de viscosité, supérieur à la moyenne ; elle a donc besoin d'un haut degré de liberté, supérieur à la moyenne, dans la pensée et la société française. Or ce dernier s'abaisse rapidement, en dessous de la moyenne européenne. Cette chambre d'échos rend difficile la dissonance. C'est lorsque plus personne dans une administration ne doute des présupposés d'une politique, ne met en question les questions elles-mêmes, ne cherche l'idée derrière le mot, bref ne fait retour sur soi, que le bloc dans la tête rend superflu le bloc dans le texte. Cette déperdition d'identité, cette dépersonnalisation collective n'ont pas de précédent dans notre histoire, ni aujourd'hui du moins, d'*équivalent dans le reste de l'Europe continentale.* Déplorable exception. C'est le pays qui totalise le plus de facteurs objectifs d'autonomie qui perd le plus les moyens subjectifs d'assumer son destin.

## 2. *Un pays pas comme les autres.*

La normalisation des politiques étrangères dans la Confédération suppose la simplification des paysages intérieurs. On n'aura pas d'Etats homogènes en haut si on ne lisse pas les aspérités en bas, notamment chez nous où elles faisaient fracture, ne serait-ce qu'entre gauche et droite. Il faut penser ensemble le dépérissement du vieux thème « la France contre les Empires » et celui des contre-sociétés en France même — partis, syndicats, presse d'opinion —, car l'affaissement des facultés de résistance aux puissances étrangères dominantes a sans doute accompagné celui des centres de résistance intérieurs aux classes dominantes [1]. Mettre en regard le pronostic de Tocqueville, « plus les conditions deviennent égales, moins les hommes sont individuellement forts, plus ils se laissent aller au courant de la foule et ont de la peine à se tenir seuls dans une opinion qu'elle abandonne », et notre difficulté croissante à faire cavalier seul aux pourtours de l'arène occidentale. Penser ensemble l'Etat qui perd la compétence de ses compétences et

---

1. 1914, 349 quotidiens dont 80 à Paris. 1946, 203 quotidiens dont 28 à Paris. 1984, 87 quotidiens dont 11 à Paris. En 1985, la rubrique internationale est pratiquement interchangeable d'un journal ou d'un hebdo à l'autre.

l'intelligentsia qui perd les moyens de l'intelligence. La dégradation de l'idée d'*universel* dans l'instruction et la production des esprits français, et de la *différence* française dans le concert des nations. L'affadissement de la spécificité française dans l'orbe atlantique, avec l'aplatissement de l'Etat dans notre société civile, de l'idée républicaine dans la vie nationale, de l'école dans l'imaginaire collectif, de l'histoire et de la philosophie dans l'enseignement scolaire (« l'oubli du passé est mortel au progrès »). Penser à l'inverse l'élévation de l'Empire avec celle de l'*information* par rapport à l'*instruction*, de l'*image* par rapport à l'*idée*, de l'expression *orale* par rapport à l'*écrit*, de l'*instant* par rapport à la *mémoire* et de l'*économie* par rapport à la *politique*. Depuis vingt ans, la France s'est considérablement normalisée : esthétique, politique, imaginaire, information, cléricature s'adaptent aux normes du spectacle. Tout a été dit du changement de décor, d'éclairage, de costumes. L'effet Soljenitsyne, la liquéfaction de l'idéal militant et des « avant-gardes », la transformation de la forme-Parti en rampe de lancement électoral, à la manière américaine, l'inversion des signes cosmiques du bien et du mal, avec l'Afghanistan qui a fait oublier le Vietnam qui lui-même avait fait oublier Prague (et ainsi de suite), « France-U.R.S.S. » en enfer, « France-Amérique » au ciel. L'effondrement du mythe soviétique, loin de vacciner contre la fausse identification à l'autre, loin de susciter un retour aux sources et à soi-même, précipite l'aliénation inverse. « En France, rêvait jadis Malraux, il y a nous, les communistes et rien. » Vingt ans après, le rien tend à devenir le tout. La banalisation des gaullistes historiques en conservateurs néolibéraux, « occidentaux » bon teint, le racornissement des seconds en syndicat de défense des laissés-pour-compte de la troisième révolution industrielle libèrent la course de tous au centre, à l'intérieur, et au-dehors, aux bonnes grâces métropolitaines. Les candidats aux honneurs suprêmes, qui faisaient naguère le voyage de Rome, vont désormais à la Maison-Blanche recevoir l'onction impériale (poignée de main sur le perron, sourires, flashes). Le poids spécifique qu'avaient jusqu'alors dans notre vie nationale le

« mouvement ouvrier » et les « intellectuels » explique que la bascule des temps ait pris en France une amplitude particulière.

Le passage de l'âge politique à l'âge médiatique (ou, si l'on préfère, du régime des partis au régime des sondages, de la IV$^e$ à la V$^e$ République), freine la subversion russe et accélère la subversion américaine. Au moment où l'Empire oriental perd ses relais intérieurs (partis, syndicats, intellectuels), l'Empire occidental voit croître les siens (banques de données, programmes audiovisuels, news magazine). Le front de l'Ouest est à deux échelons. Déboutée ou bousculée sur le terrain diplomatique, l'hégémonie américaine a, contrairement à sa concurrente, une instance d'appel intérieure, devant laquelle ont à comparaître les hommes d'Etat eux-mêmes. « Les médias sont américains », dit un livre célèbre (Jeremy Tunstall), et des médias français, qui n'échappent pas à la loi du genre, technique et politique, Machiavel eût sans doute parlé comme du « parti américain » (au sens neutre où il distinguait dans l'Italie du XVI$^e$ siècle, les partis espagnol, autrichien, français). L'establishment français de politique étrangère, dont *Le Monde diplomatique* n'est pas la lecture préférée, a déjà de soi un centre de gravité décalé à droite de l'axe politique intérieur, lui-même de centre-droit. Il vit en symbiose avec les instituts américains et nos sources d'information stratégiques ont toujours été anglo-saxonnes (pas de satellite d'observation autre qu'américain pour décompter les missiles soviétiques). A cette permanence, en haut, l'étalonnage de la grande information ajoute désormais la nappe transatlantique des commentaires et commentateurs grâce à quoi la vision américaine (républicaine de préférence) du monde va devenir le monde vu de France (un grand magazine chez nous se valorise en confiant à une ou deux personnalités américaines les éditoriaux de politique étrangère). Pendant ce temps, les journaux télévisés, coût, rapidité et fiabilité des transmissions-satellite aidant, puisent à la source des networks. Aucune des trois chaînes du service public n'a de bureau permanent au sud du tropique du Cancer. Nos organes d'information accordent dix fois plus de place ou de temps aux événements politiques et culturels nord-américains qu'à ceux d'Allemagne, d'Italie ou d'Espagne, et déjà deux fois plus qu'aux français. Nos poids et mesures sont désormais déposés outre-Atlantique.

Le groupe de citoyens français pour qui Moscou a en principe raison, au besoin contre Paris, a le handicap d'exister comme parti — stigmatisé comme tel et marqué par des partis adverses (modeste crédibilité d'un journal de parti, quel qu'il soit). Ce groupe de pression marginal représente un Français sur dix, le moins fortuné et le moins influent de tous (Doumeng mis à part), et un journaliste sur cent dans les rédactions télévisées. Ses représentants politiques n'ont pas accès aux dossiers internationaux de défense et de sécurité, il ne dispose d'aucun média significatif et loin de faire « l'opinion légitime », il légitime a priori toute opinion contraire. Ceux qui accordent à Washington le préjugé favorable d'instinct, et au besoin contre Paris, constituent l'immense majorité des rédactions (à la télé, la version officielle américaine d'un événement n'est pas présentée avec des guillemets : c'est l'événement tout court), du *Matin de Paris* au *Figaro* et de *Paris-Match* à Europe 1, le fond de l'air et « deux Français sur trois ». Lorsque surgit un différend diplomatique entre Londres ou Tokyo et Washington, la grande presse de ces pays démocratiques, sans toujours faire chorus, prend sous réserves le parti de leur pays (titres et éditoriaux montrant que c'est aux Etats-Unis d'apporter la preuve de la culpabilité ou du faux pas britannique ou japonais). En France, une crise transatlantique vient-elle à surgir, c'est du gouvernement français qu'on exigera des explications, voire des comptes. A lui la charge de la preuve (Amérique centrale — Proche-Orient). Malheur de ne pas être une île ? Si la condition insulaire accoutume à la fierté et au quant-à-soi, tout en projetant au-dehors, la péninsulaire acoquine-t-elle à la servilité ? En vitesse de croisière, le plus modeste écart de conduite ou de langage, la moindre entorse à la langue de bois du Quai d'Orsay ou à la langue de bloc-réflexe, trouve sa sanction immédiate, du *Nouvel Obs.* au *Point*, dans une volée de bois vert, propre à dissuader toute velléité de récidive chez le malheureux « gaffeur ». La longue durée est la base de toute diplomatie et stratégie sérieuses mais le marquage des non-conformistes par les normalisateurs ne laisse guère de temps au temps : l'exécution a lieu dans les vingt-quatre heures.

Le fait nouveau : le chassé-croisé de la puissance et de la gloire. Ce sont les médias qui donnent (ou retirent) la gloire aux employés de l'Etat, et non plus l'Etat lui-même. Ce dernier, qui a perdu la capacité de se représenter lui-même, doit passer par les médias, n'étant plus son propre médium, pour se rendre présent à ses mandants, mais les médias, qui n'ont plus à passer par l'Etat, n'ont pas à répondre de ce qu'ils disent et font. En France aujourd'hui, la presse est déjà libérée de l'Etat, qui doit désormais se libérer de la presse. La parole des ministères n'est audible que si le ministère de la parole lui donne son aval. Le ministre fait donc sa cour auprès des journalistes. Je vous donne un scoop, donnez-moi la une. Je vous invite dans mon avion, donnez-moi deux colonnes. Une confidence, un encadré. Ces techniques de mise en valeur individuelle, imposées par la tyrannie sans précédent du sondage, de la cote de popularité et de l'indice d'écoute, témoignent que l'Etat n'est plus à ses propres yeux la plus haute valeur. La puissance va à la gloire, non l'inverse. En perdant l'autonomie de ses honneurs et de ses fastes, l'Etat cesse d'assumer dans la société la fonction de l'universel : il n'est plus conforme à son concept. Si peu que les médias deviennent la médiation sans laquelle il ne peut se réunir à lui-même, son obsession intime et la cheville ouvrière de l'investiture. La règle du jeu commande à tous. Un Premier ministre ne tire plus sa légitimité du Président qui l'a désigné mais de la télé qui l'a révélé. Traduction à l'usage des jeunes générations : cherchez plutôt l'article et la photo à la une qu'une bonne place dans un cabinet. Vous aurez un temps d'avance sur les confrères, et l'oreille du Château.

De quoi parle-t-on dans les bureaux d'Etat ? Des médias. De quoi parlent les médias ? D'eux-mêmes. Sont-ils narcissiques ? Non : autosuffisants. Le monde, c'est eux. Ils n'ont plus à le chercher ailleurs, ils sont l'événement et son commentaire, l'histoire et la vérité de l'histoire, la totalité en acte. Le premier pouvoir sans contre-pouvoir, dit Michel Serres. Le parlement avait en face de lui le monarque, le Pape, l'Empereur, le seigneur l'échevin, le curé l'instituteur, la majorité l'opposition : on respire par va-et-vient. La télé a en face d'elle le journal, le journal la radio, et la radio la télé : on délibère avec les mêmes mots, le même jour, et sur les mêmes sujets. Dans le post-moderne, l'homme des signes et du faire-savoir est roi, l'homme du savoir-faire et du réel, gêneur ou valet. Le réel, cela s'apprend. La connaissance suppose l'école, la menuiserie un C.A.P., la chirurgie, l'internat. Quelle discipline, quel temps d'apprentissage faut-il pour dire son mot sur tout et rien ?

Les médias la distribuent, mais d'où vient la gloire ? D'Amérique. Ce qui a changé depuis vingt ans, c'est le fléchage des filières de légitimation, des parcours de consécration. Un homme public ne survit dans la cohue des concurrents qu'en cultivant jour après jour sa popularité, en veillant sur son « image » comme l'ultime noyau de sa réalité. Ce qui vaut pour un chef d'entreprise, un chercheur, un écrivain, un chanteur vaut a fortiori pour un président, un ministre, un conseiller : on ne peut plus avoir une « bonne image » en France si elle est inexistante ou mauvaise aux États-Unis d'Amérique. Le palmarès parisien des honneurs de la presse décalque désormais la hiérarchie des grâces. Il faut donc travailler en amont, neutraliser à tout le moins, sinon infléchir le jugement d'en haut, avec force voyages, échos de presse, rencontres de prestige, sourires, gadgets. Un ancien ministre sans parti rappelait dernièrement « un principe infaillible dans les relations extérieures : quand les compliments arrivent, de l'Est ou de l'Ouest, se méfier ! On a dû se faire avoir ». Mais l'impératif des relations publiques, économiques et politiques *intérieures,* permet-il encore de respecter le sacro-saint principe des relations extérieures côté Ouest ? Un responsable français ignoré ou dénigré sans relâche par la presse américaine — disons de Gaulle entre 1960 et 1968 — est-il encore possible ? 63 % des Français disaient approuver la politique étrangère de Pompidou en 1974, malgré ses démêlés avec les Américains, y compris avec les foules américaines dans les rues de Chicago (où il reçut avec sa femme insultes et crachats). Le changement des mentalités permettrait-il aujourd'hui un score pareil ? Autant une diatribe soviétique conforte, autant une semonce américaine inquiète, et six mois de tension peuvent déstabiliser un gouvernement. Les Comités Théodule, la droite sénatoriale et la gauche cassoulet n'ont pas empêché de Gaulle, qui contrôlait, c'est vrai, la télévision, de tenir les cinq ou (dix) ans nécessaires pour faire passer auprès des notables de l'opinion le scandaleux pour naturel, en sorte que le retour dans les commandements intégrés de l'O.T.A.N. apparaîtrait aujourd'hui aussi scandaleux que le fut notre sortie il y a vingt ans — auprès des mêmes. Peut-on croire les spécialistes de sondages d'opinion lorsqu'ils soutiennent qu'elle approuve en permanence la politique étrangère de ses dirigeants, quelle qu'elle soit [1] ? La télévision n'est plus dans les mains du gouvernement, qui, plus fragile sur ses jambes électorales, qu'il soit de droite ou de gauche, devient plus dépendant de l'image que donnent de lui les médias, devenus eux-mêmes plus dépendants, au mental et au technique, de l'amont impérial.

La politique étrangère de la France ne se fait pas à Washington — et encore moins aujourd'hui avec François Mitterrand qu'hier. Mais Washington est remonté entre-temps à Paris, où il avait déjà ses entrées mais côté cour et par les ailes. Le parti russe mis de côté, voilà désormais le « parti américain » au centre, à la place d'honneur des consensus nationaux. On comprend que ce qu'on appelle à tort l' « atlantisme » du septennat actuel rassemble et que son « tiers mondisme » — terme aussi impropre que le précédent — rebute l'establishment.

La mort d'Aron marqua l'apothéose de ce renversement. C'est peu après 1974, en effet, que la France officielle, qui avait eu Malraux, et la France intellectuelle, qui avait eu Sartre, se rejoignirent pour adopter l'excellent directeur politique du *Figaro*

---

1. En avril 1966, à la question : « Estimez-vous souhaitable que la France se retire de l'O.T.A.N. ? », 22 % des personnes interrogées par l'I.F.O.P. répondaient « oui » et 38 % « non ». Un mois plus tard, à la question : « Approuvez-vous la politique du général de Gaulle à l'égard de l'O.T.A.N. ? », 39 % répondaient « oui » et 27 % « non ». Paradoxalement, la défense spontanée du statu quo, qui inverse les opinions avant et après une décision officielle, milite plutôt en faveur de l'audace chez les décideurs.

et de *L'Express* comme leur « professeur de sagesse et de lucidité ». Ce n'est pas l'animateur du Comité de patronage de « l'Association française pour la Communauté atlantique » qui avait changé, mais les élèves. Il restait l'honnête homme qui découvrit, l'un des premiers en France, que la guerre vaut réflexion et qui, sans jamais craindre la banalité, sut en informer le grand public ; le publiciste de bon ton qui, en une époque d'outrances, de simplismes furieux et de bêtise emphatique, eut le mérite de ne pas élever le ton précisément ; et en se gardant de sortir de l'opinion moyenne et des préjugés les mieux accrédités auprès de ses contemporains, de ne pas céder à l'émotion, ni d'en susciter ; un pédagogue stratégiquement situé au carrefour de la thèse et de l'éditorial, qui fait passer pour universitaire érudit auprès des publicistes et pour publiciste informé auprès des universitaires ; l'observateur sceptique, donc en principe perspicace, de son époque, qui aura manqué les deux phénomènes par quoi elle se distingue des autres, l'explosion des savoirs productifs et l'expansion du réveil communautaire ; le stratège engagé aux côtés de notre classe dirigeante qui s'est franchement et constamment engagée contre la seule stratégie originale et de longue portée produite par cette classe en un demi-siècle, la construction d'une force de dissuasion nucléaire indépendante, stratégie qu'il n'aura ni comprise ni admise, au prétexte que le monde libre a un Leader et un seul, qu'il ne faut ni contredire ni distraire ; le prophète de la civilisation industrielle (le dix-septième en date) dont la plupart des pronostics se sont révélés inexacts, sauf deux, le caractère inéluctable de la décolonisation et le caractère idéologique de la « science » marxiste, appréciables découvertes qui ne signent peut-être pas le génie ; l'auteur de vingt ouvrages académiques où l'on chercherait en vain un déhanchement insolite, une formule, une ombre de style. En s'inclinant avec une pieuse unanimité devant la dépouille de cet homme éminent, les médias, nos nouveaux maîtres, firent plus que de se rendre hommage à eux-mêmes : ils donnèrent au nouveau conformisme le cachet doctoral et à l'aveuglement du jour les insignes de Tirésias.

L'idolâtrie de l'Amérique est de préférence le fait des économistes et des journalistes — le journaliste économique poussant jusqu'à la chronique quotidienne. L'idolâtrie de l'économie par nos hommes politiques n'est donc pas sans conséquence internationale, non plus que leur hantise de « l'image ». La subordination de la politique étrangère française aux intérêts de l'Etat américain, si elle devait se produire un jour, ne ferait qu'une avec la subordination de l'Etat aux médias. Or il sera beaucoup plus difficile de s'opposer à la seconde qu'à la première.

### 3. La énième trahison des clercs.

« Il existe deux questions pour un Etat : la guerre et la paix, l'école, écrit Jacques Muglioni. Toutes les autres questions politiques se ramènent à ces deux-là [1]. » Qui ne sont pas non plus sans rapport. Quand ses citoyens perdent la maîtrise de la langue et du passé commun, quand son institution scolaire n'a plus pour premier souci de rendre à elle-même, chez tout petit d'homme, la puissance de la pensée, une République perd bientôt la maîtrise de la paix et de la guerre. Autre fait nouveau depuis vingt ans : la crise accentuée de l'école, l'éclatement des appareils éducatifs, l'abaissement des institutions savantes et du savoir comme légitimité. De l'astronomie aux sciences humaines, les savoirs se construisent toujours contre l'opinion. L'école de la République laissait à la porte les opinions, les parents, les modes et les religions, parce que tous les esprits sont par principe égaux et semblables devant la vérité comme tous les citoyens devant la loi. Le pouvoir universitaire, cette enceinte préservée loin de « la foire sur la place », permettait l'autonomie du jugement et une certaine dévotion du vrai, chez ceux qui méritaient de ce fait le beau nom d'intellectuels. La dégradation du statut social et moral des professeurs, des lycées et des universités, des revues d'enseignement et des cahiers de recherches, singulier facteur de normalisation politique, n'a pas peu contribué à pousser dans le rang la

---

1. Doyen de l'Inspection générale de philosophie.

brebis noire du troupeau d'Occident. Si l'immense majorité des producteurs intellectuels était composée, jusque dans les années soixante, par la gent enseignante, payée et formée pour la transmission d'un savoir, la haute intelligentsia d'aujourd'hui a dû trouver d'autres supports d'existence, d'autres vecteurs d'influence, qui de complémentaires sont peu à peu devenus principaux, puis exclusifs. La supériorité en conditions de travail et de vie des universités et centres de recherche américains, jointe à la minceur des traitements de l'Education nationale, conduisent les meilleurs professeurs et chercheurs à Stanford, Harvard, Princeton, San Diego, etc., pendant que les cinéastes vont à Universal, les biologistes au Salk Institute et les économistes au M.I.T. : l'inévitable drainage des cerveaux, des talents et des espoirs, fruit de notre sous-développement, le reconduit à sa façon. Les autres rallient les médias ou gravitent en périphérie. L'ancien perturbateur de droit devient le normalisateur de fait — d'autant plus performant qu'il garde le look prophétique. Le glissement des valeurs au faire-valoir, de la classe d'élèves au studio de groupies, de la thèse à la pub, attelle le philosophe à la star comme elle transforme le leader en « crooner ». L'anecdote traduit un phénomène majeur : le degré de résistance à l'opinion s'affaiblit vertigineusement dans les milieux intellectuels, qui, perdant l'autonomie de leurs critères de légitimité et de promotion, n'osent plus dire et penser que ce qui est recevable par un large public. Pour avoir une tribune, décrocher le Prix, diriger une collection, passer à la télé, condition *sine qua non* de la vente en librairie, — il faut d'abord être vent en poupe, branché, « in ». Légitimé par le « love stream », salué par la rumeur. Cette intelligentsia barométrique en vient à incarner la tyrannie de l'opinion, Socrate passe du côté de ses juges. De martyr de l'air du temps, l'intellectuel devient son condensé — comme porteur des idées porteuses, coryphée des « valeurs en hausse ». Conséquence : l'alignement sur la majorité silencieuse, avec pour embrayeur le groupe central « cadres supérieurs, professions libérales, et responsables économiques ». L'histoire de la fonction symbolique montre qu'à chaque époque le message se plie au médium le plus porteur et les fabricants à la machine de diffusion des messages. La démagogie fait bon ménage avec la superstition du concret, mais la démocratie exige un certain respect de l'abstraction théorique, par essence libératrice, et d'abord des apparences. C'est le propre de la démarche rationaliste, essentielle au progrès social et technique, que d'expliquer le visible par l'invisible. L'audiovisuel ne favorise guère cette remontée on ne peut moins médiatique ; les raisons, lois ou principes élémentaires des mots et des choses ne se voient ni ne s'entendent. L'adaptation spontanée des esprits au tamis du succès relève plus de l'instinct de conservation que de l'opportunisme : il en va de la vie matérielle (chômage ou travail) et morale (ringardise ou réussite) de l'intellectuel, entendant par ce mot quiconque est fondé à rendre public son sentiment privé concernant les affaires du jour (soit à figurer dans la page « Idées » du *Monde*). Renan recommandait aux libéraux de parler moins de la liberté et de s'appliquer davantage à penser librement. Les libéraux règnent dans la pensée mais ne pense pas par soi-même qui veut. La nécessité de paraître, ou la difficulté d'être, ni vu ni connu, sans compter avec le désir bien légitime de l'aisance financière, précipitent projet d'influence et modèles de création dans l'entonnoir audiovisuel, critère et filtre suprême séparant les gagneurs des loosers. La recherche permanente de l'écoute maximale et la course au succès éduquent au cynisme : est juste ce qui marche. Si tout n'est que rapport de forces, rien de plus rationnel que de s'allier au plus fort.

Depuis 1848, à de rares exceptions près, tout ce qui compte dans les arts, les idées et les lettres rallie le camp de la puissance — politique et sociale. Que les grands noms d'une époque fassent figure de nains à l'époque suivante ne peut occulter cette constante nationale : les célébrités du moment sont toujours du bon côté. Avec Versailles, contre la Commune. Avec l'état-major, les journaux et l'Académie, contre Dreyfus (malgré la légende Zola). Avec Mussolini, sentinelle de l'Occident, contre l'Ethiopie. Avec Abetz et Brinon, contre les « gaullo-communistes ». Avec Staline, contre Trotski, puis Kravchenko. Rien d'anormal qu'elles soient aujourd'hui avec l'Amérique du miracle : c'est l'efficacité même. Nos élites, depuis la guerre des Gaules jusqu'à celle des monnaies, en passant par la Ligue et la Fronde, sont d'humeur collaboratrice. Le fait nouveau, anormal si l'on veut, c'est la disparition des môles de résistance minoritaires au sein du « parti de l'intelligence », réfractaires à l'opinion, que furent en leur temps l'Ecole Normale de Lucien Herr, l'Université d'Alain et de Langevin, les sociétés de pensée et les khâgnes, les revues et journaux de la gauche indépendante d'après-guerre. La fascination américaine des années 1970 et 1980 n'est pas la symétrique de la fascination stalinienne des années quarante et cinquante, car si aujourd'hui comme hier l'Europe n'est pas assez grande pour intéresser les grands intellectuels, leur raccordement au réseau ajouté aux nouvelles facilités de voyage les branche en direct sur la métropole.

Cette corporation typiquement française, qui a hérité des luttes passées contre l'Etat aristocratique, bourgeois et militaire, un surmoi national paradoxalement faible, allié à un moi individuel surdimensionné — ceci expliquant en partie cela —, a toujours eu tendance à compenser en recherchant loin à l'extérieur de l'Hexagone ses modèles d'identification. De toutes nos catégories socioprofessionnelles, la haute intelligentsia est sans doute celle qui s'intéresse le moins à la France et à l'Europe. Elle s'incorpore de préférence le nationalisme des autres — celui qui a le vent en poupe — tout en se désintéressant des nations ainsi idéalisées, de leur histoire et de leur réalité. Le nationalisme grand-russe fut importé comme stalinisme, le nationalisme grand-han, comme maoïsme, et aujourd'hui l'ultranationalisme américain comme « libéralisme » ou « modernité ». L'Amérique, c'est naturel ; la France, c'est sectaire. Et si c'était nous, les « nouveaux cosmopolites », les attardés du siècle ? Lorsqu'on s'ennuie dans un dîner en ville, il suffit pour dérider les ricanements d'évoquer le besoin de ressusciter l'éducation civique dans les écoles. « Pourquoi pas chanter *La Marseillaise* en classe ? » vous répondra-t-on dans l'hilarité générale. Chacun sait qu'il faut abandonner ces vieilleries — comme aux Etats-Unis. Où l'introduction des mini-ordinateurs dans l'enseignement n'empêche pourtant pas chaque matin, dans toutes les écoles du pays, les élèves de prêter allégeance au drapeau étoilé en chantant *God bless America* la main sur le cœur. Interdit ici de rire. Il y a pourtant un effet comique inaperçu dans l'apothéose française d'une nation dont on nous dit sans rire qu'elle « a fait du cosmopolitisme son principe fondateur » (Guy Sorman), capable de convertir une manifestation par excellence supranationale comme les Jeux Olympiques dans le déploiement le plus indécent de kitsch chauvin qu'ait connu l'après-guerre, qui couvre à la moindre occasion ses rues et ses maisons de drapeaux géants, et transforme un ethnocentrisme parodique en mesure de toutes choses. Ignorant l'a b c de l'histoire de France et voulant imiter ce qu'il y a de moins démocratique en Amérique, la culture française aujourd'hui dominante ignore que la question n'est pas de savoir si nous devons entrer dans un monde où la troisième révolution industrielle va effacer les frontières, mais si la nouvelle frontière américaine va ou non passer sur le Rhin ; si nous devons mettre au rebut nos mythologies européennes périmées, mais si nous serons nous-mêmes mis au rebut par l'expansion de la mythologie américaine ; si le monde doit se mettre à l'école des technologies universelles dont l'Amérique est porteuse, mais si l'Amérique va rendre le monde américain grâce à son monopole technologique ; si nous devons sacrifier nos mesquins intérêts nationaux à la révolution libérale multinationale, mais si nous devons sacrifier nos *moi* collectifs au plus puissant égoïsme national que la terre ait connu. Le goût de la pratique (qui caractérise pourtant l'universitaire et l'écrivain nord-américain, l'amenant souvent à prolonger ses classes et ses recherches dans l'administration sans devenir pour autant un politicien) n'est pas le fort de l'intellectuel hexagonal type qui, mariant provincialisme et mimétisme, préfère l'outrance de l'idée simple au déroutement du réel. La déstalinisation, ou plus tard, la démaoïsation des cercles hégémoniques — le maoïsme, ce stalinisme au carré, d'après le nombre de morts — se sont produites en France avec un retard certain sur les pays voisins (tandis que les Italiens, grâce à l'émancipation précoce du Parti qui les polarisait

— le testament de Togliatti remonte à 1964 —, tournaient la page soviétique, et que les intellectuels allemands avaient découvert le goulag, et pour cause, vingt ans avant leurs homologues français). Funeste décalage : les repentis des Empires d'Orient se font en un clin d'œil les intégristes de l'autre. Formalisant avec fureur les mythes et emblèmes anhistoriques de l'Empire d'Occident (droits de l'Homme mais non du Citoyen, totalitarisme, libéralisme, etc.), on met les bouchées doubles pour rattraper le temps perdu. Le communisme, manichéisme du pauvre, se renverse en anti-communisme, manichéisme des riches, et l'ouvre-boîtes universel continue sa ronde, dans l'autre sens. Une fois de plus, l'establishment intellectuel, entendant par là, avec Kissinger, l'ensemble de « ceux qui modèlent les attitudes publiques et posent, ce faisant, ce qui devient les limites des possibles politiques » s'idéologise à contretemps [1]. Au moment où la « fin de l'âge idéologique » sonne partout ailleurs l'heure des singularités historiques et du questionnement des homogénéités, la France imaginaire se guide sur une modernité abstraite, car amputée de son pendant traditionaliste (quoi de plus « passéiste » que le discours rouge-bleu-blanc du Président Reagan ?), et intransposable, dans un pays qui ne peut faire payer par ses alliés son déficit budgétaire, qui paie en dollars 60 % de ce qu'il importe, et dont la modernisation économique et sociale a été depuis toujours assurée par l'Etat.

Au moment où l'Allemagne fédérale, l'Espagne, l'Italie, la Grande-Bretagne (comme la Pologne, la Hongrie, la Chine elle-même), redécouvrent leur originalité (leur histoire, leur culture, leur place dans le monde), nous nous familiarisons avec les pâles généralités sans corps ni frontières, chères aux chiens de garde des années vingt (la Démocratie, l'Occident, la Liberté — érigés en sujets autonomes). Ceux qui gémissent en France après l'Europe, les yeux tournés vers l'Amérique, devraient prendre garde au fossé qui se creuse entre les intellectuels allemands et français, dû d'abord à la méprisante ignorance où l'intelligentsia gallo-ricaine tient sa voisine, quand de l'accord des deux pays, Etats et sociétés,

---

1. Voir Kissinger, « A plan to reshape Nato », *Time*, 5 mars 1984.

dépend l'avenir de toute communauté européenne[1]. L'incapacité de pétitionner ou d'envisager le monde extérieur à la première personne du pluriel — « nous, citoyens français, parlant d'où nous sommes et comme nous sommes » — traduit une légèreté peu propre à alimenter un dialogue avec des voisins allemands non seulement mieux informés de l'état du monde mais en passe de retrouver leur densité spécifique. « Nos ancêtres du *Mayflower* » — cela ne fait pas le poids devant ceux qui se découvrent petits-fils de Luther et de Bismarck. Même hiatus avec l'Espagne et ses créateurs : Los Angeles et Dallas sont plus proches de Paris que Madrid et Barcelone.

L'esprit d'Empire n'est nulle part plus féroce qu'à la colonie. Instaurer avec l'universel américain un rapport utilitaire, désinvolte, créatif, assimilateur, japonais en un mot, sans fascination ni confusion, met l'écume à la bouche des assimilés de la périphérie. Comme si on voulait les rétrograder dans l'infanterie, dissoudre les troupes d'élite, arracher les insignes. L'Amérique n'est infatuée que d'elle-même. Par un alliage unique de dépendance et de suffisance, la France intellectuelle s'est infatuée de l'Amérique. Cette exaltation dans le dénigrement de soi, cette complaisance dans l'abaissement, cette rage de s'acoquiner à sa décadence font que les Français aiment à se voir avec des yeux hypercaliforniens que les élus du Golden State se garderaient d'avoir pour nous : le beauf à béret basque, raciste, xénophobe, alcoolique, Dupont-la-joie éructant et ventripotent est un repoussoir chic, mais qui court assez peu les rues. C'est la méthode Coué à l'envers. Un athlète qui se convainc de ne pas être le meilleur ne gagnera jamais une course. Berdiaev : « Un empire est toujours l'œuvre de masses, de l'homme moyen. » L'Empire américain en ce sens s'édifie du dehors vers le centre, avec ces empressements bamboula et la servilité des allogènes. Pour qui importer est plus gratifiant qu'inventer. Une découverte technique, un concept nouveau, une

---

1. Aucun des grands livres politiques allemands de la dernière décennie (Gauss, Egon Bahr, Peter Bender, etc.) n'a été traduit en français, mais quel intellectuel français n'a dans le même temps décoché son sarcasme contre le national-neutralisme allemand ?

œuvre originale de notre cru ne sont dignes d'être consommés en France, par la presse et les usagers, que s'ils ont d'abord été adoptés outre-Atlantique.

De même qu'il faut lire chaque jour à Paris le *Herald Tribune* pour s'informer objectivement et complètement de l'état du monde ; fréquenter l'establishment diplomatique américain, avec ses admirables revues spécialisées comme *International Security* ou *Foreign Policy,* pour se reposer de l'hystérique hexagonie ; séjourner à Aspen, à la Brooklings, à la Rand, à Princeton et Georgetown, à la Ford Foundation et à tant d'autres « think-tanks » pour découvrir les données authentiques de la guerre et la paix ; de même les Etats-Unis deviennent-ils le dernier lieu au monde où il soit permis d'évoquer en public, calmement, sérieusement, l'Empire d'Occident, ses exploits et ses bévues (un éditorial sur deux du *New York Times* serait refusé à Paris comme « antiaméricain »). Les derniers patriotes européens trouveront un jour refuge en terre américaine, où ils seront reçus à bras ouverts par d'autres patriotes cosmopolites — les derniers hommes libres, peut-être. Invariant de l'histoire : la métropole est ce qu'un Empire fait de mieux. On y respire un air de liberté à nul autre pareil, qui tourne la tête à plus d'un indigène en visite (la *Bildung* du héros colonial, africain, indien ou latino, a toujours pivoté sur un séjour décisif à Paris, Londres ou New York). De fabuleuses dimensions, l'abondance, la gentillesse et le croisement des cultures donnent ici à la règle générale sa plus éblouissante application. Comment peut-on vivre aujourd'hui ailleurs qu'à New York — sinon peut-être à Paris ? Dans quel pays les athlètes sont-ils plus athlétiques, les dirigeants plus accessibles, les dossiers secrets moins secrets, les savants plus savants, les femmes plus belles et les bibliothèques plus accueillantes ? Tout Corneille pour un film d'Orson Welles — évidemment. Mais est-ce bien le sujet ?

*4. De l'antiaméricanisme.*

On a toujours intérêt à expliquer ce qui pourrait passer pour un sentiment noble (l'amour de son pays) par un sentiment bas, négatif (la haine d'un autre). Réduire le résultat d'une analyse historique, étayée sur des faits, communicable à tous, à une pathologie individuelle liée aux accidents d'une biographie, à une humeur, à des obsessions (de Gaulle humilié par Roosevelt se venge vingt ans après). Les antinazis étaient bien évidemment animés par la haine des boches, passion trouble et surannée. Nos anticolonialistes, par un ressentiment maladif contre la mère patrie ; ceux qui récusent l'intolérance suicidaire d'un ultrasionisme fanatique (heureusement minoritaire dans la démocratie israélienne) sont bien entendu des antisémites honteux, prêts à endosser la stupide et ignoble équation « sionisme = racisme ». Qu'un Français puisse lutter contre l'impérialisme français et aimer passionnément son pays, un autre, ou le même, refuser qu'on lui impose l'Amérique comme modèle tout en admirant et pratiquant gaiement la culture, la société, l'allégresse américaine (comme l'auteur de ces lignes), voilà qui pourrait casser le jeu. Un mot à six coups expédiera aussitôt le réfractaire au placard. L'article est fait d'avance qui mettra les rieurs du bon côté. « Antiaméricain », synonymes : vieillot, xénophobe, ringard, frileux, marxiste, envieux, boutiquier, autoritaire. Antonymes : créatif, moderne, ouvert, universel, libéré. Homonymes : Bécassine, gros rouge, Dalida, Biniou, béret basque, « Au théâtre ce soir ».

Cette « peste blanche drapée de tricolore », maladie honteuse heureusement en voie de disparition, appelle donc un diagnostic précoce. « L'antiaméricanisme français, c'est à la fois l'humanisme anti-industriel et le socialisme des imbéciles. Cela ne s'applique évidemment pas à Jacques Delors, dont les réclamations à l'égard de la politique financière des Américains sont justifiées, ni à Jack Lang, même si sa croisade contre l'impérialisme culturel yankee l'est beaucoup moins. Mais je songe à tout ce qui leur emboîte le pas : cette triste caravane de poujadocommunistes, de maurrassiens revanchards, d'écrivains ratés ou de faux gaullistes de gauche qui ont trouvé dans l'Américain le bouc émissaire idéal des temps modernes [1]. » La dénonciation des poncifs de « l'U.S. go home » étant elle-même devenue un poncif national, il serait peut-être temps d'ausculter les médecins, d'examiner les examinateurs. Sans dramatiser. Chaque époque a son terrorisme de prédilection. « Un anticommuniste est un chien, je n'en démordrai pas », écrivait Sartre, naturellement, en 1960. Le chien a fait demi-tour. Il faut s'accommoder de ces menus inconvénients. Trop facile, une pensée libre et sans frais. Ces chantages publics protègent les « happy few » — d'y céder.

Il y eut jadis, sous la IV$^e$ République, une rhétorique anti-américaine — mue par l'aigreur du faible et le ressentiment du déclin contre la puissance ascendante. Elle faisait pendant à la subordination politique comme contrepoint d'honneur à une peu glorieuse dépendance. A quoi se joignait la peur d'une société rurale face à la modernité : l'antiaméricanisme est un antimodernisme. La V$^e$ République renversa la donne : de Gaulle, comme l'a noté un Américain, a en fait guéri la France de son anti-américanisme, en lui redonnant sa dignité internationale et en menant sa modernisation à marches forcées [2]. Il y a désormais une rhétorique inverse, puisque respecter, voire aimer la société américaine ne suffit plus et que nous voilà tenus de la mettre à notre place et de nous mettre à la sienne. La moindre analyse des relations de puissance unissant les Etats-Unis au monde de l'ouest sera récusée comme *idéologique* et *sectaire,* par opposition au *naturel* et à la *largeur de vues* propres à nos observations du monde de l'est ; comme *tronquée* et scandaleusement *unilatérale,* par opposition aux mises en cause naturellement équilibrées des suppôts de Moscou : s'il est sous-entendu qu'on approuve le massacre de la culture juive en Union soviétique dès lors qu'on évoque le dumping des vidéo-clips, on ne reprochera pas à un journaliste de retour d'Afghanistan d'approuver le massacre des indigènes au Guate-

---

1. Jacques Julliard, *Le Nouvel Observateur,* 13 novembre 1982.
2. Michael Harrisson, *The Reluctant Ally,* 1981.

mala parce qu'il n'en parle pas dans son article ; comme *sommaire*, *outrancière* et *péremptoire*, par opposition aux analyses fines et pondérées que nous faisons d'ordinaire de l'Empire soviétique ; comme *infantile* et *conjuratoire*, la sottise qui consiste à se défausser d'une difficulté sur un bouc émissaire ou un grand Satan sautant aux yeux de tout esprit sérieux sauf lorsque le Leader dénonce l'Empire du Mal ; comme *obsessionnelle*, *trouble* et *complexée*, au contraire de la sereine limpidité qui caractérise les discours ambiants. On se gardera d'intituler « Faut-il brûler les communistes ? » un débat sur l'opportunité des sanctions économiques contre l'U.R.S.S. mais la moindre discussion des outrances d'outre-Atlantique appellera le chapeau : « Faut-il brûler les Américains ? » : tout ce qui est excessif est insignifiant [1]. Aux qualités requises du discours sur l'Amérique, combien de discours sur les régimes « socialistes » échapperaient à la dérision ? Magie de la puissance : les tares du discours dominant passent pour celles des discours dominés.

Rien n'est plus propre à fonder une accusation morale qu'une bévue intellectuelle. Ceux qui s'irritent, par exemple, de la « domination culturelle » américaine auraient tort d'y voir une quelconque intention de nuire et autre chose qu'un simple phénomène de marché. Dallas est vendu 150 000 francs l'heure à une chaîne française, quand une heure de feuilleton « national » coûte environ 4 millions — le reste s'en déduit. Et personne aux Etats-Unis ne songerait à qualifier de « culturels » des produits commerciaux de ce genre. La gravitation culturelle a des retombées stratégiques, mais l'orgueil des supériorités perdues en matière de culture compense trop souvent chez les Européens un complexe d'infériorité politique. En règle générale, les disputes oiseuses entre pro et antiaméricains (ou pro et antisoviétiques) reposent sur une confusion entre la nature des sociétés et la logique des Etats ; les « affaires du dedans » et les « affaires du dehors ».

L'Amérique est une démocratie. Récuser l'hégémonie américaine, c'est révéler sa nature antidémocratique. On rappellera

---

1. *Le Nouvel Observateur*, août 1982.

alors que l'antiaméricanisme est en France, depuis la Restauration, une tradition conservatrice. L'école traditionaliste vitupère l'Amérique bourgeoise sans tradition, la culture élitaire vieille-France, la prétendue inculture de masse d'une société industrielle naissante, les milieux colonialistes d'après-guerre, le pays qui poignarde ses alliés dans le dos, en Indochine, en Egypte et en Algérie, le capitalisme des familles, le big business, la boutique, la grande surface [1]. Et puisque aujourd'hui la Nouvelle Droite antichrétienne et antiégalitaire fustige dans l'Amérique le cœur d'une civilisation sans âme étrangère à l'Europe et hostile aux « hiérarchies naturelles », quiconque prend au sérieux la défense de l'identité européenne sera suspect d'une trouble parenté avec ces courants fascisants. La même logique permet aux diverses *Pravda* de stigmatiser toute résistance à l'Empire soviétique comme la résurgence d'un nazisme latent, puisque l'anticommunisme le plus chimiquement pur se trouvera chez les idéologues du Troisième Reich (« Hitler, Reagan même combat »). Mais quel historien sérieux penserait chez nous à profiler Marcel Déat derrière Jean-François Revel, Brasillach derrière Marie-France Garaud, et Henri Massis (1927 « Défense de l'Occident ») derrière Michel Droit ? Ce scandaleux amalgame ferait d'abord sourire.

L'Amérique est la principale force d'opposition à l'Union soviétique. Récuser l'hégémonie américaine relèvera donc du « philosoviétisme honteux de la gauche classique » ou de la jobardise du maurrassien, crétin utile qui ne démord pas de l'alliance franco-russe. Autoritaire dans l'âme, sinon stalinien attardé, l' « antiaméricain » est soit un agent d'influence conscient soit un compagnon de route qui s'ignore.

Dans le champ de gravité bipolaire où nous enferment consensus et loi du moindre effort, il va de soi que tout ce qui passe pour « antisoviétique » sera réputé « proaméricain » et vice versa. Dans le magnétisme impérial, où il n'est de centre qu'ailleurs, la limaille « tentée par un mélange de nationalisme et d'équidis-

---

[1]. Michel Winock, « US go home : l'antiaméricanisme français », *L'Histoire*, n° 50.

tance » devrait tôt ou tard s'agréger à l'un des pôles. L'idée renversante que les distances puissent se calculer à l'envers, c'est-à-dire à l'endroit, à partir d'où l'on parle ; l'idée qu'on puisse être *d'abord* profrançais ou proeuropéen et en tant que de besoin « antiaméricain » ou « antisoviétique », à la carte, selon les lieux et les moments ; qu'il n'est pas même besoin, en beaucoup d'endroits comme le Maghreb, l'Europe orientale ou l'Asie du Sud-Est, d'être antiaméricain pour maintenir la spécificité d'une diplomatie européenne ; que la fermeté face aux Etats-Unis ne signifie pas complaisance face à l'U.R.S.S. ; l'idée qu'on puisse défendre en Europe des positions « antisoviétiques » parce que tel est, d'abord, l'intérêt de l'Europe et de notre pays, et tant mieux pour les Etats-Unis s'ils y trouvent leur compte — cette idée claire mais incongrue n'aura pas droit de cité dans la foire sur la place bien que, ou parce que, propre à fonder l'indépendance européenne.

S'il y a encore des jobards pour croire que les considérations morales ont à voir avec la mécanique de puissance ; que la domination est affaire de méchanceté et non de pesanteur ; que les Etats, qui dans l'ordre social doivent servir la justice mais se servir d'abord eux-mêmes dans l'ordre extérieur, sont passibles des mêmes jugements que les personnes, avec leur conscience, leur code et leurs sentiments, qu'ils referment vite ce livre. Ils ne découvriront à la clef ni diable caché, ni conspiration, ni ténébreux dessein. Il est cocasse d'en appeler au « les Etats-Unis sont la seule puissance à être devenus impérialistes sans l'avoir voulu » (Malraux) car un Empire n'est pas affaire de volonté, et tous se sont pensés en termes de « fardeau » et de « devoir ». Un jugement moral ne décide pas, au regard de la guerre et de la paix, de l'opportunité d'une alliance ou d'un rapprochement. Nixon, tricky Dicky, n'est peut-être pas un individu à prendre en auto-stop sur une route des Etats-Unis, mais un homme de grand discernement pour s'orienter dans le vaste monde. Ce que n'était peut-être pas le baptiste Carter, honnête homme s'il en fut.

S'il y a encore des malins pour croire que les régimes intérieurs d'un pays sont propres à qualifier leur comportement extérieur, ils risquent de ne comprendre goutte aux mystères qui font aujourd'hui s'entendre le Mozambique marxiste avec l'Afrique du Sud raciste, le Maroc monarchique avec la Libye révolutionnaire, les Etats-Unis libéraux avec toutes les dictatures conservatrices du tiers monde, ou se combattre la Chine marxiste et le Vietnam marxiste, la Yougoslavie et l'Albanie, la Grèce des colonels et la Turquie des généraux. Un pays peut être à la fois impérialiste et démocratique — et ceux qui encensent la démocratie américaine pour oublier son impérialisme sont aussi naïfs que ceux qui vitupèrent l'Empire américain pour faire oublier une démocratie inégalée. Ils doivent penser ensemble ces deux faits qui ne sont pas contradictoires, n'étant pas du même ordre. En se rappelant par exemple que le premier grand président de l'Amérique impériale, Theodore Roosevelt, qui en arrachant Cuba, Puerto Rico et les Philippines à l'Espagne ouvrit à son pays les voies de l'expansion mondiale, fut aussi l'homme des premières lois antitrust, de la concertation avec les syndicats et de la défense des petits agriculteurs. Thucydide nous a déjà appris que la cité la plus favorable aux libertés des personnes, Athènes, représentait une constante menace pour la liberté des autres cités grecques.

S'il y a encore des illuminés pour croire que telle ou telle nation est prédestinée à la domination, pour sa gloire ou son opprobre, et que la dominance est un vice ou une supériorité congénitale, ces provinciaux raccourcissent à la mesure de passions éphémères l'histoire et la géographie. La logique de domination n'a pas de support, de couleur ni de religion attitrés. Elle fut aussi bien arabe, espagnole, britannique, japonaise, chrétienne, musulmane, shintoïste, confucianiste; bronzée, jaune, blanche. Comme elle pourra être d'ici un millénaire noire, brésiliane ou nigériane, et s'exercer du sud vers le nord. « Au temps de la Grande Armée, la France était pour l'intégration. » Elle jouait son jeu — comme les Espagnols et les Allemands le leur, à refuser le joug. On s'ennuyait à périr à Saragosse et à Weimar, bourgades fécondées par le vent de Paris, comme nous le sommes par New York. Et aujourd'hui encore, nous ne ferions pas autrement que notre Leader, si nous en avions les moyens, et encore les illusions.

## V. QUE FAIRE?

*1. A chacun sa religion.*

Le Système est une source intarissable de conflits entre les parties qu'il est censé unir. Eclaircir une fois pour toutes le mal-être transatlantique, revient à briser le cercle vicieux entre les deux sous-entendus qui structurent les arrière-pensées de chacun. 1) Le Leader suppose souhaitable et possible, sans le dire tout à fait, une politique étrangère fondamentalement commune aux Grands de l'Alliance (Etats-Unis d'un côté, Grande-Bretagne, France, Allemagne de l'autre). 2) Les intérêts nationaux des uns et des autres rendent impossible, dans le principe, cette politique commune, mais aucun allié n'ose vraiment le dire au Chef. Est-il criminel de lever cette ambiguïté, sans agression ni récrimination? Les Directeurs politiques auront beau se réunir vingt fois par an, les Conseils atlantiques publier leur Déclaration commune semestrielle, les Sommets occidentaux leurs bonnes intentions trilatérales, on ne résoudra pas avec des mots la quadrature du cercle. Au contraire : faire de chaque rencontre au sommet une fête de l'amitié, de chaque concertation entre services une recherche d'unisson, aboutit à crier à la fausse note dès que chacun, retour à la maison, retrouve sa voix. Poser l'unité de vues en foyer idéal à atteindre allonge la liste périodique des doléances, controverses, déceptions, ressentiments, puisque l'on ne peut toujours masquer les réalités sous les serments de fidélité, ni faire que les intérêts américains soient en *tous lieux et moments* les nôtres. Renversons l'ordre des facteurs : comme un couple désuni dans la cohabitation peut se retrouver après une séparation de corps les meilleurs amis du monde, commençons par démêler le mien du tien, et deux démêlés sur trois tomberont d'eux-mêmes. Au lieu d'avoir à demander des « éclaircissements » dans son tour d'horizon mensuel, sur les cinq manquements à la solidarité franco-américaine qu'il a relevés dans les dix dernières affaires en cours, le chargé d'affaires américain à Paris pourrait dès lors se féliciter face au conseiller diplomatique de l'Elysée d'au moins cinq concordances de vues. Qu'on ne puisse tenir pour chose due ni acquise notre amitié n'en donnerait que plus de poids à ses manifestations concrètes. Sans préjuger des impondérables et imprévus, qui font et défont chaque mois le tableau des relations mondiales. Rien ne sert de codifier ni de pontifier : fixer une limite à nos convergences ou un cadre précis à nos divergences ne peut se faire *par avance,* si l'on veut se soustraire au *stop and go* sans fin du suivisme malheureux. L'intérêt du bâtisseur d'Empire est évidemment de *dramatiser tout désaccord* avec les vassaux (donc de codifier a priori les points d'accord) ; le nôtre, et au fond celui de l'alliance elle-même, veut qu'on *dédramatise* au coup par coup : ni exagérer les espérances ni dogmatiser les coïncidences. Les faits d'abord.

On ne fonde pas une politique commune, et encore moins une communauté politique (camp ou confédération), sur une plage de convergences stratégiques et un constat économique. La plage centrale : notre intérêt commun à sauvegarder la souveraineté européenne face à l'Empire soviétique, à ses empiétements et à ses pressions. Le constat de bon sens : on ne peut plus parler matières premières, taux d'intérêts, énergie qu'à l'échelle du monde, ce qui rend inutile d'en parler en l'absence de la première puissance mondiale, de qui dépendent l'ordre monétaire de l'univers, la stabilisation des grands indicateurs économiques, le rééchelonnement des dettes du Sud, la reconstitution des ressources du Fonds monétaire et de la Banque mondiale, etc.

L'intérêt commun de sécurité est important mais négatif : il nous dit ce qu'il faut refuser à tout prix, non ce qu'il faut vouloir en tout lieu. Il commande d'être ensemble dans la guerre, il ne dit pas que nous puissions l'être dans la paix. Il requiert, par une alliance de type classique, comme toujours en pareil cas, qu'on prenne, dès le temps de paix évidemment, des précautions politiques et militaires vis-à-vis d'une éventuelle agression de l'Union soviétique. « Si celle-ci se produisait, nul doute que mon pays serait aux côtés des Etats-Unis. Mais le fait est qu'elle ne se produit pas [1]. » Et c'est à ce fait imprévu que nous sommes confrontés depuis quarante ans, à savoir une multitude d'imbroglios et de conflits régionaux que l'Union soviétique cherche à utiliser, tout comme les Etats-Unis, pour accroître son influence ou étendre sa zone impériale, mais qu'elle n'a pas déclenchés. Fait d'autant plus embarrassant que l'interdit nucléaire, inhibant l'agression dans la zone atlantique, a multiplié les crises régionales sur les théâtres périphériques non sanctuarisés, et du même coup réduit l'importance de la plage centrale dans la conduite des politiques par temps de paix.

Quant au constat des interdépendances économiques, on ne saurait en faire découler une confédération et encore moins une subordination politique des moins au plus puissant. Quoi qu'impose la subversion technocratique en vigueur, l'économie n'est qu'une technique au service du politique, qui seul pose les fins ou les valeurs à défendre, et non l'inverse. Pas plus que la politique de la France ne se fait à la corbeille, les cinq ministres des Finances de l'Ouest ne peuvent déterminer une politique étrangère responsable, « somme de tous les facteurs dont on peut tirer profit dans l'intérêt d'un pays ». Car ces facteurs, à chaque fois singuliers, comme le pays lui-même, ne sont pas tous ni principalement d'ordre économique. La place exorbitante prise par les économistes comme par « l'Economie et les Finances » dans la conduite des affaires (internationales aussi), renverse l'évidence sans l'annuler ; elle traduit au fond l'abaissement de la notion même d'Etat, qu'elle reconduit chaque jour, tout en reflétant et reconduisant la suprématie politique de l'Etat américain sur les autres, comme celle de l'économie sur la politique dans la vie de la

---

1. De Gaulle, *Mémoires d'espoir, Le Renouveau,* Plon, 1970, p. 221.

métropole (dont le journal à plus grande circulation n'est pas le *New York Times* ou le *Los Angeles Times* mais le *Wall Street Journal*). Ensuite, il y a des enceintes spécialisées où l'on peut débattre longuement et sérieusement avec les Etats-Unis de ces problèmes (dont on sait que l'Alliance n'a jamais facilité la solution) : O.C.D.E., G.A.T.T., F.M.I., Nations unies, Groupe des Cinq, Comité intérimaire, Comité de développement, etc. Le fait est que l'exposé mille fois repris des chaînes de dépendance et l'enchaînement des dangers qui s'ensuit pour la sécurité globale dans leur propre camp, a toujours laissé de marbre les gouvernements américains. Un new deal planétaire serait certainement *souhaitable* et pour les débouchés du Nord et pour le pouvoir d'achat du Sud ; il ne serait *possible* qu'à l'initiative et sous la conduite des Etats-Unis[1]. Malheureusement, ces derniers n'en veulent pas (plus exactement : ne peuvent pas le vouloir). Comment justifier la réalité d'un leadership inacceptable au plan politique par l'utopie d'un leadership indispensable mais impossible au plan économique ? En bonne logique, l'inexistence du second plaiderait plutôt contre le premier.

La chimère d'une politique étrangère commune ne peut être poursuivie, ni son absence déplorée, car la hiérarchie des priorités et l'assiette des intérêts vitaux diffèrent d'un allié à l'autre. Les « non-vital areas » de mon Leader peuvent être vitales pour moi, et vice versa. « Sans l'Afrique, il n'y aura pas d'histoire de France au XXIe siècle », disait François Mitterrand — mais l'histoire future des Etats-Unis ne dépend pas de ce continent. A l'inverse, si le Mexique craque et les frontières s'ouvrent... Les zones d'influence et d'échanges privilégiées peuvent se juxtaposer sans se heurter, il est vrai, sur le papier du moins. Mais si la France, par exemple, accorde ses priorités internationales, en temps et moyens, à ses intérêts stratégiques propres, elle ne manquera pas de structurer, au plan institutionnel, politique et humain, l'aire francophone. Or, développer des relations privilégiées ou prioritai-

---

1. Voir le brillant exposé de Claude Cheysson au Centre argentin des Relations Internationales, le 26 juillet 1984.

res avec le Québec, Haïti, le Liban, le Laos et le Vietnam, c'est assumer, dans chaque cas et pour des raisons différentes, un certain degré de contradiction avec les Etats-Unis et « la politique étrangère de l'Alliance ». En maintenant les relations dans l'orbite « culturelle », on limite au minimum ces contradictions potentielles. Le malheur veut que la culture francophone ait besoin d'une clef de voûte politique (quelque chose d'analogue au « Commonwealth » britannique) pour s'identifier et se moderniser, et qu'une Communauté francophone, transversale aux blocs et clivages idéologiques existants, suppose l'instauration d'un Sommet informel mais périodique des chefs d'Etats et de gouvernements. « Un Sommet de plus, quand il y en a déjà tant... », dira le diplomate. Oui, mais ce Sommet-là aurait peut-être dû venir en premier, les autres en plus et à côté. En quadrillant d'avance l'imaginaire administratif, en saturant le calendrier de réunions et préparatifs qu'on se gardera de juger folkloriques (ce que sont beaucoup d'entre elles), le Système a pour effet d'intervertir chez ses membres, à leur insu, les places du secondaire et du principal. Se prendre soi-même pour un excentrique et l'autre pour son centre — exploit d'aliénation.

Les administrations américaines successives, comme en Europe leurs partisans permanents, jugent choquantes les « différences d'approche » occidentales à l'égard des pays de l'Est, base et justification de l'Alliance, et reprochent aux gouvernements européens d'aborder en ordre dispersé l'adversaire commun. Cet étonnement étonne, comme toute posture stratégique qui fait fi de l'histoire et de la géographie. Chacun a la détente et la guerre froide qu'il peut — selon sa position sur la carte ou la nature de ses échanges. « Détente » évoquera aux Etats-Unis un ralentissement des dépenses militaires et une occasion favorable pour essayer ici ou là sinon un petit partage du monde, du moins une cogestion de ses crises ; en Union soviétique, ce sera l'occasion tentante d'associer l'adversaire de classe à sa chute, d'empocher une ou deux révolutions nationales dans le tiers monde sans dégeler le statu quo dans son propre camp. Pour l'Europe divisée, le mot fait naître des espoirs plus intimes. Il va de soi qu'aux Allemands la

question allemande est primordiale, et donc prioritaire à leur cœur
« l'Ostpolitik », instrument, non diplomatique ou financier, mais
humain, charnel, de l'intérêt national allemand. Quand on a dix-
sept millions de compatriotes en otages derrière un Mur — cousins, amis, frères — on ne joue pas les bouteteux et on est plutôt
porté à la conciliation : ce qui peut ou non distendre les rapports
avec « l'autre côté » ne concerne pas les stratèges mais les
familles [1]. N'importe quel Allemand est plus *intéressé* à la paix que
l'Américain de la rue car il serait la première victime d'un conflit
militaire, même mineur, entre l'Est et l'Ouest. On peut imaginer
des scénarios de conflit où le territoire et la population des
U.S.A. restent indemnes, ceux de la France plus difficilement,
— mais non la R.F.A. Le cas échéant, pour que les U.S.A.
restent indemnes, il faut que la R.F.A. se sacrifie (la stratégie est
a-morale). La France, elle, moins exposée, n'a pas d'intérêts
vitaux à préserver à l'Est. Elle peut se montrer plus « ferme »,
moins vulnérable au chantage. Mais, outre qu'elle a une histoire
qui crée des liens, non des obligations, elle a aussi un intérêt
évident, permanent, comme puissance moyenne, à diversifier ses
relations politiques et économiques, à équilibrer une volonté
d'hégémonie par une autre. Elle a eu aussi pendant longtemps, à
la différence des Etats-Unis et de la R.F.A., un parti communiste
dont l'abstention ou l'indulgence pouvaient avoir du prix aux yeux
d'un pouvoir conservateur. Elle a en permanence ses intérêts tout
court. Le commerce extérieur assure plus du quart de son P.N.B.
La France, plus qu'aucun autre pays de l'O.C.D.E., doit augmenter son effort à l'exportation, et donc avoir une politique de crédits
différente de ceux qui peuvent prêter à des taux très inférieurs au
consensus O.C.D.E. (ce qui ne justifie pas le fait que des prêts
pour la construction d'une usine en Bulgarie aient pu être 5 %
moins chers qu'en France même, ni que les créances sur l'Est aient
pu représenter naguère 10 % du total de nos encours pour 4 %
d'échanges de notre commerce extérieur). Même si nous vendons

---

1. « Manifestement, écrit Willy Brandt, notre intérêt nous commande d'avoir
avec Moscou des relations amicales. » *Mémoires*, p. 298.

à l'U.R.S.S. cinq fois moins que la R.F.A., et moins que la Belgique, nous ne pouvons décalquer, dussions-nous voir dans le commerce une arme de guerre ou de paix (selon les humeurs impériales, Pisar ou Pipes *regnante*) notre politique commerciale sur une autre [1].

Quant à la politique au sud, pour autant qu'on puisse enfourner dans une syllabe le Proche-Orient, le monde arabo-musulman, l'Asie du Centre et du Sud, l'Extrême-Orient, le Pacifique, les vingt-cinq Amériques latines et les cinquante Afriques, point n'est besoin de s'étendre sur les divergences — distinctions ou oppositions — d'intérêts, qu'elles soient issues des implants de l'histoire, des besoins énergétiques présents, des affinités culturelles, ou de tout autre versant de « la nature des choses ». La décalcomanie des intérêts et des perceptions induite par le Système et sa puissance d'information (télé, presse, radio, livres, etc.) est un péché contre la nature et l'esprit des peuples. Chaque grande nation découpe dans le monde son paysage mais en amont des accidents de terrain, il y a le nerf optique des histoires respectives. Le Leader et ses alliés ne voient pas le même monde parce qu'ils ne portent pas sur lui le même regard. Les dirigeants américains

---

1. Le consensus O.C.D.E. nous oblige à un taux de 12,40 % pour les crédits en francs, l'U.R.S.S. ayant été reclassée dans les pays relativement riches. Ce taux conduit l'U.R.S.S. à bloquer les contrats avec la France, puisque nous ne sommes pas dans des conditions de concurrence égale avec la République fédérale ou la Grande-Bretagne.
Comme l'écrit Michel Tatu, à propos de la levée en 1982 de l'embargo céréalier imposé par Carter : « Puisque l'exemple de l'égoïsme sacré était donné en si haut lieu les Européens avaient, sur ce registre, de puissants arguments à faire valoir. Sans doute la part des échanges avec l'Est est-elle marginale pour tous les pays de l'O.C.D.E. (jamais plus de 5 % du total). Mais elle est plus importante pour les pays européens que pour les Etats-Unis, (et surtout) elle représente, en temps de crise économique, la marge qui fait la différence entre la difficulté et la catastrophe, du moins pour un certain nombre d'entreprises : en France, les ventes à l'Est représentent 10 % des exportations de Creusot-Loire, 20 % de celles de Vallourec et les 200 000 personnes occupées à ces activités pèsent lourd au regard des 2 millions de chômeurs français ; la proportion est la même en R.F.A. entre les quelque 2 millions et demi de chômeurs et les 275 000 salariés occupés par les commandes de l'Est. » *La Politique à l'Est des deux côtés de l'Atlantique*, mars 1982.

ont une vision non historique mais technique de l'histoire humaine. Ils croient aujourd'hui en la paix éternelle par l'arme à énergie dirigée, et ne voient pas de problème qu'une bonne technologie, ou une mise à disposition des données, ne puisse résoudre. C'est pourquoi ils sont si naturellement enclins à donner le primat au militaire sur le politique dans les affaires internationales. Pathétique ignorance personnelle de l'histoire et du monde extérieur chez les Présidents américains (Nixon excepté, en fin de carrière). Le trait ne serait qu'anecdotique si la Maison-Blanche présidait aux destinées boliviennes ou luxembourgeoises. Mais le mélange du mondialisme politique et du provincialisme intellectuel — si justement critiqué par les « internationalistes » américains —, l'envie de se mêler de tout jointe à un souverain mépris des réalités extérieures — cette simplicité scoute n'est pas de tout repos, pour les boys d'abord et leurs amis parfois. Cet optimisme historique nous a été d'un grand secours en 1917 et 1944. Il peut aussi, quand le simplisme l'emporte sur l'héroïsme, préférer Pétain à de Gaulle, en 1940, et accoucher en 1944 du plan « Amgot ». Il n'est pire façon de compliquer les problèmes internationaux que de les aborder en croyant qu'ils ont une solution. L'histoire n'est jamais plus tragique que lorsqu'on la prend pour un jeu de mécano.

Lorsqu'il ne s'agit pas de faire la guerre (pour des « buts de guerre » simples, incontournables et partagés) mais de la politique (où le choix des buts échoit aux participants), l'alignement de la troupe sur le moins malicieux a *toujours* engendré des catastrophes. Sur ce terrain de particularismes irréductibles où affleurent dans l'actualité de six à deux mille ans d'histoire, que les technos d'aujourd'hui appellent le « Sud » et les militants d'hier le « tiers monde », la pensée globale et pressée (« proxies or good guys ? ») tue, par millions en Indochine ou dizaines de milliers au Liban. Toutes les fois que le Leader de l'Occident prend sur *ce terrain* l'initiative ou la conduite des opérations, en vertu des mécanismes du leadership déjà décrits, « l'allié solidaire » risque fort de se retrouver en un tournemain engagé dans une guerre qui n'est pas la sienne, ou de cautionner une forme de « pax americana » qui n'est pas viable (Afrique australe, Proche-Orient, etc.). Il est temps d'inventer pour les chancelleries d'Europe un avertisseur sonore se déclenchant automatiquement au-delà d'un certain seuil d'échanges avec Washington — télex, téléphone, allées et venues d'émissaires, conciliabules entre services : « halte, danger »... L'éteignoir atlantique est l'ultime et le plus sûr allié de l'U.R.S.S., dont il a favorisé l'expansion dans le dernier champ de manœuvres qui lui reste, ces zones mouvantes des jeunes nations en lutte où les Occidentaux, leadership oblige, se sont retrouvés, trente ans durant, du « mauvais côté ». Elle doit au repoussoir « impérialiste » presque toutes ses avancées depuis 1948. Par exemple, la longue solidarité, par action et omission, des puissances occidentales avec le Portugal de Salazar, l'allié atlantique, a fait perdre trente ans aux nouveaux Etats lusophones d'Afrique, et des dizaines de milliers de vies. La Suède, généreuse mais pacifique, ne pesait pas assez. Si le jeune gouvernement angolais avait pu s'adresser à la France pour qu'elle envoie ses troupes d'élite arrêter devant Luanda, en 1975, les colonnes blindées de Pretoria (équipées de matériel français), les Angolais seraient aujourd'hui moins malheureux (mieux nourris et plus libres), et l'Ouest plus heureux. « L'Occident » est une chose trop sérieuse pour être confiée aux occidentaux professionnels. Il est même plus qu'imprudent de laisser le moins doué ou le plus tard-venu définir seul le sens d'un mot aussi piégé (le « faux frère » parfait). En attendant, le Système doit être compté au nombre des menaces qui pèsent sur l'avenir des valeurs occidentales dans leur lieu de plus grande précarité.

L'esprit d'une Communauté dépend en définitive de l'esprit de la nation qui la domine ; et les textes comptent moins que les mentalités. La part de lui-même qu'un Etat n'a pas choisie mais qui lui vient en naissant, de sa naissance même, opère les choix ultimes, inconsciemment sans doute. L'Etat américain se regarde comme un Etat à part et au-dessus des autres, doté par la Providence d'une « destinée manifeste », d'une « mission universelle ». « La nouvelle Jérusalem », dont l'actuel Président se propose d'inscrire dans la Constitution le principe de la prière à l'école, où chaque session parlementaire s'ouvre sur un « Notre Père », et qui met la Bible dans toutes ses chambres d'hôtel, garde le religieux chevillé au corps[1]. Messianisme ici et là. Si la superpuissance soviétique s'assoit sur l'illusion d'une science, la superpuissance américaine s'ordonne à l'illusion d'une croyance. Il est naturel à un aussi grand « peuple élu » d'englober, de dominer et de punir. De prendre en compte les « forces tierces », pour simplifier les négociations de bloc à bloc. De rechercher, légitimement à ses yeux « la marge de sécurité » sur le Mal. De fortifier et d'étendre ses réseaux d'influence. « Substituer la libre détermination des peuples à la répartition du monde en zones d'influence » (François Mitterrand) relève d'une autre vision, d'un autre rêve si l'on préfère ; et on ne peut à la fois vouloir « sortir de Yalta » et avoir pour Washington les yeux de Jean Monnet. A une politique de supériorité ontologique — le reste s'ensuivant —, incapable de se libérer d'une vision bipolaire des choses et des hommes, la France, Etat laïc et séculier, Etat comme les autres (parce que plus Etat que les autres, peut-être), oppose naturellement une politique d'égalité des hommes, des nations et des forces. A l'intolérance d'un manichéisme conquérant, la tolérance d'un pluralisme conséquent. Le Leader verra le monde en paix lorsqu'il aura du Kamtchatka au Cap Horn ouvert son cœur à la parole biblique. Nous pensons plus modestement, comme le redisent le général de Gaulle et François Mitterrand chacun à sa manière : « en définitive et comme toujours, ce n'est que dans l'équilibre que l'univers trouvera la paix[2] ». Par rapport à la République impériale, notre Marianne agnostique se trouve comme décalée. L'Europe aurait intérêt, de cet écart, à faire *démarcation :* insigne de reconnaissance et gilet de sauvetage.

---

1. « Religion et politique sont nécessairement liées, et cette relation nous a toujours été bénéfique comme nation » (discours de Ronald Reagan à la Convention républicaine, août 1984).
2. Général de Gaulle, allocution du 3 mai 1960.

## 2. *Faut-il sortir de l'Alliance ?*

Il faut donc se déprendre du Système atlantique : comme facteur d'insécurité, pour échapper aux fausses assurances ; comme facteur d'aveuglement et d'alignement par inertie, au-dehors, pour ne pas faire le jeu de la « stratégie indirecte » soviétique ; comme facteur d'infantilisme chez soi, fuite organisée devant les responsabilités nationales, pour sauver la France du neutralisme, après-demain (ce n'est pas un hasard si les pays les plus intégrés avant-hier au Système, Pays-Bas, Danemark, Allemagne connaissent aujourd'hui, par retour de bâton, la plus forte tentation « neutraliste »). Il faut aimer ce qui nous rend plus grand, répudier ce qui nous amoindrit. L'O.T.A.N., qui donne aux Etats-Unis un bras plus long, rétrécit notre ouverture au monde, diminue notre disponibilité d'interlocuteur à l'écoute de tous. C'est pour nous une soustraction de puissance.

Est-ce à dire que la France doit quitter l'Alliance ?

Trois raisons sont généralement brandies là contre :

— « *Nous sommes liés par contrat.* » Cet argument juridique n'est guère convaincant (outre que le juridisme ne caractérise guère un Traité qui violait aussitôt son article 6 en intégrant dès 1951 la Turquie et la Grèce). D'abord, la possibilité de dénoncer le contrat fait partie du contrat, qui la stipule en toutes lettres dans son article 13 : « Après que le Traité aura été en vigueur pendant vingt ans, toute Partie pourra mettre fin au Contrat en ce qui la concerne un an après avoir avisé de sa dénonciation le gouvernement des Etats-Unis d'Amérique, qui informera les gouvernements des autres Parties du dépôt de chaque instrument de dénonciation. » Ensuite, la règle « *Pacta sunt servanda* » est toujours corrigée par l'indice des circonstances, « *rebus sic stantibus* » ; le traité n'est pas illimité dans le temps et les conditions historiques ne sont évidemment plus celles de 1949. Enfin et surtout, les Etats restent supérieurs aux stipulations qu'ils font entre eux, c'est la définition même de la souveraineté : ce que la volonté a fait, la volonté peut le défaire. « Ce sont nos intérêts, disait Richard

Nixon, qui dictent nos engagements, non l'inverse » : cette maxime de bon sens vaut pour tous. La France ne doit fidélité qu'à elle-même, et au regard de ce devoir absolu, toute autre obligation est relative, subordonnée à cette seule question : sert-elle ou non l'intérêt national ?

— « *Les enjeux sont trop importants et les conséquences d'une erreur trop catastrophiques pour échanger l'Alliance atlantique contre un saut dans l'inconnu.* » Cet argument psychologique porte à faux. L'épouvantail du saut dans le vide a beaucoup servi en 1965 et 1966, lors du retrait de l'organisation militaire intégrée, mais les pires catastrophes annoncées par les atlantistes d'alors ne se sont pas produites. Ils avaient sous-estimé les capacités technologiques, industrielles et diplomatiques de la France, tout en surestimant les garanties américaines ainsi que la menace militaire soviétique. L'angoisse, peur de rien (c'est pourquoi on ne cherche pas à cerner l' « inconnu » évoqué, terrorisant parce que flou), est aujourd'hui d'autant moins crédible que notre « force de farce » est devenue en vingt ans un redoutable outil dissuasif, mobile et suffisant, tandis que les trous du filet de sécurité de l'Alliance, dans le même laps de temps, se sont encore agrandis. L'Alliance répondant à un besoin légitime subjectif mais non plus aux exigences objectives de la sécurité européenne, ceux qui s'en remettent pour leur survie à ce qu'il faut probablement appeler un leurre sont plus près de sauter dans le vide que les prudents qui s'en remettent d'abord à eux-mêmes. Attendre l'instauration d'un système de sécurité collective pour se libérer du système des blocs, c'est nous renvoyer aux calendes grecques, comme s'il n'existait pas des voies plus courtes et moins utopiques. Comme si l'on craignait, en France, de tirer toutes les conséquences politiques de l'existence et de la modernisation de la force de dissuasion nationale, noyau éventuel d'une possible Europe indépendante. Comme si l'on voulait dissuader les Européens de débattre entre eux de ce « mauvais exemple », obstacle majeur sur la voie de leur neutralisation par l'Est. Si de Gaulle n'avait pas rétabli l'indépendance française dans les années soixante, Mitterrand aurait-il pu s'efforcer, vingt ans plus tard, d'amarrer l'Allemagne à l'Ouest ?

— « *Il ne faut pas tomber dans le piège des Soviets, dont toute la stratégie consiste à détacher l'Europe de l'Amérique, et la tactique quotidienne à enfoncer un coin entre les alliés — sans quoi nous deviendrons les Curiaces d'un Horace implacable.* » Plus saisissant que les deux premières, plus répandu aussi, cet argument stratégique mérite une réflexion sérieuse, malgré l'usage intimidant qui en est fait d'ordinaire. Il repose une fois de plus sur l'identification de l'Alliance et du Système atlantique (puis du système à la démocratie, ou d'une institution politique déterminée à des valeurs de civilisation générales en sorte que dénoncer la première équivaut — ou conduit — à trahir les secondes).

L'argument « cohérence-cohésion » paraît plus idéologique que stratégique. Il repose sur des postulats vraisemblablement erronés.

— Il est faux que la force de l'Occident soit dans son *homogénéité* (« ne pas aborder les rapports avec le Pacte de Varsovie en ordre dispersé »). Fatal mimétisme stratégique. Imiter le monolithisme de l'adversaire sans disposer des mêmes moyens que lui (la discipline militaire et les facilités du recours à la force) n'est pas la meilleure façon de l'emporter. Et si l'union faisait chez nous la faiblesse ? La force de l'Ouest en temps de paix est bien plutôt sa différence, soit son aptitude à traiter politiquement les problèmes politiques. La *diversité* des approches accroît sa force totale en optimisant les ressources propres à chaque pays (sa position géographique, ses affinités culturelles, sa couleur politique, ses amitiés traditionnelles, etc.). Force d'exemple (sur l'Europe de l'Est, qui ne cesse de se différencier), force de proposition (qui peut surprendre, au sud, éventuellement), force de déploiement (qui, multipliant les approches, oblige l'autre à se battre sur plusieurs fronts).

— Il est faux que toute émancipation du Système ne puisse se faire que vers le bas, vers un moins et non un plus d'engagement extérieur, d'équipement militaire et de résolution morale. Il est évident qu'une Europe totalement dénucléarisée (nord, centre et ouest), et éventuellement dégarnie de personnel militaire américain, viendrait au-devant des désirs soviétiques de « neutralisation ». Mais d'où tire-t-on qu'une Europe non alignée signifie nécessairement et toujours une Europe neutraliste, et par surcroît sans défense ? Pour le moment, c'est l'inverse qui tend à se vérifier : plus alignés les gouvernements, plus neutralistes les populations. Pour l'Europe de l'Ouest, France incluse, la route vers la finlandisation passe par la panamisation. La véritable stratégie soviétique, son noyau le plus constant et le plus rationnel, consiste à *dissuader la dissuasion nucléaire.* Or rien ne fait plus son jeu, à cet égard, que l'Alliance atlantique soudée derrière son Leader, que ce soit avec la doctrine Rogers (primat du conventionnel) ou le programme de défense spatial.

— Il est faux que l'avantage que peut retirer le gouvernement soviétique des « tiraillements » entre Occidentaux, en jouant les uns contre les autres, soit supérieur à l'inconvénient d'avoir à traiter, séparément, avec des pays indépendants. Qui ne voit que c'est l'inverse ? Un pays à souveraineté limitée sera toujours un adversaire moins solide qu'un autre doté d'une capacité stratégique autonome (arme à radiations renforcées comprise). Les impériaux, de notre côté, ne se font pas faute de montrer du doigt les félicitations soviétiques adressées aux récalcitrants de l'Ouest : « Vous voyez le salaire de la trahison... » Celles que nous avons adressées aux rebelles de l'Est et à d'autres ont donné également des armes à l'autre Grand Frère en ajoutant au discrédit des « révisionnistes ». Est-ce à dire que Yougoslaves, Chinois ou à un moindre degré Roumains n'ont pas servi leur intérêt national en reprenant leur liberté, ou leur distance ? Que Moscou avait raison de voir en eux des « agents impérialistes » jetant le masque ? Que la rumeur de Washington était bien inspirée qui suscitait ces best-sellers des décennies passées montrant les taupes du K.G.B. creusant sous l'Elysée ? On s'est plu à relever les éloges compromettants que valut à de Gaulle sa sortie de l'Organisation militaire, du côté communiste. A-t-on remarqué que la force de frappe et la signature du traité franco-allemand ne lui ont valu que des sarcasmes et des outrages, au même moment et du même côté (l'U.R.S.S. et P.C.F.) ? Or *c'est ceci qui permettait cela.* Un non à l'hégémonie qui n'eût pas été, ou ne serait pas demain, accompagné d'un effort militaire soutenu et d'une réassurance de l'axe central de l'Europe, aurait bien évidemment été, ou serait, un oui à l'Empire adverse. Mais qui envisagerait sérieusement d'autres façons de faire ?

Somme toute, il n'a fallu que quinze ans à notre Empire pour reconnaître officiellement son erreur, puisque la « Déclaration sur les relations atlantiques » adoptée à Ottawa le 26 juin 1974 a enregistré le fait que l'écart de conduite français n'avait pas affaibli mais renforcé l'Alliance ; et que la prétendue soustraction unilatérale de sécurité se soldait par une « contribution significative » à la capacité défensive de l'ensemble. Ce qui n'empêchera pas le même scénario de se répéter demain, — autres acteurs, mêmes formules — sitôt qu'un vassal voudra se ressaisir.

Aucune des trois objections classiques ne résiste vraiment à l'examen des faits.

Alors, sortir de l'Alliance ?

Non. Il ne serait pas sage, en l'état actuel, de faire jouer tout à trac l'article 13.

— La France ne peut sans déchoir rester neutre en cas d'affrontement majeur, que déclencherait une agression soviétique non provoquée contre les Etats-Unis d'Amérique ou un de leurs alliés. Hypothèse irréaliste, mais principe à poser d'emblée et bien haut, pour que nul n'en ignore. L'Europe ne survivrait pas à l'Amérique du Nord (même si l'inverse est faux), et tout — histoire, sentiment, intérêt, civilisation — conspire à nous ranger aux côtés de notre plus vieil allié s'il venait à être menacé. Or tel est bien l'objet du traité de Washington. Il n'a pas d'autre vocation ou compétence qu'à prévoir l'essentiel quand l'essentiel est en jeu, à savoir, comme le dit excellemment l'article 5, que les Parties conviennent, « si une telle attaque se produit », de s'assister entre elles « en prenant aussitôt, individuellement et d'accord avec les autres Parties, telle action qu'elle jugera nécessaire, y compris l'emploi de la force armée ». Sans doute pourrait-on imaginer d'autres moyens, moins connotés et plus adaptés au temps présent, de signifier de quel côté on trouverait la France, en situation extrême. Ces instruments idéaux de signalisation n'existent pas, et se défausser de celui-ci reviendrait, quelles que soient les précautions, à émettre un signal contraire.

— La dissolution des blocs, qui relève du « wishfull thinking », est un slogan vide car il pose un objectif juste sans indiquer les moyens de l'atteindre. Or c'est seulement dans ce contexte, et au terme d'un processus dont nul ne peut actuellement dessiner les contours, qu'une sortie française prendrait son sens : non comme don gratuit mais comme élément d'un marchandage global. L'Alliance en tant que système de sécurité est un pis-aller qui ne mène nulle part, mais c'est aussi l'élément d'un tout affronté à un autre tout. La France n'est pas désarmée, et son retrait ne serait pas de nature à placer ses choix de société sous hypothèque ni à compromettre sérieusement sa sécurité nationale. Le danger en ce qui nous concerne ne serait pas dans la possibilité d'une glissade et encore moins d'une bascule (la Suède ou l'Autriche, démocraties cent fois plus exposées par leur position géographique et un statut officiel de neutralité qui ne seraient pas ceux d'une France hors Alliance, sont-elles happées par le système soviétique ou en voie de l'être ?). Il serait dans la bêtise d'un non-monnayage. Si l'Alliance n'apporte probablement rien à la France, un départ sans contre-partie apporterait certainement quelque chose à l'Union soviétique. On ne fait pas de cadeau dans les relations internationales.

— Une élémentaire prudence stratégique commande de ne jamais se confier à un seul système de sécurité, ou à une seule composante à l'intérieur d'un système (d'où la « triade » nucléaire : missiles au sol, à la mer et aéroportés). La règle de l'addition peut jouer vers le bas, si on ajoute à la dissuasion nucléaire centrale d'autres formes de dissuasion infranucléaire (Défense opérationnelle du Territoire, techno-guérilla à l'allemande, défense populaire à la suisse ou à la yougoslave, etc.), comme vers le haut. L'Alliance atlantique offre un supplément de garanties, qui, aussi aléatoire soit-il, et dans la mesure même où il est pris comme force d'appoint, crédibilise un peu plus notre panoplie de défense. Eût-elle une chance sur dix de devenir en cas de crise effective, la seule hypothèse d'un engagement nucléaire américain en Europe ajoute aux incertitudes de l'agresseur éventuel, et renforce à ce titre notre capacité nationale de dissuasion. Il est vrai que la promesse d'engagement américaine n'a pas besoin de s'acheter par une attitude systématiquement accommodante, et qu'elle resterait encore crédible sans alliance formelle, tant est forte la coïncidence des intérêts stratégiques. Mais si le supplément coûte peu, pourquoi s'en priver ?

### 3. *L'autre « cure de désintoxication »* [1].

Comment échapper au Système sans sortir de l'Alliance ? Rien ne vaudrait une renégociation sur le fond, mais comme les Etats-Unis n'ont rien à gagner à une clarification, cette légitime demande tient de l'incantation courtoise. Sans attendre Godot, une réforme intérieure devrait commencer par recaler l'orbite.

Réforme d'abord intellectuelle et morale (le protectorat, comme la dissuasion, est un état d'esprit). « Un grand pays se trouve toujours placé, lors des choix décisifs, seul en face de lui-même » (François Mitterrand). La capacité de solitude, pierre de touche des temps de crise, cela s'acquiert et cela se perd comme la musculature, faute d'exercices. Le mol oreiller du Système prépare mal aux petits matins froids. L'alliance franco-américaine, dès lors qu'elle réunit deux pays souverains, est belle et bonne. Il serait imprudent d'en faire « le fondement de la politique étrangère française ». S'en remettre en 1985 au bon vouloir d'un tiers, ou à la promesse d'un pacte, confirme qu'il n'y a pas de leçons de l'histoire, qui montre que toute alliance porte la déception comme le nuage la pluie. Rien d'essentiel ne peut se fonder sur l'éphémère et l'aléatoire. Automaticité ou non, article 5 amendé ou non, se convaincre d'emblée qu' « aucun secours ne viendra du dehors » afin que, si miracle il y a, ce soit par surcroît. Ne jamais faire dépendre l'ici de l'ailleurs, ni le permanent du transitoire.

---

1. La première concerne, selon l'expression d'Hubert Védrine, conseiller diplomatique du Président Mitterrand, le style des rapports franco-soviétiques d'avant 1981.

L'engagement américain en Europe n'est ni éternel ni inconditionnel. S'il est vrai qu'on peut gouverner contre l'*administration,* quand on a l'*establishment* pour soi, ou bien l'inverse, mais pas contre les deux, cette suggestion apparaîtra on ne peut plus inopportune — quoique économiser sur la quantité serait la meilleure façon d'améliorer la qualité des relations franco-américaines. Complexe de séduction oblige, le traitement serait plus douloureux encore pour la gauche (qui minoritaire et suspecte-née, doit chaque matin reconquérir l'opinion, rassurer les milieux d'affaires et attirer des capitaux). Le voyage à Washington est toujours plus tentant pour un homme de gauche comme le voyage à Moscou pour un homme de droite, parce qu'ils savent qu'on ne leur reprochera pas. (De Gaulle ne peut être accusé de céder à des penchants totalitaires en condamnant la guerre américaine en Indochine, ni Mitterrand d'anticommunisme viscéral en expulsant quarante diplomates soviétiques.) Les chassés-croisés droite/gauche révèlent de ces surprises mais l'intérêt national incarné dans et par le Chef de l'Etat n'a pas à en tenir compte.

Le retrait de nos forces des commandements intégrés, suivi et corrigé, la décennie suivante, à la faveur de la crise pétrolière, par la participation renforcée aux instances d'harmonisation politique a légué à notre diplomatie, centaure boiteux moitié gaulliste moitié giscardien, un héritage incohérent : d'un côté une « solidarité politique sans faille » comme norme idéale, de l'autre « la spécificité reconnue de notre position militaire » comme tabou inviolable. En clair, intégrés dans la paix, nous serons souverains dans la guerre. La liberté d'action qu'a recouvrée la France dans les années soixante — pas d'engagement automatique des forces françaises, pas de « créneau » préalable au sein du dispositif de l'O.T.A.N., pas de mise sous commandement allié de nos armées en cas d'engagement — est *extraordinaire et théorique.* Aucun gouvernement n'a pu, ne peut et ne pourra fort heureusement en faire usage puisqu'elle s'exerce dans la seule hypothèse d'un conflit généralisé, qui n'a jamais sérieusement menacé depuis un tiers de siècle et reste une abstraction d'Etat-Major (auquel il revient de se préparer). La liberté d'appréciation et de décision qui fut par la suite sérieusement entamée — coordination quadripartite, foisonnement des « cadres de consultation », interpénétration des services et des cerveaux — est en revanche *permanente et opérationnelle*. Pour l'improbable, la France a les mains libres (de choisir les lieu, moment et forme de son entrée en guerre). Dans le quotidien, elle s'est lié les mains (pour piloter la paix armée au mieux de ses intérêts). L'autonomie nucléaire, nécessairement abstraite, est ainsi devenue au fil de cette dérive le point d'honneur d'une très concrète réintégration politique présentée à l'opinion comme « secondaire » et « subalterne », comme si l'autonomie de décision militaire pouvait valoir sans l'autonomie de la décision politique en amont, comme si la normalisation des systèmes mentaux était plus recommandable que celle des systèmes d'armes. Ne serait-il pas temps d'inverser les accents, de substituer au « couplage politique honteux mais effectif + découplage militaire glorieux mais virtuel » un découplage politique sobrement assumé, plus un effort ostensible et redoublé de coopération militaire ? Ce dernier, qui existe déjà, mérite d'être poursuivi et développé. L'Alliance est « militaire défensive » ? Nous n'aurions aucune raison de cacher notre soutien résolu aux efforts de défense en matière d'armement, de logistique, de couverture aérienne, d'infrastructure, etc. Nous participons à la Conférence des Directeurs Nationaux des Armements (vaste ensemble de deux cents groupes et sous-groupes) ? Tant mieux — pourvu qu'on y défende le concept d'interopérabilité contre celui de standardisation (qui imposerait à tous les matériels américains, au prétexte du moindre coût). La Royale prend part aux manœuvres navales « Safari » dans l'Atlantique Nord organisées par le S.A.C.L.A.N.T. (Commandement Supérieur Allié de l'Atlantique, dont l'Etat-Major est à Norfolk, Virginia) ? Tant mieux — pourvu que nos ordinateurs de bord gardent certains programmes en propre. Nous participons aux structures de défense aérienne ? C'est notre intérêt et celui des alliés. Notre réseau de détection et de contrôle ne couvrant que les abords immédiats du territoire national, il gagne, en temps de préavis d'alerte, à se coupler avec le système avancé N.A.D.G.E., de l'O.T.A.N. Comment la D.G.S.E. pourrait-elle travailler sans contacts et échanges avec la C.I.A. ? Pourvu que cette dernière reste à nos yeux un service étranger, et que les rapports fonctionnent sur un classique donnant-donnant (ce qui suppose qu'on ait quelque chose à donner...), il n'y a rien là que de normal. Ces connexions mutuellement bénéfiques font pour la plupart l'objet d'accords officiels (Ailleret-Lemnitzer, Fourquet-Goodpaster, etc.). Ils ont substitué à bon escient au principe d'intégration celui de la coopération, dans le cadre de laquelle se rangent nos missions militaires et les officiers de liaison français auprès des Commandements intégrés. L'évolution technologique, le renchérissement des coûts de modernisation des matériels et quelques autres facteurs conseillent de maintenir, voire de multiplier les organismes ad hoc, de rajeunir le jumelage technique des systèmes de défense comme des doctrines d'emploi en Europe. Sans oublier la coopération bilatérale dans des programmes scientifiques majeurs (vol spatial commun, etc.). Cette nécessaire coordination en aval ne préjuge aucunement du degré d'unité de vues politique en amont, notamment sur les théâtres extra-européens. Seule une politique neutraliste (que la mauvaise foi confond avec le non-alignement) interdit en temps de paix des préparatifs de collaboration avec des armées d'autres Etats (cas suisse). Une politique non alignée exclut seulement la présence de bases et troupes étrangères sur le sol national. Pour le reste, tout est ouvert.

Une alliance à géométrie variable renvoie à la variable fondamentale de toute politique d'indépendance : le potentiel de défense d'un pays. Quel pourcentage du Produit national brut les Français sont-ils prêts à consacrer à leur défense ? De la réponse à cette question, dépend en définitive la distance que nous pouvons ou non prendre par rapport au Système. Dose de sacrifice et marge d'affranchissement diminueront et grandiront ensemble. Une démocratie européenne qui s'abandonne roule à l'atlantisme. La France maintient à un niveau satisfaisant son effort de défense (3,90 % du P.N.B.), supérieur à la moyenne des membres européens de l'Alliance, inférieur en général aux pays qui ne sont membres d'aucune Alliance (Suisse, Yougoslavie, Albanie, Suède, Autriche). Peut inquiéter cependant, plus que la hausse indéfinie du seuil nucléaire dans la stratégie américaine l'abaissement de l'esprit de défense dans la société française, particulièrement dans la jeunesse, qu'on aurait tort d'imputer aux seules conditions techniques de la guerre moderne : professionnalisation accrue des unités, centralisation des compétences et du commandement, court-circuit nucléaire. Le douillet repli sur le privé et le défaut d'information du public sur les questions stratégiques, alliés à la désaffection des valeurs de dépassement, enlèvent aussi leur pierre à l'édifice déjà précaire. Il est désagréable mais non désobligeant d'observer que la France éduque des générations de collaborateurs, tire-au-flanc sympas mais serviables. On peut voir là une garantie rassurante contre toute « tentation neutraliste », dans la mesure où la neutralité n'exige pas seulement un haut niveau de développement économique mais aussi d'esprit civique. « La Suisse est indomptable, écrivait Montesquieu en son temps, parce qu'il n'y a pas un homme qui ne soit armé et ne sache manier les armes. » Les montagnes ne se battent pas seules. Si la Confédération ne consacre que 20 % de son budget et 2 % d'un P.N.B. parmi les plus élevés du monde aux dépenses militaires, rappelons qu'elle compte 10 % de miliciens (la France maintient 1 % de sa population sous les drapeaux), 15 soldats au km$^2$ (4 en R.F.A.), que le service militaire s'y échelonne sur trente ans et que 85 % de la population selon un récent sondage se dit prêt à défendre son indépendance et l'intégrité de son territoire par les armes. En appliquant le ratio suisse de mobilisation, la France disposerait de 5 500 000 hommes et femmes sous les armes — à quoi mènerait la veulerie neutraliste poussée jusqu'au bout[1] ! La culture du narcissisme et la course à l'individualisme que se disputent chez nous la gauche et la droite nous mettent à l'abri de pareilles extrémités. Chaque pays suit sa pente en la remontant à sa manière et selon ses moyens, vers l'objectif suprême, rester maître de son destin. Notre exposition géographique, notre histoire, nos solidarités européennes, notre stratégie défensive mais mondiale

---

1. Voir CIRPES, Cahiers d'études stratégiques n° 4, *L'Armée de milice suisse : mythes et réalités.*

excluent que nous puissions y atteindre par la neutralité ; serait-elle souhaitable en elle-même que l'insouciance civique du moment la rendrait périlleuse. Le statut de neutralité implique l'engagement de ne pas participer à des opérations militaires en dehors de ses frontières : la France ne pourrait en aucun cas abdiquer cette faculté. En renonçant à l'idée de la guerre, elle en augmenterait la probabilité. Le sobriquet de « neutralisme » rafraîchi en « national-neutralisme », vieil épouvantail qui permet au terrorisme impérial de discréditer d'avance toute politique d'indépendance, en est l'exacte antithèse.

Qu'un consensus se dessine entre nous sur un peu moins de sécurité sociale et un peu plus de sécurité nationale (disons un transfert d'1 % du P.N.B.), et plus d'espoir serait permis. Mais on retombe sur un cercle déjà connu (bouclé en 68 ?) : au nom de quoi ces sacrifices ? A quoi ça sert, un pays ? L'Europe, pour quoi faire ? On ne peut exhausser les Européens au-dessus de la routine que si l'Europe en vaut la peine. En d'autres termes : le projet avant le budget. Si vous ne m'offrez l'un, ne me demandez pas de voter l'autre.

### 4. *Vingt ans après.*

Certains esprits pessimistes mais informés sont d'avis que la bonne société française est vichyste de tradition. « Le danger n° 1 est pour elle le péril communiste ou soviétique ; or la France n'est pas à ses yeux capable d'y résister avec ses propres forces ; donc elle doit se mettre sous l'aile du plus fort. Sous l'Occupation, c'était l'Allemagne. Maintenant, c'est l'Amérique. Et plus on surestimera le danger soviétique, mieux on légitimera la soumission nationale. »

Pas du tout, rétorquera-t-on : il faut vivre avec son temps et ne pas s'entêter. Les nations n'ont pas eu le dernier mot, ni à Prague en 68 ni à Varsovie en 81. Le développement des échanges économiques n'a pas modifié la nature politique des régimes de l'Est, ni desserré le carcan du Pacte de Varsovie. L'U.R.S.S. a empoché les avantages de la détente, les contrats, les transferts de technologie, la reconnaissance à Helsinki du partage de l'Europe (intangibilité des frontières), sans s'embarrasser de ses inconvénients, libre circulation des personnes et des idées, modération dans le tiers monde, assouplissement des rigidités intérieures. Elle a jugé excellent que la France prenne des libertés envers Washington, sans permettre l'équivalent dans son camp. Elle a continué de s'étendre dans le tiers monde (Afrique, Amérique latine, Asie du Sud-Est). Elle a poursuivi implacablement ses programmes d'armement (mirvage, missiles antiforces, etc.), jusqu'à imposer la parité nucléaire à son antagoniste, et sous couvert du principe de sécurité égale, la supériorité tactique sur le théâtre européen. Pendant que le Kremlin jouait de la concurrence franco-allemande pour arbitrer « la course de vélo vers Moscou » entre Paris et Bonn, l'U.R.S.S. se donnait les moyens d'une stratégie globale, à laquelle seuls les Etats-Unis peuvent répondre [1].

Voilà les faits les plus saillants sur lesquels se fondent ceux qui entendent, parmi nous, donner le pas à une stratégie de cohésion sur une stratégie d'indépendance, et qui pour ce faire minimisent ou effacent leurs points de contradiction. Ceux-là voient une dialectique nécessaire entre le renforcement de l'Alliance et la recherche des voies de l'après-Yalta (analogue à celle qui unit aux yeux des dirigeants de la R.F.A. l'ancrage à l'Ouest et la détente à l'Est), même si un tel renforcement s'opérant au moment choisi par les Etats-Unis pour renforcer leur leadership dans l'Alliance est de nature à consolider encore plus ce dernier.

« Si le gaullisme procède d'une certaine conception du jeu entre les Nations, remarque un fin praticien, il ne faudrait pas oublier que sur vingt ans, l'histoire des peuples peut redistribuer les cartes. » (Denis Delbourg). La nouvelle donne aurait pour base le renversement du rapport de forces au détriment de l'Ouest : l'indépendance aujourd'hui se défend à l'est, c'est à ce seul côté

---

1. Je reprends ici librement quelques thèmes et formules de la Conférence prononcée à l'Ecole Normale d'Administration, le 27 janvier 1982, par M. Jacques Andréani, alors directeur des Affaires politiques au ministère des Relations extérieures.

qu'il faut dire non. La même politique d'équilibre qui voulait hier qu'on se rapprochât du plus faible d'alors, l'U.R.S.S., quitte à fragiliser l'Alliance, doit se traduire aujourd'hui, par un mouvement inverse : dire oui, sur l'essentiel, à l'Amérique (quitte à sauvegarder sur des points de détail notre petite différence), pour faire pièce à l'impérialisme soviétique, offensif et prépondérant. Lorsque de surcroît la crise économique met à l'épreuve la cohésion du monde libre, ce n'est pas le moment de creuser l'écart en accentuant les désaccords. La grande querelle à soutenir serait donc celle de l'Occident uni.

En politique, il est vrai, tout dépend du moment. (Même si ce n'est *jamais* le moment — dans le Parti, le Camp, l'Alliance, l'Entreprise — de dire la vérité qui fait *toujours* le jeu de l'adversaire.) Que se passerait-il en effet si nous appliquions aux conditions de 1985 des schémas valables pour les années 1970 mais déjà, à leur tour, périmés ? Si, à notre insu, l'Empire de l'Ouest désormais partout à l'attaque, avait creusé l'écart au moment où celui de l'Est, travaillé par une crise de longue durée, voyait s'accélérer son déclin ?

# LIVRE II

## *La menace*

> « *Le plus fort n'est jamais assez fort pour être toujours le maître, s'il ne transforme sa force en droit et l'obéissance en devoir.* »
>
> JEAN-JACQUES ROUSSEAU

# I. LA FORCE ET SES MYTHES

*1. La peur a ses raisons...*

On a toujours raison d'avoir peur. Entropie, décadence, mort : l'organisé tendant par nature à la désorganisation, la paranoïa du démagogue fera sûrement recette. Mais répondre, sans retard et à bon escient, à l'éternelle question : « là où nous sommes, *de quoi* devons-nous aujourd'hui avoir peur ? » distingue l'homme d'Etat de l'exploitant. Or, tributaire de l'impensé collectif et de ses fixations beaucoup plus que le médecin des phobies ou obsessions de son patient — un Président élu jouit d'une faible marge de liberté par rapport à l'air du temps : pas étonnant qu'un bon pronostic soit plus rare au chevet des nations qu'à celui des malades. Ni que les meilleurs médecins, ici, ne soient pas les plus populaires : une politique étrangère avisée est incomprise.

Une société n'est pas seulement « un rêve collectif » : c'est d'abord une peur collective. Comme le moi se pose en s'opposant, chaque « nous » advient par le « eux » qu'il affronte. Tout candidat aux élections a besoin d'un plus épouvantail que lui, tout James Bond d'un Docteur No, l'Occident d'un Orient. Et vice versa. Aux yeux d'Attila, qui entendait grec et latin, les peuplades gauloises n'étaient certainement pas la civilisation. Pour un Polonais, la barbarie commence au Niémen, comme pour un Russe orthodoxe, mais sur la rive opposée. Pour un Chinois de l'ère classique, le fléau de Dieu vient du nord, de Mongolie : le Russe fait toujours figure aux yeux d'un lettré cantonais de rustre au nez long. Pour un Russe de Kiev ou de Novgorod le monde tartare commence à Kazan : encore aujourd'hui, le Russe de la rue confond volontiers dans une atavique exécration le Chinois et le Mongol — comble de l'injure pour un héritier des Ming.

L'Est-Ouest comme drame cosmologique ne se serait pas imposé si facilement aux esprits s'il ne réveillait aujourd'hui l'inconscient archaïque des sociétés (de l'est comme de l'ouest). L'opposition, relative à une petite portion de la planète, prend valeur d'absolu comme « gigantesque affrontement du communisme et de la démocratie ». Peu importe qu'il n'y ait pas de place dans cette grille pour l'Inde, l'Egypte, le Mexique, le Maghreb ou l'Australie. L'indécidable du partage fait sa force. Pas de groupe sans un postulat religieux, pas de religion sans drame, pas de drame sans antagonistes — nous et eux. Le centre contre les terrains vagues successivement du Barbare, gentil, païen, infidèle, primitif, capitaliste, communiste. A l'ethnocentrisme idéologiquement sublimé dans la « Démocratie » (on disait au début du siècle la « Civilisation ») s'oppose le Totalitaire, barbare par l'idée et non plus par la race. L'Ouest affronte l'Est, comme en sens contraire le Socialisme l'Impérialisme, et l'Islam l'Infidèle. Mais où est l'Ouest ? Un Occidental trouvera toujours plus occidental que lui pour le traiter d'Oriental. Les Grecs voient l'Orient commencer en Turquie, qui se dit résolument d'Occident. Les premiers sont russophiles (depuis leur libération nationale) et les seconds russophobes (tradition ottomane). Quant à notre Extrême-Orient, c'est le « near west » des Californiens.

Pour l'Occident chrétien, l'Orient fut longtemps une angoisse avant d'être un mirage. Nous savons que l'Occident est notre point de fuite, notre prochaine étape sur une route sans fin, et les orientalistes nous ont appris que l' « Orient » n'existe pas. Pour un fondamentaliste syrien, hanté par l' « ouestoxication » de l'Islam, l'ouest c'est l'U.R.S.S., haïssable vecteur de la modernité. Et le défenseur de l'Occident chrétien qui rejette la Palestine dans l'Orient haïssable n'oublie rien de moins que les chrétiens d'Orient — grecs orthodoxes, syriens, arméniens, latins, coptes, abyssins, catholiques de rite oriental, etc. Où sont l'Orient et l'Occident à Jérusalem, nombril de notre monde, haineux berceau des religions d'amour, où se côtoient la « capitale éternelle d'Israël », le troisième lieu saint de l'Islam et le siège de trois Patriarcats chrétiens ? Où le Russe orthodoxe fait figure d'Occidental aux yeux de l'Abyssin... Quand le Japon, à la Grande Conférence asiatique de 1943, voulut stimuler la solidarité orientale des damnés de la terre contre l'Occident colonial et barbare, il casait l'U.R.S.S. à l'est, pour la neutraliser ; deux ans après, elle se retrouvait, vue de Tokyo, à l'ouest. Chaque peur s'invente son planisphère. Le nôtre ne fait plus venir de l'est parfums et soieries, mais despotes et fléaux. Le Sarrasin était réputé provenir du « Mont Caucase » où règnent Gog et Magog ; après le Scythe, le Hun, le Germain, le Cosaque se passèrent le relais, la Horde d'or (1237-1357) se réincarne dans les hordes rouges (1917-1948). Il arrive que les expansionnismes se chevauchent : un Antéchrist peut en cacher un autre. Les invasions mongoles du XIII$^e$ (grâce au fantasme du Prêtre-Jean) relativisent aux yeux du bon chrétien le danger musulman, auquel l'expansion de l'Empire ottoman, après la prise de Constantinople, rendit bientôt toute sa verdeur. Leibniz, qui voyait dans la Pologne le rempart de la chrétienté contre les barbares, moscovites ou turcs, changea d'avis après sa rencontre avec Pierre le Grand : à ses yeux, seuls les Moscovites pouvaient arrêter l'Ottoman. Aujourd'hui, le vertige de l'ambiguïté saisit encore certains amis occidentaux des résistants afghans : qui là-bas défend l'Occident, le progrès et les Lumières [1] ?

Sentiment conservateur, majoritaire à ce titre, à l'est comme à l'ouest, la peur répugne au changement. Le *Soviet military Power*, brochure multicolore du Pentagone (1981), inspire au lecteur le même effroi que *Qui menace la Paix ?*, brochure sur les forces américaines, moins luxueuse mais non moins nourrie de chiffres et

---

1. Ghislain Bellorget, « Afghanistan : l'ambiguïté », *Temps modernes,* janvier 1984.

de photos, publiée par le ministère de la Défense soviétique (1982) : l'Autre, pour chacun, reste par principe terrifiant.

L'histoire de la peur en Occident montre le défilé des « eux » où s'est forgé en creux notre « nous »[1]. Les époques roses de l'imaginaire social apparaissent sur la longue durée comme de brèves parenthèses entre deux époques noires, et notre fin de siècle en Europe voit le retournement des grandes espérances héritées du XIX$^e$ en grandes peurs — déclin démographique, inflation, poussées religieuses pouvant compter au nombre des symptômes. La crise économique renforce ce besoin d'ogres. L'ombre du bouc émissaire d'hier mord sur le suivant, les apocalypses au futur antérieur — Révolution mondiale, « Doomsday », prise des villes par les campagnes... — survivent aux attentes, et les préposés à l'entretien des peurs et espoirs légitimes que sont les idéologues du jour, toujours en retard d'une menace, donnent au passéisme ses lettres de créance. Les voilà qui pensent le XXI$^e$ siècle dans les catégories du XX$^e$, comme nous avions, marxistes prolongés, pensé le XX$^e$ dans les catégories du XIX$^e$. Le décalage entre le système des perceptions d'une société et la réalité des menaces pesant sur elle résume la tragi-comédie d'une époque : tragédie politique, comédie intellectuelle.

La peur du vide — ou d'un vide de peur — est sans doute plus forte que les autres : le goulag, menace à la fois mystérieuse et familière, rôdeuse mais identifiable, proliférante mais localisable satisfait avantageusement le besoin d'anxiété. « On ne détruit que ce qu'on remplace » et par quoi pourrions-nous *aujourd'hui*, dans nos sociétés occidentales, remplacer le repoussoir communiste, dont le rapport coûts-bénéfices défie la concurrence ? La peur du « tiers monde » — menace vague et quasi générique — s'estompe. Ces masses grouillantes et ingrates sont trop indifférenciées pour faire autre chose qu'une toile de fond. Et l'équilibre de notre balance commerciale, par le biais notamment des exportations d'armes, repose sur les pays sous-développés, sans les achats desquels notre déficit extérieur serait irrémédiable, et notre

---

1. Voir Jean Delumeau, *La Peur en Occident,* Fayard.

chômage triplé. En 1985, n'importe quel observateur comparant le nombre des victimes respectives tout autour de la planète (tuées à la guerre, mutilées en temps de paix, fusillées, détenues, réfugiées et bannies, torturées, censurées, enfermées et violées) — mais aussi celui des martyrs, volontaires de la mort et fanatiques de part et d'autre — serait fondé à se demander si au regard du fondamentalisme et de l'intégrisme islamiques, le communisme, institué ou militant, fait encore le poids. La crise du pétrole, en 1973, suscita « les émirs maîtres chanteurs », qui rançonnaient l'Occident du fond de leurs palais. Mais l'anti-islamisme ne pouvait, même alors, devenir idéologie officielle à l'ouest (non plus qu'à l'est) car nous aurions trop à y perdre, le monde occidental ne pouvant risquer de s'aliéner la quarantaine d'Etats de la Conférence islamique, sans perdre ses principaux gisements de pétrole, de crédits et de contrats. Un diable connu vaut mieux qu'un diable à découvrir.

A vrai dire, si l'U.R.S.S. ne pouvait redouter rival plus attractif que l'Amérique (ou la R.D.A., que Berlin-Ouest), l'Alliance ne pouvait rêver ciment meilleur marché, danger plus fonctionnel que les sociétés grises de l'Est. « Il faut rendre hommage, dit ironiquement un analyste, à l'Union soviétique. Elle constitue pour l'Occident, le meilleur adversaire qui soit possible, un adversaire à la fois peu séduisant, peu dangereux et coopératif[1]. » Peu séduisant : cumulant les inconvénients de l'Etat totalitaire et contesté de l'intérieur (dissidence), révolutionnaire et colonisateur (Europe de l'Est), subversif et conservateur. Peu dangereux : battu en brèche dans son propre camp idéologique (Chine), cerné et prêtant le flanc par ses interminables frontières à un maximum de menaces géopolitiques (Europe, Islam, Chine, Japon, Amérique), lesté de satellites ruineux, encombrants et peu fiables, accablé par une course aux armements toujours recommencée. Coopératif : garant du statu quo en Europe, « allié objectif des Etats-Unis, ne cherchant à modifier la situation internationale que

---

1. Jean-Louis Berthet, *L'Union soviétique dans les relations internationales*, Economica, Paris, 1982, p. 293.

sur la marge ou seulement dans la mesure où son partenaire, les Etats-Unis, renoncent à leurs responsabilités » (Afghanistan, Ethiopie, Angola), commettant les erreurs qu'il faut au moment qu'il faut (Hongrie, Tchécoslovaquie, Afghanistan). Conclusion plaisante : « Les Occidentaux devraient, chaque jour, prier Dieu de conserver l'Union soviétique telle qu'elle est. » Ce que fait, sérieusement, un partisan lucide de l'Ouest, qui ne voit pas quel intérêt nous aurions de favoriser d'improbables évolutions démocratiques à l'Est : « Si jamais la Russie revenait au régime de liberté qu'elle n'a connu que pendant neuf mois, de la chute de Nicolas II au coup d'Etat bolchevique de novembre 1917, cette Russie toute nouvelle serait-elle par exemple moins ambitieuse, moins oppressive pour ses voisins immédiats ? Si l'U.R.S.S. opérait de profondes réformes économiques, par définition bénéfiques, son poids ne s'en trouverait-il pas accru ? Si elle parvenait à se nourrir et à nourrir le cheptel dont elle veut se pourvoir, ses vues quant à un conflit prolongé resteraient-elles inchangées ? Si le niveau de vie s'élevait en U.R.S.S., l'influence soviétique, déjà considérable, ne s'accroîtrait-elle pas ? La sagesse est donc, pour l'Ouest, d'observer et de s'abstenir d'émettre des souhaits irréfléchis quant au changement, dont, pour dire vrai, personne ne peut apprécier les conséquences [1]. »

## 2. *La menace en a d'autres.*

Règle de la méthode : ne pas mesurer le péril à la peur. Ce n'est pas parce que la peur monte ou diminue, que le danger augmente ou décroît. En France (comme le montrent deux enquêtes S.O.F.R.E.S. posant les mêmes questions à un même échantillon, à six ans de distance) l'*image* de l'U.R.S.S. s'est inversée entre 1974 et 1980, l'occupation de l'Afghanistan couronnant à la fin 79 une

---

1. Olivier Wormser, in *L'Express* du 17 février 1983.

dégradation qu'elle n'a pas suscitée mais parachevée[1]. La *réalité* soviétique, elle, n'a pas changé de signe dans le même laps de temps. Le danger communiste est mieux perçu — est-il devenu plus dangereux ? Conclure du mental au réel relève d'une magie toujours populaire. En stratégie, il est vrai, notamment dissuasive, ce n'est pas la réalité qui fait critère mais la perception que j'en prends : le faux devient vrai si je l'estime tel. Si je perçois mon adversaire comme agressif, ma conduite le deviendra par contrecoup, et l'adversaire aussi. D'où l'importance cruciale du renseignement et des satellites d'observation, dans le domaine militaire ; et des courants d'information, en politique internationale. Les renversements de mentalité collective, champ de forces irrésistible, attestent l'autonomie des images par rapport au réel. Lorsqu'il y avait entre 3 et 5 millions de « zeks » dans les camps, en 1952, le tout-Paris des arts et des lettres se bousculait dans les salons de l'ambassade soviétique. Lorsque les experts les moins suspects estiment entre 1 000 et 5 000 le nombre de prisonniers d'opinion en U.R.S.S., les mêmes crient leur dégoût devant les grilles de l'Ambassade. Preuve que la haine ne varie pas en fonction du haïssable — mais du moment et des formes de notre représentation.

En 1967, un sondage I.F.O.P./*Nouvel Observateur* montre (à un moment particulièrement faible de la cohésion occidentale, et lorsque notre force de dissuasion était encore très peu crédible) qu'un nombre infime de Français, 4 %, pensaient que la France pût être l'objet d'une attaque militaire, 2 % voyant l'Union soviétique comme agresseur potentiel, et 1 % les Etats-Unis. A la question : « Y a-t-il en ce moment des pays qui selon vous représentent un danger pour la paix du monde ? », 42 % mentionnent la Chine, 19 % les Etats-Unis, 19 % le Proche-Orient et 10 % l'U.R.S.S. « Et y a-t-il des pays qui, *dans dix ans*, selon vous, *représenteront* un danger pour la paix du monde ? » La Chine vient en tête (42 %), suivie des Etats-Unis (8 %) et enfin de

---

1. Voir l'enquête d'Olivier Duhamel et Jean-Luc Parodi, « Images du Communisme », in *Pouvoirs*, n° 21, sur le système communiste mondial.

l'U.R.S.S. (6 %)[1]. Aléa des pronostics. Quinze ans plus tard, en 1982, un sondage Gallup/*Le Point* montre que si 54 % des Français accordent leur sympathie aux Etats-Unis, 73 % sont « plutôt défavorables » ou « très défavorables » à l'Union soviétique[2]. En 1984, un sondage I.F.O.P.-*Dimanche* montre que dans la France de Mitterrand plus encore que dans l'Amérique de Reagan, l'U.R.S.S. est assez largement perçue comme l'Empire du mal[3]. A la question : « Pourriez-vous me dire à quel pays vous pensez le plus quand on parle d'atteinte aux droits de l'Homme ? », 26 % (sur 56 % de réponses spontanées) répondent l'U.R.S.S., 7 % l'Afrique du Sud et 1 % la Turquie[4]. Le nom de Sakharov, assigné à résidence à Gorki, est connu de 84 % et celui de Walesa de 87 % ; celui de Nelson Mandela, le plus vieux prisonnier politique du monde, reconnu par la population noire de la République sud-africaine comme son chef politique et spirituel, par 20 % de Français et celui du poète marocain El Anseri, mort en prison d'une grève de la faim, au moment de l'enquête, de 9 %.

L'indignation morale enfle la perception d'une menace irrésistible que résume ainsi notre ancien ambassadeur à l'O.T.A.N. François de Rose : « nous sommes menacés d'une mise hors de combat rapide[5] ».

La société française a disjoncté. Jamais la crainte de la puissance communiste n'a été chez nous aussi grande depuis 1917 ;

1. *Le Nouvel Observateur,* 18 octobre 1967, « Pacte atlantique : les Français désavouent de Gaulle ».
2. *Le Point,* 15 mars 1982, « Alliance atlantique : fidélité à l'union libre ».
3. *L'Humanité Dimanche,* 12 octobre 1984.
4. *Turquie :* 100 000 prisonniers politiques estimés, plusieurs centaines de condamnations à mort par an. *Afrique du Sud :* une moyenne de 110 000 personnes en prison en permanence, surtout pour défaut de passeport intérieur. Plus de 100 personnes pendues chaque année. 150 à 200 personnes tuées tous les ans dans les incidents avec la police — sans compter ceux qui meurent dans les émeutes. Dans les deux dernières decennies, les autorités ont déplacé de force trois millions de gens, pour « nettoyer les points noirs », ou pour les réinstaller selon le Group Areas Act (loi fondamentale de l'apartheid qui précise que chaque groupe ethnique d'Afrique du Sud doit habiter des territoires séparés) ; plus de quatre millions d'autres sont désignés pour le déracinement.
5. *Le Monde,* 26 novembre 1983.

jamais le péril communiste, intérieur comme extérieur, n'a été plus éloigné de nous. Au fameux « Kto Kovo » de Lénine — Qui aura raison de qui ? — les faits ont déjà répondu : le vent d'Ouest l'emporte sur le vent d'Est. Le monde soviétique ne peut plus gagner à l'*extérieur* de ses frontières, ni continuer de les étendre : la phase « conquête et colonisation » paraît terminée. Même s'il reste à découvrir comment et par où les lézardes du nationalisme vont briser la glace surréelle du bloc européen de l'Est, il est clair que « 1984 » est derrière nous — (et déjà sans doute derrière eux). Orwell est au pinacle mais Big Brother, exorcisme réussi, a perdu la bataille et la face. Le bruitage recouvre la partition. Comment sinon expliquer pourquoi des phénomènes aussi décisifs que la décommunisation accélérée de l'Europe latine — en l'espace de trente ans, quand la déchristianisation avait demandé trois siècles —, le refoulement brutal ou progressif du modèle de référence soviétique par deux milliards d'hommes dans le tiers monde, où un Mengistu ne fait pas le printemps ni la récolte, comme par un milliard de Chinois, le démantèlement de l'ancien « Goulag » (« Direction centrale des Camps ») en Union soviétique même, où la peur n'est plus l'étouffoir d'antan, les poussées centrifuges des satellites européens, bref l'effondrement du plus grand « mouvement social total » de ce siècle puissent rester inaperçus de tant de témoins finiséculaires ? Le combat de géants que se livrent à Nogent-le-Rotrou, depuis une décennie, le « mouvement antitotalitaire » et la « gauche marxiste » oppose un fantôme à un spectre : le cercle stérile de ces deux anachronismes tourne le dos au monde qui naît. Où la force de gravité du pôle soviétique pèsera de moins en moins.

Le moudjahid du Panshir aurait son mot à dire sur ce qui précède. Et l'ouvrier des chantiers navals de Gdansk aussi : la moindre image télévisée de l'oppression qu'ils subissent rendra dérisoire, sinon odieuse, l'idée que le monde communiste subit, en ce moment sinon sous nos yeux, une *considérable chute de puissance*. Walesa et Amin Wardak sont nos héros nationaux. Ce sont des héros il est vrai — parmi des centaines d'autres, pour nous sans nom ni visage, qui compléteraient utilement notre planisphère moral. SS-20, asiles psychiatriques, Pologne, Afghanistan, Corne de l'Afrique, etc. Chacun de ces termes renvoie à une réalité matérielle ou vécue — parfois intolérable, souvent scandaleuse, toujours tangible. Ensemble, ils ne font pas de la puissance en expansion — mais un système en régression. Encore faut-il savoir ce que les *mots veulent dire* : y a-t-il d'abord *système* ? Et qu'est-ce que la *puissance* aujourd'hui ? Que faut-il *mesurer* et avec quels *instruments* de mesure ?

### 3. *Un système mondial, vraiment ?*

On désigne d'ordinaire par *communisme* « le système communiste mondial » (ou « le mouvement communiste international » du parler militant). Soit l'ensemble composé par la Communauté des Etats socialistes — « face externe et visible du système » (Annie Kriegel) — et celle des partis communistes ou assimilés (Mouvements, Fronts, Unions, Ligues, etc.) situés à l'extérieur. Ajoutons, pour faire bonne mesure, le « troisième compartiment » ou « sous-système », celui des alliances — Fédération syndicale mondiale, « partisans de la Paix », mouvements de libération du tiers monde [1].

Pourquoi trois cercles en un ? C'est que ce nouveau *sujet* historique, apparemment localisé, ferait corps avec un *projet* planétaire : « base de subversion universelle, centre de cristallisation progressive de la planète sur le modèle du germe cristallin initial [2] ». Il faut le voir, « en lui-même, *comme un système entier* et entièrement différent, non en degré mais en nature ». L'U.R.S.S., dit-on, n'est pas un Etat comme les autres, et les Etats occidentaux se trompent, qui pensent leurs relations à l'Union soviétique sur le modèle normal des relations d'Etat à Etat, en rêvant de la faire

---

1. Voir « Le Système communiste international », in *Pouvoirs*, n° 21 (1982). Notamment les articles d'Annie Kriegel (Le Système communiste mondial : mythe ou réalité), et d'Hélène Carrère d'Encausse.
2. Alain Besançon (citant Boukovski), in « Les Failles de l'Union soviétique », *Défense nationale*, novembre 1981.

entrer dans un traditionnel concert de puissances. L'Etat soviétique est en fait l'instrument — un parmi d'autres — d'un Parti qui s'en sert pour dominer la terre. Les moyens utilisés sont nationaux, la fin est internationale, le système doit donc être vu globalement, dans l'unité interne des institutions établies et des agents de subversion. L'Etat soviétique marche à l'idéologie, et cette idéologie est universelle : non seulement parce que ses porteurs se retrouvent aux quatre coins de l'univers — implantation géographique — mais parce qu'elle a pour objet la rédemption de l'humanité, ou la conquête du globe — ambition historique. Cette ambivalence permet à l'U.R.S.S. de jouer sur les deux tableaux, ou de tenir un double langage. Comme puissance étatique, délimitée dans l'espace, elle prêche la coexistence ; comme vecteur d'un « messianisme sans frontières », transversal aux Etats, elle pratique la subversion. Ce serait une erreur fatale, l'espace idéologique de l'U.R.S.S. n'étant pas territorial, de superposer l'aire d'action soviétique à l'unité étatique « U.R.S.S. », fût-elle complétée par la petite couronne des Etats satellites (les membres du Pacte de Varsovie), la moyenne des Etats clients (ceux du Comecon), et la grande couronne aux bords flous des pays « à orientation socialiste » : Ethiopie, Algérie, Angola, Madagascar, Mozambique, Congo, Tanzanie, Seychelles, Yémen du Sud, bref ceux « où le pouvoir est détenu par un parti révolutionnaire »[1]. Les partis communistes, embryons d'Etats socialistes, sont inséparables de leur cellule mère, l'Etat-parti modèle, non comme la gangue du noyau, mais comme les courroies de transmission du moteur. En esprit et en fait, le communisme est un polyèdre à trois versants, porteur d'un « Etat mondial potentiel ».

---

1. La différence entre un *Etat à orientation socialiste* et un *Etat socialiste,* c'est que le premier peut afficher une pluralité de partis politiques, le rôle dirigeant du premier d'entre eux n'étant pas encore un dogme officiel. L'entrée en droit irréversible dans le club des Etats socialistes n'est acquise que lorsque 1) le rôle dirigeant du Parti devient une réalité intangible ; 2) le socialisme scientifique est érigé en base idéologique exclusive ; 3) les règles du centralisme démocratique et de composition sociale appropriée président à l'organisation du Parti-Etat.

Cette réclamation de nouveauté n'est pas neuve. A propos du panislamisme et du péril jaune d'antan, Maxime Rodinson évoque « un mécanisme constant dans l'histoire des idéologies », selon lequel chacune attribue à l'autre — mahométan, jésuite, mongol, juif, parpaillot, franc-maçon, etc. — « une illusoire unité de direction, une application méticuleuse à l'exécution de ses noirs desseins, des méthodes traîtresses, cruelles, machiavéliques »[1]. « Impérialisme » et « Communisme » sont chacun l'un pour l'autre « une entreprise de domination, une idéologie agressive, une conspiration à l'échelle mondiale ». Chaque camp surestime la cohésion de l'autre. Pascal : « La multitude qui ne se réduit pas à l'unité est confusion ; l'unité qui ne dépend pas de la multitude est tyrannie ». La multitude occidentale a *plus* d'unité qu'elle n'aime à le croire, mais *moins* que ne le croit le Soviétique (qui sous-estime la confusion à l'Ouest). L'unité de la « communauté socialiste » est un peu moins tyrannique que nous ne le pensons, et beaucoup moins que ne le souhaite le grand frère. Fétichiser « le système communiste mondial », c'est prendre une propagande pour une théorie, et pour argent comptant les vœux du socialisme soviétique, qui a, bien sûr, tout intérêt à fusionner l'est avec le sud en feignant que le clivage n'est plus entre les Etats-Unis et l'U.R.S.S., mais entre « le système communiste mondial » et « l'Occident ». Ingénuité de cette pétition de principe deux fois idéologique, puisqu'elle prend à son compte l'illusion de l'autre. Comme s'il suffisait à l'U.R.S.S. de se forger une doctrine de « centre dirigeant » pour en devenir un, ou de signer un traité dit d'amitié indéfectible avec le Mozambique, comme en 1977, pour conjurer l'éphémère de ce genre d'amitiés. Le vocabulaire du « système » relève chez nous de cette logique délirante propre à des théologiens sédentaires qui reconstruisent entre quatre murs le bas monde avec des Encycliques.

Pas de puissance messianique (et quel Etat n'en est pas une, à sa naissance ?) qui ne conserve quelque part inscrit le Grand Dessein de ses origines. Rome, Byzance, Bagdad ou Damas, Sian, Moscou

---

1. Maxime Rodinson, *La Fascination de l'Islam,* Maspero, 1980, p. 90.

ont tous eu pour but de dominer la terre. Pas de puissance établie qui n'ait dû avec le temps sacrifier peu à peu le principe de plaisir au principe de réalité. L'expérience enseigne — y compris celle du conflit israélo-palestinien aujourd'hui — que lorsque la politique réelle décolle du Grand Dessein, le tactique devient rapidement stratégique, même si la rhétorique demeure en contrepoint, mi-exutoire mi-emblème[1]. Ce point de décollement a été atteint en Union soviétique depuis trois décennies au moins, mais la chanson doctrinale poussée à la cantonade permet heureusement aux doctrinaires adverses d'accuser le Politburo de double jeu. Les protestants n'en pensent pas moins du Vatican, les chrétiens du Grand Mufti et vice versa.

Quelle « *Communauté des Etats socialistes* » ? Elle a commencé à se désagréger dès qu'elle s'est formée, sous Staline, en 1948, avec le schisme yougoslave. Après la réintégration par la force de la Hongrie insurgée, en 1956, l'excommunication de l'Albanie par Khrouchtchev en 1961 pouvait sembler celle d'une secte intégriste. La défection de la la Chine, peu après, amputait le « système » des deux tiers de sa population, et lui rajoutait cinq mille kilomètres de frontières terrestres hostiles (que resterait-il de l'Occident si l'Europe de l'Ouest était sortie de l'Alliance pour flirter avec l'Est?). Cette déchirure ne marque pas l'apparition d'une Eglise schismatique de plus, mais la disparition de la forme-Eglise. La Pologne a failli vaciller, après la Tchécoslovaquie, et la Roumanie roule pour son compte. Le Pacte de Varsovie a rétréci, mais le bloc garde l'armature du Comecon (soit les pays du Pacte plus Mongolie, Cuba et Vietnam)[2]. L'Etat multinational qu'est l'U.R.S.S. a pu rêver de servir à son tour de modèle à un système mondial multinational, où titisme, fidélisme, prussianisme,

---

1. Le professeur Harkabi a appliqué cette distinction au Proche-Orient dans sa remarquable contribution (« Jewish ethos and political positions in Israël ») au débat sur « Idéologie et politique internationale » (Jérusalem, janvier 1985).
2. Le dernier Sommet, en juin 1984, censé donner au monde l'image de « l'unité sans faille » du camp, a vu le cercle de famille se resserrer encore : Castro manquait à l'appel, les Hongrois ruent dans les brancards, et les Allemands frondent.

« jucheisme » coréen, pragmatisme hongrois, etc. déclineraient autant de républiques autonomes et fédérées. Les qualificatifs s'avèrent de plus en plus substantifs. La dépendance économique accrue des pays de l'Est vers l'U.R.S.S., qui, surendettés et sans débouchés à l'Ouest, n'ont plus d'autre recours que la réorientation de leurs échanges vers le Comecon, ainsi que les serrements de boulons diplomatiques qui sont d'usage dans chaque camp à la veille de toute grande négociation au sommet ne peuvent voiler l'inexorable remontée du fait national comme des sociétés civiles à l'intérieur du bloc soviétique. Il est clair aujourd'hui qu'*il n'y aura pas de supranationalité communiste,* ni dans le tiers monde ni dans l'Europe de l'Est : le système atteste là sa faillite — à en rester un. Que Deng Xiao Ping ait fait ses classes à l'Ecole des cadres de Moscou (comme Tito), n'empêche pas ce pseudo-communiste et vrai patriote de briser en Chine le moule soviétique du Plan pour épouser sans vergogne les règles de « l'économie de marché ». Ici, la norme de référence soviétique expire. Quant à la clef de voûte du Parti-Etat, si elle reste intouchable, c'est moins par esprit d'orthodoxie que par réflexe d'Empire (comme seul moyen de cohésion nationale et de résistance aux forces centrifuges du continent chinois).

Le schéma sur papier d'un système mondial procédant sur sa périphérie à des délégations régionales ou « filialisations » fait abstraction des données de l'histoire et de l'espace ; que les intérêts et les réflexes de Cuba, nation jeune et exposée, ne sont pas toujours ceux de la Maison mère, comme cela s'est vu hier à Grenade et pendant vingt ans en Amérique latine, et que ceux du Vietnam, nation millénaire, non plus, comme cela se voit chaque jour au Kampuchea et au Laos, où les tiraillements avec le grand frère alimentent la chronique locale. Le Vietnam, bien qu'il vînt de signer avec l'U.R.S.S. le pacte d'amitié de 1979, n'a informé qu'après coup les dirigeants soviétiques de sa décision d'intervenir au Cambodge, comme Cuba de la sienne en Angola, en dépit des réécritures occidentales. Et on ne voit pas ce que l'Ethiopie peut « filialiser », tant ce pays affamé, quasi enclavé et jamais colonisé, n'a cessé d'être étranger par sa religion à son environnement musulman et par son autarcie impériale à l'Afrique noire. En Amérique centrale, — Salvadoriens et Nicaraguayens « communistes » se méfient les uns des autres tant s'opposent leurs intérêts tactiques et stratégiques (tout ce qui est bon pour les uns étant mauvais pour les autres). Comme hier khmers rouges et bodoïs vietnamiens, ou aujourd'hui communistes chinois et communistes philippins (ou thaïs). L'univers marxiste ne peut se diversifier sans se fragiliser. La centrifugeuse des intérêts nationaux l'oblige à choisir entre la conquête et l'éclatement. Le « système » communiste : non un monde mais une crise en expansion.

Quelle « *Communauté mondiale des partis communistes ?* ». Le Komintern est mort en 1943, sa pâle copie, le Kominform en 1956, et le siège assoupi d'un bulletin pragois, traduit en 37 langues, diffusé en principe dans 145 pays mais lu par on ne sait plus qui, *Problèmes de la paix et du socialisme,* n'est même plus un club de discussions académiques. A Moscou, le Département international du Comité central (Ponomarev et Zagladine) dépouille les journaux et reçoit les visiteurs : il leur explique la politique du Kremlin et s'évertue bon an mal an à comprendre un monde extérieur de plus en plus incompréhensible à ses yeux. Le P.C.U.S. a échoué, après 1969, à ranimer le rituel des conférences mondiales des P.C. (1957, 1960, 1969), et la Conférence de Berlin, en 1976, fut le dernier effort régional pour rassembler autour de Brejnev tous les secrétaires généraux des P.C. européens. La réunion de 1980 à Paris a fait long feu, et celle de Berlin-Est eut des airs d'enterrement. De l'avis d'un spécialiste, « une nouvelle conférence mondiale n'est plus possible aujourd'hui[1] ». L'absence de centre reconnu par tous défait les cercles de famille : plus de Père, plus de frères. Les aléas tactiques de la survie jettent partout aux poubelles de l'histoire les programmes de jadis : qui se souvient encore que l'U.R.S.S. aurait dû, Programme dixit, rattraper et dépasser les Etats-Unis en 1980 ?

[1]. Voir de Lilly Marcou, auteur notamment de *Le Kominform,* Presses de la Fondation nationale des Sciences politiques, et de *L'Internationale après Staline,* Grasset, « L'Effritement du mouvement communiste international » in *Le Monde* du 6 novembre 1983.

*Communauté des partis et de l'Etat soviétique ?* Unité des agents de subversion et du Centre mondial ? En 1956, tous les P.C., yougoslave compris, ont approuvé l'intervention soviétique en Hongrie ; en 1968, tous les P.C. européens ont condamné l'intervention en Tchécoslovaquie, avec les Yougoslaves, les Roumains, et les Albanais. En 1982, on compte sur les doigts d'une main les partis européens qui ont approuvé le coup de force polonais (français, portugais, danois, grec de l'extérieur et D.K.P.). Compromis entre les nationalismes inéluctables et l'impossible monolithisme, la formule de consolation dite du polycentrisme s'est avérée aussi illusoire pour les partis que pour les Etats. Le P.C. italien a consommé sa rupture avec l'Union soviétique (mars 1983) mais échoué à catalyser, à l'échelle régionale, un courant eurocommuniste incapable d'expression organique. Le P.C. chinois a renoncé lui aussi à servir de pôle à une nouvelle Internationale révolutionnaire, dans les « zones de tempêtes ». Plus assez de foi pour catéchiser les infidèles et s'excommunier entre fidèles. Après les conquérants des années vingt et trente, puis les apparatchik des années cinquante et soixante, les gestionnaires en costumes trois pièces se penchent sur leur bilan. Après les schismes, les égoïsmes. En U.R.S.S. comme en Chine, on demande des managers, non des missionnaires. Le chacun pour soi a brisé les cohérences rêvées.

L'alignement des visions du monde communistes sur Moscou peut certes se passer des instances du « Mouvement ouvrier »[1]. Mais, s'il serait prématuré de l'enterrer, la dynamique de cet internationalisme en baisse (le « bourgeois » se portant mieux que le « prolétaire »), malgré les vacances en Crimée et un Bulletin d'information interne sans circulation réelle, l'oriente vers toujours moins de « système », d'homogénéité et même d'identité.

---

1. Voir la ligne étrangère du P.C.F. aux 24ᵉ et 25ᵉ Congrès.

### 4. La puissance, aujourd'hui.

A l'éclatement géographique d'un *mode d'organisation périmé*, correspond l'éclatement historique des *modes traditionnels de la puissance*.

« J'appelle puissance sur la scène internationale *la capacité d'une unité politique d'imposer sa volonté politique aux autres unités*[1] » : définition restrictive mais sans âge. Ce qui a changé, ce sont les voies et moyens de la contrainte.

Peuvent être mesurés et donc comparés, les éléments objectifs de la puissance, entendue comme l'art d'utiliser dans la lutte politique un certain *potentiel de ressources*. On range parmi les éléments fondamentaux de la puissance d'un pays ses dimensions ou sa superficie, sa population, ses ressources naturelles, sa capacité industrielle, son état de préparation militaire, son caractère national, la qualité de sa diplomatie[2]. Tous ces éléments se retrouvent en Union soviétique : 272 millions d'habitants, 22 402 000 km$^2$ (41 fois la France). Première puissance minière du monde, par ses volumes d'extraction, premier producteur de pétrole et d'acier, deuxième pour le gaz, l'U.R.S.S. est la troisième puissance manufacturière mondiale derrière les Etats-Unis et le Japon (passé en 1981 au deuxième rang, grâce à son industrie manufacturière civile, trois fois supérieure à celle de l'U.R.S.S.), et ses réserves de matières premières sont sans égal. Si les dimensions géographiques et démographiques, sans compter militaires, de l'U.R.S.S. sont équivalentes à celles des U.S.A., les ressources disponibles, en amont, ne sont pas comparables : la consommation moyenne annuelle d'électricité par habitant est en U.R.S.S. inférieure de moitié à celle des U.S.A. Comme le P.N.B. soviétique au P.N.B. américain. On sait cependant que ce mode de calcul qui comptabilise l'ensemble des valeurs ajoutées créées par les personnes actives d'une même nationalité, et donc tient compte des

---

1. R. Aron, *Paix et guerre entre nations*, Calmann-Lévy, 1962, p. 58 .
2. Je reprends ici l'énumération classique de H. J. Morgenthau.

dépenses non ou contre productives, favorise les lourdes machines économiques, à faible productivité, des pays à économie dirigée (à quoi s'ajoute l'aléa du taux de change). Une comparaison élargie entre l'Est et l'Ouest, est encore plus éclairante : si les Etats-Unis dominent à eux seuls l'économie mondiale avec un quart du Produit Mondial Brut (chiffre de 1981), les vingt-quatre pays de l'O.C.D.E. totalisaient à la même date 70 % de la puissance manufacturière mondiale, et 85 % avec les entreprises réparties dans le monde appartenant à ces mêmes pays. Sur les dix premières puissances (économiques) du monde, huit sont des alliées des Etats-Unis, dont six par un pacte formel. Sur les vingt premières, trois seulement appartiennent au bloc socialiste, l'U.R.S.S., la Pologne et la République démocratique allemande [1]. Les pays de l'Alliance atlantique, tous dans le peloton de tête, — Turquie et Grèce mises à part — sont entre eux proportionnés. Dans la production totale (en volume) de l'O.C.D.E., la part des Etats-Unis est de 38,5 %, contre 14,8 % au Japon, 9 % à la R.F.A., 7,5 % à la France et 6,5 % à la Grande-Bretagne. Quatre des sept pays du Comecon sont en revanche des puissances économiques de second plan. L'écart des P.N.B. entre l'U.R.S.S. et la Tchécoslovaquie est de 1 à 13, 1 à 25 entre l'U.R.S.S. et la Roumanie, 1 à 32 avec la Bulgarie. L'Europe de l'Ouest est un géant politique, économique, financier et militaire, en regard de l'Europe dite de l'Est, trois fois moins peuplée, juxtaposant six petits pays de grande culture mais sans influence politique et à l'économie retardataire (à l'exception, discutable, de la seule R.D.A.). La troisième révolution industrielle aidant, le retard relatif de l'économie soviétique sur sa rivale américaine s'accroît, de la même façon que la Corée du Sud creuse l'écart avec le Nord, les pays de l'A.S.E.A.N. avec l'Indochine vietnamisée, et même la R.F.A. avec la R.D.A.

A plus grande échelle, *la puissance indirecte* de l'U.R.S.S. est minime par rapport à celle des U.S.A. Quand les Etats-Unis

[1]. Sur la liste des vingt premiers pays du monde pour le P.N.B. par habitant, ne figure aucun pays socialiste ni apparenté.

décident de boycotter les Jeux Olympiques de Moscou (1980), ils entraînent cinquante-six pays derrière eux. Quand l'Union soviétique rend la pareille quatre ans plus tard, elle en entraîne treize à grand-peine [1]. Et à côté de ce qui se compte, il y a ce qui se pèse. Que pèsent Cuba et le Vietnam ultramilitarisés mais sans base financière, économique et technologique propre, comme relais de puissance, en comparaison avec Israël, la première puissance du Proche-Orient, et l'Afrique du Sud, la première puissance africaine ? La Libye et le Yémen du Sud, à côté de l'Egypte, première puissance du monde arabe, et de l'Arabie Saoudite, qui domine le Golfe ? L'Ethiopie, à côté du Zaïre ? La Bulgarie, à côté de l'Italie ? Quatre sur cinq puissances nucléaires militaires, les membres permanents du Conseil de sécurité, ont pour adversaire désigné l'Union soviétique. Dépourvue de tout allié nucléaire, susceptible, comme elle le prétend, de contourner une codification ou un plafonnement de type Salt, l'U.R.S.S. a également pour ennemies les deux géants de l'économie mondiale après les Etats-Unis : Allemagne et Japon, sans avoir aucun des grands pays industriels de son côté. Elle devrait en cas de conflit terrestre diviser ses forces entre de multiples fronts : l'Europe, la Chine, le Pacifique, et sur sa frontière méridionale, le Golfe et l'océan Indien (ligne continue des bases militaires américaines).

Avant d'aborder l'architecture de la puissance soviétique, il faut bien commencer par les fondations. Certes le *potentiel économique* d'un pays ne mesure pas sa *puissance d'expansion* et il faut distinguer entre les *éléments quantitatifs* de la puissance — les ressources disponibles — et l'*art d'utiliser ces ressources* — ou stratégie. L'U.R.S.S. a beau le pousser au maximum, l'écart entre ces deux niveaux n'est pas indéfiniment extensible, et la fiction idéologique de la *stratocratie,* qui fait du système de production militaire une enclave de performance et de prospérité dans la gabegie générale, n'annulera que sur le papier et dans

---

1. Afghanistan, Bulgarie, Cuba, Tchécoslovaquie, Ethiopie, R.D.A., Hongrie, Corée du Nord, Laos, Mongolie, Pologne, U.R.S.S., Vietnam et Yémen du Sud. Trois autres n'ont pas répondu aux invitations : Albanie, Angola et Iran.

nos têtes les données de base des rapports de force mondiaux.

Stimulé après-guerre par l'ampleur de son retard et des ressources disponibles, humaines et naturelles, le taux de croissance de l'U.R.S.S. et de ses alliés a notablement ralenti : 4 % pour les pays de l'Est entre 1976 et 1980, 1 à 2 % depuis. Ils doivent faire face à des contraintes sans précédent : augmentation du coût de l'énergie (difficulté d'accès des gisements nouveaux), pénurie de main-d'œuvre, raréfaction des ressources. La croissance économique avait été jusqu'ici *extensive*; elle ne peut se poursuivre qu'à devenir *intensive*. Ce passage apparaît pour le moins aléatoire. L'accroissement de la productivité du travail se heurte à l'absence de motivation des travailleurs (plus ils produisent, plus les normes du plan augmentent), de responsabilité des cadres, aux erreurs de planification, au gaspillage de matières premières, à l'inefficacité d'un système de gestion centralisée, lourd et peu inventif. Brillante dans les disciplines fondamentales, la recherche soviétique s'avère en général impropre à l'application pratique : d'où la difficulté de rattraper le retard technologique (compte tenu que l'acquisition, vol ou détournement de technologies occidentales ne sont plus ce qu'ils étaient) : l'U.R.S.S. ne peut aller plus loin dans ce domaine que notre avant-dernière génération ; d'où également la discordance entre ressources intellectuelles et développement effectif : le potentiel économique est en retard sur le potentiel humain du pays (l'écart fonctionne ici à l'envers).

Ce pays démesuré s'apparente par son économie (aussi) au tiers monde. Il est exportateur de matières premières et de produits énergétiques (80 % de ses exportations à l'O.C.D.E.), mais non de biens d'équipement. Les points forts ne peuvent faire oublier les faiblesses. Côté atouts : immensité des ressources naturelles (1/3 des réserves de gaz de la planète), humaines (scientifiques), territoriales (Sibérie encore inexploitée) ; grande capacité d'autarcie : le commerce extérieur ne représente que 6 % à 7 % du P.N.B., et le Comecon en absorbe la moitié ; dépendance envers l'Ouest limitée à quelques matières premières (bauxite, cobalt) et à un secteur industriel (l'optique) ; endettement net faible (de 10 milliards de $, compensé par les ventes d'armes, d'énergie et d'or) ; division du travail internationale par le biais des satellites européens (l'électronique à la R.D.A., l'électronucléaire à la Tchécoslovaquie, etc.). Côté faiblesses : l'échec de l'agriculture (l'importation de grains pompe les réserves en devises — entre 5 et 10 milliards de $ par an) ; le tout-énergie du commerce extérieur (le pétrole, dont les prix baissent, représente 50 % des recettes en devises alors que platine et chrome sont les seules exportations stratégiques vers l'Ouest) ; le fardeau de l'aide aux pays frères : de 1973 à 1982, les pays du Comecon ont coûté à l'U.R.S.S., par le biais des déficits commerciaux et des prix subventionnés du pétrole et des matières premières, inférieurs aux cours du marché mondial, 100 milliards de $[1] ; l'accroissement des coûts de production (ressources naturelles, gisements intellectuels, main-d'œuvre et moyens de transport n'étant jamais, contrairement aux Etats-Unis, réunis au même endroit) ; la faible rentabilité des investissements lourds. Encore ce tableau médiocre s'assombrit-il beaucoup plus encore si l'on prend en compte tous les pays de l'Est européen, qui ont vu depuis dix ans leur marge de manœuvre considérablement réduite, ajoutant à leur dépendance traditionnelle à l'égard de l'U.R.S.S. (d'où ils importent presque tout leur pétrole, gaz, fer, etc.) une dépendance nouvelle à l'égard de l'Ouest (qui a sur eux près de 100 milliards de $ de créances et la capacité de freiner leur modernisation en restreignant leurs importations).

Taux de croissance économique et montée en charge militaire ne sont pas des variables indépendantes. La preuve : contrairement aux idées reçues à l'Ouest, il est apparu que l'U.R.S.S. a diminué depuis la fin des années soixante-dix ses dépenses militaires — à peu près en parallèle avec la décélération graduelle

---

1. D'après une étude du Conseil économique et social des Nations unies (1982). A noter que le prix de vente du pétrole soviétique à ses alliés étant établi sur la base de la moyenne du prix mondial du brut au cours des cinq dernières années, l'U.R.S.S. aurait dû à l'avenir leur facturer le pétrole à un prix supérieur au niveau mondial actuel.

de sa croissance économique[1]. Ces dépenses ont augmenté de moins 2,5 % en termes réels entre 1976 et 1982, contre un taux de 4 à 5 % au début des années soixante-dix[2]. Ce faisant, elle est à fond de cale, quand les Etats-Unis ont un volant suffisant pour se proposer d'augmenter d'une année sur l'autre (1984-1985) de 13 % leur budget militaire. Chacun sait que l'U.R.S.S. consacre 13 ou 14 % de son P.N.B., en prix constants, aux dépenses militaires, contre 6 % ou 7 % aux U.S.A. : peu commencent par rappeler qu'il lui faut doubler la mise pour égaler, en termes quantitatifs, son principal adversaire deux fois plus riche. Les Etats-Unis ont une marge suffisante pour harasser, sinon épuiser l'U.R.S.S. dans la course technologique aux armements, dont cette dernière ne dispose pas en sens inverse : les degrés de liberté ne se répartissent pas à égalité. Le budget militaire soviétique n'est pas transparent comme l'est le nôtre, beaucoup de dépenses se dissimulant sous des chapitres divers, ce qui rend les comparaisons — et les plans de désarmement mutuel — plus que difficiles. Elle n'est cependant pas le seul pays à distraire plus de 10 % de son P.N.B. à la défense : Israël fait 23 %, l'Arabie Saoudite 20 %, la Chine 19 %, l'Egypte 16 %, la Syrie 15 % (chiffres de 1980, source : Sipri Yearbook). On ne connaît pas les chiffres pour l'Irak et l'Iran (pas de statistiques du tout). Première conclusion : si la puissance se définit comme la somme algébrique de la capacité de production, de la force militaire, du savoir scientifique et de l'influence ou du rayonnement, seuls les Etats-Unis l'ont au sens plein, et sans partage.

« Les deux superpuissances » : expression surfaite, et qui le sera de plus en plus. Le volume des arsenaux fait une symétrie en trompe-l'œil. Des forces militaires équivalentes ne signifient pas *égalité de potentiel,* sauf à confondre *force militaire* et *dynamisme*

---

1. Les statistiques soviétiques donnent un taux du produit national net de 3,1 % pour 1983. Les estimations américaines oscillent entre 1,8 % et 4,3 %.
2. Selon le dernier rapport du Comité économique de l'O.T.A.N. (voir *Le Monde,* 1er février 1984). Budget suffisant pour permettre à l'Union soviétique de construire entre 1976 et 1982 soixante-quinze navires de guerre de surface, six mille avions de combat et quinze mille chars.

*historique*. Les Etats-Unis, premier pays dans l'histoire à contrôler les deux océans, Atlantique et Pacifique, ont *toute la gamme* de la puissance — industrielle, financière, agricole, militaire, culturelle, technologique, scientifique, artistique, informative. Et à l'intérieur du créneau militaire de la puissance, tous les éléments et versants. Cette panoplie sans trou permet un usage aussi bien offensif que défensif de la puissance, en temps de paix comme en temps de guerre, à la périphérie contiguë comme à distance, dans l'espace, sur et sous les mers comme sur terre. L'U.R.S.S. mène une politique de superpuissance au-dessus de ses moyens. C'est en réalité une puissance industrielle en voie de développement qui s'est dotée d'une *surpuissance* militaire. Encore ne peut-on séparer l'étage de puissance militaire des compartiments inférieurs de l'économie. Les usines soviétiques produisent aujourd'hui 2 500 chars par an (4 500 en 1970). Mais un T-72 ; mille T-72 ne seront jamais à la hauteur de leur réputation si les tankistes n'ont pas suffisamment de calories, si les moteurs tombent facilement en panne, si le blindage des tourelles est insuffisant, le gyrostabilisateur peu fiable, et le chargeur automatique pas si automatique — comme l'a montré la guerre du Kippour[1].

Comparaison n'est pas raison, dira-t-on, d'autant moins que l'Ouest et l'Est n'ont pas les mêmes raisons d'être. Le premier ensemble aurait pour fin le bien-être des citoyens ; le second subordonnerait la prospérité à ce qu'il appelle sa sécurité (garante de l'accumulation socialiste), c'est-à-dire une expansion sans fin (puisque la terre étant ronde la sécurité soviétique sera menacée tant que l'ultime territoire capitaliste ne sera pas annexé). De fait, si la puissance est relative, elle est aussi qualifiée. La mesurer, c'est donc aussi la rapporter à la fin poursuivie. La puissance soviétique aurait sa propre expansion pour but, d'où sa mobilisation permanente et son surarmement ; celle des Etats-Unis aurait pour seule fin le bonheur de ses citoyens et celui du monde libre, d'où

---

1. Et comme le savent fort bien les spécialistes américains, à qui l'armée israélienne en a offert un grand nombre, pris intacts aux Syriens et aux Egyptiens en 1973. Voir Andrew Cockburne, *La Menace*, Plon, 1984.

une sous-mobilisation (pas de service militaire obligatoire) et un arsenal proportionné à ses ressources. Loin d'avoir pour objectif « le bien-être du peuple ou le respect de valeurs telles que dignité, justice, liberté, l'équilibre du système soviétique, nous assure-t-on, provient de ce qu'il s'ordonne seulement à ce qui contribue à maximiser ses chances d'obtenir ce pour quoi il a été conçu : *la puissance* à l'échelle du monde [1] ». Et la preuve que la puissance soviétique ne doit pas se mesurer à la même aune que celle des démocraties, c'est que sa faiblesse économique n'a pas empêché son expansion territoriale, au lendemain de la guerre (Europe), et aujourd'hui en Afghanistan. La politique étrangère, ajoute-t-on, cinquième roue du carrosse d'Occident, est la cheville ouvrière et l'obsession du monde soviétique, et elle occupe à ce titre une place centrale dans l'analyse des fins du système. « Si le Système est en équilibre interne, c'est parce que cet équilibre n'est pas pure répétition mais qu'il est implacablement tendu vers la conquête, vers l'au-delà de lui-même, et par le moyen le plus classique : celui de la force [2]. »

Encore un mot clef pour-ne-pas-penser. Les discours politiques doivent leur magie à ces sortes de mots en étoile (lignes de force, force vive, force d'inertie, idée-force, Maison de force, etc.) qui croisent la mécanique et ses lois avec la morale (« la force prime le droit »), pour donner l'illusion de l'évidence. Dans le système C.G.S., l'erg est l'unité de mesure de la force. En politique, force signifie apparemment « puissance d'action physique » d'un pays, « politique de force », le recours systématique à la contrainte, par le biais des « forces armées ». Dans ce champ apparemment simple, la mesure est aussi complexe que la chose à mesurer.

Avant d'aborder les problèmes militaires d'équilibre des forces en termes appropriés, c'est-à-dire techniques, précisons d'abord ce que recouvre d'insolite ou de périmé la notion classique de force.

« Nous vaincrons parce que nous sommes les plus forts », disions-nous en 1939. A notre insu et à long terme, le slogan était

1. Annie Kriegel, in *Pouvoirs*, 1978, n° 6, p. 125.
2. « L'Union soviétique », in *Pouvoirs*, n° 6, p. 29.

juste, involontairement : les ressources des deux plus grands empires mondiaux ajoutées à celles des Etats-Unis, en deuxième ligne, devaient tôt ou tard faire pencher la balance du côté des alliés (ce que de Gaulle et une poignée de rebelles lunatiques furent d'ailleurs seuls à comprendre). Mais à court terme, en 1940, la France et l'Angleterre jouent en termes de « forces armées » à balance égale. Sur mer, elles ont une supériorité navale écrasante. Sur terre, en mai 1940, le nombre des divisions engagées de part et d'autre dans la bataille de France est à peu près la même. La France avait 3 000 tanks, l'Allemagne 3 500. Les pièces d'artillerie s'équivalent. Dans les airs la supériorité technique allemande est indiscutable, mais la défaite s'est décidée dans les combats au sol, et la suprématie de la Lutwaffe ne justifie pas à elle seule l'effondrement abrupt des armées françaises. Les causes en sont morales et stratégiques. Epuisée par la saignée de 14-18, la France dans ses profondeurs se refusait au combat ; et les conceptions stratégiques de son Etat-Major comme de son personnel politique avaient vingt ans de retard sur la nouvelle donne technique. Déficience de volonté collective, déficit d'imagination militaire, et non infériorité en matériels. Question d'âme et d'art, non d'armes. Les panoplies, sans force morale, sont quincailleries. Ce n'est pas une raison pour désarmer. Mais pour ne pas confondre armes de la puissance et puissance des armes.

Et aujourd'hui plus que jamais — de par la révolution technique qui nous place à une année-lumière de 1940. « De tout temps le progrès de ses armes a servi à la domination de l'homme sur l'homme. Mais le monde est entré dans une ère nouvelle : en ce domaine, un véritable saut qualitatif a bouleversé l'échelle traditionnelle de la puissance en remplaçant le facteur de force déduit du nombre de la population et des armées mobilisables par celui du potentiel *technique* fondé sur la prospérité *économique* et l'innovation *scientifique*[1]. »

Jamais le poids des armes n'a pesé aussi lourd dans le budget des Etats ; jamais il n'a pesé aussi peu dans l'évolution du siècle.

---

1. Alain Plantey, « Diplomatie et armement », in *Défense nationale*, mars 1984.

Le monde contemporain marche à la puissance — comme ses prédécesseurs ; mais puissance n'est plus force, ni territoire. En cela réside le changement du xx$^e$ au xix$^e$ siècle. Et ci-gît la défaite stratégique de l'U.R.S.S., puissance du xix$^e$ aux prises avec le xx$^e$ siècle. Tout est stratégique mais « stratégie » aujourd'hui n'est plus équivalent de « militaire ». Les guerres les plus cruciales — économique, commerciale, alimentaire, des ondes et des idées, etc., ne versent pas le sang et les gagnants de la puissance moderne ne sont pas nécessairement les premiers de la course à la militarisation : le Japon et l'Allemagne seraient-ils devenus ce qu'ils sont s'ils avaient dû s'alourdir d'un arsenal nucléaire et d'une diplomatie mondiale ?

A l'étage même des armements et des rapports de force militaires, il y a eu solution de continuité car les armes modernes ne sont pas des armes comme les autres. L'avènement nucléaire de 1945, joint aux révolutions techniques successives des vecteurs et des charges (miniaturisation, pénétration, précision, armes à radiations renforcées), a bouleversé l'évaluation stratégique : « ses caractères confèrent à l'arme de destruction massive le privilège révolutionnaire de réduire considérablement le rôle du nombre dans le calcul du rapport des forces militaires [1] ». Un nombre fort raisonnable d'engins aux mains d'une puissance inférieure est capable d'infliger à l'agresseur le plus puissant des pertes et dommages disproportionnés avec l'enjeu et qu'il ne saurait subir sans prendre le risque de disparaître. Comme l'amiral Castex l'avait pressenti dès 1945, la bombe, qui met fin au privilège de la supériorité militaire brute, nivèle les capacités d'action et de réaction militaire des Etats les plus inégaux [2]. Pouvoir égalisateur de l'atome, dit Gallois (« en matière de défense et de sécurité, il peut ne plus y avoir de nations fortes et de nations faibles ») ; pouvoir compensateur ou réducteur, nuance Poirier. Pouvoir certes limité à un domaine d'utilité donné, entre puissances nucléaires. Le calcul conventionnel des forces ne garde un peu de

---

1. Lucien Poirier, *Des stratégies nucléaires,* Hachette, Paris, 1977, p. 36.
2. *Revue de Défense nationale,* octobre 1945.

sa valeur que dans les conflits dits périphériques limités ou localisés, partout où la menace d'emploi de l'arme nucléaire n'est pas crédible.

Il a toujours fallu des décennies, parfois des siècles (trois pour l'arme à feu) pour que la doctrine rattrape la technique, ou que les décideurs — Etats-Majors et milieux politiques — acquièrent la culture de leurs engins. Laps de temps pendant lequel le matériel nouveau est référé au modèle d'action antérieur et la solution de continuité escamotée. Parler de l'équilibre des forces en faisant de l'arithmétique revient à plaquer sur la nouvelle donne le bon sens stratégique d'avant 1945.

### 5. *Quel rapport de quelles forces ?*

De façon générale, la notion de « rapport de forces » donne lieu à des mystifications sans fin si ne sont pas d'emblée précisés au départ :

1) *Entre qui et qui* se calcule le rapport. Comment découpe-t-on le champ géographique et stratégique des forces à comparer ? Si l'on mixe le conventionnel et le technologique, le rapport intégral des forces militaires entre les seuls Etats-Unis et la seule Union soviétique montre un équilibre approximatif de déséquilibres (avec un avantage dynamique aux Etats-Unis). Entre le Pacte de Varsovie et l'O.T.A.N., la balance des potentiels penche en faveur de l'O.T.A.N. En 1980, point le plus bas de l'effort militaire américain, l'O.T.A.N. dépensait 193 milliards de dollars contre 120 milliards pour le Pacte de Varsovie. L'écart en cinq ans s'est creusé considérablement, et le budget de défense américain, de 284 milliards $ en 1985, doit passer à 313 en 86, et 401 en 88, selon les projets présidentiels. Entre la « Communauté socialiste élargie » (qui inclut les Etats socialistes non membres du Pacte et les Etats à orientation socialiste) et l'Occident au sens plein (qui inclut les alliés militaires des U.S.A., Japon, Israël, Afrique du Sud, Australie — sans même compter la Chine, l'A.S.E.A.N., et les signataires du traité de Rio), c'est-à-dire entre les deux

coalitions belligérantes en cas de conflit militaire généralisé, l'Ouest a un avantage formidable — même si le rapport des forces économiques entre l'O.C.D.E. et le Comecon est atténué par le surinvestissement militaire du bloc de l'Est. En 1980, les puissances hostiles à l'U.R.S.S. (Japon et Chine compris) dépensaient pour s'armer le double de l'U.R.S.S. et de ses alliés. On doit aujourd'hui s'approcher du triple.

2) *Où le rapport doit-il être mesuré ?* Sur quel point d'application ? Cuba ? Berlin ? Luanda ? Malouines ? De même qu'il y a des supériorités en matériels qui ne se traduisent pas en victoire — voir nos guerres d'Indochine et d'Algérie, comme celle aujourd'hui de l'Irak contre l'Iran — il y a des masses qui s'annulent, par engorgement ou dilution, selon le goulot où elles s'étranglent ou bien l'espace où elles se noient. En 1962, la supériorité continentale de l'Armée soviétique en hommes et en chars n'a servi de rien à Khrouchtchev sur la mer des Caraïbes. En 1968, la maîtrise totale des airs et de la mer, l'écrasante puissance de feu, la suprématie logistique n'ont servi de rien aux Etats-Unis — au Vietnam. Au contraire : le retard technologique des Vietnamiens était pour eux un avantage. Sans vouloir comparer l'incomparable, car ni les moyens engagés en hommes et en matériels ni le niveau des atrocités et des destructions ne peuvent encore (1985) assimiler les guerres du Vietnam et d'Afghanistan (si on regarde les chiffres et les faits), le fameux « rouleau compresseur » soviétique n'a pu en cinq ans éliminer quelques milliers de maquisards afghans, ni même obtenir des résultats vraiment significatifs contre une société forte de son arriération et de sa segmentation. L'écrasante supériorité militaire de la France sur la Libye ne serait pas décisive si la première entreprenait de « reconquérir » la bande d'Aouzou, au nord du Tchad. La lutte pour les cœurs et les esprits — cruciale dans toute « guerre populaire », la seule forme de guerre aujourd'hui praticable, pratiquée, et de nature à altérer le rapport de forces mondial — ne se gagne pas à coups de gaz et de bombes. Une armée peut exceller sur son territoire, dans une guerre patriotique défensive, et piétiner, sinon se démoraliser dans une guerre coloniale répressive,

loin de ses bases et de ses intérêts réellement vitaux. Techniquement adaptée à une guerre frontale, conventionnelle, officielle, l'armée soviétique, trop lourde et centralisée, réfractaire aux complexités d'une société civile, paraît inadaptée à une guerre de contre-guérilla, à l'extérieur.

3) *Ce qu'on entend par forces,* ou ce qui est mis en rapport. Ou encore : des forces pour quoi faire ? Il est déjà aventureux de confondre les forces militaires d'un pays avec les forces mortes de ses arsenaux ; les armes disponibles avec les capacités d'emploi ; ces dernières, avec les capacités combatives des troupes ; celles-ci, avec la capacité générale de mobilisation d'un pays ; et les armements disponibles avec les armements potentiels, ceux que peuvent délivrer les pleines capacités de production, de recherche et de développement d'une économie reconvertie à cette fin : chaque échelon de cette cascade de réductions, ou de fausses anticipations, a déjà coûté cher à plus d'un matamore. Mais au-delà de ces confusions techniques, il y a la bévue plus grave qui mesure à son seul potentiel militaire la force de propulsion d'un système sociopolitique. Le rayonnement, le prestige, le magnétisme ne rentrent-ils pas dans l'inventaire des potentiels ? L'outillage mental imaginaire, industriel et quotidien d'une époque n'est-il pas un facteur matériel de suprématie ? Télévision, cinéma, radio, musique, alimentation, presse, nouvelles, rêves, habillement, architecture, objets quotidiens et artefacts ménagers : le rapport des forces imageantes, productrices de formes, d'information, et d'innovation, incalculable, nous avantage à cent contre un. La force culturelle américaine submerge et contourne les moyens militaires du Pacte de Varsovie : elle s'exerce tous les jours et partout — y compris en Union soviétique, où le dernier trou sibérien fredonne le dernier hit du rock californien. La puissance des armes n'est qu'une arme parmi d'autres de la puissance, et pas la plus rentable, sur le long terme. Ce qu'on appelle l'état des forces n'enregistre au mieux que la force morte des Etats, mais pas la force vive des économies, des créativités sociales et des cultures à qui revient, en matière de vie et de mort des sociétés, le dernier mot.

La force militaire d'un pays, valeur fiduciaire, ne devient valeur d'échange qu'en état de guerre, lorsque le choc des armes et des soldats peut rendre son verdict. Sont alors mesurées les *forces disponibles* ou mobilisées. Sans doute un pays peut-il avoir des *forces potentielles* supérieures à un autre et avoir le dessous, s'il n'a pas su, pour parler comme Clausevitz, transformer à temps charbon, soufre, salpêtre, cuivre et zinc de son sous-sol en poudre, canons et fusils, ni convertir ses ressortissants en citoyens-soldats dûment armés au physique et au moral. Mais les ressources disponibles d'un pays peu ou mal préparé à la guerre ne se confondent pas elles-mêmes avec son *potentiel de mobilisation,* ou capacité de mise en œuvre des ressources. Le Japon, après Pearl Harbor, l'a constaté à ses dépens comme l'Allemagne nazie, avec l'Empire britannique. Patriotique ou révolutionnaire, l'enthousiasme peut doubler ou décupler l'impact d'une force militaire limitée ; comme le défaut de valeur combative annuler, ou amortir l'impact d'une formidable machine de guerre. La puissance de feu d'une division blindée est mesurable et matérielle ; mais si ne s'y ajoute pas la *force de la foi,* la *conviction patriotique* ou *l'esprit de sacrifice* de ses soldats, la première ne montera pas vraiment en charge. Dans une crise, ce sont les forces immédiatement disponibles qu'il faut prendre en compte, et non les potentiels mobilisables. C'est vrai, mais la crise se joue au moral et sur les nerfs, en définitive, plus encore que la guerre classique.

Le patrouillage permanent sur tous les océans de la flotte soviétique, qui inclut la flotte de pêche, la flotte scientifique et les navires de plaisance, en fait assurément une force politique *réelle* : elle encourage les amis, impressionne les hésitants, marque les adversaires. Elle se voit. Partout et toujours, les moyens militaires sont au service des politiques. Même si la diplomatie navale soviétique, de soutien, de prestige et de surveillance, ne s'est pas encore livrée à des opérations offensives comme la U.S. Navy en temps de paix (bombardement du Chouf, encerclement du Nicaragua, débarquements et blocus divers), même si elle se contente encore de protéger les transports maritimes de ses alliés, dissuader en manœuvre les concentrations adverses, observer les sites d'expérimentation français ou américain, etc., on peut considérer qu'il n'y a pas loin de la démonstration à l'opération de force. *Potentielle* n'est donc pas *inexistante*. L'U.R.S.S., comme les autres, recourt à l'usage politique de la force militaire et tel est *d'abord* le sens du déploiement du SS-20 comme arme politique, moyen de découplage d'abord, et le cas échéant de chantage. Moyens partagés au demeurant, et dont l'effet n'est pas fonction de la force militaire de l'un mais en définitive de la faiblesse de volonté politique de l'autre : ne se laissent intimider que les timorés. Ceux qui cèdent devant 300 SS-20 céderaient aussi devant 30, comme ils l'auraient fait devant 70 SS-4 et SS-5[1].

L'U.R.S.S. — « Etat en armes » — maximise ses ressources par la mobilisation permanente mais usante des énergies — « le peuple en armes » : adjonction pour les conscrits aux cinq armes de l'Armée (fusées stratégiques, armée de terre, marine, aviation, défense antiaérienne) des gardes-frontières du K.G.B. et des forces de sécurité du ministère de l'Intérieur, formation et encadrement militaro-patriotique de la jeunesse, enrégimentation des adultes jusqu'à cinquante ans dans la réserve et la défense civile, obsession du secret militaire, multiplication des organisations paramilitaires. Pour s'en tenir aux personnels : en 1945, les effectifs soviétiques sous les armes s'élevaient à 22 millions d'hommes et de femmes ; une estimation actuelle donnerait en temps de guerre de 20 à 30 millions d'hommes susceptibles de « répondre à l'appel de la Patrie », soit une proportion de 75 à 115 pour 1 000 habitants, à comparer aux 20 pour 1 000 d'une mobilisation française similaire. De même peut-on s'attendre à une cohésion politique et morale supérieure, du côté soviétique. Organisation et préparation permettent à l'Etat soviétique de tirer le meilleur « output » d'un quantum limité de ressources, à des fins de sécurité (peu importe ici si défensives ou offensives). Mais cette mobilisation n'enlève rien au fait que la force militaire soviétique n'est en temps de paix

---

1. SS-4 : lanceur fixe, installé en 1958. Portée : 1950 km, E.C.P. : 2 300 m. 27 T. 150 K.T. SS-5 : lanceur fixe installé en 1961. Portée 4 100 km, E.C.P. 1 000 m., 1 000 K.T.

qu'une force potentielle, dont l'usage ne peut être décisif. La puissance soviétique est de celles qui performent en temps de guerre ? La puissance américaine s'accorde mieux en temps de paix ? La première aurait-elle intérêt à la guerre que l'interdiction nucléaire l'empêcherait encore d'agir selon son intérêt.

La supériorité militaire, en supposant qu'elle soit du côté soviétique, ce qui est inexact, ne décide pas de la victoire dans une compétition historique globale. La simple promotion de l'anglais en *lingua franca* (technique, scientifique, diplomatique, culturelle, audiovisuelle, etc.) de l'humanité moderne, socialiste incluse, représente dans un rapport général de puissance une *force actuelle*. Comme le blue-jean, le Pepsi-Cola, le disco, le télé-feuilleton dix fois moins cher à l'achat qu'à la production — et palpitant. Les chars et les fusées : bon pour la bataille frontale, mauvais pour la compétition tout terrain. *Or la dissuasion nucléaire, justement, interdit la bataille : pas de chance pour ceux qui accumulent des forces mortes.* L'U.R.S.S., tout le temps que la dissuasion déterminera la conduite des Etats, sur les théâtres centraux, est forte en forces inutilisables et faible en forces effectives. Tel un milliardaire qui faute d'argent liquide n'aurait pas de quoi faire son marché, elle a un compte en banque bien approvisionné, pour le jour J, mais elle ne peut payer comptant, au jour le jour. Or le jour J ne viendra pas. Qu'il survienne par accident, par impensable, il n'y aurait du reste ni vainqueur ni vaincu : plus personne pour utiliser la monnaie. A quoi bon occuper l'Europe s'il n'y a plus d'Europe, et sans doute plus d'occupants ?

### 6. *L'influence et ses sphères.*

Un système qui marche à la force ne marche pas — ou pas longtemps. La force brute d'idée — comme un ciment brut de coffrage — est une billevesée idéologique, et le char d'assaut comme axe et moteur d'une domination mondiale suppose une ignorance résolue des réalités du jour comme de l'histoire des empires depuis le néolithique. Ne peut devenir force mondiale qu'un principe spirituel vivant. Le « Point de politique sans mythe » vaut pour la paix comme pour la guerre. Point de guerre qui ne tourne tôt ou tard à la paix, et « on peut tout faire avec des baïonnettes sauf s'asseoir dessus ». Point de conquête sans foi, car on ne meurt pas pour un Etat. Tamerlan (1336-1405), tout pieux musulman qu'il fût, épris de science et de culture, entouré de lettrés et de poètes, n'a pu convertir ses raids en conquêtes car la force militaire et la terreur se sont brisées sur des civilisations plus évoluées et mieux assises, en Asie centrale et méridionale. L'épopée de son prédécesseur, Gengis Khan (1206-1227), n'avait pu asseoir elle-même la *pax mongolica* des bords du Pacifique aux rives du Don que sur un système juridico-religieux, au croisement de la charia et du christianisme nestorien. Bref, la force « barbare » elle-même a besoin de surnaturel, comme les Etats les plus policés peuvent en faire l'expérience. Les déboires de la France en Algérie, d'Israël au Sud-Liban, des Etats-Unis au Vietnam, de l'U.R.S.S. en Afghanistan rappellent que la conversion de la *supériorité* (militaire) en *suprématie* (politique) n'est pas automatique : il y faut le secours d'une *hégémonie* (culturelle). Faute de quoi la conversion se fait *en sens inverse* : en Asie/Pacifique, la trop visible montée en force de l'U.R.S.S., loin de se traduire en une influence politique accrue, a déterminé un net phénomène de rejet du Japon et de l'A.S.E.A.N. En Europe, le déploiement des SS-20, « arme d'influence », a plutôt galvanisé qu'affaibli la volonté de résistance. Au Liban, la force militaire israélienne a fait sortir le « diable » chiite de la bouteille et les buts de guerre d'Israël dans ce pays (1983) ont bien été atteints, mais par la Syrie, son adversaire militairement inférieur.

A fortiori la règle vaut-elle pour un système « totalitaire » qui n'est tel que pour ordonner la force à l'idée. Ce sont les bolcheviks qui ont créé l'Armée Rouge, pas l'inverse. La spécificité du modèle soviétique par quoi il pourrait échapper aux normes classiques, ce n'est pas l'Armée, bras séculier, mais le Parti, âme et moteur du système, comme de sa reproduction extérieure. La force propre du communisme, ce ne sont pas les chars ni les fusées — l'Ouest peut s'il le veut en aligner autant et plus, et de meilleure qualité : ce sont les militants. « La théorie marxiste est toute-puissante parce qu'elle est vraie », disait Lénine, qui ne savait pas si bien dire. Vraie parce que crue telle : quel autre critère de vérité connaît-on en ces matières ? La puissance est donc bien fonction de la croyance ; et le déclin, du discrédit ou de l'indifférence. Que l'utopie communiste n'ait pas survécu aux réalisations soviétiques soustrait la force de l'exemple, la seule irrésistible, aux autres, toutes imitables. La dégradation de l'image de l'U.R.S.S. vaut pour déperdition de force réelle précisément en vertu de ses anciennes revendications d'originalité. Un système totalitaire qui ne parle plus aux imaginations (« le fascisme immense et rouge ») n'est déjà plus total, mais amputé de sa part essentielle : la promesse du rachat, le bonheur universel, l'homme nouveau. Le pacte avec le rêve s'est dénoué, les terres promises s'enfoncent dans une grise banalité. Le tiers monde à son tour décroche, et se tourne, fasciné ou nécessiteux, vers la manne américaine. La Hongrie adhère au F.M.I., le Mozambique aussi et l'Ethiopie attend son blé des Communautés européennes.

« L'événement géopolitique le plus important qui soit arrivé depuis la Deuxième Guerre mondiale, plus important que l'ouverture chinoise de 1972, est le fait que l'Union soviétique a perdu la bataille idéologique dans le monde [1]. » Ces mots de Nixon sont dignes, par leur paradoxal réalisme, d'un Gramsci. On ne peut à la fois soutenir que l'Union soviétique n'est pas un Etat comme les autres par ceci précisément qu'il n'est pas le simple dépositaire d'une souveraineté territoriale mais « une idéologie au pouvoir » universelle (Besançon, Kriegel, Morin, etc.), et dans le même instant, tenir pour négligeables les déboires de cette idéologie, partout dans le monde. Croit-on vraiment que « l'érosion de son rayonnement idéologique n'affaiblit pas l'U.R.S.S. car elle n'a jamais progressé grâce à lui » ? Si on veut dire par là que les Ukrainiens, les Estoniens, les Turkmènes et les Kirghizes n'ont pas d'abord été convertis par des professeurs de matérialisme

---

[1]. *The Washington Post*, 13 mai 1984. Discours à la Société américaine des éditeurs de journaux.

dialectique aux lois de la contradiction dans la nature pour ensuite appeler à leurs côtés les vaillants soldats de l'Armée Rouge (« soviétique » depuis 1948), on déplore une trivialité ou on s'étonne d'une constante historique. On ne sache pas que les tribus arabes, égyptiennes ou maghrébines du VIIIe siècle aient découvert à la lecture du Coran l'impérieuse volonté d'Allah pour implorer ensuite les Califes de venir protéger *manu militari* leur foi contre les Infidèles ; ni que Frisons, Saxons ou Avars aient décidé subitement de remettre leur sort entre les mains de Charlemagne à l'issue d'un prêche particulièrement réussi d'un disciple de saint Benoît. Dans la chronologie Marx précède Staline, comme Mahomet Omar, et le Christ Constantin. Dans l'histoire politique, le premier *suit* le second. Et l'Etoile rouge, comme la Croix et le Croissant, respire le feu et le sang. Comme l'évangélisation ou l'islamisation ont en général avancé au rythme des armées, la communisation d'une population — que serait devenu le bouddhisme lui-même sans les guerriers d'Açoka ? — est une opération de puissance globale : quand un front hégémonique avance, impossible de séparer les armes et les âmes, le temporel et le spirituel, la force et le droit. Nulle idéologie historique n'a progressé par des moyens idéologiques — persuasion morale, conviction intellectuelle, adhésion spirituelle — car une idéologie n'est que l'empreinte extérieure d'un processus d'organisation collective, mêlant inextricablement consensus et coercition. L'important est que cette dernière paraisse à un moment donné légitime à la majorité de ceux qui la subissent. Ce moment est révolu sauf en Union soviétique même, où la Guerre patriotique a marié la population au régime. Dès que les consciences décrochent, un système de domination perd, avec sa légitimité interne, sa force d'expansion. L'indéracinable patriotisme russe scelle un consensus massif mais aujourd'hui passif en U.R.S.S., comme la modernisation garantit l'adhésion des allogènes, dans les autres républiques fédérées. Mais au-dehors, le patriotisme comme la modernisation jouent à terme contre le « camp ».

C'est précisément parce que le monde communiste s'ordonne à une idéocratie comme à son centre (Moscou) et à son origine

(« Octobre ») que la chute de l'idée atteint le mouvement au cœur. La coercition physique, négative et sans horizon peut figer, pour un temps, un statu quo territorial (issu d'une force jadis vive), non ébranler les forces vives d'un voisin mieux équipé et au niveau de vie supérieur (O.C.D.E.), ou bien animé par des cultures ou des religions vivantes (tiers monde). Une chape de plomb bloque et interdit (de moins en moins), elle ne convoque, au-dehors, ni les esprits ni les corps. La dissociation de l'idée et de la force coupe les bras et les jambes de Big Brother (comme cela se voit aujourd'hui en Chine, où l'incroyance généralisée fait tourner à vide la machine-Parti). Y compris dans ses fiefs. Le maître des lieux qui n'est plus maître des significations et des images dans le village planétaire perdra tôt ou tard la direction des opérations dans son quartier. Tout pouvoir qui contraint les corps sans dominer les âmes perdra à terme la partie. Le « *Oderint, dum metuant* » oublie qu'une peur sans révérence est un pouvoir sans lest. En Pologne, c'est même le pouvoir qui a peur de la société : le Parti y incarne le passé, et l'Eglise, passéiste, l'avenir. Car la puissance culturelle lui appartient.

L'U.R.S.S. est forte de nos faiblesses. La première est intellectuelle. Elle consiste à se méprendre sur les véritables raisons de sa force. La preuve : il n'y a aucune concomitance, après la Deuxième Guerre mondiale, entre les avancées géopolitiques de l'Empire et le surarmement du Centre. Quand l'U.R.S.S. prend pied au Moyen-Orient en Egypte, en 1956, ou en Amérique latine, via Cuba, en 1960, elle est bien loin de la parité stratégique avec les Etats-Unis : sa flotte de guerre est minimale, et ses I.C.B.M. se comptent sur les doigts de la main. Quand elle accède à l'Afrique australe en 1975, pas un seul SS-20 ne menace encore l'O.T.A.N. en Europe ; et l'envoi de cent mille hommes en Afghanistan supposait-il un arsenal nucléaire renforcé ? L'Occident n'est pas aveugle mais borgne : le militaire (invasion, débarquement, installation de bases, vente de matériels, présence de conseillers) se voit à l'œil nu, ou par télédétection ; le politique — ensemble de processus à longue durée — ne se voit pas ni ne fait événement : ni photo-satellite ni manchette de journal. Mais si le facteur militaire couronne, c'est le civil qui décide. L'accroissement de la capacité militaire soviétique au cours des vingt dernières années s'est accompagné d'une diminution au moins équivalente de sa capacité politique. La première, quantifiable, a obnubilé l'Occident ; la deuxième, qualitative, est passée inaperçue. La sous-estimation du facteur politique inhérente à la vision américaine du monde, explique la surestimation dans le monde atlantique de la puissance soviétique rapportée à ses seules forces militaires (elles-mêmes surestimées).

Une force collective peut être dite vivante tant qu'elle suscite des *volontaires de la mort* — pour la cause. La capacité sacrificielle est le vrai trébuchet des fausses valeurs. Il y a cinquante ans, le jeune homme qui se jetait sur la voiture de Tchang Kaï-chek avec une bombe dans les bras était communiste, mais à présent, c'est un frère musulman qui lance son camion d'explosifs sur les cantonnements occidentaux. C'est un prêtre polonais qui accuse d'outre-tombe ses assassins communistes. Chaque monde en expansion s'atteste par ses héros et ses martyrs, non par ses soldats et ses agents. Il n'y a pas de Komintern chiite mais il y a des kamikazes chiites ; il n'y a plus de Komintern à Moscou et les militants communistes n'aspirent pas à mourir. Cet essai bricolé de religion séculière, non compétitive avec les tenantes du titre et rapidement exclue du marché des archaïsmes militants pour contrefaçon, n'aura vécu que le temps d'incarner un élan national : fanatisme emprunté, malentendu dissipé. La Chine, qui s'est retrouvée, se déleste déjà de ses impedimenta idéologiques pour passer de la reconstruction de l'Etat à la modernisation de la société (comme le feront demain l'Ethiopie, le Vietnam, Cuba ou l'Angola).

Témoin d'une Russie alors croyante et ardente à la tâche, Bertrand Russel en 1920 rattachait le bolchevisme, religion pratique et sociale, au culte de Mahomet[1]. Jules Monnerot, un quart de siècle plus tard, reprit et développa le diagnostic : « Le communisme est à la Russie soviétique comme à l'empire abbas-

---

1. *La Pratique et la théorie du bolchevisme,* Paris, Ed. de la Sirène, 1921.

side la religion islamique. Ce n'est qu'une comparaison mais nécessaire : " le communisme n'est pas un parti nationaliste étranger " (Léon Blum), c'est une secte religieuse de conquérants du monde pour qui la Russie n'est que la position fortifiée à partir de quoi se livre la bataille [1] ». Staline était « chef non seulement du prolétariat russe, non seulement des travailleurs de l'Europe, mais encore de tout le monde ouvrier de la terre ». « Le communisme se présente à la fois comme Religion séculière et comme Etat universel », écrit alors Monnerot. Cette dualité faisait l'envoûtement, et de Moscou le centre d'une effusion mondiale, sans autres frontières que pionnières. Un Etat universel suppose en effet une religion universelle — en vertu du principe d'incomplétude. Aujourd'hui l'Union soviétique n'incarne plus qu'elle-même aux yeux du monde, et la désertion des cœurs, qui remplace le militant par le dissident au firmament occidental des valeurs héroïques, atteste que celui qui perd sa transcendance perd aussi son ascendant. Le romantisme aujourd'hui n'est plus communiste mais anti. Mystiques et martyrs ont changé de camp. La force de séduction de l'U.R.S.S. ne faisait qu'un avec la fusion du politique et du religieux dans l'Appareil de vérité, qui lui permettait d'intervenir au-dehors du dedans. Retranché le supplément d'âme totalitaire, dissipée l'épopée reste la Russie de Custine revue et corrigée par Lénine. La banalisation de la présence soviétique dans le monde arabe, Golfe inclus, où peu à peu les Etats anticommunistes nouent des relations diplomatiques avec l'U.R.S.S. précisément parce que l'U.R.S.S. ne leur apparaît plus comme un Etat à part, fait écho à la banalisation du Parti-Etat dans la société soviétique, où devant les demi-dieux du Politburo ne se prosternent plus que les fonctionnaires, tandis que les bonnes plaisanteries courent le trottoir.

Les cohortes de pèlerins aujourd'hui ne prennent plus l'avion de Moscou, mais de Médine. Quand le socialisme n'est plus une

---

1. *Sociologie du communisme*, Gallimard, 1949. L'oubli de cet admirable ouvrage, sans doute le plus perspicace et le plus profond jamais écrit dans une perspective historique sur ce sujet, constitue l'une des plus grandes injustices intellectuelles d'une époque qui ne lésine pourtant pas sur le toc.

cause mais un Etat, fût-il imposant, la cause n'a plus d'effets qui ne soient prévisibles et maîtrisables selon les règles du jeu banal, non révolutionnaire, non romantique, qui rythment le vieux branle du monde : poids et contrepoids, alliance de revers, coalition des plus faibles contre le fort du moment, etc. Toute force physique rencontrant une force contraire, les lois de la mécanique abaissent tout Etat qui s'excède, seule la contagion de l'espoir déjoue ces jeux de bascule. Le communisme a eu des combattants, l'U.R.S.S. a des soldats et les guerriers pachtouns leur tiennent tête. Le temps joue-t-il contre eux ? Les Soviétiques mènent en Afghanistan une guerre d'usure à moindre coût, misant à long terme sur l'intégration de fait d'une énième république musulmane. Encore leur faudra-t-il compter, malgré leur proverbiale patience, sur les murmures croissants des familles soviétiques, la démoralisation des soldats, sur place, l'impossibilité de fermer la frontière pakistanaise, les rétorsions du monde musulman, l'implication accentuée de l'Iran au Hazarajat chiite, le coût diplomatique permanent aux Nations unies, l'augmentation de l'aide militaire occidentale aux insurgés[1]. Quand les nouvelles circulent malgré tout et que l'Armée Rouge n'est plus un mythe, le biffin et les hélicos ne font pas mieux qu'en leur temps et ailleurs les collègues français ou américains. Ceux qui ont réduit les basmachis dans les années vingt n'échangeaient pas leurs munitions contre un peu d'herbe.

« L'Islam du XXᵉ siècle », si l'on regarde les cartes, on verra que c'est l'Islam tout court — celui du VIIIᵉ. La grande croisade des gueux, elle est pour « libérer » Kerbela et Jérusalem — non Berlin et Paris. L'avancée planétaire des fronts pionniers, elle va de Dakar à Timor oriental — avec un vaste crochet par le monde soviétique (50 millions de musulmans), qui ne peut pénétrer l'Islam sans être quelque peu pénétré par ses mœurs et son moule, sinon par le Coran lui-même. La contagion islamique sur les

---

1. L'administration américaine a doublé pour 1985 l'aide militaire aux insurgés afghans, portée à 280 millions de $, auxquels il faut ajouter les fournitures de l'Arabie Saoudite, de la Chine, d'Israël, etc., in *New York Times*, 27 novembre 1984.

franges méridionales de l'U.R.S.S. est considérablement surestimée à l'Ouest, et ceux-là qui prennent leurs désirs pour des réalités gagneraient à se rendre sur place. La modernisation, l'extraordinaire élévation de la durée et du niveau de vie sur un demi-siècle, les dix années d'école pour tous et toutes, la cooptation des hiérarchies traditionnelles locales dans et par le système soviétique et la télé à domicile font au contraire des républiques musulmanes le point fort de l'U.R.S.S., colosse aux pieds de granit dont la tête seule serait d'argile. Curieux empire colonial que celui où les « colonisés » vivent mieux dans leurs périphéries que les maîtres en « métropole », car à Samarkand et à Tbilissi il fait meilleur vivre qu'à Gorki et à Leningrad (comme à Prague et Berlin-Est, qu'à Moscou).

Les Pierre l'Ermite de la croisade antisoviétique, qui confondent forces vives et forces mortes, sont en retard d'un Sarrasin et d'un demi-siècle. C'est la prédication islamique qui fait reculer animistes et chrétiens en Afrique noire, laïcs et progressistes au Proche et Moyen-Orient, athées et marxistes en Asie du Sud et centrale, l'exhortation anticommuniste qui fait palpiter les cœurs dans l'Occident industriel pendant que les ménagères de Varsovie et de Novossibirsk font la queue en bougonnant[1]. L'U.R.S.S. résiste à la vague venue du Sud, qui cependant la lèche sur la moitié de ses frontières.

Il y avait voici cinquante ans au cœur de l'Europe avancée, sur une nation entière, polarisant les attentes du Grand Soir, y compris en Union soviétique, un Parti communiste allemand, fort de millions d'électeurs, de centaines de milliers d'adhérents volontaires, de milliers d'intellectuels sympathisants. Ce parti a disparu dans la tourmente, et se dresse à sa place, depuis 1949, un Etat industriel, muré et surveillé, de 17 millions d'habitants dépolitisés, embrigadés, sportifs et indifférents, qui sert de repoussoir et non d'aimant aux forces de travail et de la culture de toute

---

1. Sur les trois cents millions d'hommes vivant au sud du Sahara, à peu près un tiers seulement sont de confession musulmane (un tiers chrétien, un tiers animiste). Mais les conversions se font presque toutes dans le même sens, et même là où il est minoritaire, l'islam polarise les autres groupes.

l'Allemagne. Un Etat où l'on vit assez bien, mais les yeux tournés vers l'Ouest, où l'on s'ennuie ferme, dont quatre millions de ressortissants ont fui de l'autre côté ; qui rêve de voyages en couleurs avec la télé et les magazines ouest-allemands, achète à crédit avec les prêts de la R.F.A. ; et qui faute de s'être trouvé une âme de remplacement, restaure les statues de Frédéric II, concélèbre Luther et lorgne sur Bismark. Le remplacement du P.C.A. par la R.D.A. symbolise l'évolution sur un demi-siècle du communisme dans le monde.

*Montée en force classique, baisse d'influence politique.* Ce décalage augmente le rôle des moyens militaires dans le maintien des positions acquises. Il y avait jadis un maximum de parti(s) pour un maximum d'Etat(s). Perdant le monopole du rêve et du droit, cette civilisation manquée bascule dans l'économie de la concurrence politique, aléatoire et réversible, cette classique balance des forces où « tout mouvement un peu appuyé du balancier provoque un choc en retour d'une ampleur plus grande ». Ce délestage idéologique a pour cause/effet, qui vaut pour démoralisation du Mouvement mondial, un repli conservateur sur le Centre (assez de déboires et de sacrifices pour ces traîne-patins du tiers monde), le durcissement du donjon étatique (Comecon et Pacte de Varsovie) répondant à l'effritement des contreforts partisans. On veille au grain plutôt qu'aux semailles, en renforçant l'intégration dans le bastion de sécurité (Etats socialistes proprement dits). Aucun secours, on le sait, ne viendra plus du dehors — des « masses », des peuples, des Partis. Dans la famille communiste aussi, l'individualisme triomphe. Le révolutionnaire salvadorien sait d'avance sa solitude, et qu'il sera sacrifié, s'il le faut, par le Nicaragua ; lequel sait que Cuba ne viendra pas à son secours ; parce que Cuba en a peut-être perçu l'aveu de l'Union soviétique, à qui chaque mouvement qui déplace les lignes fait craindre un supplément de périls plutôt que de gains.

L'U.R.S.S. a gagné une capacité militaire globale et perdu un rêve global. Qu'elle s'essaye à une politique de force prouve son état de faiblesse, car au regard de la puissance politique, dix clients ne remplacent pas un fidèle.

## II. LES FORCES MORTES : CONTES ET DÉCOMPTES

*1. La langue d'Esope.*

L'équilibre des forces, règle d'or et leurre virtuel, est la première des garanties de la paix. Condition nécessaire de la non-guerre, le principe d'équilibre est à la fois évident et problématique. Evident a contrario (la fausseté de la proposition contraire étant elle-même évidente) : la guerre surgit plus facilement d'une situation de déséquilibre que l'inverse. Problématique dans son application, car chacun des termes « équilibre » et « forces », soulève non moins de difficultés qu'il n'en résout.

Avant d'aborder les données de base du « military balance », rappelons que :

*a)* Si la paix reposait sur le *seul* équilibre des forces, il n'y aurait pas eu de guerre mondiale en 1914. Comme Duroselle l'a observé, contrairement à la guerre de 1939 née d'un déséquilibre accentué diplomatique et politique (malgré l'équilibre numérique approximatif, en effectifs et armements, entre l'Allemagne nazie d'une part, la France et ses alliés de l'autre), « le déclenchement de 1914 a dérivé d'une situation d'équilibre », à la fois diplomatique et militaire [1]. Le double réseau d'alliances de l'Entente et des Empires centraux était ainsi construit qu'aucun des deux ne voulait se laisser distancer, chacun vivant dans l'angoisse de rester

---

1. Duroselle, *Le Drame de l'Europe,* Paris, Imprimerie nationale, tome II, p. 142.

isolé au cas où il abandonnerait un allié, et c'est au nom du maintien de l'équilibre que s'est opérée insensiblement l'escalade culminant en juillet 14. Première conclusion : la condition nécessaire n'est pas suffisante.

*b*) La dissuasion nucléaire, en modifiant la donne, renverse le jeu. L'équilibre de la terreur repose sur *un équilibre de faiblesses* et non de forces. La stabilité de la dissuasion suppose que chacun puisse rester l'otage de chacun. C'est cette *vulnérabilité réciproque* qui garantit l'interdiction d'emploi, et non l'équivalence des panoplies. Au contraire : le déséquilibre des forces peut se retourner en un atout pour le plus faible, en ce qu'il accroît l'incertitude du fort. La dissuasion, préventive et négative, n'est pas affaire de volume mais de niveau, selon le rapport « efficacité/crédibilité d'emploi ». Cent « têtes » à la mer, à vocation anticités peuvent en contrebalancer dix mille, y compris les « antiforces ». Si « l'équilibre des forces » était l'alpha et l'oméga de la stratégie moderne, la dissuasion française (2 % du potentiel soviétique), dite du faible au fort, aurait fait depuis le début fausse route. Comme « le principe de suffisance » qui guide notre programmation militaire. Ou encore la stratégie anticités, et non antiforces, qui forme et informe notre concept d'emploi. Ou l'idée de « l'équilibre au niveau le plus bas » qui structure toutes nos propositions sur le désarmement. Tant que la France gardera une capacité de frappe en second, apte à pénétrer les défenses adverses (A.B.M.), elle équilibre avec ses cent mégatonnes actuels les quatre mille et quelque de l'Union soviétique, qui ne peut déterminer d'avance, avec certitude et à elle seule l'arrêt d'une escalade éventuelle. Se maintenir au-dessus du seuil d'efficacité suppose une constante modernisation de l'outil pour améliorer les variables de durcissement (résistance aux effets d'une attaque), de pénétration (des défenses adverses) et de précision des frappes, mais nullement l'intention de rivaliser avec les déploiements redondants des superpuissances, qui oublient qu'on ne meurt qu'une fois[1].

1. 1,5 tonne d'explosif par habitant de la planète (avec les seuls arsenaux américain et soviétique) — ne peut-on faire à moins ?

Deuxième conclusion : gardons-nous d'appliquer les yeux fermés à un jeu nouveau les règles de l'ancien.

*c*) La logique de l'équilibre des forces ne garantit pas l'ajustement au faible qui s'en prévaut, si le fort la retourne à son profit en élargissant sa sphère d'application. Au nom de la « sécurité égale », l'U.R.S.S. additionne la totalité des arsenaux détenus par ses adversaires potentiels (Alliance atlantique + Chine + Japon + A.N.Z.U.S.) en vis-à-vis du Pacte de Varsovie, ce qui justifie sa supériorité face à chacun d'eux pris isolément. Ce raisonnement débouche sur la prise en compte des « forces tierces » dans les calculs d'équilibre entre les deux Grands, contraire à l'intérêt du faible, le nôtre, mais favorable à celui du fort, qui se ménage ainsi un « droit de compensation »[1]. Troisième conclusion : la validité du principe dépend de son usage, c'est-à-dire de l'intérêt national des usagers.

*d*) Tout étant affaire de découpage, et d'abord géographique, selon qu'on segmente tel ou tel théâtre ou type d'armes, la notion d'équilibre peut apparaître ou bien superflue à l'échelle planétaire (entre les systèmes stratégiques) ou bien dangereuse pour une application régionale (F.N.I.). Rechercher un équilibre nucléaire purement européen, par exemple, en l'isolant de l'équilibre global entre les deux Alliances revient à entériner le découplage entre les systèmes centraux américains et les forces nucléaires intermédiaires, comme si l'Europe de l'Ouest ne pouvait être atteinte (qui peut le plus peut le moins) par des fusées balistiques intercontinentales situées en Asie, à l'est de l'Oural (I.C.B.M. soviétiques), ou simplement basées en mer (Arctique ou océan Indien). On estimait en 1983 à 9 000 environ les ogives soviétiques susceptibles de frapper la France, décompte fait des euromissiles de portée intermédiaire (SS-20, SS-4 et SS-5). A l'inverse, se reposer sur le seul équilibre global en oubliant les données de secteur peut revenir à entériner des supériorités régionales, comme

---

1. Rappelons à ce propos que l'exigence de prise en compte des forces nucléaires françaises avait été formulée par la partie soviétique dès 1969, lors de Salt 1, bien avant les prises de position du président Mitterrand sur les euromissiles.

celle dont peut bénéficier l'U.R.S.S. sur le théâtre européen, en termes de forces conventionnelles et de fusées à portée intermédiaire[1]. Quatrième conclusion : la notion d'équilibre stratégique, trop floue pour les évaluations précises et trop étroite pour les évaluations d'ensemble, ne devient opérationnelle qu'à s'exprimer comme « parité », symétrie globale d'asymétries partielles.

## 2. *La parité : algèbre ou arithmétique ?*

Les Etats-Unis ont perdu, voilà une décennie, la supériorité nucléaire qui avait été la leur pendant près de trente ans. L'U.R.S.S., en parvenant à la parité stratégique, s'est mise en position de neutraliser les systèmes centraux américains, se donnant ainsi une certaine marge de manœuvre aux échelons intermédiaires et tactiques. Il est d'usage de dire qu'elle compense dans ce domaine la qualité américaine pour la quantité. Elle fait dans le gros, et les Etats-Unis dans le fin. Au niveau des systèmes centraux (chiffres de 1982), elle a un peu moins d'ogives (8 500 contre 9 500) mais plus de lanceurs (2 492 contre 1 886). *La capacité d'emport* de ses vecteurs est supérieure, la *précision probable* et la *fiabilité* de ses ogives moindre.

Dans le domaine conventionnel, les chiffres lui donnent l'avantage. Sur le continent européen, les forces d'active de l'Atlantique à l'Oural se montaient en 1982 à 1 961 000 hommes pour l'O.T.A.N., et 2 876 000 pour le Pacte de Varsovie[2]. Rapport de 1 à 1,5. Cet écart s'atténue fortement si l'on s'en tient au théâtre Centre-Europe (objet des actuelles négociations de Vienne) : O.T.A.N., 921 000, Varsovie, 1 138 000 (987 000

---

1. Armes nucléaires dites *du champ de bataille* : de 1 à 150 km. *Tactiques* : de 150 à 1000 km de portée. *Intermédiaires* ou « de théâtre » : de 1000 à 5500 km. *Stratégiques* ou « centrales » : à partir de 5500 km (traversent l'Atlantique).
I.C.B.M. : « Intercontinental balistic missiles ». S.L.B.M. : « Sea launched balistic missiles ». F.N.I. : Forces nucléaires intermédiaires.
2. Chiffres contestés. Certains experts avancent 2 176 000 pour l'Europe de l'Ouest et 2 617 000 pour le Pacte de Varsovie.

selon les données soviétiques). Il disparaît entre les coalitions *prises dans leur ensemble*[1]. Les pays du pacte de Varsovie malgré leur moindre population et une évolution démographique aussi défavorable pour l'Est que pour l'Ouest, parviennent à aligner 4 800 000 hommes contre les 4 900 000 des Occidentaux (auxquels la Chine pourrait éventuellement ajouter ses propres effectifs : 4 700 000 hommes). L'U.R.S.S. et ses alliés ont trois fois plus de chars et de canons que l'Alliance[2]. Mais elle a aussi à défendre les plus longues frontières du monde, avec des pays potentiellement ou officiellement hostiles (Turquie, Iran, Chine, Norvège). Et elle doit distraire à peu près un tiers de ses forces sur la frontière chinoise. L'avantage des Etats-Unis depuis le tournant stratégique de 1972, et malgré le « rééquilibrage » chinois de 1982, c'est d'avoir pris l'U.R.S.S. en tenaille entre l'Ouest et l'Est — en doublant la supériorité qualitative occidentale (en armements du champ de bataille) par la virtualité d'un effet de masse chinois, ajouté aux bases déjà acquises au Japon. Il est vrai que le renforcement du volet Asie-Pacifique ne s'est pas fait au détriment du volet Europe du corps de bataille soviétique (terrestre, aérien, nucléaire) mais l'U.R.S.S. a dû rééquilibrer son potentiel en relevant considérablement depuis dix ans ses moyens sur le théâtre extrême-oriental, où stationne le quart de ses forces terrestres (les effectifs seraient passés de 150 000 à près de 400 000 hommes au cours des dix dernières années), où patrouillent le tiers de ses 69 sous-marins nucléaires et de ses grands bâtiments de surface, où sont déployés le tiers de ses SS-20 (entre 120 et 140), plus de

1. Rappelons que dans les décomptes officiels de l'Alliance, l'O.T.A.N. ne représente qu'une partie des forces occidentales, soit que les pays membres n'affectent qu'une partie de leurs forces à l'O.T.A.N., soit qu'ils n'en affectent aucune comme la France et l'Espagne. Un huitième des forces américaines stationnent en Europe.
2. A en croire le ministre de la Défense soviétique (1984), « ce sont les Etats-Unis qui mènent la course avec 13 000 charges stratégiques, 5,5 millions d'hommes dans les Forces armées de l'O.T.A.N. contre 4,9 pour celles du Pacte, 520 bombardiers porteurs d'armes nucléaires sur 13 porte-avions américains quand l'U.R.S.S. n'en a aucun ». On n'a évidemment aucune raison de le croire, mais il est raisonnable de croire qu'il le croit.

10 000 chars et près de 2 000 avions. Impressionnants, ces chiffres ne peuvent faire oublier la pauvreté en infrastructures de la Sibérie, les difficultés de transport et les insuffisances logistiques qui relativisent sérieusement les capacités opérationnelles de l'U.R.S.S. sur ce front. La flotte du Pacifique, qui couvre aussi l'océan Indien (plus de 30 grandes unités de surface, 1 380 000 tonnes), est la plus importante des quatre flottes qui composent la Marine soviétique. La 7e Flotte américaine (22 000 « Marines », 105 grands bâtiments, 375 avions) garde apparemment la suprématie en dépit de la supériorité régionale soviétique en unités sous-marines. Les experts militaires s'accordent d'ailleurs à reconnaître que les forces soviétiques en Extrême-Orient sont aujourd'hui en posture défensive [1].

Les équilibres, stratégiques ou tactiques, ne s'évaluent pas seulement par des exercices comptables. Chaque camp a les siens, et ils ne se recoupent évidemment pas [2]. Chacun appelle « stratégique » l'arme qui peut l'atteindre, et « tactique » ou « intermédiaire » celle qui n'atteint que son allié ou son adversaire. Les « moyens de stationnement avancés » américains sont stratégiques pour les Soviétiques, car aptes à frapper la partie européenne de l'U.R.S.S., mais non pour les Etats-Unis. Il suffit de segmenter différemment les colonnes statistiques ou de jouer avec les diverses catégories et types d'armement pour aboutir à des résultats contraires. Les Soviétiques nient avoir jamais eu en Europe le monopole des vecteurs de portée intermédiaire (F.N.I.) car, selon eux, les SS-20 étaient la « contrepartie » des vecteurs non balistiques, ou « forward based-systems », bombardiers déployés en Angleterre et en R.F.A. (généralement ignorés, et pour cause,

---

1. La scandaleuse tragédie du Boeing coréen, considérée sous l'angle militaire, est si peu un signe de maîtrise des airs que les autorités responsables ont dû être peu après mutées par Moscou.
2. Gromyko assurait en 1983 qu'avec l'option-zéro (ni SS-20 ni Pershing) l'U.R.S.S. disposerait en Europe de deux fois moins de vecteurs et de trois fois moins de têtes nucléaires que l'O.T.A.N. Les spécialistes occidentaux s'étranglèrent d'indignation. Pour eux, les Soviétiques ont actuellement face à l'Europe plus de mille armes à moyenne portée (plus de 1000 km), et l'O.T.A.N. 300 systèmes, ou avions, de cette catégorie.

de l'opinion française[1]). Peut-on mettre un bombardier en face d'une fusée ? Non, dit l'O.T.A.N., et d'autant moins que ces avions étaient périmés et à rayon d'action réduit. Il faut donc d'abord savoir ce qui est à décompter : les vecteurs (fusées, tubes sous-marins, avions) ou les ogives ; et ensuite, comment recenser et comparer des facteurs qui ne sont pas homogènes entre eux : un missile balistique intercontinental basé à terre (I.C.B.M.), arme de première frappe en vertu de sa précision, mais vulnérable en vertu de sa fixité, a-t-il la même valeur d'échange qu'un missile de même type en mer (S.L.B.M.), arme défensive ou de riposte, en raison d'une moindre précision (qui n'en fait pas une arme anti-forces) mais plus invulnérable car plus difficile à localiser ? Les Américains soutiennent que non, les Soviétiques, prenant argument des considérables améliorations du Trident, disent que oui : et pour cause, les premiers ayant plus de S.L.B.M. que les Soviétiques, ont intérêt à en minimiser la valeur relative. Au point d'avoir craint l'ouverture d'une « fenêtre de vulnérabilité » et d'entreprendre de la refermer avec le M.X. mobile, à la fois invulnérable et précis.

L'évaluation des rapports de force militaire ne peut sans doute se passer des données quantitatives, mais les négociations stratégiques entre les deux Grands ont révélé la complexité des facteurs objectifs à prendre en compte pour l'établissement des paramètres. Pour des raisons de *vérifiabilité* (ce sont les moyens techniques nationaux de détection qui ont permis les premiers accords de limitation dits à tort de désarmement), le critère de base des négociations d'*arms control* fut au départ le lanceur, non la tête. Unité commode mais illusoire dont le choix eut, lors des accords Salt 1 (1972), des effets pervers, dont nous payons encore, nous Européens, les conséquences. Plafonnant le nombre de leurs lanceurs monocharges à 1 660, ces accords accélérèrent en effet le passage des Soviétiques au mirvage (technique de multiplication

---

1. « Systèmes sur bases avancées » : 164 F-111 stationnés en Grande Bretagne, et 265 F-4, en R.F.A. Les Poséidon affectés à l'O.T.A.N. étaient déjà décomptés dans Salt 1.

des têtes sur un même lanceur), où les Américains croyaient alors avoir une avance définitive, à laquelle ils avaient été eux-mêmes conduits par la multiplication des objectifs, économiques et démographiques, situés en territoire soviétique.

Les critères de réduction doivent être accessibles par écoutes et satellites (baptisés « moyens techniques nationaux ») mais la télédétection ne peut évaluer que des caractéristiques physiques (volume, longueur, poids du véhicule de rentrée, nombre de vecteurs) de moins en moins pertinents, les critères qualitatifs de capacité déjouant la vérification directe. Or le progrès technologique donne la priorité aux facteurs qualitatifs comme la fiabilité, la précision ou E.C.P.[1], le codage électronique, etc. La quantification de l'efficacité comparée d'armes de même définition relève de l'algèbre et non de l'arithmétique (qui n'a plus que le mérite de parler à l'imagination des foules peu informées).

La parité militaire n'est pas affaire d'égalité numérique, et ce, pour plusieurs raisons. La première, c'est qu'un arsenal s'évalue en termes dynamiques, alors que les décomptes statistiques remplacent le film par le flash. Les données quantitatives de l'équilibre ne sont pas seulement difficiles à calculer, elles doivent parfois se lire à l'envers. On sait qu'entre 1967 (année record) et 1982, l'arsenal nucléaire américain est passé de 32 000 à 26 000 têtes (dont la moitié sont des armes tactiques à courte portée), alors que l'U.R.S.S. ajoutait dans le même temps 6 000 têtes à sa panoplie. Le mégatonnage américain a diminué — ce qui n'a en soi aucun sens stratégique étant donné la redondance des capacités de part et d'autre — mais le *coefficient de létalité* a dans le même temps augmenté du côté américain, qui ne pouvait moderniser son arsenal sans le réduire. Les Etats-Unis produisent huit nouvelles armes nucléaires par jour mais en retirent cinq anciennes de la circulation[2]. L'U.R.S.S., partie plus tard dans la course à la « mirvisation », qu'elle commence au début des années

---

1. Ecart circulaire probable : rayon d'un cercle dont le centre est la cible et à l'intérieur duquel 50 % des missiles tirés sont supposés tomber.
2. Selon une étude officielle américaine publiée par le Conseil de défense des ressources naturelles (9 janvier 1984).

soixante-dix, donne l'impression de bondir en avant quand elle ne fait que rattraper. Et il est vrai que l'armement soviétique est, de ce fait, plus moderne : 5 % des ogives nucléaires américaines ont été construites dans les cinq dernières années contre 77 % du côté soviétique (1983). Et certains vecteurs américains comme les B-52 (des années cinquante) se retrouvent surclassés par les nouvelles défenses soviétiques, qu'ils ne peuvent plus pénétrer. Mais « moderne » veut simplement dire « récent », et « nouveau » n'est pas « supérieur ».

La seconde raison, c'est qu'un calcul d'équilibre doit se rapporter à un contexte géopolitique déterminé : l'infériorité conventionnelle des membres *européens* de l'Alliance atlantique face au bloc soviétique est inscrite dans la géographie. La Russie est la plus forte en Europe continentale, pour la simple raison qu'elle s'y trouve. Cette supériorité disparaît si on recadre l'Alliance dans son champ d'ensemble, transcontinental, avec la gamme complète des armements, y compris tactiques. N'oublions pas en effet que les négociations entre les deux superpuissances, circonscrites aux seules armes stratégiques (les Etats-Unis ayant jadis refusé de les étendre aux catégories inférieures), nous ont habitués à des calculs de parité entre les seuls deux Grands, qui ne prennent pas en compte les armes tactiques.

La troisième, et la plus importante, c'est que les positions géographiques des uns et des autres n'assurent pas aux alliés de chaque camp le même degré de protection : une égalité strictement arithmétique des arsenaux donnerait un avantage certain à l'Union soviétique, masse eurasiatique attenante à toutes les régions sensibles, et notamment à l'Europe de l'Ouest. Argument sans doute retournable : les Soviétiques se disent plus exposés à une attaque adverse car y prêtant le flanc par toutes leurs frontières terrestres alors que la grande île américaine serait protégée par deux océans — mais l'objection n'a plus grand sens à l'heure des sous-marins nucléaires. Il est clair que la continuité stratégique territoriale — et donc logistique — entre la base arrière d'une hypothétique agression et l'Europe occidentale joue au bénéfice de l'U.R.S.S., alors que les Etats-Unis en position insulaire doivent prévoir et faire les frais, sur le théâtre européen, d'une rupture de charge (air-sol ou sol-mer). Le théâtre ouest-européen manque de profondeur, et l'U.R.S.S., avec une densité démographique moindre, pourrait redéployer en Asie certaines de ses capacités industrielles. La géographie rend le territoire des Etats-Unis plus sûr que le soviétique, mais plus difficile la défense de leurs alliés. Il faudrait 10 minutes à un missile soviétique sol-sol pour frapper l'Europe, mais 40 minutes pour atteindre les Etats-Unis. Au plan conventionnel, Washington doit consacrer plus de moyens que Moscou à la logistique, au détriment de sa force de choc.

Ces dissymétries de position, donc de temps, se reflètent dans la composition des arsenaux, elle-même dissymétrique. D'où l'astuce des propagandes qui isolent sommairement telle ou telle composante de la « triade » stratégique. Dans le domaine des I.C.B.M. basés à terre (sol-sol), l'U.R.S.S. a une supériorité quantitative : 1 400 missiles environ avec plus de 6 000 têtes nucléaires contre 1 045 missiles américains porteurs de 2 145 têtes (1983). Mais les Etats-Unis l'emportent de loin pour les missiles en mer — (S.L.B.M. — 5 000 contre un millier ou 2 000 têtes) comme pour les têtes nucléaires aéroportées, avec 2 570 têtes nucléaires contre 290 à peu près pour les missiles basés sur avion[1]. Ainsi se répondent les panoplies d'une puissance maritime et d'une puissance continentale.

Cette dernière peut sans doute, par ses nouvelles capacités de projection nucléaire, probablement cristallisées dans ses plans de frappe, couvrir l'ensemble de la planète. C'est à l'Europe qu'elle consacre cependant ses priorités militaires, comme le montre le dernier déploiement de ses euromissiles, dits SS-20. On connaît mieux le comment que le pourquoi de cette affaire. Salt 1 (1969) avait laissé ouvert le créneau des vecteurs à moyenne portée — brèche comptable aussitôt mise à profit par les programmateurs soviétiques. N'ayant plus le droit de construire de nouveaux silos,

---

1. Chiffres correspondant au très célèbre *Military Balance*, rapport annuel de l'International Institute for Strategic Studies (I.I.S.S.) de Londres.

ils redistribuèrent leurs missiles pour « optimiser » les plafonds autorisés. Mis en position de choisir entre le démantèlement et la reconversion de leurs engins excédentaires, ils tournèrent la difficulté en remplaçant les SS-11 dirigés sur l'Europe par des SS-19 à six ogives dirigés sur les Etats-Unis, et en retirant un étage aux systèmes SS-16 interdits par Salt, d'où sortirent les SS-20. Vieille question : un missile modernisé est-il un nouveau missile ? Les critères retenus (taille, structure, nature du carburant) sont si ambigus que les Soviétiques sont passés maîtres dans l'art de faire du neuf avec du vieux. Le SS-20 n'a pas tout changé sur la scène de l'Europe (à quoi il faut ajouter une partie de l'Afrique et de l'Asie, qui tombent dans le rayon d'action de ces missiles) — ni rien. Les vieux SS-4, SS-5 et SS-12 tenaient déjà en joue les capitales européennes depuis 1959 ; mais la portée du SS-20 (5 000 km), sa mobilité (relative, sur rails ou aires bétonnées, ou par air en pièces détachées, en raison d'un poids de 100 tonnes), sa précision (E.C.P. de 300 mètres), son carburant solide (qui divise par trois le délai de mise à feu même s'il faut encore plusieurs heures pour « aligner » la centrale inertielle), ses triples ogives, son nombre enfin (243 en 1983) donnent en principe à l'U.R.S.S. la capacité technique, sans précédent, de décapiter avec des destructions collatérales réduites toutes les infrastructures européennes de l'O.T.A.N. sans recours aucun aux systèmes centraux. Son déploiement n'est apparemment pas le fruit d'une décision politique du Politburo, mûrement réfléchie, mais plutôt d'un automatisme bureaucratique des programmations propre au complexe militaro-industriel. Il n'empêche, comme le fait observer Michel Tatu, que cette « modernisation par remplacement » suivait la ligne de la plus forte pente de la stratégie soviétique : étendre sa gamme de possibilités en Europe, par le biais du découplace forces de théâtre / systèmes centraux [1]. L'option consisterait à pouvoir mettre l'Europe à genoux sans avoir à déclencher nécessairement la destruction mutuelle des superpuissances.

1. Michel Tatu, *La Bataille des euromissiles,* Fondation des études de Défense nationale, 1984.

L'U.R.S.S. a de plus en plus d'armes, au moment où leur nombre compte de moins en moins. Dans la balance nucléaire, et au regard de l'essentiel qui est sa stabilité, les améliorations qualitatives sont beaucoup plus cruciales que les augmentations du nombre des systèmes d'armes, et les « plafonds quantitatifs » ne sont plus la clef de voûte du contrôle des armements. « Effets fratricides » et « dommages collatéraux » déboutent la simple arithmétique. La stratégie antiforces mise en vigueur au cours des années soixante-dix (doctrine Schlesinger, directive présidentielle n° 59 de Carter) multiplie les options d'emploi, garant de la souplesse opérationnelle, mais cette inflation est contrebattue, dans l'establishment américain de la défense, par un retour à l'économie rationnelle de la dissuasion. Une augmentation du nombre des SS-20, par exemple, au-delà d'un seuil de saturation probable des cibles O.T.A.N., qu'on dit tourner autour de 100 SS-20, ou de 300 ogives, n'apporte pas d'avantages *militaires* supplémentaires à l'U.R.S.S. (ni une réduction éventuelle, ou un moratoire, d'inconvénients majeurs : d'où les diverses propositions soviétiques de gel ou de réduction partielle du début de janvier 80). Qu'une surcapacité de frappe apporte en revanche une valeur *politique* ajoutée — l'issue de « la bataille du déploiement » (1981-1984) permet d'en douter. Et ce qui vaut pour les fusées de portée intermédiaire vaut a fortiori pour les missiles du surarmement qui rendent les panoplies stratégiques des deux Grands largement redondantes : au-delà d'un seuil de saturation depuis longtemps atteint de part et d'autre, l'utilité marginale des missiles offensifs décroît jusqu'à zéro. Cette diminution renforce la main du faible et conforte le principe français de suffisance. Dans la guerre conventionnelle elle-même, le nombre n'est plus ce qu'il était. Puissance de feu et force de pénétration ne sont pas fonction des effectifs. L'armée israélienne compte 170 000 hommes (et 450 000 en cas de mobilisation totale) : rapport numérique de 1 à 4 avec les forces arabes coalisées (Egypte incluse). Sa suprématie militaire (sans même faire entrer en ligne de compte une éventuelle réserve nucléaire), due à sa capacité de dissuasion conventionnelle (ou de frappe non nucléaire sur des villes adverses), la compétence des personnels et la motivation d'un peuple en armes, est néanmoins incontestée.

La supériorité de l'U.R.S.S. en armements conventionnels, notamment terrestres, sur le théâtre européen est une donnée à prendre au sérieux : il est puéril de sonner le tocsin pour autant. Les fameux 48 000 chars de bataille et 10 000 avions soviétiques — trois fois plus que l'O.T.A.N., selon des estimations sans doute exagérées et parfois contradictoires — font d'autant plus d'effet sur le papier que ne sont pas évoqués la qualité, la fiabilité, la compétitivité de ces matériels, non plus que le niveau de formation de leurs servants. A quoi servent les satellites d'observation sinon à détecter les moindres prodromes d'une concentration des forces de manœuvre adverses, coupant ainsi l'effet de surprise ? Le nucléaire tactique, sinon à disperser les forces au contact ? La supériorité aérienne, facteur tactique décisif, qui appartient à l'O.T.A.N. ? Le correctif nucléaire américain a sans doute perdu de sa valeur. Mais non les nouvelles technologies conventionnelles occidentales, qui, comme le soulignent le général Buis et d'autres experts, « permettent aux moyens de la défense de l'emporter sur ceux de la défensive » (et à 98 % des missiles antichars d'aller au but). L'efficacité des propagandes de panique vient de ce qu'elles appréhendent le présent sous les catégories du passé en utilisant la rémanence optique des lois de la guerre d'hier, prénucléaire et préélectronique. Aujourd'hui, le léger peut annuler le lourd : un Exocet (10 M.F.), coûteusement aéroporté il est vrai, coule un croiseur (1 000 M.F.). De même le cauchemar des blindés rouges déferlant en masse à travers le corridor R.F.A.-Hollande, suivis du rouleau compresseur de l'infanterie, voit les années quatre-vingt avec les lunettes des années quarante. Le char n'est pas dans la doctrine soviétique une arme de rupture mais d'occupation : il vient en deuxième ligne (l'enfoncement du front est confié aux salves de missiles). C'est surtout négliger les actuelles capacités antichars de l'O.T.A.N., l'artillerie nucléaire à courte portée (6 000 têtes O.T.A.N.), éventuellement l'arme neutronique, qui annule le choc et neutralise la supériorité en matériels. C'est oublier la révolution électronique, les « technologies émergentes » et la gamme nouvelle d'armes intelligentes qui dote des unités d'infanterie légère d'une capacité de frappe classique d'une extrême précision sur les deuxième et troisième échelons, détruisant en profondeur les vagues de chars à plusieurs kilomètres en arrière du front : obus-flèche, auquel aucun blindage ne résiste, obus à billes, qui peuvent être largués du ciel, armes à sous-munitions, missiles antichars guidés par laser (Hellfire) ou à détecteurs infrarouges, P.G.M. (précision guided munitions), hélicoptères « dune-buggies ». Les ordinateurs de terrain peuvent disséminer les P.C. opérationnels de la défense, ainsi préservés d'une frappe destructive, en les reliant par des systèmes de télécommunication ultra-rapide à l'épreuve du brouillage, sous le contrôle aérien A.W.A.C.S. (Airborne warning and control system), dont le radar peut acquérir n'importe quel objectif au sol dans un rayon de 350 km. Sans doute l'*Airland Battle Doctrine* n'at-elle pas encore déployé tous ces outils nouveaux, dont la technologie est disponible mais la production industrielle coûteuse : la dissuasion conventionnelle, chère au leader de l'Alliance, est encore un objectif, non une réalité. Reste que les Etats-Unis, avec leur formidable supériorité électronique, renforcée par le nouvel accord de transfert de technologies sensibles, à usage militaire, signé avec le Japon (au bénéfice des seuls Etats-Unis), n'ont pas à s'inquiéter outre mesure du fameux déséquilibre « conventionnel », expression qui fait sourire nombre de professionnels au Pentagone. Quantitativement supérieurs, les armements classiques soviétiques sont opérationnellement inférieurs aux matériels américains. On ne comprendrait pas sinon qu'au cours des engagements du Proche-Orient, en 1982, où, au sol, le char israélo-américain surclassait déjà le T 52., 82 Mig syriens aient pu être abattus, et 19 batteries Sam détruites au sol sans qu'un seul avion israélien fût touché.

## 3. *Étoile rouge sur mer.*

N'oublions pas à notre tour la menace maritime : elle porte un nom illustre, celui de Sergueï Georguievitch Gorchkov, promu amiral à 31 ans, « l'un des amiraux les plus populaires dans la marine américaine [1] ». La marine soviétique a un chef, le même depuis près de trente ans, de l'argent et une stratégie, que Gorchkov a lui-même exposée dans un passionnant ouvrage qu'aucune institution française n'a daigné traduire, *La Puissance navale de l'Etat* [2]. Cohérence, ressource et continuité dans l'effort qui ont ouvert à cette puissance des espaces, comme l'océan Indien, la mer Caraïbe ou de Chine, où elle n'avait pas accès il y a encore dix ans. Le nombre d'unités — bâtiments de surface (1 160 de tous types) et sous-marins (370 unités, dont 69 S.N.L.E. et quelque 80 S.N.A., dernier chiffre comparable à celui de l'U.S. Navy), atteste les grands progrès réalisés depuis la déconfiture d'octobre 1962 (crise de Cuba) — « assez lents, écrit un spécialiste, si on les compare à l'effort financier et industriel que cet essor a nécessité » — mais n'est pas un indicateur suffisant [3]. Il ne peut masquer ses handicaps, dont certains, naturels, sont insurmontables : « retards dans certaines techniques, absence d'aviation embarquée, grands bâtiments peu nombreux et pour moitié constitués d'unités âgées ou très âgées, flotte logistique insuffisante, entraînement d'un niveau inférieur à celui des marines occidentales, haut commandement très âgé, etc. Cette marine souffre surtout de contraintes géographiques très pesantes, qui l'empêcheront d'accéder à une totale capacité océanique, quels que soient les progrès accomplis [4] ». Les Etats-Unis sont une

---

1. Cockburn, *op. cit.* chap. 15.
2. *Red Star Rising at Sea,* Institut naval Herbert Preston, 1970.
3. Les chiffres, là encore, dépendent des nomenclatures. La revue *Time* (16 avril 1984) estime à 1 703 le nombre de navires de guerre soviétiques contre 507 américains. On suppose donc qu'elle compte les garde-côtes, frégates, corvettes et patrouilleurs de 100 tonnes parmi les « gros bâtiments de surface ».
4. Jean Labayle-Couhat, « Forces et faiblesses de la Marine soviétique », *Défense nationale,* novembre 1981.

puissance amphibie — et les « Marines » (180 000 hommes d'active) peuvent prendre pied sur n'importe quel rivage. Les capacités de débarquement soviétiques, en augmentation, ne peuvent rivaliser (infanterie de marine, 8 000 hommes). Trois des quatre façades maritimes (Baltique, mer Noire et Pacifique) de l'Union soviétique débouchent sur des mers fermées par des détroits sous le contrôle de ses adversaires ou bloqués l'hiver par les glaces, et une seule, la mer Blanche, s'ouvre sur la haute mer, avec un port, Mourmansk, libre des glaces toute l'année. Ce handicap vaut d'ailleurs à la flotte militaire soviétique un taux de navigation élevé : faute de ports où relâcher, les équipages restent plus longtemps en mer que de coutume. Quant aux nombreux sous-marins nucléaires, les trois quarts ne s'éloignent pas des côtes ou restent au port. L'U.R.S.S. demeure, avec ses littoraux ingrats, une puissance inexorablement continentale. La couverture spatiale qu'elle partage avec les Etats-Unis (observation et transmissions) mondialise sans doute ses capacités militaires mais il n'est pas sûr que cette distension modifie cette donnée naturelle.

A la différence des Etats-Unis, qui peuvent compter sur des flottes aussi conséquentes que la britannique, la française, et ailleurs, la japonaise (l'O.T.A.N. dispose d'environ 1 400 bâtiments pour la défense de l'Europe de l'Ouest), les Soviétiques n'ont aucune marine alliée digne de ce nom pour soutenir leur force océanique stratégique en haute mer. Nos marins aiment à dire qu'il ne suffit pas d'avoir des bateaux pour avoir une flotte (même si cela vaut mieux). Là encore, les tableaux comparatifs d'unités — non de tonnage — négligent la technologie. Les Etats-Unis ont treize porte-avions nucléaires, l'U.R.S.S. encore aucun (le *Kremlin* est en construction) et de ses quatre porte-aéronefs à propulsion classique, le premier, le *Kiev*, déplace moitié moins de tonnes que le *Nimitz* auquel on l'a comparé (40 000/90 000 tonnes), et met en œuvre, en décollage vertical, six fois moins d'avions de combat. « La puissance maritime ne se ramène pas à la force navale pure. Elle est la résultante d'une pluralité de facteurs : la flotte ; le système de commandement, de transmissions et de renseignement, le système logistique ; les doctrines stratégiques. La flotte n'est qu'un élément qui, **à la** limite, n'est pas le plus important : c'est ainsi que contrairement à l'opinion couramment admise, la flotte soviétique était plus importante en 1955 qu'en 1980. Entre ces deux dates, ses effectifs sont tombés de 800 000 à 433 000 hommes, le parc de l'aéronavale est passé de 4 000 avions à 755, le nombre de navires de combat de surface a légèrement décru, de 300 à 289 — auxquels il faut ajouter 87 sous-marins stratégiques. Et pourtant, en 1955, personne ne s'alarmait de la menace mortelle que faisait peser la flotte soviétique dans l'Alliance atlantique [1] ». Patente dans l'océan Indien, la montée en puissance de la flotte soviétique est rehaussée par la faiblesse de son point de départ et la relative stabilité des moyens américains depuis vingt ans. Principalement due à la nouvelle fonction nucléaire attribuée à la composante océanique de sa flotte sous-marine, elle reste limitée par le niveau technique et humain des équipages. Elle ne permet pas des opérations amphibies à grande distance, en dehors des mers adjacentes dont certaines sont des lacs : Baltique, Okhotsk, mer Noire. Elle a des points d'appui mais peu de véritables bases outre-mer — et Cam Ranh ne compense pas la perte de Berbera sur l'océan Indien, de Port-Saïd, Alexandrie et Valona sur la Méditerranée. La « stratégie des îles » n'est pas à sous-estimer, mais les facilités d'escale à Massaoua, Cap-Vert, Luanda, Aden, les Seychelles ne peuvent se comparer au maillage américain des mers et océans, de Diego Garcia à Subic Bay, des Açores à Mombasa. Se donnant malgré tout une capacité de présence mondiale, il est vrai que l'U.R.S.S., sans vraiment équilibrer leur supériorité maritime, a enlevé aux Etats-Unis le monopole de la maîtrise des mers et peut, le jour venu, affecter les lignes de communication et d'approvisionnement océaniques des pays occidentaux.

Reste l'arme biochimique, grosse de surprises, qui échappe complètement au contrôle (les usines ont un toit, et les essais, s'il y en a, sont invisibles) et où les renseignements sont fragmentaires et

---

1. Hervé Coutau-Bégarie, « La Puissance maritime soviétique », p. 303, in *L'Union soviétique dans les relations internationales*, Economica, 1982.

controversés[1]. U.R.S.S. et Etats-Unis se rejettent mutuellement la responsabilité de la rupture des négociations bilatérales sur ce sujet (1976-1982). Selon les Etats-Unis, qui accusent l'U.R.S.S. de violer le Protocole de 1925 et la Convention de 1972 sur les armes bactériologiques, le Pacte de Varsovie a acquis la supériorité dans ces créneaux. Chaque unité de combat, jusqu'au niveau du régiment, disposerait d'un contingent important d'armes chimiques, et l'U.R.S.S. maintiendrait en activité quatorze unités de production[2]. Le Protocole de Genève de 1925 (ratifié en 1975 seulement par Washington) qui n'interdit que l'emploi, complété en 1972 par la « Convention sur l'interdiction de développer, produire et stocker des armes toxiques et bactériologiques », reste cependant en vigueur. Les divers projets d'élimination de cette menace butent sur le problème de la vérification. En attendant, le budget américain alloué aux armes chimiques a doublé entre 1981 et 1983, et le Président Reagan a décidé en février 1982 la fabrication de « gaz binaire ».

### 4. *A chacun ses devoirs.*

Il existe un devoir militaire d'exagération des forces adverses. Pécher par surestimation ne coûte que de l'argent ; pécher par sous-estimation peut coûter la vie. Maximiser la menace minimise le risque. Les responsables politiques doivent l'admettre, mais non

---

1. On sait que 80 000 tonnes d'herbicide porteur de dioxine (l'agent orange) ont été dispersées par l'aviation américaine sur le sol vietnamien entre 1962 et 1969. Les conclusions d'enquête sur l'emploi, par les alliés de l'U.R.S.S., de la « pluie jaune » — qui aurait été utilisée au Laos, Cambodge, Yémen du Sud et Afghanistan — demeurent controversées. Il y aurait eu, par ailleurs, un grave accident en territoire soviétique : en avril 1979, une explosion dans une usine de l'Oural aurait libéré un nuage de spores d'antrax, tuant un millier de personnes dans la population. Voir « La défense chimique » dans la revue *Défense nationale* (août-septembre, octobre et novembre 1984).
2. Voir l'intervention de l'ambassadeur Kampelman, chef de la délégation américaine à la Conférence de Madrid (16 février 1982) et la Déclaration sur la modernisation des armes chimiques du secrétaire d'Etat à la Défense (8 février 1982).

se soumettre à l'alarmisme professionnel de leurs subordonnés. De même les militants de gauche doivent-ils se garder de confondre scénarios et programmes, plans d'Etat-Major et desseins stratégiques : les alarmes des civils (« la guerre nucléaire limitée ») sont aussi, souvent, excessives.

« Soyez les bienvenus dans le monde de l'analyse stratégique, où nous programmons des armes qui ne fonctionnent pas contre des menaces qui n'existent pas » : ainsi accueillait ses collègues, dans les années 60, le directeur de l'*Office of Systems Analysis* du Pentagone[1]. L'humour ne sied qu'aux gens sérieux et minimiser la menace peut augmenter le risque. Seulement connaître le mécanisme par lequel, pour augmenter sa part de budget, le Pentagone sous-évalue ses propres moyens en gonflant ceux de l'adversaire. La course vers la suprématie militaire dans les programmes a pour condition la course à l'infériorité dans les propagandes. La surestimation mutuelle, la folie du monde la mieux partagée, a d'ailleurs des effets pervers tragi-comiques, tant l'inflation de la menace recèle de défaitisme. A trop insister sur l'ampleur des moyens adverses, on décourage ses troupes et son opinion ; à trop l'oublier, on engendre l'insouciance. D'où les cas de conscience des propagandistes, et les zigzags du discours. Il leur faut entretenir l'image abstraite d'une machine militaire impeccable, monolithique, infaillible ; mais recueillir les milliers de témoignages vécus (d'Afghanistan, d'Egypte mais aussi de Russie même) montrant les ratages, la pagaïe, le laisser-aller, le sous-encadrement, l'indiscipline, l'ivrognerie, le peu de combativité. Cockburn raconte plaisamment la consternation du Pentagone lorsque les Israéliens pulvérisèrent en quelques jours, durant l'été 82, les matériels soviétiques les plus modernes, supposés les plus efficaces, installés en Syrie. Un immense appareil de relations publiques se mit alors en marche à Washington pour redorer le blason militaire soviétique.

Ni s'endormir ni délirer. Le « camp occidental », Etats-Unis en tête, possède des réserves économiques, financières, technologi-

---

1. Andrew Cockburn, *op. cit.*, p. 326.

ques de loin supérieures, qu'il peut à tout instant mobiliser. Comme le prouve le quasi-doublement, sur quelques années (1980-1986), du budget américain de défense, les 26 milliards de $ déjà prévus pour la « Strategic Defense Initiative » (S.D.I.), et l'*irrattrapable* avance des Etats-Unis en *informatique, le nerf civil de la guerre moderne.* L'U.R.S.S. a pour elle la continuité de l'effort, confinant à l'automaticité des programmations et de la croissance. Là où les Soviétiques bricolent — engendrant leurs diverses séries de missiles les uns à partir des autres —, les Américains procèdent par bonds et percées. Ils mènent la danse aux armements, comme ils ont presque toujours eu, hormis pour les missiles intercontinentaux (1957), l'initiative des percées technologiques : les premiers à fabriquer la bombe, en 1945, avec quatre ans d'avance ; le bombardier intercontinental, en 1948, avec six ans d'avance ; le sous-marin nucléaire lance-missiles, en 1969, avec huit ans d'avance ; le missile à plusieurs têtes, avec neuf ans d'avance ; hier le missile de croisière et les têtes manœuvrantes à guidage terminal (permettant de recaler les trajectoires en vol) ; aujourd'hui, le missile antimissile ; et demain, les panoplies spatiales et stations orbitales. Sans doute ont-ils toujours sous-estimé la faculté de rattrapage des Soviétiques, et leur délai de réponse : « nobody is perfect » et la supériorité ne va pas sans le complexe du même nom. Maîtres du jeu, de ses règles et de son rythme, y compris des perceptions qu'en ont les spectateurs, les partenaires, et sans doute l'adversaire lui-même — ils peuvent fatiguer à volonté l'Union soviétique, qui peut et pourra rattraper à chaque fois son retard mais non doubler les mises ou renchérir au pot. Malgré l'avance dont on l'a crédité dans les armes antisatellites, c'est Moscou qui est à présent demandeur d'une négociation sur l'espace (moratoire des essais ou contrôle réciproque), comme elle le fut naguère pour les systèmes stratégiques et intermédiaires.

L'édification des masses a son pendant occidental. Essais et médias regorgent de stratégies-fiction à l'usage des quidams et non, bien sûr, des spécialistes (aux prospectives plus fines et réalistes : prise de gage inopinée, harcèlement en zone grise, escalade non contrôlée, etc.). Un frisson est toujours bon àprendre. Le temps où les Soviets croyaient en la supériorité politique de leur système, et donc que l'histoire joue pour eux et qu'il suffit d'attendre, est désormais révolu. Conclusion : « on aurait bien préféré le monde sans la guerre, mais puisque le monde nous échappe et que notre défaite idéologique paraît acquise, nous n'avons plus rien à perdre. Autant jouer notre va-tout, à la première occasion, avec la force pure — coup de dés nucléaire (frappe préemptive), attaque conventionnelle surprise, ou étranglement par la périphérie ».

Cette absurdité tant militaire que politique, injurieuse pour l'intelligence des oligarques soviétiques qui ont toujours préféré (sauf Khrouchtchev) les échecs au poker, toutes considérations psychologiques ou morales mises à part, se monnaie, par chance pour nous, en scénarios ineptes. Couper les routes du pétrole, « asphyxier l'Occident » ? A la supposer militairement possible, cette opération économiquement aléatoire (les grands pays industrialisés ont chacun un stock stratégique de trois mois de consommation) ne présenterait que des inconvénients pour l'agresseur. Elle est trop offensive pour ne pas déclencher une guerre et trop inoffensive pour la déclencher avec succès. Si l'U.R.S.S. décide l'épreuve de force tous azimuts, le Moyen-Orient deviendrait vite le cadet des soucis des belligérants. Une frappe préemptive sur les systèmes centraux ? Les effets fratricides, notamment électromagnétiques, annulent l'effet de salve, et nul être sensé ne pourrait écarter par avance l'effet en retour des missiles de deuxième frappe en mer. Une attaque surprise en Europe, par des moyens conventionnels ? Elle n'aurait aucune chance de surprendre et fort peu de chance de rester conventionnelle. Une frappe décapitante antiforces sur l'Europe, « out of the blue », sans crier gare ? Quelle que soit la tactique de tir choisie, et surtout après le déploiement des Pershing, elle est promise à l'échec, ne serait-ce qu'en raison des décalages de temps. Une salve unique (si elle était techniquement possible) laisserait aux systèmes centraux américains toute leur capacité de première frappe. Pour obvier à cette difficulté, on peut concevoir, sur le papier, un tir échelonné en direction des Etats-Unis et de l'Europe pour atteindre au même moment les deux catégories de cibles. Il n'y aurait plus en ce cas de surprise en Europe car les missiles intercontinentaux auront déjà été détectés trente minutes (temps d'alerte suffisant) avant que ne partent ceux de portée intermédiaire. Resterait alors la subite frappe mégatonnique anti-cités, comme carte de visite avant l'arrivée des chars : bel enjeu qu'une Europe vitrifiée et glaciaire, pour des conquérants avides, toujours totalitaires mais déjà cendreux.

## III. FAUSSES SYMÉTRIES

*1. La beauté du Diable.*

La force du pot de fer soviétique s'augmente des « faiblesses » du pot de terre occidental — pluralité des centres de décision, brièveté des gouvernements, infiltration de l'adversaire sur place, séparation de l'idéal et du fait. L'Etat totalitaire, maître des âmes et de son temps, a les mains libres ; le monde libre a les mains liées, par la loi, le doute et l'opposition.

Reprenons une à une les raisons du pessimisme stratégique en vogue sur les remparts de l'Occident chrétien.

L'Ouest aurait peut-être plus de *capacité*, mais l'Est plus de *volonté*. L'action de l'un « prend de l'essor et se dissout comme un rêve. L'autre s'inscrit lentement sur le sol et se construit comme un mur » (Laloy). Le premier est divisé, versatile, myope ; tôt levé, le second vise loin et ne lâche jamais la rampe. La *pesée* n'est pas proportionnelle au *poids,* car les démocraties gaspillent leurs trésors matériels par insouciance. Aux avantages que procure au nouveau Philippe de Macédoine le dogme de l'*irréversibilité* de ses conquêtes, s'ajoute, malgré les cris d'alarme de nos Démosthènes, l'exploitation partisane de nos divisions. D'un quantum inférieur de ressources, le pouvoir soviétique, en vertu d'une architecture de puissance sans égale ni précédent, tire ainsi un rendement optimal : on ne peut donc confondre l'évaluation du rapport stratégique avec le décompte des forces militaires et des ressources économiques. Les performances de l'ours et de la baleine ne se répondent pas terme à terme en raison des *structures asymétriques de puissance,* qui reflètent la nature des systèmes politiques : l'Etat soviétique, électrisé par un messianisme conquérant, subordonne sa prospérité à sa sécurité, tandis que la capacité militaire américaine n'est que l'effet dérivé de ses capacités économiques. La puissance est la finalité et le ressort du système totalitaire, le bonheur des individus étant la fin normale des régimes démocratiques. Ici, le canon protège le beurre, là-bas il le remplace. Nos libres cités ne sont pas agencées en machines de guerre (« Toujours prêts à défendre la patrie ») et se désintéressent de la politique extérieure. Les monarchies totalitaires fondent politiques intérieure et extérieure, chacune étant l'instrument de l'autre. La S.N.C.F. ne met pas à la disposition des voyageurs du Paris-Marseille des brochures de propagande sur la politique extérieure du gouvernement français, en russe ou en anglais, comme on en trouve dans le Moscou-Leningrad et dans tous les aéroports d'U.R.S.S.

Le combat des systèmes sociaux n'est pas à armes égales, conclut la vulgate, et les sociétés d'économie de marché se battent à cloche-pied. Si le conflit Est-Ouest était un match de foot, il y a longtemps que l'arbitre aurait sifflé le hors-jeu ; et la Fédération internationale des jeux de puissance, disqualifié l'équipe « communiste ».

Regardez plutôt : ici des sociétés transparentes, où l'espionnage industriel et politique peut se mener à ciel ouvert, où journaux, revues et publications spécialisées dévoilent inventions et intentions, technologies et luttes internes. Là, des sociétés opaques, où les gouvernants sont si invisibles qu'on se demande parfois s'ils sont encore en vie, les dépêches des agences de presse étrangères, les téléphones des ministères et les cartes routières restant des documents confidentiels (pas d'annuaire à Moscou). Nous publions et chiffrons nos budgets militaires, ils travestissent le leur. La C.I.A. est sous le contrôle du Congrès et un peu de la presse, le K.G.B. entièrement protégé. A l'Ouest, des frontières perméables, à l'intérieur desquelles l'adversaire juré du système en vigueur peut publier, filmer, parler, se promener comme et où il veut, étendre son influence autant qu'il peut. Là, un territoire intangible, insurvolable, impénétrable, sacré : interdit de polluer ou de violer l' « espace socialiste » des consciences et des airs. Dans un cas, la contradiction interne fait partie du jeu normal de la lutte des classes ; dans l'autre elle traduit l'ingérence dans les affaires intérieures d'un Etat, et s'appellera « subversion ». Ici, des nations au souffle court, car soumises à l'alternance et à la rotation du personnel politique en vertu des échéances électorales, incapables donc de planification à long terme et d'action soutenue ; là, de robustes coureurs de fond dont la souveraine continuité, attestée par l'inamovibilité des responsables, la permanence des équipes, les quarante années de Gromyko et les trente années de Gorchkov à leur poste, garantit la crédibilité auprès des partenaires du tiers monde et la fiabilité des engagements pris. Ici, des gouvernements vivotant au jour le jour entre un sondage et une élection, sous la tutelle des opinions publiques, condamnés à être et rester populaires, tenus de se battre en même temps sur deux fronts, intérieur et extérieur.

Exemple de jeu faussé : on s'est déchiré en Europe de l'Ouest pendant cinq ans sur l'implantation hypothétique de missiles futurs, au nombre fixé d'avance, tandis que les euromissiles déjà installés de l'autre côté, le gouvernement soviétique avait pu les déployer en toute tranquillité d'esprit, sans plafond prévisible et sans explications. Les diplomates occidentaux en poste à Moscou (et Pékin) ne peuvent se déplacer isolément et librement en dehors d'un rayon de 50 kilomètres autour de la capitale, les voyages à l'intérieur du pays doivent respecter des itinéraires fixes et dépendre d'autorisations préalables. Un rideau de miliciens entoure les ambassades occidentales à Moscou, signalant chaque entrée et sortie des diplomates, et contrôlant l'identité des visiteurs. Un Français en U.R.S.S. ne peut être hébergé au domicile d'un ami soviétique, prendre un auto-stoppeur dans sa voiture, inviter à dîner directement (sans passer par le protocole) qui il veut — à moins d'amères mésaventures, pour ses hôtes d'abord et lui-même parfois. Les diplomates de l'Est peuvent, en France, circuler presque où et quand ils veulent, distribuer leurs brochures et montrer leurs films à qui bon leur semble. Cinémathèques et bibliothèques de nos centres ou instituts culturels à l'Est sont transformées en forteresses assiégées, quand personne chez nous ne surveille les allées et venues des amateurs de musique, de films de langue russe (ou chinoise). Des communistes soviétiques, vietnamiens, est-allemands, etc., sont régulièrement invités par leurs homologues occidentaux à exposer les vues de leur gouvernement à la tribune des Congrès, à la presse et à la radio; à rencontrer les personnalités qu'ils souhaitent. On ne sache pas que les dissidents soviétiques ou chinois puissent inviter leurs sympathisants occidentaux à Moscou, Pékin ou Berlin-Est, pour prendre la parole en public et sur les ondes. On trouve à Paris, Londres, Rome, des journaux communistes, on ne peut trouver en kiosque à Moscou, Budapest, ou Hanoï des journaux occidentaux, sauf et encore pas toujours, *L'Humanité* ou le *Daily Worker*. Le brouillage des émissions étrangères en langue russe ou autre est redevenu « normal » en pays socialiste en 1980 (il avait été levé en 1973), nonobstant les Accords d'Helsinki, mais quelle démocratie occidentale penserait devoir, croirait pouvoir brouiller Radio Moscou, Tirana, ou Pékin ?

Ces faits sont irréfutables ; les conclusions qu'en tire le guet, unilatérales, donc à moitié fausses. L'admiration masochiste du mastodonte énumère les « grandeurs » de l'adversaire en oubliant les servitudes dont chacune est porteuse. On ne peut par exemple présenter la détente engagée en Europe depuis 1972 comme un leurre qui n'aurait joué qu'au bénéfice des Soviétiques, sans voir que l'Ouest a su lui aussi en profiter, notamment pour « s'infiltrer en Europe orientale et exacerber dans cette zone les tendances centrifuges » (selon les termes de l'Institut chinois d'études sur les relations internationales). Le fait que huit millions d'Allemands de l'Ouest aient pu se rendre chaque année à l'Est, et un million d'Allemands de l'Est en R.D.A. a-t-il servi la logique soviétique de fermeture ? *Solidarnosc* aurait-il été possible sans le silencieux renforcement, pendant les dix années précédentes, des échanges culturels, commerciaux, économiques, sans les séjours en France et ailleurs de nombreux intellectuels polonais ? Sans l'audace négociatrice de Nixon, le parrain de la détente, dont de Gaulle fut à l'Ouest le père, le colosse chinois aurait-il pu être aussi rapidement retourné contre son allié de la veille ? On ne peut soutenir que « le fonctionnement normal des régimes occidentaux provoque une source de bénéfices pour l'Union soviétique » sans voir que le fonctionnement normal de l'Union soviétique provoque une source au moins égale de bénéfices pour les régimes occidentaux [1]. Nos prêcheurs embellissent-ils le diable — pour redorer les voies du salut et rehausser leur héroïsme ? Ou parce qu'ils sont dupes des trompe-l'œil propres à un système Potemkine (comme les villages du même nom) ? Nos Cassandres, pour théoriser la peur, font leur en inversant ses signes la propagande du régime. Comme si on supposait possible, dans l'ordre économique, la planification autoritaire sans marché noir, le rationnement sans corruption, la centralisation sans gaspillage, le stakhanovisme sans je-m'en-foutisme, la lumière sans l'ombre. Ceux qui connaissent de l'intérieur la vie en Union soviétique, rompus aux contre-performances du système, savent d'expérience que le tout-politique engendre l'apolitisme, la superstition du collectif le repli individualiste, la propagande l'incrédulité, l'exaltation épique le dégoût des majuscules, l'Histoire édifiante une myriade d'histoires drôles, le scoutisme officiel le réel cynisme des jeunes, l'interdit sur l'étranger la fascination du produit étranger, le formalisme des échanges autorisés avec les Occidentaux leur attention aux dissidents (seuls à pouvoir parler librement), la volonté maladive de mentir aux visiteurs la méfiance non moins maladive de ces derniers, les soins médicaux gratuits garantis par la Constitution les pots-de-vin aux médecins et le trafic des soins hospitaliers, l'omniprésent secret d'Etat l'ignorance des citoyens et donc une certaine fragilité de l'esprit civique, l'ordre apparent le désordre profond. Par quel miracle cette dialectique élémentaire s'évanoui-

---

1. Contrairement aux vues de Jean-Louis Martres, « Les Effets induits de la puissance soviétique sur la coalition occidentale », in *L'Union soviétique dans les relations internationales,* Economica, Paris, 1982.

rait-elle sitôt passé la frontière ? Que l'U.R.S.S. ait su faire à la longue de nécessité vertu n'enlève rien à ses vices de formation. Chacun connaît les « plus » apportés par le totalitarisme aux traditionnels buts de guerre de la diplomatie russe : la clôture du pays permettant un encadrement de la population en temps de paix, que seul l'état de guerre permettrait aux démocraties ; la concentration incontrôlée des pouvoirs au sommet ; la liberté de manœuvre qu'assure l'immunité des dirigeants, autorisant toutes les volte-face ; l'infiltration du camp adverse, par le biais des partis communistes, qui donne à l'U.R.S.S. la capacité de faire passer sa politique extérieure dans et par la politique intérieure de ses adversaires ; l'exaltation d'une idéologie assignant un but final, un sens inexorable et grandiose, aux péripéties du jour-le-jour ; la permanence du dessein et la continuité de l'action [1]. Autant d'atouts, autant de handicaps : examinons le rapport coût-bénéfice de ces supériorités ambiguës.

## 2. *Le revers des médailles.*

— *Continuité dans l'action diplomatique ?* Envers d'un immobilisme sans imagination ni créativité, comme le montre le monopole américain des initiatives et propositions concrètes dans les négociations d'*arm's control*. Outre que la force d'inertie prédispose mieux à la « grande guerre patriotique » qu'au Blitzkrieg... L'U.R.S.S. perd des forces précieuses à réparer l'usure de celles-ci. L'entropie est son problème n° 1 car c'est sa caractéristique n° 1. Effet et non cause de cet immobilisme, la moyenne d'âge du Politburo est passée de 50 ans sous Staline à 60 en 1973 et 70 en 1982 (et de 53 ans en 1976 à 59 ans en 1983 chez les 158 premiers secrétaires des directions régionales du Parti). Les septuagénaires du Politburo trouveraient des ailes, nous dit-on,

---

1. Les meilleures analyses restant celles de Leonard Schapiro. Voir son célèbre article « Totalitarianism in Foreign Policy », in *The Soviet Union in World Politics*, 1980, Londres, Westview Press.

pour vampiriser l'univers. « Les dirigeants de l'Union soviétique font preuve d'une imagination et d'une capacité d'innovation tout à fait remarquables, dès lors qu'ils se situent sur le terrain extérieur. Timorés et immobilistes en politique intérieure, ils sont en politique internationale aptes à essayer de tout utiliser, de transformer les difficultés en avantages nouveaux, à rebondir à chaque instant[1]. » Changement à vue ou illusion optique ? Imputer ses propres échecs à des exploits de l'adversaire évite d'avoir à se regarder dans une glace. Les gérants du Kremlin se faufilent en traînant les pieds dans les brèches que ne cessent d'ouvrir sous leur nez à la fois la myopie des impérialismes adverses, le rebondissement d'antagonismes régionaux hérités de l'histoire, et le vieux ressort inégalitaire des Cités d'hommes libres grâce auquel des démocraties élitaires entretiennent, chez elles (apartheid), à leurs pourtours (« Grand Israël ») ou au loin (colonies et « confettis de l'Empire ») des statuts de métèque ou de paria. Ce faisant, l'U.R.S.S. — dont le rouble vivote en marge et à l'ombre du dollar — rend la monnaie de sa pièce politique à l'Occident, avec moins de talents et de moyens. L'implacable mais prudent opportunisme soviétique exploite des opportunités qu'il n'a pas suscitées, comme la guerre entre l'Inde et le Pakistan (1965), entre l'Egypte et les Occidentaux (1956), entre l'Argentine et la Grande-Bretagne (1982), et se garde de les multiplier inconsidérément. Les Soviets redoutent autant l'instabilité que les Etats-Unis (chacun y voyant l'occasion donnée à l'autre de consolider ses positions au détriment des siennes propres). Ils calculent leur risque au plus près, en prenant garde de mettre en jeu le principal — leur sécurité propre et la sauvegarde de leur système social — au nom du secondaire — le soutien aux forces progressistes et l'expansion du système. La diplomatie soviétique, régulièrement prise de court par l'initiative occidentale, met des années à combler l'écart : chassée par exemple de la scène du Proche-Orient par Camp-David, en l'espace de quelques mois, il

---

1. Hélène Carrère d'Encausse, « Les Données actuelles de la politique islamique d'U.R.S.S. », *op. cit*, p. 370.

lui faut dix années, et des milliards de dollars d'aide militaire à la Syrie pour y revenir, en arrière-plan (pas de troupes au combat) et par la porte de service (pas de siège à une Conférence de Genève). Suiviste plus qu'activiste, régulièrement devancée par les irruptions et soubresauts du tiers monde, elle sait se placer dans le sillage et attendre son heure. Ce tigre aux aguets, supposé bondir sur la première occasion, a assisté en spectateur à l'effondrement du Chili populaire et de son gouvernement légal, sans pouvoir ni vouloir répondre aux demandes d'aide économique de Salvador Allende ; a condamné, quand il ne les a pas combattus, les mouvements de guérilla en Amérique latine, entre 1959 et 1979 ; a découvert l'existence du Nicaragua en 1978, tout en prévenant les dirigeants sandinistes, dès 1983, qu'il valait mieux pour eux, en cas de malheur, compter sur leurs propres forces ; et voit surtout dans le Salvador de 1985 un intéressant foyer de contre-propagande, à usage rhétorique et onusien. En Angola, l'U.R.S.S. a été mise devant le fait accompli de l'engagement cubain, directement négocié, au départ, entre Neto et Castro, et ne lui a accordé sa logistique qu'après le départ en catastrophe des Britannia de l'aviation civile cubaine et des cargos de sa flotte marchande (1975). En Ethiopie, en revanche, l'intervention militaire soviéto-cubaine a été dès le départ coordonnée et planifiée, mais c'est Fidel Castro qui a fait le siège de Brejnev pour obtenir cette décison politique (1977). Interventions militaires conformes, au demeurant, à la légalité internationale et approuvées à ce titre par la majorité de l'O.U.A. Répondre à l'appel d'un gouvernement de facto internationalement reconnu pour repousser une agression étrangère caractérisée (Afrique du Sud ou Somalie) sans exercer de droit de poursuite sur le territoire adverse, et faire respecter l'intangibilité des frontières héritées de la colonisation — voilà, en Afrique, une entreprise dont la France et d'autres ne sauraient récuser le principe. Dans l'Afrique des années soixante et soixante-dix, Soviétiques et Cubains défendaient, à l'origine, un bon dossier (juridique) et de bonnes causes (politiques).

— *Maîtrise du temps stratégique ?* Cette vue cavalière ponte une longue série de ratés tactiques. A l'extérieur, l'U.R.S.S., qui produit aussi peu d'événements que d'informations, et toujours in extremis, réagit plus qu'elle n'agit. A la traîne, bouchant les trous de puissance ou d'attention de ses adversaires, ressassant des discours parfaitement prévisibles, ce chef d'orchestre toujours en retard d'une mesure n'apparaît rien moins que maître du *tempo*. A l'intérieur déjà, le fléau du temps perdu caractérise tous les pays communistes — vie quotidienne et administrative. On y passe son temps à attendre l'autobus, la vendeuse, la place de théâtre, le laissez-passer, les fruits, le serveur, la voiture, l'essence, etc. Un vice-ministre du Commerce soviétique a calculé qu'un citoyen russe perdait une moyenne de six heures par semaine pour faire la queue dans les magasins, et une famille au moins 550 heures par an [1]. Dans le quotidien des bureaux, la réunionite, les contrôles tatillons et le formalisme des activités garantissent un record dans le bas rendement des machines d'Etat, déjà alourdies par l'héritage tsariste. Contagion coloniale : tous les pays communistes sont chronophages. La moindre activité — se nourrir, se déplacer, acheter — demande deux à trois fois plus de temps que dans un pays développé. Les Occidentaux débarquant en pays soviétique ou soviétisé connaissent ce ralenti soudain de la vie ; cet amorti, cet enlisement dans un temps de province désœuvrée, qui commencent par exaspérer et finissent par assoupir le passager en provenance du XX$^e$ siècle. Ce qui fait traîner en longueur la négociation d'un contrat commercial, par exemple, relève d'une inertie qui, face au dynamisme des décideurs occidentaux, n'est pas une force à tous les coups triomphante. Au siècle de l'information éclair, le fait qu'un chef d'Etat ne puisse officiellement mourir avant que le Comité d'organisation des obsèques ne l'ait décidé n'est pas un signe évident de supériorité. A l'âge médiatique, où la préemption sur les réseaux d'information décide du succès, l'appareil soviétique affronte en pachyderme les situations de crise, y compris celles dont il porte la responsabilité directe. Les Etats-Unis, par exemple, avaient déjà fourni dix fois

---

1. Article de Piotr Konchachov, in *La Pravda* du 7 février 1984, cité par le *Herald Tribune* du 8 février 1984.

au monde entier le récit en images-sons heure par heure de la destruction du Boeing coréen par la chasse soviétique (1er septembre 1983), avec cartes, films, bandes, témoignages, interviews, et larmes, quand le chef d'Etat-Major soviétique finit par présenter sa version une semaine plus tard, à une opinion étrangère déjà faite, après une succession de déclarations anonymes de Tass, inconsistantes et contradictoires. Minutieuse hiérarchisation des instances, immensité du territoire, lenteur des transmissions, collégialité de la décision, coordination défectueuse des administrations : voilà qui neutralise apparemment la faculté d'initiative. L'Est n'est déjà plus en état d'ignorer les lois et les moyens de la communication publique, mais on peut douter qu'il devienne un jour capable de les domestiquer. Car pour les maîtriser à l'extérieur, il faudrait les libérer à l'intérieur. Dans ce domaine décisif, expansionnisme et totalitarisme apparaissent contradictoires. Les observateurs militaires ont noté l'inaptitude des officiers soviétiques à réagir à l'imprévu et à prendre des initiatives au fur et à mesure sur le terrain : le dogmatisme de l'apprentissage et l'excessive verticalité sont des faiblesses souvent citées des forces armées soviétiques. Ils reflètent au plan militaire l'incapacité du système et des hommes à l'improvisation.

Un diable pouvant être boiteux mais jamais sot, notre théologie ne saurait admettre cette flagrante inadéquation des moyens aux fins du système. Aussi répondra-t-on que ces apparents « dysfonctionnements » signent la ruse suprême. « Le système soviétique se contente de perfectionner les méthodes techniques déjà bien rodées qui, précisément, visent à lui permettre de *ne pas changer*, autrement dit de ne pas perdre temps et énergie, ou, mieux encore, de ne pas assumer les risques de dérapage qu'implique toute transformation [1]. » Le système s'accommoderait fort bien de ses problèmes intérieurs, qu'il se contente de contrôler sans vouloir les résoudre. Le changement ne serait pas une valeur en U.R.S.S., dont la loi suprême serait « cette fondamentale stabilité du système, ne visant qu'à se reproduire à l'identique dans *tous* les

---

1. Annie Kriegel, in *Pouvoirs*, n° 6, p. 125.

ordres autres que celui de la puissance[1] ». Nous avons déjà vu qu'il n'y a pas une muraille de Chine entre la croissance économique à l'intérieur, donc la compétitivité, et la part allouée au budget militaire, même si une réduction des dépenses militaires ne provoquerait qu'un très modeste effet d'entraînement sur l'économie[2]. Un système en stagnation ne produit pas, sur le long terme, de la puissance en expansion, sauf à accumuler défaites et déficits. Mauvaise machine à conquérir que la machine à arrêter le temps, car la planète, elle, ne s'arrête pas ; ni le changement des conditions externes et internes de la compétition internationale. La révolution informatique, par exemple, joue déjà au détriment du contrôle centralisé des décisions. La micro-informatique va devoir diffuser en U.R.S.S. l'information à la périphérie et accroître sa dépendance en logiciels. Contrairement à la feue télématique (où quelques gros ordinateurs auraient pu accentuer la centralisation), l'ouverture inexorable de ce nouveau champ technique et culturel porte en lui un défi sérieux, sinon une « crise de régime ». La lourdeur actuelle des appareils d'information, le retard de la réponse sur le défi est-il sans rapport avec le fait que le délai moyen d'un investissement industriel, de la conception à la réalisation, soit en Union soviétique de huit ans, le double de la moyenne occidentale ?

La circulation de moins en moins contrôlable de l'information (voyages, satellites, magnétoscopes, contacts) à l'intérieur de l'Empire comme au-dehors modifie déjà les conditions d'acceptabilité des conduites impériales : c'est l'une des différences historiques entre la réduction des Basmachis dans le Turkestan des années vingt, passée pratiquement inaperçue à l'Ouest, et la guerre d'Afghanistan, couverte bon an mal an par les médias occidentaux et un nouveau bouche à oreille en U.R.S.S. même (écoute des radios étrangères)[3].

---

1. *Ibid.*, p. 126.
2. Voir à ce propos la déposition de M. Henry Rowen, Président du Conseil national du renseignement de la C.I.A. devant le Comité économique du Congrès (1er décembre 1982).
3. Compte tenu de ce que l'U.R.S.S. a (encore) l'obligation ou l'amabilité (ou les deux) de restituer à son pays d'origine au bout de quelques semaines, sans

— *Cohésion de fer, discipline et unité de la « communauté socialiste »*. Cette cohésion fragilise et cette discipline amenuise. La preuve : le camp occidental a eu beaucoup plus de succès dans la désintégration par l'intérieur du bloc socialiste que l'inverse : Yougoslavie, Chine, Albanie, Roumanie — sans parler des périphéries alliées (Egypte, Soudan, Somalie, Indonésie, Guinée, etc.). Et pour cause : d'une lézarde, l'U.R.S.S. fait un casus belli, d'une contradiction d'intérêt, un schisme. Le polycentrisme rêvé par Togliatti s'est brisé sur la rigidité du verre. Le bloc soviétique est aussi peu performant à l'extérieur de ses enceintes que peu séduisant, précisément par ses manières de bloc, lent à la manœuvre, impropre à la guerre de mouvement, à l'incursion éclair, à la diversion. « Il a décliné dès qu'il a cessé de dérouter » : ce qu'on a dit de Bonaparte vaut pour le Kremlin. Sans doute a-t-il fait des progrès dans l'art de la surprise et du camouflage, comme le montre le choix de la Noël pour l'intervention en Afghanistan, le sable aux yeux des Tchèques, en 1968, la désinformation polonaise en 1981[1]. Reste qu'il répugne par sa nature même, à imaginer des percées, chemin de travers, ou « compromis historique ».

La crise polonaise aurait donné à un Empire plus intelligent

---

tortures, brimades, ni faux aveux forcés, un journaliste français surpris chez les maquisards (novembre 1984). On se souvient sans doute en France que nos commandos de chasse parachutistes en Algérie avaient pour instruction d'abattre sur le champ tout « blanc » ou « étranger », sans armes, surpris avec une katiba du F.L.N. La France en Algérie se sentait-elle plus ou moins sûre de son droit que l'U.R.S.S. en Afghanistan ?

1. L'intervention ouverte et massive en Afghanistan, ou plutôt le changement d'échelle des effectifs militaires soviétiques présents sur place avant le 24 décembre 1979 ne pouvait vraiment surprendre que les non-observateurs occidentaux qui ne prêtaient pas alors la moindre attention à ce pays, sur lequel la plupart n'avaient *jamais*, sauf en Grande-Bretagne, porté leur regard. La seule *surprise* véritable, qui a pris à revers chancelleries, grilles de lecture et prévisions, fut le coup d'arrêt *polonais* de décembre 1981. Tous les scénarios de crise fonctionnaient sur le *ou bien* — invasion soviétique *ou bien* — désagrégation du Pacte de Varsovie. Le système a inventé un troisième terme, totalement inattendu : l'intervention de l'*intérieur*. A partir d'un corps social dont personne, à l'Ouest, n'avait soufflé mot — l'armée polonaise. Fureur des aveugles, qui accusent le borgne de ne pas jouer le jeu.

(moins totalisateur) l'occasion d'un *aggiornamento* local, dans la mesure où une authentique finlandisation du rebelle (autonomie intérieure, dépendance extérieure) aurait pu ménager ses intérêts stratégiques (maintien dans le Pacte et protection des lignes de communication ou des voies de passage avec la R.D.A.). Incapable de résoudre politiquement un problème politique, culturellement un problème culturel, syndicalement un problème syndical, contraint de briser ses dissidences intérieures par la force, au lieu d'en jouer pour en tirer parti à terme, à l'instar du système atlantique, le système soviétique, quoiqu'il ait affiné la technique de l'intervention depuis 1956, subit ses crises sans pouvoir comme nous s'y ressourcer, car il est victime de sa loi de composition « totalitaire » : réformer une partie, c'est mettre en danger le tout. Pas de solution locale. D'où l'étroitesse des marges de manœuvre. La moindre réforme recèle une révolution.

La volonté de puissance soviétique est prisonnière d'une conception territoriale et notariale de la diplomatie héritée du XIXe siècle et sublimée notamment dans la notion d'*irréversibilité des conquêtes du socialisme.* Cette dernière n'a pas encore franchi l'épreuve de la longue durée — seul critère de vérité —, même si elle en impose aux adeptes occidentaux du temps court, saccadé, événementiel, qui n'y voient pas un pari ou une présomption peut-être naïve, mais la pierre de touche d'une fatalité sans précédent. Il est vrai que l'entreprise marxiste-léniniste allonge les délais coutumiers de la vérification, mais à l'échelle de l'histoire des formations sociales, à laquelle toute appréciation du système de domination soviétique doit se hausser, sous peine de frivolité, quarante ans ne constituent pas une preuve. On comprend que les journalistes, le nez sur l'événement, dressent par exemple l'acte de décès d'une conception à longue portée comme celle qui pouvait inspirer de Gaulle sur l'unité du Continent européen, dont la détente et la coopération devaient être à ses yeux les instruments, parce que trois ans après sa formulation, Prague était occupée par les chars russes. Ce qui serait revenu en France au moment de la Restauration de 1815, à déclarer révolue l'ère des bourgeoisies libérales, ou en juin 1871 à refermer le chapitre du socialisme européen. Ces nervosités ne sont pas dignes de diplomates, sauf à confondre la tendance et la péripétie, le siècle et l'hebdo. Remarquons qu'à court terme, en attendant le jugement de l'Histoire, cette conception vieillotte du monde où le culte du texte se marie au tabou des frontières (car on s'enferme aussi bien dans une formule juridique que derrière un mur) n'a pas que des avantages. La diplomatie soviétique, formaliste comme pas une, gaspille beaucoup de temps et d'énergies à des exercices désuets dont elle est désormais la seule à ne pas saisir la vanité. « Du côté soviétique, note dans ses mémoires un transfuge du M.I.D., on avait coutume de mesurer l'importance des visites à la quantité des papiers signés [1]. » Cette religion conjuratoire du document écrit, cette obsession maniaque des conventions, déclarations communes, protocoles de consultations, communiqués conjoints, toasts rédigés à l'avance, discours, articles et termes d'un traité, ne relèvent pas seulement d'un autre siècle, mais aussi du besoin d'exorciser le nôtre, où les événements vont si vite, les flux sont si labiles, les conjonctions si précaires que Michel Strogoff y perdrait ses principes et son latin. On a souvent salué la ténacité d'une diplomatie qui après vingt-cinq ans de propositions insistantes est parvenue aux solennels accord d'Helsinki consacrant au nom de la paix et moyennant des concessions sans portée les frontières européennes issues de la Deuxième Guerre mondiale (l'*intangibilité des frontières* signifiant, dans l'esprit des Soviétiques, l'*inamovibilité des régimes*). L'esprit de suite qui a valu à l'U.R.S.S. ce beau succès à l'Ouest explique aussi les faillites de sa politique à l'Est, plus inaperçues mais non moins stratégiques [2]. S'aliéner la Chine pour une parcelle de l'Oussouri, parce qu'on ne veut pas remettre en cause un traité inégal signé cent ans plus tôt, et qu'un sol conquis par un

1. Nicolas Polianski, *M.I.D. (12 ans dans les services diplomatiques du Kremlin)*, Belfond, Paris, 1984, p. 38.
2. Autre exemple de l'endurance qui devient entêtement : pour s'être buté en 1977 sur la question des « réparations de guerre » (les 3 milliards de $ promis en 1973 par Nixon sans l'accord du Congrès), le Vietnam a raté l'occasion de reprendre des relations diplomatiques avec les Etats-Unis, se privant ainsi d'un précieux ballon d'oxygène peut-être vital pour lui si l'on y ajoute le Japon.

Russe devient ipso facto « sacré », ne témoigne pas d'une grande sagacité stratégique. Les Etats-Unis ont su rétrocéder à temps Okinawa au Japon : ce pays en 1950 avait un establishment pro-américain et une population antiaméricaine. En 1985, les Etats-Unis sont devenus aussi sympathiques au peuple japonais qu'à sa classe politique (comme le prouve la diminution des foules protestant contre la reconduction chaque décennie de l'accord de défense nippo-américain). Les mêmes militants socialistes japonais qui organisaient les manifs géantes des années soixante contre Eisenhower frappent aujourd'hui à la porte de l'ambassade américaine, et un Premier ministre peut désormais admettre en public la nature *militaire* de l'*alliance* nippo-américaine sans soulever de tollé dans l'opinion[1]. L'interdiction faite par la Constitution japonaise de participer à un système collectif de sécurité n'empêche plus le Japon de s'affirmer « membre à part entière du camp occidental », candidat officieux à l'O.T.A.N. Pourquoi ? En grande partie, parce que l'U.R.S.S. refuse depuis trente ans d'ouvrir toute négociation sur « les territoires du Nord » (Sakhaline et Kouriles du Sud), au nom des sacro-saintes frontières. Sans doute parce que « si on rend les Kouriles, il faudra de fil en aiguille rendre tout le reste ». Russes et Japonais se sont affrontés dix fois au cours du dernier siècle, et l'antagonisme n'est certes pas d'hier. Mais pour fidéliser à l'envers la deuxième puissance économique du monde, qui en matière militaire tourne déjà le tabou du 1 % budgétaire, personne n'aurait pu faire mieux.

L'Ouest explore l'âge néo-impérial des réseaux, invisibles et omniprésents, mobiles, interactifs, cumulatifs, tout en pointillés et en souplesse. L'Est en reste à l'âge archéo-impérial des systèmes d'alliance coûteux et formels. Entre un univers délié qui change, diffuse et « diverge », et un géophage pris d'indigestion qui se contracte et fait gros dos, multipliant les occasions manquées, les capacités respectives d'ubiquité sont incommensurables. Nous

---

[1]. Déclaration de M. Nakasone du 21 février 1984. En 1981, l'utilisation du mot « alliance » pour caractériser les relations nippo-américaines avait suscité un tel débat au sein même du gouvernement japonais qu'il ne s'était calmé que par la démission du ministre des Affaires étrangères de l'époque.

sommes forts de notre pluralisme et de nos bifurcations ; ils traînent le boulet de leur monolithisme. Si nous avons encore la chance de dérouter, ne la ruinons pas en essayant de nous rendre semblables à eux.

— *Prise à revers, faculté de pénétration ?* L'Ouest est dix fois plus présent à l'Est que l'inverse. Qui acculture qui ? Qui informe qui ? L'U.R.S.S. dépend de plus en plus de nous, qui en dépendons de moins en moins. Si osmose il y a entre Est et Ouest, elle fonctionne à sens unique. La métropole de la jeunesse moscovite est New York, ou Paris : elle a les oreilles et les yeux fixés sur nous, qui regardons ailleurs. Le spectre du Goulag hante l'Ouest, mais nos vitrines, nos stars, notre pape, nos magazines et nos traveller's cheques font rêver l'Est. En attendant que ces soupirants tocards fondent sur nous en conquérants barbares, le temps de l'étanchéité et de l'isolement staliniens a pris fin sous nos yeux. L'U.R.S.S. n'est plus un archipel. Le mur de Berlin n'arrête ni les cassettes ni les ondes hertziennes, et on reçoit à Tallin, Estonie, la télé finlandaise. Qui punit qui ? Qui a barre sur qui ? L'Ouest n'a pas que des actifs financiers sur l'Europe orientale : ses moyens de pression et de dissuasion politique, économique, scientifique, sont tels que le prix à payer par l'Union soviétique et ses alliés, européens ou non, pour leur « inconduite » est en hausse régulière. L'invasion de la Grenade, ou demain du Nicaragua ou après-demain des Philippines, coûterait dix fois moins aux Etats-Unis que n'a coûté à l'U.R.S.S. l'intervention en Afghanistan ou l'interruption, par armée polonaise interposée, du processus polonais[1]. Mettre Krasucki ou Edmond Maire au trou coûterait dix fois moins cher en rétorsions internationales (lignes de crédit coupées, échanges scientifiques interrompus, visites annulées, embargos technologiques, etc.) à une dictature anticommuniste française que n'a coûté la mise en résidence surveillée de Walesa à

---

1. Ajournement sine die de la ratification du traité Salt 2 par les Etats-Unis, boycottage des Jeux olympiques de Moscou, gel des échanges scientifiques, fin des consultations périodiques entre chefs d'Etat-Major français et soviétique, interruption des rencontres au sommet franco-soviétiques (après 1981), remise en cause des protocolès existants, etc.

la dictature communiste polonaise. Un homme seul peut aujourd'hui faire reculer le K.G.B., voire altérer les relations de l'U.R.S.S. avec les pays dont elle a besoin[1]. Que le monde entier sache que Sakharov est à Gorki *incommunicado* (1985) montre l'irréversible avancée de la communication — impensable il y a trente ans. La dissymétrie des aménités et des sanctions, des influences et des aversions, fonctionne entièrement à notre avantage, et le réseau des P.C. occidentaux rivalisera toujours moins avec celui d'I.B.M. et d'A.T.T. Les otages, depuis trente ans, ont changé de camp. Transfuges et agents doubles aussi. Le K.G.B. est plus hermétique que la C.I.A., mais les défections paraissent se produire dans un seul sens. Connaît-on beaucoup d'agents, de savants, d'ingénieurs occidentaux, qui soient « passés à l'Est » depuis l'écroulement dans les années soixante-dix du mythe soviétique ? Le « one way ticket » n'est plus celui qu'on pense.

— *La xénophobie, le camp retranché ?* Nombreuses sont les mesures préventives : interdiction des contacts avec les étrangers, contrôle des sorties et mariages mixtes, surveillance des ambassades, arrêt du téléphone automatique avec l'étranger (installé pour les Olympiades de 1980), etc. Mais cette vigilance, fatale aux « public relations », ampute autant qu'elle préserve. L'information mondiale se fait sans l'Union soviétique et donc contre elle. L'image-son du quart le plus avancé de l'humanité, qui commande les idées et les réflexions des deux tiers de la population mondiale (via A.P., U.P.I., Reuter et A.F.P., via les satellites, Visnews et Worldnet) n'est pas un affrontement : c'est un soliloque national aux échos dégradés qui, entre Los Angeles et New York, fait les « une » de la planète. Loin de gagner, de déborder ou d'infiltrer les sociétés limitrophes, c'est la sphère soviétique qui est infiltrée, couverte et progressivement englobée dans le réseau informatif américain. L'Est énerve l'Ouest, mais l'Ouest innerve le monde, Sud compris. Les Etats-Unis fabriquent leur image, et pour une large part, celle de l'U.R.S.S. L'U.R.S.S. ne peut imposer la sienne en dehors et

---

1. Sakharov, en 1981, a obtenu par une grève de la faim un visa de sortie pour sa belle-fille.

doit lutter jusque chez elle contre celle que lui taille son adversaire. La crédibilité ne se décrétant pas, le monopole de fait de l'influence — juste récompense de la liberté d'expression autant qu'effet d'une suprématie économique et politique — a pour résultat que l'information sur la réalité soviétique est devenue l'apanage de ses ennemis — intérieurs ou étrangers — en sorte que le système s'avère impuissant à stopper la boule de neige « Goulag ». Prisonnière de son paradis rhétorique, incapable d'opposer aux propagandistes de l'enfer la médiocre réalité de son purgatoire, l'U.R.S.S. tire des contraintes de la société close non moins d'inconvénients internationaux que d'avantages intérieurs. L'U.R.S.S., dit-on, se moque bien de ne pas influer l'opinion occidentale car elle ne s'est jamais souciée que de faire sa cour auprès des hommes d'Etat et des gens haut placés. Coûteuse insouciance, car le fait nouveau à l'Ouest c'est précisément la régulation cybernétique des appareils d'Etat par les variations de l'opinion publique.

Jusqu'au milieu du XX$^e$ siècle, la puissance d'un Etat se définissait et se mesurait par sa capacité à faire plier la volonté d'autres Etats. Militaire en dernière instance, elle culminait dans la guerre, et s'attestait par la menace. La puissance d'un Etat moderne consiste désormais à *faire passer sa propre volonté dans et pour la volonté d'autrui*, en annulant à la source, dans une population étrangère, toute virtualité de résistance et même de différence. Elle s'exerce par temps de paix, continûment, sans violence ni contrainte. Elle s'analyse en termes de communication — et d'abord de « télécom », de traitement et de mémorisation de l'information (la science de la communication, ou médiologie, devenant la science politique par excellence). L'Union soviétique veut le monde, non la guerre ? Trop tard. Elle n'a pas assez de logiciels ni d'images à offrir, c'est déjà « pris ». Et les Occidentaux, qui pour occuper la place n'ont pas besoin de la guerre, sont aussi capables, par ailleurs, de l'empêcher (dissuasion).

Une source soviétique non dissidente n'a aujourd'hui — à l'Ouest et dans une certaine mesure en Europe de l'Est, Bulgarie exceptée — ni crédibilité ni autorité. Une source américaine, institutionnelle ou médiatique, n'est pas chez nous présentée comme la version d'un fait et n'a plus même besoin, à la télévision, d'être identifiée comme telle : elle s'énonce comme le fait lui-même. A.P., U.P.I. Département d'Etat, U.S.I.A. — c'est naturel. Département international, Tass, Kremlin, P.C.F., c'est du flan. Nos chancelleries sont convaincues que l'opinion publique de l'Ouest est pour Moscou un terrain de bataille et un enjeu important. Ces guerres de propagande, si on laisse de côté la R.F.A. (du reste moins vulnérable et niaise qu'on ne se plaît à le répéter), ne se livrent plus que dans la tête de nos vigiles. Non que l'U.R.S.S. s'en désintéresse : elle y investit beaucoup et récolte peu. Même sur les terrains de bataille radiophonique, son seul point fort, les moyens dont dispose Radio Moscou ont beau être trois fois supérieurs à ceux de la Voix de l'Amérique, les chiffres d'écoute respectifs sont inversement proportionnels [1]. Les Etats-Unis consacrent 750 millions de dollars (chiffre officiel pour 1984) à leur propagande vers l'extérieur. L'U.S.I.A. n'a pas d'équivalence soviétique (qualité des conférences, étendue des connexions, variété des relais nationaux) et *Sélection du Readers Digest* (100 millions de lecteurs dans le monde, dont 5 en France, 17 langues, 40 éditions, 23 rédactions) se compare-t-il avec *La Vie soviétique* ? Nos journaux et revues sont-ils abonnés à Tass ? L'hebdomadaire *Les Nouvelles soviétiques* se compare-t-il à *L'Express, Le Point, Paris-Match, La Vie française* ? Nos hommes politiques, d'affaires et de médias lisent-ils une édition européenne des *Izvetzia* chaque matin ? A-t-on déjà rencontré dans un dîner en ville Victor Louis ? Ou vu un de nos leaders d'opinion —

---

1. *Voix de l'Amérique*                                     *Radio Moscou*

| | | |
|---|---|---|
| 105 | émetteurs | 225 |
| 970 | heures de transmissions (par semaine) | 1 673 |
| 42 | langues | 82 |
| $ 153.5 millions | budget | $ 700 millions |
| 2 701 | employés | 9 500 |

Les statistiques américaines portant sur les écoutes respectives renversent cependant ces chiffres : la Voix de l'Amérique attire une moyenne de 100 millions d'auditeurs, alors que seulement 33 millions écoutent son concurrent russe.

éditorialiste, chef de rubrique internationale, directeur — après avoir pris l'avis du conseiller d'ambassade américain, appeler un conseiller soviétique pour entendre « l'autre côté » ? Même dans les rares pays où survivent des partis communistes qui lui sont a priori favorables — ce qui n'est plus le cas de l'Italie ni de l'Espagne —, leurs moyens de diffusion (édition, journaux, magazines, revues) ont été décimés, puis marginalisés par la télévision et discrédités par leurs propres soins[1]. Les divers « mouvements de paix » ont donné le change, mais il n'est pas sérieux d'imputer à une manipulation soviétique la montée d'un national-pacifisme allemand. Cette fugace occasion de pêcher en eau trouble ne compensera pas sur le long terme le discrédit d'un « Mouvement de la paix », survivant à grand-peine au kitsch des années cinquante, à la disparition biologique des compagnons de route et au mal qu'ont les G.O. du Club Amour et Paix pour trouver une centaine de signatures au bas d'un appel public (rendu tel par une publicité payante — humiliation impensable il y a seulement vingt ans). L'influence des autorités de Washington sur l'opinion française est d'autant plus performante qu'omniprésente et officieuse elle se garde le plus souvent de se marquer comme étrangère, politisée ou partisane. Le vent souffle gratuitement dans le bon sens. Le réfractaire se retrouvant aussitôt au ghetto, épinglé comme « agent d'influence » ou « philosov » : son nom disparaîtra des revues de presse, radios, télés, listes d'invitation, dîners en ville et de ce « on dit » implacable et flou qui règle le marché des talents et des carrières (un journaliste qu'aucune entreprise n'achète doit changer de métier).

La mise en condition américaine est méritée ; désirée ; et vice versa. Il est logique qu'une démocratie où l'information est la première des industries et le levier du pouvoir politique devienne la source et la matière essentielles des informations mondiales : les idées et images qui dominent le monde sont celles de la puissance

1. En France, autour des années quarante et cinquante, les quotidiens communistes de Paris et de province totalisaient un tirage d'un million d'exemplaires. En trente ans, la vente de *L'Humanité* est passée à peu près de 600 000 à 60 000 exemplaires.

dominante, mais l'Ouest est redevable au totalitarisme de ce fait sans précédent : qu'il n'y a plus aucun rapport entre la puissance et l'influence soviétique. Il est presque impossible que les conditions de déplacement, de travail et de fréquentations imposées par la réglementation soviétique aux correspondants occidentaux à Moscou ne les rendent pas en l'espace de quelques mois farouchement, définitivement antisoviétiques. Il est rare qu'un correspondant, européen, asiatique, africain à Washington ne revienne pas conquis. Ici, le journaliste sera suspect, sans accès, astreint à spéculer sur la grosseur relative des titres dans la *Pravda* et l'ordre protocolaire des membres du Politburo sur le Mausolée, une fois l'an. Là, il sera tenu pour un interlocuteur et non un enquiquineur ou un espion, associé au jeu politique, ami ou confident des entourages, voire des protagonistes.

A l'ère de la politique-spectacle, où une image vaut plus qu'un long discours, une impression qu'un raisonnement, le monde communiste ne parvient pas à faire passer un sourire, un visage, une surprise sur les réseaux de la conscience collective (à moins de tenir pour un événement nos cinq secondes d'antenne par an sur la rituelle parade de novembre). Si Disneyland attire les badauds du monde entier, pèlerins d'autant plus fervents qu'amusés, le Mausolée de Lénine, qui ne fait pas rêver les enfants du monde, intéresse à peine les jeunes mariés de Moscou, qui s'y rendent par devoir et sans faire la queue. Celui de Mao à Pékin est fermé « pour travaux ». L'Amérique, notre surmoi collectif, fait partager ses phobies à toute la terre, mais les affiches soviétiques ou chinoises de propagande ne trouvent même plus preneurs dans les librairies de Tachkent ou de Minsk, de Pékin ou de Sian, où l'on s'agglutine devant les calendriers illustrés de la Panam, où les portraits de Belmondo font plus recette que ceux du Politburo. On fait la queue devant les centres culturels américains ou français à Varsovie et à Budapest. Se bouscule-t-on à Paris devant le Cosmos et la librairie du Globe ? Pour quel thriller, quelle bande dessinée, quel rythme nouveau, quelle photo de mannequin ? Le communisme n'est plus même un exotisme. On en revient, on n'y va plus : les jeunes Européens voyagent comme jamais, mais en Californie.

3. *Un exemple : les droits de l'Homme.*

Bien sûr, les chiffres ne diront jamais Kafka au jour le jour, l'usure des âmes et des corps, les petits mensonges qui monnaient le grand, les mises à l'écart subites, les visas de sortie indéfiniment différés, les familles séparées faute de permis de séjour, l'apartheid des amours (car un Russe ne doit pas épouser une étrangère ni vice versa), les divorces impossibles faute d'appartement, l'humiliation des paperasses, des attentes et des feintes, le grignotage des volontés, l'arbitraire et l'abracadabrant, l'enfermement des kolkhoses, bref le vécu du système pour nous affligeant (mais qui l'est de moins en moins pour ceux qui n'ont pas d'autres souvenirs et voient leurs conditions de vie s'améliorer au fil des ans).

En maintenant secrètes ses statistiques pénitentiaires, inaccessibles ses prisons, quasiment à huis clos ses procès, en ne reconnaissant même pas l'existence de détenus politiques, l'U.R.S.S. accrédite et répand on ne peut mieux les exagérations les plus populaires de « l'antisoviétisme ». La fermeture systématique de l'information permet à n'importe qui, en Occident, de répéter, sans la moindre enquête, n'importe quoi, et d'être cru. Combien de prisonniers d'opinion — politiques et religieux — au pays du Goulag ? Des millions, vous répondra l'homme de la rue, qui l'a lu dans son journal préféré. Des centaines de milliers, dira l'idéologue français qui sait combien l'exactitude nuit à l'impact et que les faits n'intéressent pas. La C.I.A., consultée, répond 10 000, invariablement depuis vingt ans. Amnesty International faisait en 1975 une estimation similaire. On l'induisait alors des propos tenus en 1957 par un fonctionnaire soviétique, le procureur général adjoint de l'U.R.S.S. au cours d'une conversation avec le juriste américain Harold J. Berman : le nombre de prisonniers s'élevant, d'après cette source bien placée, à 3 millions en 1953, 2 millions avaient été amnistiés entre 1953 et 1957 et deux tiers des camps de travail supprimés, « environ 1 % sur le dernier tiers l'étant pour des raisons politiques [1] ». Kouznetsov, alors détenu, estimait en 1972 à 2 000 le nombre de prisonniers politiques, et Sakharov, fin 1974, les situait « entre 2 000 et 10 000 ». Dix ans plus tard, en 1984, une étude très fouillée et remise à jour chaque mois par les services compétents de Radio-Free-Europe aboutit à 863 noms de personnes identifiées et localisées dans les quinze républiques, oblast par oblast, dont 202 dans les onze hôpitaux psychiatriques à ce jour repérés [2]. Ces chiffres (comme ceux, similaires, du très sérieux « U.S.R.R. News Brief ») doivent être corrigés à la hausse. Un haut dirigeant soviétique confiait du reste à une personnalité française à la fin de 1984 : « Nous avons, en ce moment, d'après vos critères les plus larges, 2 310 détenus que vous pourriez qualifier de politiques. » Il est évident que les griefs de « parasitisme » et de « hooliganisme » peuvent être retenus contre les personnes en dissidence politique ou religieuse (la pratique individuelle est licite mais les regroupements religieux ou « groupes de prière » réprimés), et que les licenciements, tracasseries et marginalisation de fait des candidats à l'émigration peuvent pousser tel ou tel à la petite délinquance, mais tout indique que tel est bien aujourd'hui l'ordre de grandeur de la répression politique et religieuse en U.R.S.S. Réalité lamentable mais sans rapport avec le mythe collectif, que les « antisoviétiques professionnels » connaissent mais que les professionnels soviétiques tiennent pour un secret d'Etat. « Tout bien pesé, la franchise serait un meilleur calcul, car lorsqu'on me cache un peu, je suppose beaucoup », notait, à ce sujet, Custine en 1835 [3].

1. Voir la brochure *Les Prisonniers pour délit d'opinion en U.R.S.S.*, Amnesty International, 1975.
2. *Soviet political prisoners today : types of punishment and places of detention,* Radio Liberty Reserch 410/84 (24 octobre 1984). A consulter aussi : *Dissent in the Soviet Union* de Peter Reddaway (*Problems of Communism,* novembre-décembre 1983).
3. Page 236 de l'édition Nora (Gallimard, Folio). Le marquis découvrit alors avec stupeur la réticence des Russes à libérer les anciens prisonniers de la Grande Armée : sujet toujours d'actualité à un siècle de distance, même si nos best-sellers colportent comme de juste des légendes. Les dossiers, eux, parlent chiffres — à quoi ne se réduisent jamais les drames des victimes mais sans quoi les commentaires des autres tournent aux spéculations. 315 364 Français, dont

*Fausses symétries*

Le mutisme ou le cynisme officiel (qui va jusqu'à nier l'évidence, puisque l'Etat soviétique ne reconnaît même pas à titre rétrospectif par exemple que soixante-quatre Français ont été rapatriés entre 1953 et 1957) a un effet boomerang enviable, d'autant qu' « un million de morts c'est une statistique, mais un mort, une tragédie ». Le récit médiatique doit singulariser pour intéresser, raconter l'histoire d'un individu, jamais analyser une situation d'ensemble (l'étude comparative étant disqualifiée). Quand l'émotion remplace les problématiques, le concret l'abstrait, le gros plan le panoramique, plus sélective est la répression, meilleure la dramatisation. On ne faisait pas de film ni de gala en 1954 sur les centaines de milliers d'anonymes de la Kolyma. L'âge médiatique, à la fois compatissant et peu scrupuleux, impressionnable et aveugle, punit la retenue et encourage l'excès. La relégation d'une grande figure se monnaie mieux, à l'antenne, qu'un génocide quotidien.

Dans la mise en scène des droits de l'Homme, théâtre d'ombres où tous les montages sont permis, le découpage est tout et le scénario peu de chose. Amnesty International a beau être l'organisation la plus populaire d'Occident, ses rapports annuels et exhaustifs ne sont guère lus, ni du reste critiqués, par nos régisseurs. Et pour cause : il n'en ressort pas de corrélation claire et univoque entre l'importance des violations des droits de l'Homme (la palme à l'Afrique) sur l'ensemble des 127 pays

---

21 321 Alsaciens-Lorrains, se sont retrouvés en U.R.S.S. à la fin de la Deuxième Guerre mondiale, et ont été rapatriés par les soins de la mission Keller, achevée en 1947 — d'où procèdent ces chiffres. 450 fiches nominatives de compatriotes portés disparus en U.R.S.S., la plupart anciens détenus des camps staliniens, ont été établies par le Quai d'Orsay en 1960, et de Gaulle a remis personnellement à Khrouchtchev une liste non limitative de 231 cas, à la suite de quoi moins d'une centaine ont pu regagner la France, les autorités soviétiques affirmant n'avoir aucune trace des autres noms. En 1985, nous connaissons néanmoins quelques cas d'anciens combattants français portés disparus mais encore vivants et résidant en territoire soviétique, tandis que 54 cas de double-nationaux, principalement Arméniens ou Géorgiens, souhaitant regagner la France restent en suspens (l'U.R.S.S. ne reconnaissant pas la double nationalité). Les autorités françaises n'ont pas connaissance de ressortissants français actuellement détenus en Union soviétique (1985).

recensés, et la nature des régimes politiques. La seule corrélation globale et reconnaissable serait d'ordre économique (Afrique du Sud exceptée). La carte de l'iniquité recouvre à peu près celle de la faim. Chaque soirée télévisée offre pourtant à l'Ouest et à l'Est un « casting » tranquillisant, où permutent premiers rôles et figurants. Malheur aux peuples qui ne peuvent servir d'enjeu idéologique ! On trouve des voix en France, à la marge, côté communiste, pour évoquer la répression en Turquie, pays limitrophe et adversaire de l'U.R.S.S., compromettant l'O.T.A.N. Mais le Guatemala, ses dizaines de milliers d'assassinés, torturés, dépecés, brûlés vifs — quel intérêt stratégique[1] ? Quand Cuba, en 1961, juste après la baie des Cochons, était au pinacle de la renommée il y avait près de 100 000 personnes entassées en prison et de nombreuses exécutions. Quand il n'y a plus, au dire d'Amnesty, qu'environ 240 prisonniers politiques (dont beaucoup d'anciens « criminels de guerre » de Batista), aucun indice de tortures ni « disparitions » et que la peine de mort n'est plus appliquée — exploit plutôt rare en Amérique latine — le « Goulag tropical »

---

1. Une dépêche chez nous peu diffusée, en 1984 :
« Buenos Aires, 19 novembre (A.F.P.) — Le nombre de cas de disparitions en Amérique latine s'élève à environ 109 000 a estimé lundi à Buenos Aires la Fédération des familles des détenus et disparus d'Amérique latine (F.E.D.E.F.A.M.).

« Le Guatemala vient en tête pour les cas de disparitions avec 35 000 personnes portées disparues depuis 1966, ont déclaré à l'A.F.P. des porte-parole de la F.E.D.E.F.A.M., alors que 30 000 cas ont été recensés à Haïti et un nombre égal en Argentine.

« Selon les mêmes sources, le nombre de disparus est estimé à 6 000 au Salvador, à 3 000 au Pérou, à 2 000 au Paraguay et au Chili, à 514 au Mexique, à 144 au Brésil, à 140 en Bolivie, à 109 au Honduras, à 60 en république Dominicaine et enfin à 24 en Uruguay. A ce dernier chiffre, il convient cependant d'ajouter 124 cas de personnes d'origine uruguayenne disparues en Argentine.

« La F.E.D.E.F.A.M. a communiqué ces chiffres dans le cadre de son 5ᵉ Congrès, qui s'est tenu pendant une semaine dans la capitale argentine et devait prendre fin lundi soir. Le thème principal de ce Congrès était " Qui sont les détenus disparus ? ".

« " Tous les jours, il y a cinq nouveaux 'disparus' et vingt nouveaux assassinats, sans compter les personnes tuées dans des combats ", selon la F.E.D.E.F.A.M. »

défraie la chronique parisienne[1]. La Chine, à l'Ouest, fait assez bonne figure, pour cause d'alliances inverses : 10 000 exécutions publiques reconnues en 1983. La même année, Amnesty signalait qu'à sa connaissance huit personnes avaient été exécutées en U.R.S.S., pour crimes économiques, sur 24 personnes au moins condamnées à mort. Il y avait aux Etats-Unis en 1984 726 000 détenus (dépendant des autorités fédérales, étatiques et communales), dont 1 283 condamnés à mort ; 21 ont été exécutés en 1984.

Plus sinistre que l'actuelle répression des dissidents, bien qu'en formant le cœur, demeure celle des juifs en U.R.S.S. Amère preuve de continuité nationale et sociale, le régime soviétique a atténué mais n'a pas mis fin à l'antisémitisme de son prédécesseur (le « Protocole des sages de Sion » était un faux de la police tsariste), qu'il croit devoir entretenir sous les couleurs de l'antisionisme. Reconnue comme nationalité, mais non comme nation, donc dépourvue de territoire (la fiction du Birobidjan, « région autonome juive » créée en 1936 n'en compte que quelques milliers), la communauté juive est estimée à 2 500 000 personnes et répartie un peu partout — mais principalement à Moscou et Leningrad. Les demandes d'émigration s'élèveraient à plus de 300 000, et on compterait entre 20 000 et 25 000 refuzniks[2]. Séparation des familles, brimades, numerus clausus dans les universités et les grands corps, intimidations de toutes sortes sont revenus à l'ordre du jour. La culture juive, l'enseignement de l'hébreu, la littérature yiddish sont mis sous le boisseau, et le nombre de visas de sortie accordés chaque année a chuté jusqu'à moins de mille en 1984[3].

---

1. Sur la situation des droits de l'Homme à Cuba, le rapport le plus fouillé est celui du professeur Edy Kaufman, des universités de Jérusalem et de Los Angeles, à la Commission interaméricaine des droits de l'Homme (1985).
2. Chiffres communiqués par le C.R.I.F. (Paris, 1984).
3. Environ 250 000 sorties ont été autorisées vers Israël (ou les Etats-Unis ensuite) durant la décennie de la « détente », en contrepartie tacite des accords américano-soviétiques commerciaux et d' « arm's control », entre 1970 et 1980. Il semble que les tentatives occidentales d'officialiser ce marchandage subtil, dans la foulée de l'amendement Jackson, aient contribué à arrêter le flux du côté soviétique.

Le coût international de cette injustifiable politique de discrimination ne se limite pas au terrain de l'opinion mondiale. Il s'ajoute au coût intérieur de la répression culturelle (la lente fuite des cerveaux, des talents et des inventeurs hors du pays ou de ses institutions) et n'est certainement pas compensé par les bonnes grâces d'un monde arabe reconnaissant. Dans ce domaine aussi, la comptabilité totalitaire, à partie double, est passée au rouge.

*4. L'entropie cérébrale.*

— *La vision à long terme, la foi dans le grand dessein, l'unification des volontés dans et par une idéologie centrale ?* « Galvanisés par la certitude de vaincre, les Soviétiques se considèrent comme étant en guerre jour et nuit contre le reste du monde. Alors qu'ils savent où ils vont, nous cheminons à l'aveuglette, indécis et tiraillés. »

Et si c'étaient eux, les plus aveugles, croyant savoir, ne sachant pas qu'ils croient, et avançant triomphalement dans un cul-de-sac historique ? Les certitudes du « Diamat » handicapent la diplomatie soviétique, qui n'est jamais aussi efficace que lorsqu'elle s'en déleste pour redevenir classiquement russe : arrière-plan rationnel des rapports notoirement mauvais qu'entretiennent au plan personnel depuis des décennies Gromyko et Ponomarev, voire le M.I.D. et le Département international du Secrétariat du Comité central du P.C.U.S. en tant qu'institutions. Sans doute le penchant russe au messianisme avait-il rebondi, dans les débuts de la Révolution, sur le déterminisme sommaire de la vulgate marxiste, mais les croisés sportifs de la Maison-Blanche paraissent aujourd'hui incomparablement plus pénétrés du mandat religieux qui fait de leur pays une nation pas-comme-les-autres, chargé par le Tout-Puissant d'une mission universelle que ne le sont les circonspects commis du Politburo.

C'est à l'Ouest que revit et flamboie le messianisme d'Etat, qui végète à l'Est dans le formol des clichés. Mais c'est une chance pour l'Ouest que les appareils adverses d'analyse et de décision restent englués dans des concepts centenaires et de moins en moins opérationnels : cela garantit un haut degré d'auto-intoxication, de retard à l'allumage et de maladresse.

Le noyau dirigeant soviétique, qui vit en vase clos, a toutes les chances de recevoir des informations filtrées, biaisées par les lentilles du léninisme, édulcorées par le conformisme général. Quelle que soit la variété des canaux d'information — M.I.D., C.C., K.G.B., G.R.U., etc. — le système d'écluses successives, l'uniformité de pensée à la source, la crainte révérentielle du sommet, les tabous disciplinaires conspirent à lui présenter du monde extérieur un tableau simpliste et complaisant[1]. Le caractère sacré des décisions acquises découlant du dogme de l'infaillibilité collective du Parti, les règles de cohésion au sein du Politburo, la lourdeur des procédures collégiales rendent plus ardue que chez nous une rectification de tir, quand elles ne rendent pas la bourde irrémédiable (puisque erreur il ne peut y avoir, dans le principe). Une appréciation non idéologique ni volontariste de la situation en Afghanistan, voire un tournant ou une remise en cause, serait infiniment plus difficile en U.R.S.S. qu'a pu l'être le virage vietnamien aux Etats-Unis. Ne sachant pas d'avance la fin de l'histoire, nous sommes mieux armés pour essayer de la comprendre au coup par coup, et pour mettre l'expertise indépendante au service d'une politique étrangère (que ce soit par l'intermédiaire du Centre d'analyse et de prévision au Quai d'Orsay, la diversité des contacts personnels, la variété des journaux et revues spécialisés). La fin du stalinisme a renforcé la professionnalisation et l'ouverture d'esprit des cadres dirigeants. A Moscou cependant, tout indique encore un cloisonnement fort peu opérationnel entre le monde académique et le monde politique, la recherche et l'évaluation, la connaissance et la décision. Aucun rapport avec la symbiose américaine (ou israélienne) des compétences et du renseignement, des universités et de l'administration. L'Académie des sciences dispose à cet égard d'instituts spécialisés,

---

1. On trouvera une description fine des circuits et parfois des cercles vicieux de la décision en politique étrangère dans l'étude de Harry Gelman, *The Brezhnev Politburo and the Decline of Detente*, 1984, Cornell University Press.

à commencer par l'I.M.E.M.O., mais la personnalité d'Arbatov ou de quelques hommes-ponts proches des milieux dirigeants ne suffit pas à abattre les cloisonnements dus à cette rigidité institutionnelle et mentale. Là encore, le système se mord la queue : la pauvreté de l'information, les difficultés d'accès aux archives et aux bibliothèques (qui ont encore leur enfer et leurs interdits), la rareté délibérée des photocopieuses, le cloisonnement des sections, les contraintes d'exposition doctrinale débouchent, selon l'avis des chercheurs occidentaux, sur des travaux de très bas niveau, non concurrentiels avec les nôtres.

Seules la clôture idéologique et la redondance d'analyses de classe stationnaires, par avance vérifiées, peuvent expliquer pourquoi Moscou a constamment sous-estimé dans ses analyses le facteur islamique, en Afghanistan, en Iran et ailleurs, son désarroi devant l'explosion communaliste en Inde, son inaptitude à « cadrer » des phénomènes nationalitaires, tribus ou minorités, qui ne rentrent pas dans la grille marxiste. De même son approche de bloc à bloc, dérivant du dualisme manichéen inscrit dans la doctrine, fausse-t-elle sa vision de l'Europe de l'Ouest (d'où son échec dans l'affaire des euromissiles, où l'U.R.S.S. a offert trop peu et trop tard, tout en rendant le non-déploiement, par sa propagande centrée sur les Pershing, politiquement non négociable pour les Européens).

— *Société close, société aveugle, aux autres et à elle-même.* Le défaut d'opinion publique contradictoirement informée présente des inconvénients moins évidents mais beaucoup plus pervers que les bénéfices immédiats (protection du secret et absence d'opposition). Le monde soviétique s' « autodésinforme » encore plus facilement, bien qu'autrement, que le nôtre. On ne peut affronter ce qu'on ignore ou caricature. Il est bien léger de croire que l'information uniforme permet la mobilisation de l'opinion et que l'information contradictoire l'empêche. De même que la doctrine à tout-va déréalise et démotive, la propagande anesthésie. Un exemple militaire : l'extraordinaire liberté de discussion de mise dans Tsahal renforce la capacité combative de l'armée israélienne, d'autant plus forte que démocratique. Et la dextérité opérationnelle du Mossad ne doit pas peu au pluralisme des opinions et au sans-gêne intellectuel des civils qui le composent.

Parce que nous avons dix, cent, mille théories sociales et que nous ne réduisons pas une *idéologie* à une *doctrine,* nous savons que le design a plus d'impact qu'un catéchisme sans vitraux ni statuaire, sans art ni féerie. La *doctrine* philosophique est une espèce tardive et fragile parmi les mythologies collectives, et des mille façons de répandre une vision du monde, les visuelles sont naturellement plus séduisantes que les livresques. Dallas ou Colombo, la CX et nos briquets, nos collants et nos walkman sont plus porteurs d'idées, de schémas de conduite, de modèle d'identification que la 27$^e$ édition des *Principes du matérialisme dialectique.* L'Ouest offre des *produits* — qui se touchent, se dégustent, se regardent. L'Est offre des *discours* peu propres à nourrir ou divertir le client (si peu qu'on les réserve aux écoles et aux casernes). Gutenberg peut parler marxiste, MacLuhan ne le pourra jamais. A l'ère du vidéo-boom mondial, où chaque ville moyenne en Inde, chaque capitale du Golfe, chaque bourg latino recèle des centaines de magnétoscopes en attente de cassettes, l'humanité entière votera avec ses yeux, comme d'autres le font déjà avec leurs pieds. Le système socialiste doit signer tout ce qu'il touche, afficher ses slogans le long des routes, se glorifier de la sécurité sociale des travailleurs et du taux de scolarité ; mais aussi, et logiquement, endosser les files d'attente, les sécheresses, le manque de pâte dentifrice et la dernière hausse des denrées de première nécessité. C'est une grande faiblesse que d'asseoir à cru sur un idéal l'administration des choses et le gouvernement des hommes. La moindre coupure d'électricité, panne d'autobus, pénurie de tomates chez l'épicier, grossièreté d'un employé à son guichet, mutisme d'un chef de service qui ne répond pas aux lettres, rejaillit sur l'idéal, le discréditant jour après jour. Le régime *s'expose,* vulnérable de tous côtés, sans exutoire ni coussin amortisseur. Bureaucratie céleste ou Appareil de Vérité, le rabattement du principe transcendant de légitimité sur les gestions quotidiennes signifie un affaiblissement prématuré du lien politique.

## 5. *Le terne et le vif.*

A l'Ouest, le système est plus intelligent que les individus : peu importe qu'un Président américain ne soit pas une lumière, la dynamique de la société gommera d'elle-même la médiocrité des politiques. A l'Est, le programme a raison du projet initial : placez des aigles aux commandes, la bêtise du système fera litière de leur génie. Les pères fondateurs seraient-ils d'imprévisibles originaux (Lénine, Mao, Tito, Castro, Ho Chi Minh), les apparatchiks dociles et conformistes qui leur succéderont ramèneront l'utopie à l'étiage, selon une *sélection à l'envers* éprouvée. Pourquoi ? Parce que les machines politiques, ici et là, n'ont pas le même âge technologique. Tout comme les usines des pays de l'Est, le modèle de contrôle social, idéalement considéré (toutes choses égales par ailleurs, abstraction faite des facteurs nationaux), survivance de l'âge mécanique dans un monde dont le paradigme n'est plus thermodynamique, a deux générations de retard : la moindre perturbation, nouveauté, aléa, le moindre « bruit » lui est désordre. Prédéterminé, réversible, redondant, il sait mal dialoguer avec son milieu extérieur. Il ne se propage pas comme une vague de chaleur, ne diffuse pas comme un gaz, ne se reproduit pas comme un être vivant par une production indéfinie de différences ; il fabrique des duplicata, réplications d'un ordre premier et contraignant. Le va-et-vient démocratique transforme l'énergie reçue de l'extérieur en information, accroissant sa capacité de résistance aux agressions du dedans et du dehors. Cette auto-organisation sélectionne, traite et intègre son « bruit » (l'opposant, la crise intérieure, le conflit international, l'accident biologique). D'un côté, une mécanique sans yeux ni oreilles, sans correctifs ni « feed-backs » négatifs, sans tableau de bord ni clignotants ; de l'autre une machine thermique, peut-être demain informatique, susceptible de se « réécrire grâce aux ruptures, aux agressions imprévisibles qu'elle affronte, assimile et retourne » (Attali). La crise internationale du communiste peut se lire comme la dégradation accélérée du rendement due à la hausse des coûts d'organisation du système (ou de son maintien en l'état). Dût-on rejeter cette grille de lecture dans la poubelle de l'histoire des métaphores, reste l'évidence d'une forme sociale pauvre, répétitive, engoncée dans des rites et hiérarchies désuètes, trichant avec la vie. L'Est/Ouest, c'est aussi cette dissymétrie : ici, une reproduction mécanique et là, l'infini concret du biologique. Un ordre incolore, sériel, prévisible, contre un ordre individuel, chaud, bariolé. Là, une nappe d'optimisme morne, de laideur banlieusarde et de mots morts défilant de Dresde à Vladivostok. Ici, un pessimisme rigolo, un suspense tragique et gai, entraînant tout. Cette inaptitude à gérer l'imprévu, à traiter le différent et le neuf sacrifie les possibilités à long terme aux nécessités du court terme ; l'appropriation réelle à la propriété formelle ; l'emprise à la prise. Les organismes vivants inférieurs, à programme génétique pauvre, échouent à rebattre les cartes, enrichir la donne. A l'intérieur de ses frontières, la politique des nationalités de l'U.R.S.S. est une réussite, somme toute la plus grande du régime. Mais tout se passe comme si, à l'extérieur, cet encombrant protozoaire étalé sur un sixième de la planète ne pouvait se reproduire que par scissiparité, se défendre sans défoncer, se renouveler sans se dédoubler, assimiler sans avaler. Ce modèle de gouvernement est l'arriéré fixiste d'un monde en évolution accélérée, où, comme dans la nature, les organismes les moins différenciés, aux moindres performances adaptatives, sont les plus handicapés pour la reproduction, sinon pour la survie.

## IV. LE BLOC BLOQUÉ

*1. Une grande première ?*

D'abord, la mythologie, ensuite les faits — puisque nous ne voyons plus les seconds qu'à travers la première.

« Ce conflit (afghan) prouve, s'il le fallait encore, que le communisme, surtout soviétique car entaché du vieux rêve des tsars, n'a pas abandonné son but de domination mondiale. Il n'a de sens qu'étendu à la planète. Il ne peut durer que s'il est total. La vraie paix pour le Kremlin, c'est sa paix à lui sur tout le globe [1]. » Ou encore : « Le seul moyen de faire en sorte que plus personne ne veuille s'évader de prison, c'est de transformer le monde entier en prison. Ou, pour éviter tout recours à la métaphore, le seul moyen de se convaincre et de convaincre l'espèce humaine que le système socialiste est le meilleur de tous les systèmes, c'est qu'il n'en existe plus aucun autre. De là provient l'insatiabilité planétaire de l'impérialisme communiste [2]. »

L'empire du monde est une idée religieuse, non historique. Il n'est pas étonnant qu'elle ait pris force de légende dans le pays où, des électeurs aux Présidents, l'imprégnation biblique est la plus forte et la culture historique la plus faible : les Etats-Unis

---

1. Patrice Franceschi, *Guerre en Afghanistan*, La Table Ronde, 1984, p. 23.
2. Jean-François Revel, *Comment les démocraties finissent*, p. 91.

d'Amérique. De même que la fin du monde — « Armagaddon » nucléaire — y inspire des colloques de haut niveau, « The day after », un séisme télévisuel, l'Empire du Mal y doit son audience à la Bête de l'Apocalypse, la Croisade pour la Liberté, au péché originel (comme le rêve médiéval de monarchie universelle réfléchissait sur terre le Royaume de Dieu). La force de suggestion de ces fantasmagories vient précisément de leur imprécision : non falsifiables, elles récusent par avance la mesquine critique des faits.

De mémoire néolithique, la planète n'a jamais montré qu'un puzzle de dominations segmentaires, et depuis qu'il y a des empires, on n'en a jamais vu un seul dominer l'œkoumène, mais plusieurs à la fois et concurremment. Rome à son zénith n'éclipse qu'à nos yeux de Latins les Hans en Chine, les Kouchanes en Inde, les Sassanides en Perse. Les religions universelles en sont encore aujourd'hui à se disputer des cantons d'univers mais l'Idéologie, gnose rajeunie, aurait enfin, nous dit-on, les moyens de ses ambitions. C'est seulement chez le vieil homme que toute action provoquait une réaction, toute expansion une résistance, toute puissance son contrepoids — le panslavisme, le pangermanisme et réciproquement —, tout éveil nationaliste le réveil d'un nationalisme adverse. Nous voici désormais avec deux « premières » en perspective : le premier empire global de l'humanité, qui n'a pourtant jamais compté autant d'Etats souverains et de cultures vivantes qu'aujourd'hui ; et dans ce rôle pharamineux, le plus léthargique mais le mieux caparaçonné des candidats en lice, malgré une économie en marche arrière et un Politburo qui ressemble assez peu à un conquistador collectif.

La planète a rétréci depuis Babylone, mais le rapport espace-nombre n'a pas amélioré le rapport coût-bénéfices du futur *imperium mundi*. Ce que la fusée balistique permet de gagner en vitesse, la surnatalité le complique en fin de course. Deux cent soixante-dix millions de surdoués suffiront-ils à contrôler quatre milliards et demi de débiles ? Une seule des cent soixante-dix unités politiques de la planète peut-elle en satelliser cent soixante-neuf ? Qu'un homme en tienne sous le joug douze autres supposerait chez le premier des vertus génétiques insoupçonnées et la démographie ne facilitera pas la transmission des gènes slaves. Le vieillissement et la baisse de la fécondité n'épargnent pas plus la nation russe que les pays industriels de l'hémisphère Nord au moment même où les Ouzbeks, l'Afrique du Nord et le Proche-Orient battent tous les records de croissance démographique. La Chine a beau dramatiser la régulation des naissances et imposer l'enfant unique (jusqu'à diminuer de 54 % sa fécondité sur les dix dernières années), l'année 1983 a encore ajouté 80 millions d'esclaves potentiels à une chiourme qui a quadruplé depuis Lénine. Avec ses 3,5 milliards d'habitants, le tiers monde équivaut à l'ensemble de l'humanité d'il y a vingt ans. « Transformer le monde entier en prison » : vaste programme, à réviser en hausse chaque année (voir annexe).

## 2. *L'état de guerre.*

Déplacer des soldats de plomb sur le planisphère sied au Café du Commerce des fantasmes, où d'olympiens stratèges échaffaudent des coups ravageurs sur un échiquier net de peuples, de mentalités, de nationalités — nettoyé de tout ce qui vit, résiste, et tranche en dernier ressort. « Si les Russes décidaient de s'installer au Mexique et au Canada... » « Les divisions russes seraient à Biarritz en quelques jours »... « Un rapport du Pentagone concluait de son côté que les forces américaines ne pourraient pas s'opposer à une occupation soviétique militaire de l'Iran si Moscou décidait de saisir une occasion historique pour changer l'équilibre mondial »...[1] : non, mais les Iraniens peut-être. Et si l'on supposait que le Mexique, le Canada, la France, ce sont aussi des Mexicains, des Canadiens et des Français qui veulent vivre et vivre libres... ? Et que les envahisseurs eux-mêmes ne sont pas tous des hommes de marbre ? Julius Tomin, philosophe tchèque exilé, qui assista à l'invasion d'août 1968, en retint la certitude que

---

1. Castoriadis, *Devant la guerre,* Fayard, p. 35, 37 et 43.

« l'occupation de l'Europe de l'Ouest détruirait les Soviétiques de l'intérieur [1] ».

Les militaires partout sont des civils en uniforme et les Soviétiques de 1985 ressemblent assez peu aux masses fanatisées, haineuses et rêvant d'en découdre du Reich millénaire. Le seul rêve collectif en U.R.S.S. est de type petit-bourgeois : se faire chacun dans son coin une petite vie à soi. On les voit mal, au moment où ils acquièrent enfin les moyens d'y atteindre, céder au vertige de l'épopée. Mais qu'importe puisque ce peuple n'a ni droit de vote ni liberté d'expression ? Et l'aurait-il, par miracle, qu'il resterait soumis à l'Etat despotique qui dispose seul de son corps et de son esprit et le prépare chaque jour à la guerre.

La militarisation de la société soviétique est inscrite dans les statistiques comme dans les uniformes omniprésents dans les rues, de toutes armes et couleurs. Dans le 1,8 % de militaires dans la population (0,9 % en France et aux Etats-Unis) ; le 1,5 million des personnels de carrière ; l'abaissement de l'âge d'appel sous les drapeaux à 18 ans ; les jeux militaires aux jardins d'enfants, chez les pionniers comme les komsomols (14-28 ans) ; les 23 mois de période légale cumulée qu'un Soviétique jusqu'à 50 ans doit accomplir dans la réserve ; les 14 % de la population active et les 50 % de l'intelligentsia scientifique employée à des tâches de défense ; l'exaltation militaro-patriotique de la télé et des médias ; l'omniprésence des mémorials, cimetières et monuments aux morts ; la préparation de la marine marchande et de l'aviation civile à des tâches opérationnelles ; la priorité à l'industrie lourde (mécanique et métallurgie) dans les investissements en capital ; les 103 millions (38 % de la population) de membres de la « Société de coopération volontaire avec les armées » ; les 30 millions de participants potentiels à la défense civile ; les 2,6 millions d'exemplaires quotidiens de « l'Etoile Rouge » (mais la *Pravda* tire à 10,7 millions) ; la diffusion populaire de brochures et ouvrages militaires réputés chez nous pour spécialistes ; la visite rituelle des jeunes

---

1. Témoignage in *Alternatives non violentes*, n° 46, p. 59.

mariés au Soldat inconnu, au sortir de la Mairie ; l'obsession pointilleuse jusqu'au ridicule du secret militaire.

C'est aussi un fait que la guerre est une hantise, non un désir ; les souvenirs sciemment ravivés du traumatisme de la Guerre exacerbent la phobie du sang versé (rares sont les familles qui ne comptent pas une victime) ; les leitmotive des confidences comme des slogans sont « paix » et « amitié » ; la sensation délibérément entretenue de vivre en état de siège fait tourner le chauvinisme autour de la « patrie en danger », non de « l'espace vital » ou du « rachat de l'espèce » (le futur de l'humanité étant confié à Jules Verne plutôt qu'à Ivan le Terrible) ; l'opinion moyenne, sinon publique, est au cartiérisme, à l'appétit de consommation et à la chasse au bonheur en famille ; la corruption généralisée a détendu depuis longtemps les ressorts purs et durs des « années de feu » ; l'amour de la Sainte Russie, seule puissance de convocation active, ressasse la vieille peur de l'invasion, non la soif de conquêtes ; le stoïcisme de la souffrance signale plus une fantastique capacité d'encaisser pour la mère patrie qu'un besoin de rouler le biceps ; les héros de légende parlent à chacun de Stalingrad plutôt que de Kaboul ; la croissante popularité de Staline (dont camionneurs et chauffeurs de taxis arborent le portrait sur leur véhicule) s'adresse à un symbole intérieur d'ordre, d'intégrité et de discipline, plutôt qu'au Conquérant ; la jeunesse, déjà, ne veut plus entendre parler de la guerre et des anciens combattants ; et, *last but not least*, la doctrine stratégique officielle affiche l'offensive tous azimuts mais dans le cadre d'une posture défensive (ni guerre nucléaire limitée ni recours en premier à la force).

Psychose de guerre et soif de paix : la couleur locale complète les statistiques. L'U.R.S.S. est un Etat militarisé, non militariste. Doté d'une idéologie de combat, non belliciste. Le système intérieur a un besoin constitutif d'ennemi extérieur mais non d'en triompher : qui animerait alors l'indispensable conspiration impérialiste des ennemis de la paix ? Lutter est vital au système, gagner lui serait fatal. La fin des menaces serait le début de la sienne. Le système surarme ses avant-postes ? Ils sont bel et bien assiégés. Et l'intérêt national du petit — qui est de prendre chez soi un Grand en otage — rencontre l'intérêt égoïste du bastion central — reculer le seuil de l'intervention éventuelle[1]. Le communisme comme système de gouvernement a tout intérêt à mettre un pays sur le pied de guerre ; comme système de production, il s'y épuise. Le capitalisme, à l'inverse, trouve à la guerre et ses préparatifs des inconvénients politiques mais des avantages économiques certains : les programmes militaires relancent la machine et permettent de surmonter les crises (hausse du taux de profit, résorption du chômage, utilisation des pleines capacités industrielles, etc.). Les firmes américaines ne se cachent pas de pousser à la roue des lucratifs programmes de recherche et production de la guerre spatiale. Malheureusement, c'est faire le jeu d'un régime communiste que de choisir face à lui la confrontation militaire. On porte alors le débat sur son terrain d'élection, où il est à son meilleur.

L'état de guerre a de tout temps accru la force des Etats. Comme l'a bien vu Orwell, la situation d'hostilité — la guerre pour la guerre — est indispensable à l'Etat totalitaire. A la différence du jacobinisme qui naît de la guerre et meurt avec elle (le libéralisme étant d'emblée mis par la guerre hors de combat), le communisme lui survit : c'est une prolongation lourde, froide et tardive de la guerre dans la paix. La dictature jacobine est romaine, républicaine et extraordinaire. Déclenchée par « l'approche des ennemis étrangers », elle ne dure que le temps d'assurer le salut public et reste assujettie à la représentation populaire. Nos terroristes de 93 furent les commis de la nation, et c'est la Convention qui a destitué, après Fleurus, Robespierre — conformément au décret de l'an II : « le gouvernement provisoire de la France est révolutionnaire jusqu'à la paix. » Il faut savoir terminer une révolution. Le léninisme qui sait en déclencher et en contrôler, ne sait pas, ou bien mal, passer de la guerre à la paix. Comme on ne connaît pas de guerre, même civile,

---

1. Tel est le sens politique, bien connu des dirigeants américains, de la petite brigade soviétique (1 escadron de chars, 3 bataillons motorisés, semble-t-il) qui stationne à Cuba depuis le début 1962 (avant la crise d'octobre) : signe dissuasif, et non force d'intervention extérieure. Le stationnement des forces américaines en R.F.A. relève d'une logique similaire.

qui ne dégénère un jour en paix, la force du système est sa plus grande faiblesse : bon pour le service, inapte pour la démobilisation. Le communisme gagne les guerres et perd les paix (la Chine l'a compris, qui se décommunise à temps, pour pouvoir un jour rivaliser avec le Japon). Autant dire que dans n'importe quelle région du monde les chances du socialisme réel augmentent avec celles d'un conflit régional et vice versa. Pham Van Dong, 1981 : « Oui, nous avons battu les Etats-Unis. Mais maintenant nous sommes harassés de problèmes. Nous n'avons pas assez à manger. Nous sommes une nation pauvre et sous-développée. Vous savez, faire la guerre est une chose simple, mais gouverner un pays est très difficile [1]. » De fait, la guerre est un grand simplificateur, pour l'esprit, les sociétés et la vie des hommes ; la « dictature du prolétariat » porte en tout le simplisme comme le fer dans la plaie. Mais les avantages du système se retournent à la première trêve en handicaps. L'abnégation devient privation, les nerfs d'acier estomac vide, le surhumain, inhumain. Et la mobilisation, stérilisation des énergies. On comprend que le prestige moral des régimes de ce type comme des hommes qui l'incarnent soit à son maximum durant ou sitôt après une guerre, et à son plus bas en temps de paix. Léon Blum, l'un des premiers socialistes à dénoncer dans les années vingt « le cancer militariste à la source du bolchevisme » écrit en 1944 : « Dans cette lutte, la Russie soviétique a stupéfié l'opinion universelle et forcé son admiration. Les penseurs qui imputaient au bolchevisme, comme un crime irrémissible, la perversion et la dégradation de l'individu humain, sont désormais tenus, s'ils sont honnêtes, de réviser leur sentence... » (*A l'échelle humaine.*) On comprend aussi que les jeunes Occidentaux qui n'ont pas connu le feu, la guerre, la mort, ni le nazisme dans leur chair, puissent estimer ces mots incompréhensibles. On est toujours le naïf d'un cadet.

« Militaire » n'est pas synonyme d' « Armée » : l'Armée est déjà dans le Parti, « détachement d'avant-garde », institution militaire, qui commande, pense, et s'organise comme telle.

---

1. Spanley Karnow, *Vietnam*, Viking Press, New York, 1983, p. 27.

Clausewitz est dans Lénine et Mao, non l'inverse, et ni le complexe militaro-industriel ni la splendeur des défilés militaires lors des fêtes nationales ni l'habillage en maréchal, général ou commandant, du secrétaire général n'indique une quelconque « stratocratie »[1]. C'est le Parti qui a décidé d'ériger en modèle le fait militaire, et qui calque sur lui la langue de bois, politique et économique : « mobilisation, front, lutte, diversion, victoire, sabotage », etc. En Chine il est vrai, la révolution fut de part en part un mouvement militaire dans lequel armée et parti se sont construits mutuellement et quasiment avec les mêmes hommes. « La militarisation de l'esprit de Parti, qui est un des résultats des formes d'accession au pouvoir, se retrouve aussi bien dans les méthodes de direction que dans le vocabulaire, que dans la place et le rôle de l'armée dans la nation[2]. » Pas étonnant qu'ici la « démaoïsation » passe par la démilitarisation (et le complet-veston des dirigeants), ni que les résistances au « cours nouveau » aient l'armée pour noyau. En U.R.S.S., la déstalinisation n'a pas modifié le statut, toujours subordonné, de l'Armée, « le Parti en uniforme », dont la visibilité ne signifie nullement la primauté. Elle reste le principal creuset national d'un Etat multinational (ou 40 % de la population n'a pas le russe comme langue maternelle). Mais l'absence de pouvoir de décision militaire, la primauté rigoureuse du parti sur l'armée au Comité central (8 % des sièges, sans changement depuis 1952), au Politburo (1 sur 12 titulaires), au Conseil de Défense lui-même, présidé par le secrétaire général (un cinquième des sièges pour les militaires) ; la priorité donnée à la modernisation industrielle ; l'embarras manifeste devant l'anomalie polonaise de 1981, du reste en voie de résorption ; la brutale et facile mise au pas, en 1984, du maréchal Ogarkov, le C.E.M.A. qui émergeait comme une forte personnalité, assez singulière ; la prééminence de la Direction politique Principale (D.P.P.) au sein de l'administration militaire ; la carte du Parti obligatoire pour

---

1. Le défilé militaire a été pour la première fois depuis 25 ans réintroduit en Chine lors de la 35ᵉ fête nationale (octobre 1984).
2. Jacques Guillermaz, *Histoire du P.C. chinois*, t. 1, Payot, Paris, p. 434.

les officiers et de nombreux autres signes attestent que la « dictature des maréchaux » n'est pas pour demain. L'armée est l'enfant chéri du régime, mais non son père ni son parrain. Sans doute y aura-t-il toujours une armée dans la Russie de 2185 et vraisemblablement plus de P.C.U.S., car un Etat peut fort bien vivre sans Parti unique mais non sans Forces armées. Et les patries survivent aux idéologies. Pour le moment, si la légitimité historique du Parti est en quelque sorte privée de base, puisqu'il n'y a plus officiellement de classes antagonistes et que la modernisation du pays pourrait désormais se poursuivre sans lui, son monopole reste solide. L'organe ici crée la fonction.

3. *Le grignotage, mode d'emploi.*

Nul esprit sensé ne croit que l'U.R.S.S. cherche et veuille la guerre. Tout indique, selon les termes de François Mitterrand, qu'elle « cherche à obtenir dans la paix ce qu'elle ne peut obtenir par la guerre dont elle ne veut pas pour en connaître trop le prix ». Allons plus loin et plaçons-nous dans l'hypothèse la plus défavorable, car la prudence stratégique exige de prévoir le pire. Reconnaissons la nature foncièrement et constamment expansionniste du régime soviétique. Tenons pour acquis (à l'instar de Jean-François Revel dans son *Comment les démocraties finissent*), que l'échec économique intérieur, loin d'inhiber, stimule l'impérialisme du système ; et que l'épuisement des séductions communistes précipite non pas le repli sur la gestion sans espoir des difficultés intérieures mais la fuite en avant tous azimuts. Reste à déterminer — et avec ce reste, commence la pensée politique — si l'U.R.S.S. peut avoir la politique de sa pensée, ou les moyens de ses fantasmes. La question pour un homme d'Etat n'est pas de savoir si l'U.R.S.S. est ou non sincère lorsqu'elle dit ne vouloir ni la guerre ni le monde, mais de s'assurer qu'elle se comporte bien comme si elle l'était. Pour y répondre, il faut d'abord tourner le dos aux généralités passe-partout des idéologues. Et examiner empiriquement, sur pièces, continent par continent, pays par pays, non les intentions supposées mais les capacités actuelles. Exercice d'analyse, proprement politique, auquel l'esprit français n'est pas mal préparé. Les procès-verbaux des conversations secrètes de De Gaulle avec les dirigeants américains entre 1958 et 1964 révèlent bien, comme l'indique Bernard Ledwige, historien et diplomate anglais (et comme l'indiqueront les historiens de 2004 quand seront connus les verbatim des entretiens diplomatiques de François Mitterrand) que le réalisme n'est pas toujours ni par nature anglo-saxon. « Sans cesse Kennedy généralise et de Gaulle particularise. Par exemple, quand Kennedy soulève " les problèmes africains ", de Gaulle répond " il y a plusieurs Afriques ". Ceci pourrait s'appeler la théorie anti-dominos[1]. » Cette « politique de différenciation » donnait (et donne) au Président français « une vision plus claire des réalités internationales qu'à ses partenaires américains, exception faite d'Eisenhower. Ils ont tendance à se laisser dominer par un seul point de vue, comme par exemple le point de vue de Dulles sur la conspiration communiste internationale, ou la théorie des dominos de Kennedy, qu'ils tentent d'appliquer à une multitude de problèmes. De Gaulle, par contraste, se présente en pragmatiste qui *distingue chaque problème des autres et offre selon les circonstances des solutions différentes.* Il fut souvent un conseiller avisé pour les Américains[2] ».

Concrètement, l'impérialisme soviétique a deux champs d'expansion possible, l'Europe et le tiers monde. Il y a beaucoup d'Europes et plusieurs tiers mondes. Mais tout ne se pouvant dire à la fois, force nous sera d'évoquer ces deux sphères stratégiquement indissociables l'une après l'autre.

Par temps de paix mondiale, la soviétisation, cette partie qui commence à deux et se termine en solitaire, est *d'abord* une rencontre. L'intégration suppose l'implantation *préalable* dans un pays d'autochtones regroupés par l'identification commune au modèle historique. Ce noyau, non télécommandé mais télépro-

---

1. Bernard Ledwige, « De Gaulle et les Américains », *Conversations avec Dulles, Eisenhower, Kennedy, Rusk, 1958-1964,* Flammarion, 1984, p. 118.
2. *Ibid.*, p. 53.

grammé, libre de ses initiatives mais lié pour le suivi, et liant par ses appels (après), est le petit moteur qui déclenche le grand (comme dans le protectorat afghan, où le pouvoir communiste local s'efforce de gagner ou d'acheter les notables traditionnels, en jouant la carte des rivalités tribales). Le mimétisme intérieur de la fraction la plus avancée, la plus intellectualisée du pays (ce qui était au départ le cas afghan) déclenche la « solidarité prolétarienne ». Mais pour que le Grand Frère accomplisse son « devoir internationaliste », il faut qu'il ait de la famille sur place — celle des porteurs du mythe. Il faut la « Révolution d'avril 77 », fait accompli par des Afghans, simple coup de force jacobin dont les Soviétiques (comme l'affirment la plupart des témoins) n'ont pas eu l'initiative. Ils sont venus ensuite leur sauver la mise — comme de coutume, et l'empocher du même coup, mais sans l'avoir délibérément et unilatéralement risquée. L'Afghanistan neutre et amical du roi Zaher puis du prince Daoud n'était pas pour les gêner. L'U.R.S.S. est encore plus dangereuse pour ses alliés et amis que pour ses adversaires ou les tiers. Depuis 1945, elle n'a mené d'opérations militaires que contre eux (à leur appel, s'entend). Et n'a pris de sanctions commerciales qu'envers eux (Yougoslavie, Chine, Albanie) et non envers ses partenaires occidentaux. L'infidélité est méchamment punie, mais l'hostilité de principe n'a que ce qu'elle mérite. Les déboires guinéens, égyptiens, somaliens et autres ont rappelé au Grand Frère qu'aucune implantation n'est durable sans « parti de classe » bien enraciné : d'où ses efforts actuels en Ethiopie, en Angola et au Mozambique plus qu'aléatoires, d'où l'impasse en Pologne. La dépendance politique, financière, psychologique des partis communistes à l'égard des Etats socialistes, U.R.S.S. au premier chef, nous est familière. Plus stratégique est la dépendance de l'Etat soviétique envers les partis de la périphérie, de leur qualité et de leur base. Eternelle dialectique : la cause externe ne peut agir sans le relais de la cause interne. Voilà qui annule dans son principe toute conception policière (la faute à la subversion étrangère) ou conspirative (minorité agissante) de l'histoire. Pas d'expansionnisme sans la jonction des militants et des soldats[1]. L'Union soviétique, ou le bloc, met les soldats ; le Mouvement communiste international, les militants (ou le Mouvement de Libération nationale, des combattants). Or, les relais intérieurs organisés sont en voie de disparition en Occident ; et ils s'apprêtent à disparaître dans le tiers monde : ici, effondrement du « Mouvement communiste international » ; là, achèvement de la phase historique de « libération nationale ». En tant que puissance expansionniste, l'U.R.S.S. a son avenir derrière elle.

Pour schématiser : dans la sphère capitaliste développée (O.C.D.E.), le couteau communiste a sa lame étatique mais il n'a plus de manche : faute de révolutions locales possibles, le levier soviétique manque de points d'appui pour entrer en action. Dans la sphère sous-développée, hors glacis (« non-alignés »), là où il lui reste un manche, il n'a pas de lame : situations et forces révolutionnaires peuvent se présenter (demain aux Philippines, au Pérou, en Egypte, au Guatemala, etc.) mais un régime marxiste-léniniste aura peu de chances de s'implanter faute d'une couverture militaire soviétique durablement opérationnelle. Ce tourniquet met l'expansion au rouet.

L'establishment des chancelleries et des médias, à l'Ouest, néglige l'élément « militant », trop local ou obscur à ses yeux. Fonctionnaires et analystes, surtout lorsqu'ils ne furent eux-mêmes ni militants ni résistants, ni même officiers des affaires indigènes, âge oblige, ont tendance à ne percevoir que l'aspect étatique des choses. Les lentes et peu spectaculaires gestations des mouvements révolutionnaires dans la pénombre leur paraît folklore, la plupart des journalistes enquêtent entre deux avions et à la demande de leur public (donc plutôt en Afghanistan et chez les Miskitos), les diplomates n'ont affaire qu'à des diplomates — bandits, terroristes, autonomistes ou illuminés relevant au mieux des « services » traditionnellement méprisés par le Départe-

---

1. *Mutatis mutandis,* dans le cas d'un coup d'Etat intérieur, Prague 1948, c'est l'action combinée de la police d'Etat et des comités d'action du « front national » dans la rue qui permit le succès, puisque aucune troupe soviétique n'était alors stationnée en Tchécoslovaquie.

ment[1]. Une « périphérie » ne rentre dans notre champ optique qu'à partir du moment où la superpuissance soviétique s'y impliquant ouvertement, elle devient « foyer de tension » internationale. La lutte armée anticoloniale en Angola a commencé en 1961, à Luanda, avec les cadres du M.P.L.A., lui-même fondé en 1956. Ces hommes (qui n'intéressaient que notre police des frontières, pour refoulement éventuel) furent traités par nos journaux et nos bureaux avec un souverain mépris, et l'Angola émergea ex nihilo sur la carte en novembre 1975, lorsque arriva in extremis un premier contingent cubain pour repousser l'invasion sud-africaine et zaïroise du pays. Qui se souvint alors que Fidel Castro et le Che Guevara soutenaient et fréquentaient Agostinho Neto et les siens depuis 1961 ?

*4. A l'Ouest du nouveau.*

Commençons le tour d'horizon du conquérant par l'Europe : le « petit cap américain » est pour Ogrouski la plus juteuse, la plus proche des proies. Ci-gît l'enjeu central, la cible prioritaire des efforts politiques, militaires et diplomatiques de l'U.R.S.S. Elle y a le gros de ses intérêts économiques et commerciaux extérieurs, son principal adversaire/partenaire historique, l'Allemagne, ses cousins communistes les plus anciens — sans compter la supériorité en forces conventionnelles, patente depuis 1946 (les Occidentaux ayant alors décidé qu'ils pouvaient fort bien s'en accommoder, la Bombe aidant). Quoique l'expansion de la petite principauté de Kiev n'ait pas cessé depuis le XVIe siècle, par les quatre côtés, c'est dans notre direction que l'Empire russe s'est, depuis le début du

---

1. Je feuilletais à Pékin, dans une collection de publications anciennes, le *Who's Who in China, Biographies of chinese leaders,* cinquième édition, 1936, rédigée à Shangaï par *The China Weekly Review.* Parmi les milliers de noms de personnalités politiques chinoises, du premier jusqu'au cinquième plan, *aucune* trace de Mao-Tsé-toung, Chou en-Lai, Chuh-Teh, Lin-Piao, etc., et autres bandits du lointain Yenan. Il n'y a pas qu'en Europe dans la culture et de nos jours que la notoriété journalistique aveugle.

siècle, le plus étendu. Que disent les atlas historiques ? Si on superpose une carte de l'empire russe en 1914 et de l'empire soviétique en 1945, on sera surpris de voir que les accords léonins de 1939 et la victoire de 1945 n'ont pas suffi au second pour retrouver toutes les frontières du premier. En 1914, le Grand Duché de Pologne est directement inclus dans l'Empire, tout comme la Finlande. Les trois Etats baltes, conquis par Alexandre Ier, font partie du patrimoine, avec la Biélorussie. Au Caucase, la Géorgie, acquise par Alexandre II, a statut de protectorat, à côté de l'Arménie et de l'Azerbaïdjan (les frontières englobent Tbilissi, Erevan et Bakou). Kazakhstan et Turkestan occidental sont colonisés et intégrés depuis 1855. A l'est (l'Alaska ayant été vendu aux Etats-Unis en 1876), l'île de Sakhaline est entièrement russe dès 1875, la moitié sud revenant au Japon après sa victoire de 1905. Bien plus : au sud et à l'est, la Russie soviétique a perdu les trois zones d'influence internationalement reconnues à la Russie tsariste au début de ce siècle : la *Perse du Nord* (1907-1917), que Staline échoue à récupérer à la conférence de Téhéran ; le *Turkestan chinois* (1871-1912) ; et la *Mandchourie* (Port-Arthur, cédé à bail à la Russie en 1898, retourne à la Chine en 1954).

Les partisans de l'irrémédiable préfèrent se référer à la carte de l'U.R.S.S. en 1917 après la « paix obscène » de Brest-Litovsk — îlot amputé de trois siècles de conquêtes tsaristes —, ou en 1920, à la fin de la guerre civile, quand elle a cédé ou rétrocédé Finlande, Estonie, Lituanie, Lettonie, Bessarabie, et concédé à la Turquie Kars, Argadan et Batoum, ou même en 1938. Pas de doute que le dépeçage de 1939, organisé à l'ombre du pacte de non-agression germano-soviétique, a permis à l'Union soviétique d'annexer indûment les trois Etats baltes. La France encore maintenant ne reconnaît pas la légitimité de cette annexion[1]. S'y ajouteront plus tard la Pologne orientale, le nord de la Prusse orientale, la Carélie finlandaise et Petsamo, et ce qui fut un moment une partie de la Roumanie (Moldavie et Bessarabie).

1. Le Consul général de France à Leningrad, dont la circonscription inclut les Etats baltes, n'est pas autorisé à rencontrer es qualités les autorités politiques des trois républiques.

Rectifications de frontières et annexions qui ménagent à l'U.R.S.S. un nouvel accès direct à la Norvège, à la Tchécoslovaquie et à la Hongrie.

La Russie n'a pas attendu de devenir communiste pour avaler des terres à l'ouest (non plus qu'au sud). Kouriles exceptées, les territoires gagnés par ou après la guerre 1941-1945 avaient *déjà* été occupés, annexés ou subjugués, à une ou plusieurs reprises, par l'Empire russe bien avant la Révolution d'Octobre. La Bessarabie dite roumaine par exemple (et la plus grande partie de la Moldavie) avaient été intégrées dans l'Empire russe en 1812, et pour un Russe c'est la Roumanie qui l'avait annexée de 1941 à 1944. La Ruthénie subcarpatique (20 000 km$^2$, 800 000 habitants) a été incorporée à la République soviétique d'Ukraine en 1945 parce qu'elle était peuplée d'Ukrainiens et avec l'accord de Beneš, le président tchèque, que cette amputation soulageait d'une minorité nationale instable. Le décalage vers l'ouest de la Pologne, en 1945, recala les frontières orientales dans la ligne Curzon de 1919, bousculée par Pilsudski en 1920 lorsqu'il incorpora à la Pologne, par la force, lui aussi, une partie de la Biélorussie et de l'Ukraine occidentale avec Lwow (la Pologne de l'entre-deux-guerres comptait près d'un tiers de non-Polonais). L'ingénieuse mystification du panslavisme, inventée par les Russes au début du XIXe siècle, avait permis à Danilevski, en 1869, de dresser une carte de l'Union panslave dont les frontières étaient déjà celles de l'U.R.S.S. en 1945 « avec cette seule différence que Staline a fait un pas de plus en annexant Koenigsberg [1] ». Les partages de la Pologne n'ont pas commencé en 1939 ; non plus que le refoulement de l'Empire ottoman, la conquête des territoires de l'Est sinisés, la poussée en Transcaucasie et en Asie centrale. La Géorgie, par exemple, eut trois années d'indépendance sur deux siècles (1918-1921), mais elle avait été rattachée à la Russie en 1783 et annexée en 1801. L'ancienneté ne rend pas plus justifiable la russification d'une nation millénaire et une iniquité redoublée ne fait pas

---

1. Hans Kohn, *Le Panslavisme, son histoire et son idéologie*, Payot, Paris, 1963, p. 165.

jurisprudence. Mais imputer cet appétit historique au marxisme-léninisme n'est pas plus sérieux que d'expliquer le lynchage des Noirs en Alabama par le capitalisme de monopole. Zbigniew Brezinski a montré, sur la foi d'un document d'archives, que les buts de guerre de l'empire tsariste, en 1914, n'étaient autres que ceux que Staline a partiellement atteints en 1945 (intégration de la Galicie polonaise, de la Bukovine du Nord et de la Russie subcarpatique, d'une partie de la Prusse orientale), sans réussir néanmoins à annexer Constantinople et les Détroits [1].

Les « territoires perdus » au sud ont été retrouvés par Staline à l'ouest, si l'on peut dire, bien au-delà de la région carpato-ukrainienne prise à la Tchécoslovaquie, et de la Vistule. Danilevski, jugeant la Pologne coupable d' « avoir perdu son âme slave », l'avait laissée en dehors de l'union panslave — preuve que le stalinisme est autre chose qu'une variante du panslavisme. Roumains et Magyars appartenaient à une autre famille culturelle et historique, ce qui va sans dire des Prussiens. Comme si le nouveau tsar s'arrogeait l'héritage des Habsbourg et des Hohenzollern... L'évangile socialiste débordait, par la force, les aspirations de la vieille Russie. La création d'Etats satellites en Europe, et non de simples Etats-tampons, avait eu un précédent asiatique trop mal connu, avec, en 1924, l'instauration d'une République populaire en Mongolie, elle aussi occupée par l'Armée rouge en 1920, mais la culture des steppes pardonne plus facilement le viol que la chrétienté historique. Cette seconde vague constitue l'apport proprement communiste, l'Empire tsariste ignorant encore cette forme originale de colonisation qui respecte formellement le droit international, puisque les Etats du glacis battent monnaie, lèvent l'impôt, recrutent des soldats et accréditent des ambassadeurs, tout en vidant de contenu leur souveraineté.

Les cosaques ont déjà campé dans Paris, et un Russe s'est même installé à l'Elysée : c'était Alexandre Ier en 1814. Le régime soviétique peut-il faire aussi bien ? — ou mieux, car si un maréchal bouriate revenait faire boire ses chevaux place de la Concorde, il

---

1. Voir « The Future of Yalta », *Foreign Affairs*, hiver 84/85.

ne repartirait pas de sitôt. A regarder la progression par bonds des positions soviétiques en Europe depuis 1939, comment ne pas redouter la troisième vague — celle qui avalera Francfort, La Haye et Paris, après Varsovie, Bucarest et Prague ? Il suffit d'extrapoler sur la même ligne fléchée pour voir apparaître, règle de trois et preuve par neuf, « l'Europe infiltrée, domestiquée, gangrenée ». « Munichoise, finlandisée, anesthésiée. » « Paralysée, neutralisée, soviétisée. »

Supposer que l'Europe communautaire et démocratique, économiquement interconnectée, plus que correctement informée et socialement stabilisée, puisse demain, sans coup férir, tomber sous la coupe de l'U.R.S.S., c'est faire table rase, en bon terroriste intellectuel, de tout principe de réalité. Napoléon prédisait à l'Europe qu'elle serait un jour républicaine ou cosaque. L'ouest de l'Europe a fait son choix, le cosaque empêche l'est de choisir. Pour savoir laquelle des deux Europes refoulera l'autre, posons d'abord la question : comment devient-on une démocratie populaire ? Par surprise et contrecoup. Première différence : en 1945, les futurs satellites ne savaient pas ce qui les attendait, ni presque personne à l'Ouest. L'aurait-on su que les réactions, sur place et chez les alliés, eussent été totalement différentes (pas de démobilisation). La seconde : quand on émerge d'une dictature fasciste ou de l'occupation nazie, ceux qui vous en délivrent font l'objet d'un préjugé favorable.

L'Armée rouge n'a pas envahi un beau matin de 1945, à la faveur d'une petite crise régionale, cinq pays libres et démocratiques, en fonction d'un plan mûrement réfléchi. Depuis 1917, la révolution européenne était au programme des bolcheviks, ou à défaut, la subversion — non l'occupation militaire. Agressée à l'improviste par son allié de la veille, l'U.R.S.S. a commencé par résister, reconstruire ses forces, et sa contre-attaque l'a conduite jusqu'à Berlin. C'est au fur et à mesure et dans la foulée de cette contre-offensive qu'elle a engrangé son glacis. Elle a ainsi transformé, avec vingt millions de morts à la clé, une *guerre de revanche* qui n'aurait pu être qu'une expédition punitive classique en une *guerre d'annexion* religieuse. « Cette guerre n'est pas comme celles du passé, disait Staline en 1945 (qui oubliait l'Europe des seigneurs féodaux et l'Orient des conquêtes islamiques) : quiconque occupe un territoire lui impose son propre régime social aussi loin que peut parvenir son armée. » Il va de soi que l'U.R.S.S. observerait la même ligne de conduite si l'occasion s'en représentait demain. Mais qui menace aujourd'hui des frontières solennellement reconnues par toute l'Europe ? Quel chef d'Etat ou même d'Empire serait assez dément pour mettre le feu à sa propre maison en agressant la deuxième puissance militaire du monde ? Quelle dictature des colonels, quel Pinochet ou quel Pétain peuvent-ils demain nous donner pour les résistants communistes (car ils seraient au premier rang de la résistance) les yeux de Paul Eluard ou de Picasso ?

A quoi devraient s'ajouter deux conditions fort heureusement improbables : le soutien d'un grand Etat occidental (ou de plusieurs), et l'enthousiasme d'une large fraction des futurs soviétisés. Sans quoi la mainmise soviétique sur l'Europe centrale et balkanique, entre 1945 et 1948, aurait été impossible.

En Europe orientale, le droit du plus fort fut au départ jugé acceptable et pratiquement entériné par Churchill et Roosevelt à la Conférence de Téhéran (1943) : à chacun son cordon sanitaire, pour le cas où l'Allemagne remettrait ça. Dans le halo de la guerre antinazie, l'U.R.S.S. était l'allié envers qui on se sentait en reste, pour avoir tellement tardé à ouvrir le deuxième front ; dont on craignait qu'il ne conclût une paix séparée avec l'ennemi commun ; dont l'intervention et les bonnes grâces étaient instamment sollicitées (contre le Japon notamment). L'ascendant de la patrie de Staline était, chez nous tous, au zénith, et les exploits des héros de Stalingrad faisaient alors le merveilleux de l'époque. Churchill, dans ses *Mémoires* : « Le communisme dressait la tête derrière le front soviétique, tout grondant du tonnerre des canons : la Russie devenait la rédemptrice, et le communisme l'évangile qu'elle apportait. » Le partage de l'Europe, avant que ne roulent les dés, avait déjà fait l'objet d'un accord écrit et chiffré, à Moscou, entre Churchill et Staline, en octobre 1944 : 90 % pour l'U.R.S.S. en Roumanie, 75 % en Bulgarie et 50 % en Hongrie ; 50/50 en

Yougoslavie et 90 % pour la Grande-Bretagne en Grèce. Ce « gentleman's agreement » entre deux renards, rivaux séculaires, a précédé, comme l'ont fait les accords d'armistice avec la Roumanie, la Belgique et la Hongrie, les belles déclarations de principe de Yalta qui en démentaient le contenu pour la galerie (élections libres et contrôlées en Pologne, formation de gouvernements démocratiques partout ailleurs). On invoque souvent l'avance des armées pour expliquer le tracé du rideau de fer. Rappelons que l'Armée rouge a fait jonction avec l'Armée américaine sur l'Elbe mais que la frontière entre la R.F.A. et la R.D.A., ancienne zone d'occupation soviétique, passe à l'ouest de l'Elbe, le long de la ligne Lubeck-Eisenach, en vertu d'une proposition britannique faite à l'allié soviétique, sans objection aucune des Etats-Unis, à Londres, le 15 janvier 1944, soit un an et demi avant la fin de la guerre et un an avant Yalta.

En 1945, l'Union soviétique n'a pas *envahi* l'Europe non communiste ; elle a « *libéré* » les peuples d'un occupant haï (Tchécoslovaquie, Pologne) ; ou de gouvernements collaborateurs alliés à l'Axe en guerre contre l'U.R.S.S. (Hongrie de Horthy, Roumanie d'Antonescu) ; ou hostiles aux alliés (Bulgarie de Bagrianov). Partout, sauf en Allemagne, bien sûr, la présence soviétique signifiait la fin du cauchemar nazi, l'aube d'un nouveau monde, la survie[1]. L'absence de précédent connu et l'euphorie lyrique de l'après-guerre expliquent, en dehors de la Roumanie où le P.C. était marginal et où les élections de 1946 furent truquées, l'extraordinaire capacité de mobilisation sociale des communistes. Dans le pays le plus antisoviétique du monde — trois ans après la découverte du charnier de Katyn, huit ans après la dissolution et

---

1. Voir Lilly Marcou, *Une enfance stalinienne*, P.U.F., 1982 : « Certes, toute armée est aussi une force d'occupation, certes toute armée porte en elle la violence et la mort, mais en août 1944, elle fut pour moi, elle le reste encore, une force de vie. Et malgré tout ce qu'on a pu apprendre depuis, malgré tout ce qui s'est passé par la suite : Berlin 1953, Budapest 1956, Prague 1968, Kaboul 1979, je n'ai jamais pu effacer le sentiment que la petite fille de huit ans ressentit lorsqu'enfin cette armée se trouva aux portes de sa ville et dans son jardin » (p. 48). Nombreux les Cambodgiens qui virent avec les mêmes yeux l'arrivée des troupes vietnamiennes à Pnom Penh en 1979.

l'élimination physique du P.C.P. par Staline — la majorité procommuniste du gouvernement polonais de 1946 obtient 63 % des votes dans un plébiscite, contre le leader paysan Mikolajczyk. Le noyautage des appareils policiers et la pression des troupes soviétiques ne peuvent à eux seuls expliquer que les communistes locaux aient pu se gagner alors l'estime du grand nombre dans des pays dévastés par la guerre, alors que la démoralisation et la désorganisation des partis bourgeois étaient à leur comble. En Tchécoslovaquie, où le P.C.T. comptait 500 000 membres en 1945 et 1 300 000 en 1947 et où aucune troupe soviétique ne stationnait alors, le Parti remporte haut la main les élections parfaitement démocratiques de 1946, avec plus de 40 % des voix en pays tchèque. La presse communiste pouvait encore sans faire rire annoncer, avant les élections de mai 1948, 51 % des votes. « Ils avaient derrière eux la quasi-totalité, en tout cas la partie la plus combative de la classe ouvrière[1] ». Ajoutons une Union des paysans, une Association des écrivains, de la jeunesse, des anciens partisans — et la magie des mots Progrès, Bonheur, Justice.

Milan Kundera (qui ne manque pas de raisons nationales d'être russophobe) : « En 1939, l'armée allemande est entrée en Bohême et l'Etat des Tchèques a cessé d'exister. En 1945, l'armée russe est entrée en Bohême et le pays s'est de nouveau appelé république indépendante. Les gens étaient enthousiasmés par la Russie qui avait chassé les Allemands, et comme ils voyaient dans le parti communiste tchèque son bras fidèle, ils ont transféré sur lui leurs sympathies. Ce qui fait que lorsque les communistes se sont emparés du pouvoir en février 1948, ce n'est ni dans le sang ni par la violence, mais salués par la joyeuse clameur d'environ la moitié de la nation. Et maintenant, faites attention : cette moitié-là, qui poussait des cris de joie, était plus dynamique, plus intelligente, meilleure[2]. »

Que se trame dans un Etat-Major de premier plan une nouvelle opération Barberousse contre le bloc de l'Est ; que l'O.T.A.N.

1. Francis Fejtö, *Histoire des démocraties populaires*, Seuil, t. I, p. 197.
2. *Le Livre du rire et de l'oubli*, Gallimard, 1979, p. 15.

décide de renouer « the Grand Alliance » avec l'Union soviétique et de venir au-devant des désirs du Politburo ; que surgisse un pays d'Europe où la moitié la plus dynamique de la population soit prête à accueillir l'Armée soviétique avec des fleurs — alors « l'expansion totalitaire » sera certainement pour nous la menace n° 1. En attendant, qu'il *nous* soit permis égoïstement de respirer. La nécessaire solidarité avec l'Est européen ne relève pas d'un sauve-qui-peut intéressé mais du besoin de recomposer l'identité historique de l'Europe.

En quarante ans, il s'est produit un renversement général des forces politiques et morales en Europe (de l'Est aussi, incidemment). N'épiloguons pas ici sur les causes économiques (troisième révolution industrielle et primauté des services), sociologiques (disparition des branches de base du mouvement : charbonnage, métallurgie, sidérurgie, automobile), démographiques (immigration), idéologiques (dévalorisation du travail comme mode privilégié de réalisation de soi) de l'affaissement du « mouvement ouvrier » dans les pays capitalistes développés. Seul le résultat importe ici. Il y avait trois ou quatre P.C. qui comptaient en Europe : l'espagnol, tronçonné, paraît rendre l'âme ; l'italien, qui ne tient son nom que de l'histoire, a depuis belle lurette jeté sa gourme ; le portugais stagne, sans perspectives ni alliés, même s'il a pu survivre au fiasco de 1975 ; et le français offre le spectacle inédit d'un suicide collectivement expéditif. L'Union soviétique a en Europe perdu son pari historique : empêcher l'intégration des « prolétariats » dans les cadres sociaux et politiques des sociétés « bourgeoises ». Non seulement cette intégration survit à l'euphorie de la croissance — contrairement à tant de pronostics — mais la crise économique en accentue les traits les plus régressifs : chauvinisme, dépolitisation, atomisation catégorielle, crispation sur les avantages acquis, etc., cependant que l'Union soviétique s'inverse en repoussoir collectif au cœur même de la crise capitaliste. Les derniers communistes eux-mêmes, dans leur majorité, récusent comme n'étant plus la leur l'ancienne « patrie du socialisme » — irréversible mutation des temps.

Rêvons au futur antérieur. Seule la période suivant la Libération aurait pu voir en France se réaliser le scénario classique : émergeant du chaos et des larmes sur les ruines de l'Etat, après le départ des troupes alliées, un « gouvernement ouvrier et paysan » « d'union » ou de « reconstruction nationale », issu d'une insurrection « patriotique » et flanqué d'alliés-potiches se heurte aux « sinistres complots du grand capital et des milieux impérialistes étrangers ». Pour prévenir le renversement par la force du gouvernement populaire et en vertu d'un Traité récemment signé avec l'U.R.S.S., il en appelle (lui ou un groupe anonyme de membres du Comité central et de l'Assemblée constituante) à l'aide fraternelle de la communauté socialiste (« Nous ne laisserons pas le peuple français seul dans le malheur » — lance un vieil ouvrier d'une usine du district de Proletarski, les larmes aux yeux, au correspondant de *L'Humanité*...). L'Union soviétique et ses alliés, à leur corps défendant, se voient alors contraints de prendre la pénible décision de répondre aux « appels réitérés » que leur ont adressés les éléments les plus sains du Parti et de l'Etat français fidèles aux acquis de la Révolution d'octobre 1944. La situation intérieure une fois normalisée, sous l'égide du Front patriotique, les Etats occidentaux reçoivent peu après l'assurance que le retrait en bon ordre du contingent limité des pays frères ne dépend plus que de la cessation de toute ingérence étrangère sur le territoire français. Une conférence internationale est envisagée, et un envoyé spécial du Secrétaire général des Nations unies fait la navette entre Washington, Paris et Moscou.

L'absence de contiguïté territoriale avec l'Est rendait sans doute improbable — l'U.R.S.S. d'alors n'ayant pas l'habitude, ni les moyens, de jouer à saute-mouton sur un pays-tampon — mais non impossible un « coup de Paris » (ou de Rome). En 1949 cependant, Thorez déclarait encore que face à l'Armée soviétique qui « défendait la cause des peuples », « l'attitude des travailleurs, du peuple de France, ne saurait être différente de celle des travailleurs et des peuples de Pologne, de Roumanie, de Yougoslavie [1] ». En France, le général de Gaulle avait, en restaurant d'emblée l'Etat

---

1. Discours au Comité central du 23 février 1949.

de droit, tué dans l'œuf cette tentation. Elle n'aurait d'ailleurs eu la moindre vraisemblance, dans notre vieille République, que si Maurice Thorez, le 17 juin 1940, avait lancé sur les ondes de Moscou un appel à la Résistance nationale contre l'occupant. C'est de cette légitimité radicale que le « Ici Londres... » a une fois pour toutes privé le P.C.F., et de son auréole libératrice l'U.R.S.S. elle-même [1].

La cause soviétique ne progresse qu'à l'occasion de grands malheurs collectifs. Pour nous, une crise nationale générale supposerait une guerre européenne. Entre pays de la Communauté, c'est une hypothèse d'école. Déclenchée de l'extérieur, elle ne resterait pas longtemps européenne, ni conventionnelle. La doctrine militaire soviétique l'affiche : l'U.R.S.S. a une posture stratégique défensive et ne fera rien pour déclencher une guerre. Mais si elle est agressée, elle répondra de façon *offensive* par tous les moyens à sa disposition, nucléaires inclus, et l'escalade ne s'arrêtera qu'avec sa victoire totale. Pas de guerre limitée donc, ni dans le temps ni dans l'espace. Mais après une guerre nucléaire et mondiale, qui pensera encore à Lénine, sur une planète refroidie et désindustrialisée, en économie de subsistance, sans concentrations urbaines ni moyens d'accumulation (et où le retour à Bouddha, chez les survivants, risque de rendre sans objet la lecture du *Capital*) ? Si, en revanche comme tout l'indique, la dissuasion continuera d'œuvrer, de quelle capacité de contagion ou de vertige pourraient disposer à l'avenir, en Europe occidentale, des partis déclinants et bientôt marginaux ?

### 5. *Le Sud : l'adieu aux armes.*

Une stratégie, chacun le sait, peut être à la fois expansionniste et défensive — comme un Etat, conservateur et agressif. Campant faute de mieux sur ses positions en Europe, sans renoncer à son

---

[1]. Jusqu'à effacer des mémoires, aujourd'hui, et trop injustement, la décisive contribution soviétique à la victoire de 1945.

objectif de neutraliser les membres continentaux de l'Alliance par l'intimidation militaire et le chantage politique, l'Est aurait jeté son dévolu sur le « hors-zone » de la coexistence officielle, le Sud. A l'abri d'un statu quo trompeur au Centre, elle poursuit son expansion directe ou indirecte, agressive ou insinuante, à la périphérie, dans « les régions dont nous dépendons pour notre survie ». Sans nier la valeur de telle ou telle percée dans l'ancienne « zone de tempêtes », cet alarmisme répandu car suranné tourne derechef le dos aux réalités nouvelles.

Tiers monde (à prendre ici non comme entité politique, bien sûr, mais comme simple zone géographique) : une fenêtre d'opportunités qui se referme. « La stratégie d'encerclement par la périphérie », ou ce qu'on appelle à l'Est, autre stéréotype, « la convergence de la Communauté socialiste mondiale et du Mouvement de Libération nationale » agonise pour la simple raison que la phase des grandes guerres de libération du joug occidental a expiré ce matin. La décolonisation — qui commence en 1945 et s'achève en 1975 avec la prise de Saigon — marque la fin de la *complémentarité d'intérêts* entre les jeunes nations en détresse et le « grand arrière » soviétique. S'il est vrai que la sortie de crise au nord est liée à une relance du Sud, à commencer par les moins pauvres (les Nouveaux Pays Industriels notamment), et si cette dépendance, toute relative, met à l'ordre du jour un « new deal » planétaire susceptible de relancer la demande des biens industriels européens, le monde soviétique n'est pas partie prenante à cette nouvelle phase, qui se joue entre l' « Ouest » et le « Sud » même si le premier pour ce faire, s'affuble en « Nord ». Or, il n'y a plus désormais (et il y aura toujours moins) adéquation entre l'*offre politico-militaire* de l'Est, et la *demande économico-financière* d'un tiers monde libéré mais démuni. Tant que ces pays affrontaient dans le sang et autour du tapis vert les vieilles puissances impérialistes se résignant mal à leur nouvelle indépendance politique — l'U.R.S.S. était la mieux placée pour répondre, comme *fournisseur de sécurité*, à leurs besoins : par des moyens militaires et idéologiques où, faute de mieux, elle excelle. Dès lors que le tiers monde, catapulté aux premières loges de la crise mondiale, a pour priorité l'agriculture, la solvabilité, la performance industrielle et la survie financière, c'est des anciens adversaires occidentaux devenus ses alliés objectifs qu'il a besoin. Absente de la F.A.O., du F.M.I. et de la Banque mondiale, distribuant une aide au développement versée en roubles, dont moins de 1 % passe par des canaux multilatéraux (0,6 % des apports nets totaux de l'aide publique mondiale, en 1980, déduction faite des clients idéologiques), dotée d'une monnaie inconvertible, l'U.R.S.S. n'est plus dans la course [1]. Hier indispensable, la voilà encombrante, sinon étouffante ; et la question, Afrique des années soixante, « comment intéresser l'Union soviétique à notre sort ? » devient, chez les mêmes vingt ans après, « comment s'en débarrasser ? ». En perte de vitesse, victime des propres succès de la décolonisation qu'elle a si bien soutenue, l'U.R.S.S. doit maintenant payer le prix politique du « tout-militaire ». Au fur et à mesure que la dominante économique des revendications du Sud supplante la dominante politique, l'U.R.S.S., exportatrice de matières premières, elle aussi en quête de crédits, de technologie et de produits agricoles, devient pour le tiers monde non plus un parrain mais un concurrent direct sur le marché mondial ; quand elle ne rejoint pas l'Ouest sur le banc des accusés (la IVe Conférence des Nations unies pour le commerce et le développement à Nairobi en 1976 constituant le tournant).

Hier, échec en Occident ; aujourd'hui à l'Orient. Le télescopage des faillites bloque la stratégie communiste dans les glaces de la paix armée. Ouvrière ou bourgeoise, l'Europe *ne veut plus* du communisme, lequel ne *peut* plus rien, ou presque, pour le tiers monde — qui a soif de Dieu et de la Banque mondiale. La fermeture de l'Occident industriel au modèle soviétique avait eu deux temps forts, années vingt et cinquante ; à chaque fois, l'Union soviétique a cherché la compensation dans une ouverture vers l'Orient. Le Congrès des peuples d'Orient, réuni à Bakou en septembre 1920, visait à remplacer la Pologne réfractaire et

---

1. Selon les estimations du Comité d'aide au développement de l'O.C.D.E., l'aide soviétique au développement représenterait 0,15 % du P.N.B. contre 0,35 % pour les Occidentaux.

l'Allemagne défaillante par les gros maillons du monde colonial et semi-colonial, Turquie d'Ataturk, Inde de Roy, Chine de Chang Kaï-chek. Sultan Galiev et son rêve pantouranien symbolisaient alors ce communisme national aux dimensions de l'Asie. Les échecs ramenèrent au « socialisme dans un seul pays ». La mort de Staline en 1953 relança le mouvement en avant, dont la Conférence de Bandoeng symbolise l'élan initial, le soulier de Khrouchtchev aux Nations unies le folklore, « l'alliance naturelle entre les non-alignés et les pays socialistes », le résidu rhétorique, et l'isolement du bloc soviétique aux Nations unies sur l'affaire afghane (116 voix contre 20 en 1983), l'arrêt actuel. Formidable retournement des « majorités automatiques ». L'extension du champ des relations commerciales et diplomatiques a masqué la déconfiture du projet originel : révolution prolétarienne avant-hier, raccordement hier du « bloc des neutres » au camp socialiste dans une vaste « zone de paix ». Quand la stratégie échoue, on ouvre une ambassade et on demande des droits de pêche. La politique africaine de l'U.R.S.S. n'a pas à voir avec Lénine (malgré l'apocryphe inévitable du « qui tient l'Afrique tient l'Europe ») mais avec les protéines. Mieux vaut pour la comprendre étudier le régime océanique des courants chauds que le dernier Congrès du P.C.U.S. L'intérêt de grande puissance se substitue à l'intérêt idéologique, sans le remplacer ni même lui frayer la voie. Comme les pays occidentaux des années trente reconnaissaient l'Etat soviétique au fur et à mesure que s'évanouissaient les menaces révolutionnaires internes, pour nouer des « rapports d'intérêts réciproques », le tiers monde pro-occidental des années soixante et soixante-dix normalise ses relations avec l'Union soviétique dès lors qu'il sait n'avoir plus à craindre que l'espionnage conventionnel et non la subversion sociale, le K.G.B. et non le Komintern. De 21 en 1953, le nombre des représentations soviétiques est passé dans le tiers monde à 111 en 1980. Sur les 120 Etats souverains qui composaient alors le Sud, 11 s'abstiennent encore de toutes relations diplomatiques ou commerciales, parmi les moins importants [1]. Pendant ce temps, une approche résolument économiste et apolitique, classiquement fondée sur l'avantage mutuel (troc de machines et d'équipements contre des produits primaires tels que blé, sucre, alumine, café, étain), a permis à l'U.R.S.S. de normaliser ses rapports avec les grands pays d'Amérique latine (Colombie 1968, Pérou 1969, etc.).

Commerce et décolonisation furent les deux vecteurs du déploiement soviétique dans le tiers monde. L'U.R.S.S. a en la matière mangé son pain blanc : « au milieu des années soixante, elle comptait déjà 61 partenaires sur 85 Etats indépendants mais le ralentissement sensible des accessions à l'indépendance ne laissait plus espérer pour l'avenir de progression aussi rapide [2] ». Parce qu'elle ne peut passer la vitesse supérieure — les pays gagnés par l'aide militaire ne le restent que si une aide économique conséquente peut suivre —, elle s'expose à perdre ses positions acquises (Algérie, Irak, Mozambique, Angola, etc.) sans les regagner ailleurs (le nombre des indépendances nationales à venir n'étant pas illimité). L'occasion qui fait le larron le fait marron dix ans plus tard. L'U.R.S.S., largement autarcique, qui réalise 50 % de son commerce extérieur avec les pays du Comecon, a des capacités d'échange limitées et de crédit quasi nulles. Le commerce extérieur entre pour une faible part dans le P.N.B. soviétique, et la structure de ses échanges ne lui facilite pas la tâche : elle importe des produits manufacturés et pour une moindre part alimentaires, elle exporte des combustibles minéraux (plus de 50 % de ses exportations en 1981). C'est ainsi que l'U.R.S.S. et l'Algérie ont pu se retrouver concurrentes sur le marché du gaz naturel. Dépendants des pays de l'O.C.D.E. par leur dette ou leurs achats de technologie, les pays du bloc ont besoin de devises convertibles et ne peuvent plus se satisfaire comme auparavant de simples accords de compensation avec les pays en développement. Au

---

1. Asie du Sud-Est : Taïwan ; Afrique subsaharienne : Malawi et Swaziland ; Pacifique : Kiribati, Nauru, Tuvalu ; Amérique latine : Antigua, Belize, Dominique, Haïti, Saint-Vincent.
2. Documentation française, *Le Courrier des pays de l'Est*, n° 265, sept. 1982, p. 5.

même moment, ces derniers réorientent leur commerce vers l'Ouest. D'où l'affaiblissement relatif des liens commerciaux, faute de complémentarités économiques globales. Entre 1970 et 1975, par exemple, la part de l'U.R.S.S. dans les importations algériennes est passée de 6 % à 1 %. En 1979, les échanges avec les pays du Comecon représentaient 2,8 % des exportations, et 5,3 % des importations du tiers monde. L'U.R.S.S. a rompu l'isolement diplomatique qui était le sien lors des années cinquante, en défaisant un à un les maillons de la chaîne d'encerclement américain (Pacte de Bagdad, C.E.N.T.O., O.T.A.S.E.). Elle n'a pu à la longue « tenir » son passage ultérieur à une ligne offensive, qui suppose des apports et relais en deuxième ligne (crédits bancaires, investissements industriels, transfert de technologies, dons purs et simples, etc.). Elle a même dû réduire depuis 1973 le nombre des bénéficiaires de son aide économique (le concept soviétique d'aide au développement inclut les subventions sur les prix et les crédits commerciaux) [1]. Elle peut faire des percées, des incursions ou des « come-back », non tenir la distance ni désenclaver les têtes de pont de son système, les plus démunis. Les pays à régime « socialiste » sont toujours les plus déshérités : Yémen, Vietnam, Laos, Cuba, Nicaragua, Mozambique, Angola, Bénin, Haute-Volta, Madagascar, etc. Donc les plus demandeurs d'aide occidentale. Pauvre Amérique des pauvres, l'U.R.S.S. peut les protéger, non les enrichir ; armer ces « plaques tournantes », non les faire tourner ; ni mordre sur les véritables pôles de croissance dans chaque continent (Côte-d'Ivoire ou Nigeria, Malaisie ou Singapour). Elle a les moyens d'une diplomatie, mais non d'une pesée mondiale.

Reste la fourniture d'armements, suprême argument, ultime recours pour l'ennemi des ennemis du tiers monde « en lutte », qui prend sur ce dernier des options militaires, faute de pouvoir en offrir d'autres. Encore ce passage des « libérations nationales »

1. Celle-ci était concentrée en 1982 sur les membres du camp : Cuba (4 milliards de $), Vietnam (1), Mongolie (500 millions), Afghanistan (286 millions), Laos (100 millions), Cambodge (82 millions) — selon les estimations occidentales.

aux guerres ethniques, religieuses ou régionales, banalise-t-il cette assistance, la privant de son ancienne dimension messianique (le choix de l'Irak ou de l'Iran, de l'Egypte ou de la Libye, de la Somalie ou de l'Ethiopie, est de *realpolitik,* homogène aux choix inverses de l'autre grand fournisseur). L'U.R.S.S. militarise et resserre son aide comme le montre l'augmentation depuis 1973 de ses livraisons d'armements, en exigeant le plus souvent d'être réglée comptant. Les ventes d'armes remplacent les contrats commerciaux. La voilà ramenée, face aux déshérités de la planète, qui préfèrent les greniers aux remparts, à sa condition première d'Etat parapet, refuge plutôt que source.

On a pu s'étonner de la « qualité des résultats obtenus par rapport à la modicité de la mise de fonds » (Sokolov). De fait, les versements bruts de l'ensemble du Comecon entre 1954 et 1979 seraient équivalents au seul montant de l'aide bilatérale des pays occidentaux pour l'année 1981 (soit 16 milliards de $). Les fonds étant investis dans des secteurs stratégiques, l'U.R.S.S. en tire certainement un effet optimal, mais par nature aléatoire : qui mise tout sur l'armement des Etats est à la merci du moindre coup d'Etat — ou de feu. A preuve la suite de ses revers, déceptions ou pertes sèches : Algérie (1965), Ghāna (1966), Mali (1968), Soudan (1971), Egypte (1972), Somalie (1975). Si le degré d'influence ou le poids historique se mesuraient au volume d'armements livrés, l'U.R.S.S., qui a fourni 1 % de l'aide économique étrangère à l'Afrique dans la dernière décennie mais les trois quarts des armes qui s'y trouvent, devrait bénéficier sur ce continent d'une hégémonie à 75 %...

Si l'U.R.S.S. entretient désormais des relations diplomatiques avec presque tous les Etats africains (à l'exception de la Côte-d'Ivoire et du Malawi), si elle a conclu avec vingt-neuf d'entre eux des accords de coopération économique, et de nombreuses conventions culturelles, elle n'est à présent liée par T.A.C. (Traité d'amitié et de coopération) qu'avec quatre pays : Angola (1976), Mozambique (1977), Ethiopie (1978) et Congo (1981), moyennant l'octroi de quelques facilités stratégiques (droits de mouillage, d'escales, d'observation)[1]. Les trois premiers qui n'appartiennent officiellement pas à la « communauté » (comme le font Cuba, Laos, Mongolie et Vietnam), et encore moins au « système socialiste mondial » (qui englobe la Corée du Nord, la Yougoslavie et la Chine) sont dits « à orientation socialiste » et ont statut d'observateur au Comecon. Ils ont ou avaient tous pour trait commun d'être confrontés militairement à des membres du camp occidental. Le Traité d'amitié avec le Congo, sur lequel ne pèse pas de sérieuse menace extérieure ou intérieure, ne comporte pas de clause militaire : ce n'est pas un hasard que ce pays, francophone, ne pratique pas le même alignement diplomatique que ses « frères »[2]. Madagascar, Seychelles, Bénin, Cap-Vert, n'étant pas de la famille, stricto sensu, n'ont pas droit au même type de garantie politico-militaire. Le camp soviétique, avec l'aide de la R.D.A. et de Cuba, prête avec sagacité une grande attention à la formation de jeunes Africains — boursiers, stagiaires, spécialistes. Parmi les 86 000 étudiants étrangers originaires de 146 pays résidant en U.R.S.S. (Tass, 1982), la plupart sont africains. Effort méritoire (l'université Lumumba est belle sur prospectus) mais résultat décevant : le froid, la discipline de caserne, les cafards, le matraquage doctrinal, l'étrangeté de la langue, l'hostilité du Russe de la rue (qui appelle la Lumumba « le zoo »), les tracasseries du visa de sortie font le plus souvent du séjour à Moscou une désillusion. La non-reconnaissance des diplômes universitaires soviétiques dans de nombreux pays d'origine, ou leur maigre valeur ailleurs, comparés aux titres français ou américains, limite la portée de ce recrutement clientélaire. L'augmentation des programmes de bourses d'études n'est donc pas de nature à compenser la concentration de l'aide économique sur la poignée des pays alliés : la tendance générale en Afrique est à la désaffection.

L'Occident n'est jamais puni, sur ses marches, que par où il a péché. Par omission et indifférence, ici et là, comme pour

---

1. L'Egypte (1971) et la Somalie (1974) ayant dénoncé le leur.
2. Comme le montrent ses votes aux Nations unies, notamment sur la question afghane.

l'Afghanistan d'avant 1979, l'Angola d'avant 1975, le Sud-Yémen d'avant 1969. Par la cruauté de ses satrapes, très souvent : ce n'est pas un hasard si les plus prosoviétiques des communistes sont les Sud-Africains de l'A.N.C., les Chiliens et les Iraniens. Par sa propre pusillanimité, tout le temps. On sait déjà à quel point les relations extérieures des démocraties européennes, française en particulier, ont de la peine à intégrer des composantes indissociables mais administrativement et intellectuellement cloisonnées comme le déploiement industriel, la stratégie commerciale, la présence culturelle, le renseignement et l'action secrète, l'analyse sociologique, la diplomatie classique et l'évaluation militaire. Plus grave est encore la myopie, contrecoup de la soumission au plus égal des partenaires égaux de l'Alliance. Séquence de l'implantation soviétique n'importe où : Egypte 1955 ; Cuba 1960 ; Inde 1965 ; Syrie 1973 ; Ethiopie 1977 ; Nicaragua 1980. Un pays appartenant à la sphère d'influence occidentale (quoique l'Ethiopie ait eu une relation séculaire avec la Russie des tsars...) est le théâtre d'une révolution ou/et se trouve en butte à une agression extérieure. Premier réflexe : il demande aide et assistance au protecteur traditionnel ou à ses alliés qui la lui refusent (comme la France à Cuba, en 1960) ou suspend ses livraisons (comme les Etats-Unis à Nasser lorsqu'il décida le barrage d'Assouan, en 1955) ; sur quoi, deuxième temps, menacé de disparition, il se tourne à contrecœur et toujours faute de mieux, vers l'Union soviétique, qui lui livre ou fait livrer (via Prague ou Berlin) les armes demandées avec les conseillers, stages de formation et le reste. Au vu de quoi l'Occident (Etats-Unis ou O.T.A.N.) met le rebelle, réputé « base de subversion soviétique », au ban de l'humanité civilisée, et lui déclare, clandestinement ou non, une guerre totale, même si un habile double jeu permet parfois à ses compagnies pétrolières de continuer à s'enrichir sur place et à financer ladite subversion[1]. Le nouveau paria, déjà dans la

---

1. La Libye tire une dizaine de milliards de dollars par an de son pétrole, extrait et commercialisé par des firmes et du personnel américains. L'Angola supporte les frais du stationnement militaire cubain grâce aux royalties de la Gulf Oil à Cabinda.

seringue, n'a d'autre recours, face à la menace extérieure croissante, que de resserrer ses liens avec l'U.R.S.S. Cascade de fuites en avant débouchant sur une crise mondiale (Cuba, 1962) ou régionale (Amérique centrale, Afrique australe, Corne, Asie du Sud-Est). L'U.R.S.S. peut dans ces conditions marier l'attentisme stratégique et l'audace tactique : ses adversaires travaillent pour elle. Le Yémen se tourne vers Moscou parce que l'Angleterre s'accroche à Aden ; comme jadis la Guinée et le Mali pour parer au départ de la France. Qui a pris l'initiative de militariser la crise de Suez en 1956 : l'Egypte ou la petite alliance occidentale ? La crise indo-pakistanaise ? La crise américano-cubaine ?

Cette stratégie parasitaire de bouche-trou ingénieux fait du « système socialiste » le contre-système de l'autre (comme les partis communistes de l'Ouest étaient des « contre-sociétés »), braconnant sur les brèches. Le suppléant, il est vrai, excelle au bricolage pour titulariser l'intérim. Il fait tache d'huile, passant du militaire au politique, de la Défense nationale au ministère de l'Intérieur, de l'école des Cadets à l'école du Parti, pour fermer le territoire et verrouiller les issues. Les Etats-Unis paraissent moins compétents pour déclencher de pareils engrenages mais leurs moyens moins volontaristes, plus sophistiqués, ne manquent pas non plus leur but. A court terme, l'U.R.S.S., dans sa rudesse, paraît d'autant plus performante que la garantie de sécurité n'a pas de prix. Le premier droit et devoir d'un Etat est celui de la survie physique, avant le développement économique. Il y a à cet égard une harmonie naturelle entre le modèle standard de la forteresse assiégée et les demandes d'une révolution nationale isolée et démunie. Elle tient à disposition une technologie non seulement militaire et policière (R.D.A., Corée du Nord) mais aussi théorique. L'Etat-Parti et la lutte des contraires siéent aux patries en danger, tout en promettant une longévité maximale à l'équipe dirigeante (même si le parti unique fleurit aussi bien et encore plus chez les « modérés » que chez les « progressistes » africains : Zaïre, Gabon, Togo, etc.). Tant s'en faut que la version soviétique du pouvoir perpétuel soit irrésistible, même attrayante :

l'U.R.S.S. n'est jamais choisie dans le tiers monde pour ses vertus propres mais en désespoir de cause, comme deuxième choix et pis-aller, une fois que les Etats-Unis (Inde, Ethiopie) ou leurs alliés européens (Egypte, Cuba, Nicaragua) se sont mis aux abonnés absents. On aime les Américains pour ce qu'ils apportent, et les Soviétiques pour ce qu'ils empêchent. La remarque de Sylvain Levi pour l'Asie des années vingt englobe aujourd'hui l'Afrique et l'Amérique latine : « on voit en eux le libérateur qui humiliera, qui écrasera les maîtres dont l'oppression a si longtemps fait souffrir ». Mais il suffit qu'un pays occidental réponde du bout des lèvres aux ouvertures les plus tardives pour que les prétendus satellites prennent leurs distances, ou tournent casaque. L'U.R.S.S. a beau prendre des hypothèques intérieures comme à présent en Ethiopie, ou hier au Mozambique, avec un Parti réputé conforme, elle ne peut soustraire longtemps son jeune émule à la comparaison désobligeante, voire déstabilisante des aides d'urgence et des coopérants techniques, des ingénieurs et des médecins. Ni faire que le principe de « l'irréversibilité des conquêtes du socialisme » s'applique à des pays sans frontière commune avec elle. Le marxisme-léninisme officiel des « Etats à orientation socialiste » apparaît à la merci d'une calamité naturelle, d'une révolution de palais ou d'un soupçon de courage des démocraties industrielles, voire d'une seule d'entre elles, pour peu qu'elle ose braver les foudres de son establishment sublimé en « l'opinion » (dont l'idiotie ne se dévoile qu'à deux ou cinq ans de distance — mais les élections se jouent sur quelques mois). La difficulté pour l'U.R.S.S. vient de ce que les meilleures guerres ont une fin ; et que les Migs ne se mangent pas [1].

Pénurie dans les villes, misère des campagnes, sous-productivité du travail, gaspillage et bas rendement des investissements, délabrement des communications et dégradations du parc immo-

---

[1]. Au Mozambique frappé par la famine, en 1983, l'aide alimentaire américaine a été quatre fois supérieure à celle de l'U.R.S.S. Même chose en Ethiopie un an plus tard, même si l'U.R.S.S. y assure le plus gros des transports de vivres et de céréales en provenance de l'Ouest.

bilier, faillite des appareils de commercialisation des produits de grande consommation : dans le tiers monde, les coûts économiques du modèle militaro-policier d'importation deviennent supérieurs à ses avantages politiques (contrôle social à bon marché + garantie d'inamovibilité pour les dirigeants en place). Le renforcement de l'Etat ne compense pas le dépérissement des sociétés ; le marxisme-léninisme fait plus de mal en bas aux économies et aux sociétés, que de bien en haut, aux oligarchies ou bureaucraties.

Les leaders des nouveaux Etats d'Afrique comme en Asie des plus anciens se sont servis du « marxisme-léninisme » comme d'un levier pour s'émanciper et construire, ou en Chine reconstruire, un Etat. Expédient, et non doctrine. A jeter après usage. Le marxisme bascule alors, victime de son succès, dans les arriérés de la modernisation. La nature féodale du « socialisme réel » s'harmonisait sans doute avec celle des vieux Empires agraires, hydrauliques, construits sur le deuxième servage, où le « despotisme oriental » faisait un moule accueillant. Mais en Chine par exemple, les « quatre modernisations » portent en elles l'américanisation de la société, déjà très avancée, et donc, à plus ou moins longue échéance, la désoviétisation du Parti-Etat, déjà tempéré par le jeu des factions et des régionalismes. A la seule exception de l'Ethiopie impériale, où la révolution paysanne n'a pas été liée à une guerre de libération nationale et qui évoquait plus 1789 que 1917, toutes les expériences marxistes du tiers monde, enclenchées par un processus de décolonisation dans un contexte de guerre extérieure et civile, ont pris le sillage d'un réflexe national (Cuba compris, tardivement émancipé de la Couronne d'Espagne et la plus humiliée des néo-colonies d'Amérique latine). C'est l'appétit de dignité, plus encore que de justice, qui a été et demeure le point d'ancrage des « pénétrations soviétiques » — l'U.R.S.S., elle-même du « mauvais côté » en Europe centrale et orientale, s'étant retrouvée dans le tiers monde et jusqu'au tournant afghan, du « bon côté ». En Russie même, le régime de Lénine n'a-t-il pas reçu son mandat du Ciel a posteriori et a contrario, de l'incapacité de l'ancien régime à tenir son rang face à ses rivaux historiques pour avoir perdu trois fois en un siècle la face et la guerre (devant l'anglo-français allié au turc, le Japon, puis l'Allemagne) ? Sans l'annexion de l'Albanie par Mussolini, pas de parti communiste ni d'Enver Hodja (qui commença par prendre la tête d'un M.L.N.). Le marxisme a pénétré l'histoire pratique par ce qu'il n'a jamais pénétré en théorie : l'énigme nationale. Mais ce qui a permis son entrée en scène est désormais ce qui l'en expulse.

L'influence soviétique ne subsiste aujourd'hui qu'autour des derniers kystes coloniaux, là où sévit une oppression étrangère occidentale. L'Afrique du Sud occupe illégalement (au regard de la loi internationale) la Namibie et envahit les pays limitrophes : U.R.S.S. présente (S.W.A.P.O., A.N.C., Angola et pays de la ligne de front). Israël occupe illégalement (au regard, etc.) les territoires arabes de Cisjordanie et de Gaza : U.R.S.S. présente (O.L.P., Irak, Syrie). Israël est une résurrection nationale romantique et bouleversante mais la répression dans les territoires occupés, un classique et rebutant déjà vu. Ces situations regardent vers le passé, non l'avenir. Ce sont des *séquelles,* non des prodromes. Ajoutons — le semi-féodal accompagnant le semi-colonial — l'Amérique centrale. Quoi de plus normal qu'une puissance du xix$^e$ siècle rôde autour des survivances du xix$^e$ siècle dans le nôtre ?

### 6. *Culture contre Idéologie.*

Les rouges tentacules des cartes de géostratégie oblitèrent l'évanescence des conjonctions d'intérêts, grosses de malentendus idéologiques, autant que la permanence des socles culturels. Les insurgés américains de 1781 étaient-ils des agents de l'absolutisme parce qu'ils appelèrent à l'aide la monarchie française ? En faisant pièce à l'Angleterre, ils servirent les intérêts de l'expansionnisme bourbonien. Mais ce n'était pas leur raison d'être — comme le montra la suite. La Fayette et Rochambeau n'emportaient pas dans leurs bagages un système sociopolitique « ready made », faute de ce diabolique ingrédient, l'*idéologie.* A supposer que toute aide soviétique à un pays sous-developpé, à une lutte de libération, porte ce germe infectieux, encore lui faut-il un terrain réceptif, vierge. Les obsédés de la quarantaine oublient que le marxisme-léninisme, cet épiphénomène, arrive trop tard dans un monde trop vieux. Un Moyen-Orient post-islamique est un rêve, mais une Europe orientale post-communiste une certitude.

Le marxisme n'est pas une anthropologie, et sa théorie de la religion est faible : il n'est donc pas capable de s'expliquer son effacement. Une *doctrine* n'a pas le poids existentiel d'une *mentalité*, d'une *culture*, d'une *religion* — islam ou hindouisme — qui ne sont pas une façon de penser mais un *mode* et *un cadre de vie* physique et social. Le communisme ne pouvant accoucher d'une civilisation propre, — qui est d'abord une façon de s'habiller, de manger ou de jeûner, de construire, de peindre, d'aimer, de chanter ou de faire silence — même s'il peut en occulter ou en araser, provisoirement, il n'est pas un rival sérieux pour celles qui existent : au mieux, force d'appoint passagère (comme forceps d'un accouchement national), au pire révulsif (rejet africain des coopérants de l'Est, ces Américains sans dollars). Ce n'est pas un hasard qu'en Afrique noire le modèle politique communiste soit « rentré » (épisodiquement sans doute) par les pays lusophones, à colonisation faible, sans imprégnation culturelle en profondeur ni formation d'élites civiles.

Sur quoi l'expansion communiste, en dehors de la mère patrie, s'est-elle brisée en définitive ? Pas sur l'acier des chars et des baïonnettes. Sur des livres de prière. D'abord, sur l'Islam — ou les islams, puisque la Conférence islamique regroupe 43 pays entièrement ou partiellement musulmans — front de 800 millions de réfractaires, dont plusieurs millions de combattants volontaires, et de sept mille kilomètres de long ; sur le judaïsme, à l'intérieur de l'U.R.S.S. et un peu partout ; sur le christianisme en Pologne, en Amérique latine, demain aux Philippines et déjà en Russie (retour à l'orthodoxie) ; et aussi sur le confucianisme, si l'on admet que le corps social chinois est en voie de digérer (assimiler et éliminer) l'exotique piqûre marxiste. Sans doute la doctrine baladeuse a dû essayer ici et là — nécessité fait loi — d'incertains mixages aux rebords d'ombre avec les dieux lares : Marx et Bouddha (Laos, Vietnam, Cambodge) ; et Luther (Allemagne) ; et Mahomet (Yémen du Sud, le seul Etat islamique qui s'est donné une constitution marxiste) ; et Śiva (au Bengale, l'un des plus grands Etats communistes du monde, avec 50 millions d'habitants, démocratiquement élu et respectueux de l'alternance). Le monde catholique latin aura sans doute été le plus perméable. Ces précaires compromis historiques — mais en Pologne qui de l'Eglise ou du Parti digère l'autre ? — ne sauraient empêcher la victoire du facteur le plus structuré, le plus résistant car le plus ancien. A preuve, un peu partout, l'engloutissement de la courte vague socialiste par une lame de fond de facteur dix, qui du Sénégal à l'Indonésie reprend sa marche en avant. La longue durée absorbe la poussée de fièvre, comme une expansion millénaire une trouée conjoncturelle. Bonnes ou mauvaises, les surprises majeures de ce temps s'appellent Téhéran ou Kaboul.

Les « mots d'ordre », partout, se brisent sur les « règles de vie ». Idéo et théocratie ne sont pas concurrentielles : la première est un avatar incomplet et tardif de la seconde, qui s'enracine dans l'inconscient premier des groupes historiques. Devant le rabbin, le bonze, l'uléma, le mollah, le prêtre, la figure du militant s'efface sur le sable ; comme pâlit celle du Secrétaire général, fût-il en uniforme, à côté du Pape, de l'Iman, du Dalaï-Lama, ou de l'Abbé Pierre. Comme chez nous, mutatis mutandis, le Congrès du Parti devant le débat télévisé. Religion morte, religion vive.

Dans le monde arabo-musulman, l'agressivité est passée des progressistes aux fondamentalistes. L'islam, de bouclier, devient épée. A Alger, à Tunis, au Caire, à Damas, à Téhéran, à Islamabad, Dacca, Kuala-Lumpur et même Djakarta, incroyants et impurs rasent les murs, quand ils ne doivent pas se barricader — ou se déguiser — pour survivre. Là-bas comme ici, le communisme est la vieillesse du monde : évidence physique et biographique. Tout ce qui touche à l'U.R.S.S. ici et là se voit frappé de sénescence : en France, les deux piliers de « France-U.R.S.S. » — anciens de la France Libre et militants communistes

— ne trouvent pas de relève[1]. De l'autre côté de la Méditerranée, les militants du Parti (où des mouvements de gauche), ce sont les plus de quarante ans, vétérans des guerres de libérations passées, dépositaires d'une mémoire du siècle en voie de disparition. Les jeunes — et a fortiori les mouvements de jeunesse — sont « les sœurs et les frères musulmans », qui rejettent dans le même sac impérialisme et communisme. Nous venons d'assister à ce phénomène décisif et mal perçu : la brouille de Marx et de Mahomet. Le Coran dévore *Le Capital*, l'école coranique l'école d'Etat, la confrérie le parti ou le syndicat, et, inversion des schémas progressistes, c'est la mosquée qui va à l'usine comme à l'Université (d'où la gauche estudiantine, occidentalisée, bilingue, doit déguerpir), non l'inverse. Le parti Baas avait pendant trente ans symbolisé les fiançailles du progressisme laïc et de la nation arabe[2]. Après sa division en jumeaux ennemis, irakien et syrien, puis son éviction par des pouvoirs militaires eux-mêmes sur la défensive, le reflux de l'imaginaire comme de l'organisation baasiste est flagrant. Il cède un peu partout la place aux « F.M. ». Le socialisme islamique est rayé de l'ordre du jour — on décroche les portraits de Nasser (et de Khadafi). Au Liban, le « mouvement national », laïc et progressiste, a éclaté en morceaux confessionnels, druzes, chiites, sunnites, chrétiens, etc. Ataturk qui tirait gloire de son anticléricalisme, faisait rêver Lénine sur la grande alliance des bourgeoisies coloniales et des prolétariats européens ! En l'espace de deux décennies, la Turquie, jadis laïcisée, est redevenue un pays massivement musulman. Même si les disciples de Saïd-i-Nursi se disent eux aussi partisans d'une troisième voie, et si la communauté lévite (20 % de la population) fait encore exception, les bases nationales d'un « progressisme » turc parais-

---

1. A son dernier Congrès national (1984), France-U.R.S.S. (36 000 adhérents déclarés) déplorait le vieillissement des membres et l'absence de jeunes dans l'association, « ce qui compromet l'avenir ». Le magazine mensuel (20 000 exemplaires) est « lu par des retraités enseignants et employés, et pratiquement pas par les moins de vingt ans ».
2. Baas : parti socialiste de la renaissance arabe, fondé à Damas en 1940 par Michel Aflak, instituteur chrétien orthodoxe.

sent évanouies — ou réduites au périmètre kurde (prouvant une fois de plus que l'aspiration nationale est la force motrice de l'idée socialiste, en Turquie comme du reste en Iran).

7. *Sombres horizons.*

La théorie des dominos a été jusqu'ici démentie par les faits. Elle a fait naguère des dizaines de milliers de morts — américains, et des millions — indochinois. A ceux qui, comme de Gaulle, lui répétaient que « l'Ouest ferait mieux d'essayer de maintenir son influence par des moyens non militaires au Sud-Est asiatique, Kennedy soutenait qu'un recul américain dans la région aurait de graves répercussions partout, du Japon à la Turquie[1] ». Gageons que François Mitterrand, lorsqu'il émet un avis similaire pour l'Amérique centrale ou l'Afrique noire, doit entendre des propos non moins similaires de ses interlocuteurs américains. L'influence américaine, dix ans après la défaite militaire au Vietnam, s'est dans l'ensemble accrue au Japon, en Turquie et dans l'A.S.E.A.N., mais que peut contre la logique des fantasmes la leçon des faits ? Ces derniers accréditeraient plutôt une *théorie du vaccin,* chaque greffe du système suscitant l'immunisation des pays voisins, sinon un fort phénomène de rejet. Le Vietnam a refait à son profit une Fédération indochinoise dont l'idée n'aurait sans doute pas pris corps si l'Union française ne lui avait déjà donné un semblant d'assises géopolitiques. (Le Laos était une province vietnamienne dès avant 1975, et l'autogénocide cambodgien des khmers rouges n'a pas été suscité, mais arrêté, par les troupes d'occupation vietnamiennes.) Après le passage de l'Indochine au communisme, la Thaïlande et la Malaisie, nous annonçait-on, devaient « tomber » : la « Prusse de l'Asie » n'en ferait qu'une bouchée. Les indispensables relais intérieurs ont été massacrés ou marginalisés. Cuba n'a pas converti Haïti, Saint-Domingue, les petites et grandes Antilles, et encore moins le Venezuela, l'autre

---

1. Ledwidge, *op. cit.,* p. 117.

pôle de puissance des Caraïbes où l'on assiste depuis 1961 à la lente disparition d'un puissant parti communiste et plus largement de la gauche marxiste. Le Salvador, sans frontières communes avec le Nicaragua, avait des traditions révolutionnaires plus anciennes (1931) que le sandinisme : la guérilla y a repris au début des années soixante-dix, avant le triomphe de la révolution nicaraguayenne. Laquelle a en revanche fait monter l'anticommunisme dans le Costa Rica limitrophe à un niveau sans précédent. La complexité nationale en Amérique centrale et latine semble aussi ignorée de l'administration américaine des années quatre-vingt, que celle de l'Asie du Sud-Est l'avait été vingt ans plus tôt, mais la théorie des dominos reste à l'honneur.

Depuis 1945, le communisme, poliment refoulé, au nord, par la consolidation des démocraties, est descendu vers le sud — mais pour y subir des répressions atroces. Silencieux martyrologe : on n'en parle guère, à l'Ouest par hypocrisie, ni à l'Est par orgueil. Ces mutismes complices effacent le sang des mémoires, sans combler les pertes. Le levier communiste a perdu un à un ses points d'appui. Le plus grand P.C. africain, le soudanais ? Physiquement exterminé en 1969. Le plus grand P.C. du Moyen-Orient, l'irakien ? Brisé par le Baas en 1963 et décapité en 1979. Le P.C. turc ? Réduit à quia. Le gigantesque Parti indonésien ? Massacré de la base au sommet entre 1965 et 1970 (500 000 morts), avec aval américain et amnésie immédiate. Le syrien ? En prison. Le Toudeh ? Balayé de haut en bas par la police des ayatollahs, avec les plus hauts dirigeants qui demandent l'aman en public. Où le « système » a-t-il pu jeter une ancre au Moyen-Orient ? Dans l'Etat le plus pauvre du monde arabe — un petit pays arriéré de moins de 2 millions d'habitants, stratégiquement bien situé mais géopolitiquement marginal, et cela grâce à la présence, pendant des décennies, de la base britannique d'Aden : le Yémen du Sud (Traité de 1979). En Irak (1972), le grand allié de jadis, les fruits n'ont pas rempli la promesse des fleurs. L'alliance avec la Syrie (1980), armée mais non conquise, n'est sauvée que par le bon vouloir d'Israël, où les ultras du Likoud ont veillé avec un certain succès sur les intérêts soviétiques dans la région (comme, mutatis mutandis, l'Afrique du Sud sur ses pourtours). L'Egypte a déchiré son traité d'amitié et de coopération en 1976 — refusant même d'honorer les créances accumulées envers son ancien protecteur, soit sept milliards de dollars. La Somalie, forte des chèques saoudiens, ayant rompu le sien en 1977, pour offrir la base soviétique de Berbera aux Etats-Unis (ce que n'avait pas fait, en sens inverse, l'Algérie avec Mers-el-Kébir contrairement à tant de prophéties.) Le C.E.N.T.O.[1] s'est désintégré en 1979 mais l'influence communiste au Proche et Moyen-Orient a atteint aujourd'hui son niveau le plus bas depuis trente ans. Il est vrai que l'U.R.S.S. dans cette région plus que partout a donné la priorité aux relations d'Etat à Etat, coûte que coûte, sur le soutien aux partis communistes locaux. Un Etat à conduite messianique aurait choisi l'O.L.P. contre la Syrie, les communistes égyptiens ou l'aile gauche des Kurdes irakiens contre l'Egypte de Nasser et l'Irak des maréchaux, ou même le Toudeh contre l'Iran de Khomeiny[2].

Cet étrange boutefeu qui a voulu empêcher l'intervention syrienne au Liban en 1975-1976, avait déjà dissuadé ses alliés de se lancer dans des opérations militaires contre Israël en 1967 et en 1973 — « mauvaise volonté » qui lui a valu les soupçons de Nasser, et la colère de Sadate[3]. Il paraît aujourd'hui encore préférer l'avantage d'un règlement politique négocié pour peu qu'il en soit partie prenante à l'aventure d'une revanche militaire, dont il se garde bien de donner les moyens à ses alliés, auxquels il apporte un soutien limité et défensif.

Réfractaire à toute considération idéologique, la Russie quête en vain depuis cinquante ans, dans la plus instable des régions, un

1. C.E.N.T.O. Pacte conclu en 1955 sous l'égide américaine et regroupant Turquie, Irak, Pakistan, Iran et Grande-Bretagne.
2. Le Fath s'est créé en 1964; la première mention favorable des fedayin dans la *Pravda* (qui les traitait jusqu'alors d' « aventuristes extrémistes, alliés objectifs de l'impérialisme ») remonte à la fin de 1969; et c'est seulement en 1974 qu'un communiqué soviétique reconnut l'O.L.P. comme « unique représentant légitime du peuple palestinien ».
3. Voir de Mohammed Heikal, *Le Sphinx et le commissaire, heurs et malheurs des Soviétiques au Proche-Orient*, Paris, 1980, Jeune Afrique, ainsi que les *Mémoires* de Mahmoud Riad, ancien ministre des Affaires étrangères égyptien.

système d'alliances stables. Sur le théâtre de crise le plus proche de ses frontières, elle montre des vertus diplomatiques d'Ancien Régime : prudence, flexibilité, pragmatisme, impavidité. Il lui en faut beaucoup pour supporter les gifles de l'inconstance arabe, que d'autres appelleraient ingratitude. Les deux tiers de l'aide militaire et économique soviétique consacrée au tiers monde de 1954 à 1975 l'ont été au Proche-Orient, et l'Egypte à elle seule a reçu, dans cette même période, 30 % de son assistance militaire et 20 % de son aide économique totales [1].

Cette situation régionale illustre assez bien les possibilités actuelles de l'U.R.S.S. dans le monde : capacité d'obstruction forte, mais de proposition faible. Elle peut bloquer un processus, sans avoir les moyens, faute d'assises et de ressources, de débloquer une impasse (comme les Etats-Unis, dont l'action apparaît sur le long terme plus saccadée). L'U.R.S.S. peut déstabiliser à la rigueur, mais non stabiliser à son profit une situation régionale. Les Etats-Unis peuvent faire les deux. Ils déstabilisent le Nicaragua par des moyens militaires, à leur rythme et au moindre coût intérieur, mais au même moment, prévoient une aide économique de 24 milliards de dollars pour l'Amérique centrale d'ici 1990, dont la moitié à leur charge (aides fédérales et crédits banquaires) et l'autre sur le compte des organismes internationaux [2]. Qui dit mieux ?

Les Amériques latines ? Il y a moins de militants communistes sur ce continent (hors Cuba) en 1985 qu'en 1945. Le Nicaragua et le Salvador occultent l'effondrement des plus vieilles places fortes du mouvement ouvrier latino-américain, où il s'était implanté dès 1920. Le P.C. chilien, plus vieux que le français, échappe au naufrage — Pinochet aidant. La guérilla péruvienne, indigène et introvertie, s'est développée en marge et contre les partis de gauche, puissants à Lima et sur la côte. Des partis communistes aussi chargés de gloire et d'années que le brésilien, le colombien, le

---

[1]. Marie Mendras, « La Logique de l'U.R.S.S. au Moyen-Orient », *Politique étrangère* 1/83.
[2]. Recommandation de la commission bipartisane, Kissinger (1984).

vénézuélien deviennent des groupuscules déchirés ou des amicales de vétérans. Le P.C. argentin, en 1983, a eu moins d'électeurs que d'adhérents. La militance est dévoreuse d'énergies et le rendement du travail révolutionnaire le plus faible de tous. C'est sans doute en Amérique latine que ce gâchis a atteint ses sommets. L'aspiration démocratique, avivée par les dictatures militaires, joue contre les communistes : on ne quitte pas de plein gré une dictature pour une autre, fût-elle du « prolétariat ». Aucune armée soviétique ne menaçant ces pays, on ne voit pas ce qui pourrait venir renverser cette tendance.

Si l'Amérique latine est marginale dans la stratégie soviétique (l'harmonie préalable des Empires faisant de cette même zone la principale préoccupation des Etats-Unis), l'Asie lui est centrale. En dépit d'échanges commerciaux plus limités (hormis avec l'Inde et le Japon), elle vient juste après l'Europe dans l'ordre de ses priorités. Même si cette qualité lui a été déniée par la Conférence de Bandoeng (1955), l'U.R.S.S. se veut et se déclare puissance asiatique de plein exercice depuis le Congrès de Bakou (1920). Sa fixation au sacro-saint statu quo territorial a entretenu l'hostilité de la Chine et du Japon, qui s'est récemment traduite par la « clause antihégémonie » du traité sino-japonais de paix et d'amitié, qu'elle n'a pu empêcher. Le conflit sino-vietnamien (îles Spratley) lui a donné l'occasion d'un monopole au Vietnam (Cam Ranh et Danang devenant points d'appuis pour sa flotte du Pacifique), symbolisé par le Traité de 1978, tandis que le conflit sino-indien de 1962 lui permettait une percée en Inde, confortée peu après par le conflit indo-pakistanais de 1965 (arbitrage de Tachkent), et culminant dans le Traité d'amitié et de coopération de 1971. Alliance de revers purement stratégique, sans fondement culturel ni idéologique : l'Inde est un allié et un client commercial (le 4e dans le tiers monde), non un ami et encore moins un petit frère. Le projet de pacte de sécurité collective de 1971, qui eût systématisé l'encerclement de la Chine, n'a pas eu de suite. La crainte de la perte stratégique qu'eût été le basculement de l'Afghanistan, en pleine crise des otages, du côté iranien ou américain (les deux se voyant alors fondus, dans la perspective d'un coup d'Etat militaire à Téhéran renversant Khomeiny) — les actions en politique étrangère où l'on se dépêche pour empêcher répondent plus souvent qu'on ne croit à des objectifs négatifs — jointe à la volonté probable de répliquer à la double décision de l'O.T.A.N. en Europe, a provoqué une perte certaine d'influence soviétique dans toute la région, que la vitrine vietnamienne n'est pas pour rehausser. La Corée du Nord héberge Sihanouk et joue son jeu propre. Persévérance diplomatique et renforcement militaire n'empêchent ni la transformation économique du Pacifique en un lac nippo-américain ni que l'influence politique en Asie soit d'abord chinoise (en dépit de la méfiance malaise et du contentieux indonésien), et ensuite américaine (l'O.T.A.S.E. a disparu, non le Pacte de Manille). Deux forces qui ne s'opposent déjà plus entre elles et convergent à vive allure. Si la Chine en pleine démilitarisation a désormais politiquement intérêt à normaliser et pacifier ses relations avec l'U.R.S.S., le rééquilibrage purement diplomatique de 1980 ne l'empêchera pas d'avoir toujours plus besoin de l'Ouest, de sa technologie, de ses capitaux, de ses touristes et de Donald Duck. L'Amérique et le Japon ont incomparablement plus à offrir à la Chine que l'U.R.S.S., car la Chine a fait le pari de l'avenir.

Et la Révolution ? Et le marxisme-léninisme ? Chez des peuples surexploités — travail des enfants, salaires de misère, exode rural, etc. — dans des conditions souvent effroyables, la demande devrait stimuler les espérances. En 1926, avait été créé à Singapour le syndicat général des mers du Sud, devenu en 1928 le parti communiste des mers du Sud. Depuis l'écrasement après la guerre des Huks philippins, le mouvement communiste accumule les revers en Asie du Sud-Est. Le P.C. malais, né comme tel en 1930, entré dans la lutte antijaponaise en 1941, n'a pas survécu à la défaite de l'insurrection de 1948 (on comptait alors 14 000 maquisards, la plupart d'origine chinoise), consommée par les Britanniques en 1955. Les communistes malais ont tenté de relancer la lutte armée en 1968, ils ont finalement (1977) été éliminés[1]. Le Parti communiste thaïlandais, qui s'était lancé dans la guérilla rurale en 1965, rejoint dans les années soixante-dix par des milliers d'étudiants pourchassés par les maréchaux de Bangkok, a été démantelé avant d'éclater en morceaux : le P.C.T. prochinois fait alliance avec le gouvernement thaï contre le Vietnam et une petite fraction prosoviétique repliée au Laos[2]. Le parti communiste indonésien, naguère la plus puissante formation politique de l'archipel et avec trois millions de membres le premier P.C. du monde non communiste, n'a pratiquement pas survécu à l'holocauste de 1965[3]. Seules les Philippines, grâce à un régime caricatural, à l'omniprésente férule américaine, à la composition paysanne aux deux tiers de la population et à l'imprégnation chrétienne, offrent les paramètres d'une révolution conforme à l'archétype. La Nouvelle Armée Populaire (N.A.P.), en concurrence avec les insurgés moros, musulmans, de Mindanao y étend ses « zones rouges » et s'implante à Luçon (1985) : les Huks ont donc une descendance. Mais cette organisation, créée en 1969 contre le parti communiste philippin, sur des bases maoïstes, ne reçoit aucune aide extérieure de l'U.R.S.S., et encore moins de la Chine, qui rivalisent d'attentions pour cette dictature finissante. Ce pays excepté, toute la région montre des communismes en crise et des nationalismes en rage. Inutile au reste de les opposer : le communisme en Asie n'a triomphé que par et sur l'élan national, antijaponais en Chine, antifrançais au Vietnam ; et partout où ils ont divergé — Indonésie, Singapour, Malaisie, Birmanie — la nation a évincé le Parti. Hypothéqués par leur identification étrangère — chinoise au premier chef —, les P.C. d'Asie du Sud-Est n'ont pas mordu sur les pays profonds (dont les foyers de dissidence sont de nature ethnique : montagnards méos, minorité

---

1. Martial Dassé, « Les Trois P.C. de Malaisie », *Défense nationale*, février 1981.
2. Martial Dassé, « L'Eclatement du P.C. de Thaïlande », *Défense nationale*, juin 1980.
3. Le P.C. indonésien, fondé en 1924, en prolongement de l'Union social-démocrate des Indes fondées en 1920, fut interdit en 1927, reconstitué en 1945, brisé en 1965 et de nouveau interdit en 1966. Voir Françoise Cayrac-Blanchard, *Le Parti communiste indonésien*, F.N.S.P., Armand Colin, 1973.

vietnamienne dans le nord-est de la Thaïlande, chrétienne aux Moluques, karens en Birmanie, etc.). Là où le communisme est porté par la nation, il ne peut aller plus loin qu'elle : son expansion s'arrête aux frontières ancestrales des ethnies, là où un nationalisme en rencontre un autre. Nous savons depuis 1979, avec la première guerre entre deux Etats communistes de notre époque, Vietnam et Chine, que l'embardée marxiste ne fait pas dérailler les millénaires.

## V. LA PAIX FROIDE

*1. Un monstre inédit ?*

C'est un article de foi que « le grand Octobre a ouvert une nouvelle ère dans l'histoire de l'humanité ». Les dévots se font rares. Les derniers prêchent à l'Ouest — la doctrine communiste n'étant plus prise au pied de la lettre que par les doctrinaires de l'anti. Pareil à ces étoiles éteintes dont les rayons lumineux nous touchent avec quelques années-lumière de retard, le système soviétique nous éblouit de sa nouveauté toute spéculative. Notre soviétosophie a accrédité l'idée (de nombreux bureaux officiels l'ont faite leur) que le communisme étant un système entièrement différent de tous les autres, non en degré mais en nature, et la conduite soviétique entièrement conforme à cette idée platonicienne, nous avions affaire avec l'U.R.S.S. à une entéléchie sans équivalent ni précédent, immuable dans son altérité, implacablement surréelle. Pour être restés aveugles à l'originalité radicale du phénomène totalitaire, les hommes d'Etat occidentaux qui ont cru amadouer le Minotaure à l'économie ou à l'ancienne en ont été pour leurs frais. La *Realpolitik* serait ici ingénuité suprême. « L'homme d'Etat, dans sa volonté de disqualifier la phraséologie et de promener sur le phénomène soviétique un œil froidement machiavélien, ne sait pas qu'il court, du fait même de son effort vers le réalisme, le plus grand danger d'être berné[1]. » Kissinger offrant aux lâches le mol oreiller de la détente, comme de Gaulle, contemplant la Russie éternelle derrière les volutes d'un régime éphémère, ont été l'un et l'autre des boy-scouts manœuvrés par ceux-là qu'ils croyaient manœuvrer, parce qu'ils n'ont pas vu que l'Idéologie — métavérité sans contenu empirique ni limites assignables — plaçait l'U.R.S.S. dans une Métahistoire d'après laquelle l'Est a tous les droits et l'Ouest n'a que des devoirs. Le régime n'est donc pas une autocratie prolongée, mais une *logocratie,* car les fins dernières du Parti transcendent celles, déjà connues, de la nation et du peuple russes. Les concessions tactiques d'un Etat apparemment pareil aux autres ne doivent pas nous occulter les desseins cosmologiques d'une entreprise de domination transcendantale, car son idéologie ne se donne pas pour un idéal moral et lointain mais pour une loi d'évolution en plein développement, en sorte qu'il n'y a en U.R.S.S. ni tyrannie classique, car chacun est tenu de se croire déjà en démocratie, ni même mensonge cynique, car les dirigeants ne savent plus eux-mêmes distinguer le vrai du faux. L'Idéologie, avatar contemporain de la Gnose, happe l'humanité dans son trou noir, et c'est la Russie qui est une *apparence,* un mirage, dissimulant l'essence d'un régime construit sur « le vide du socialisme et le néant de l'idéologie ». « Or c'est ce vide et ce néant qui sont actifs et attirent à soi toute la terre[2]. »

Cette plaisanterie d'allure philosophique a pris valeur de dogme en vertu du cercle complaisant permettant à un club d'admiration mutuelle, couvrant à la fois la librairie et la critique des livres, de faire partager ses mots de passe par l'Hexagone penseur. Le terrorisant mystère en impose aux demi-savants, sommés de mettre au pilon Custine, Marx, Alexandre Dumas, Leroy Beaulieu, Pierre Pascal, et tant d'autres observateurs de la Russie tsarienne, qui pourraient donner à un lecteur non prévenu la fallacieuse impression d'une quelconque continuité entre la Russie

---

1. Alain Besançon, *Présent soviétique et passé russe,* Poche Pluriel, Paris, 1980, p. 16.
2. *Op. cit.,* p. 17.

d'hier et celle d'aujourd'hui. On peut se demander si les plus mystifiés ne sont pas, par un autre tour de malice, les démystificateurs eux-mêmes. Il est toujours aventureux de confondre un homme, une institution, un régime avec l'idée qu'ils se font d'eux-mêmes ; a fortiori, avec l'idée qu'ils se croient obligés de donner d'eux-mêmes, qui n'est peut-être plus la leur, à eux communistes par fonction, mais celle que de lointains prédécesseurs, communistes de vocation, leur ont léguée, insignes pieux mais inertes. Ce n'est pas parce qu'un pouvoir entretient mollement une utopie et subordonne ses décisions tactiques à une « mission grandiose », que l'histoire réelle se plie à l'utopie. N'ai-je d'autre choix, moi qui ne crois pas en Allah, qu'entre la conversion ou la croisade, parce que j'entends Khomeiny proclamer que « l'islam a vocation à régner sur la terre entière » ? Ce n'est pas parce qu'au nom d'une conception finaliste de l'histoire le Politburo se croit assuré du mot de la fin, qu'il l'aura, et que nous devons lire en attendant l'histoire à sa façon. Libre à eux de se croire ontologiquement supérieurs à nous, pauvres zombies en sursis. L'important est qu'ils n'aient plus les moyens de nous imposer leur illusion, ni même ceux de faire croire, à domicile, que c'est bien le « socialisme » qu'incarne une société désespérément inégalitaire ; ni de nous convaincre que le marxisme a pris là figure, comme si le mot faisait la chose. Cet Etat du XIX$^e$ siècle s'apparente bien, en effet, à une philosophie du XIX$^e$, mais c'est le « catholicisme sans Dieu » du positivisme conservateur, sous le drapeau « Ordre et Progrès » que, si la sociologie reprenait ses droits sur l'idéologie, le Brésil devrait sans tarder restituer à l'U.R.S.S., dernier pays européen où le « Travail, Famille, Patrie » reste une trilogie d'actualité. Car cette société éducative et commémorative, d'exégèse et d'amidon, visant mais en vain à l'intemporel avec ses rites emphatiques et ses visites guidées, ses cortèges solennels et ses processions d'écoliers en uniforme, ses breloques et sa hiérarchie, ses mausolées pleins et ses devantures vides, sa peinture pompier, sa statuaire, ses pontifes académiciens et son idéal d'éducation universelle, sa religion de la science et son culte des morts — ce n'est pas dans les ouvrages de Karl Marx (dont les statues sont du reste fort rares en U.R.S.S.)

qu'on en trouvera la description, mais très exactement dans le *Système de Politique positive* et l'*Appel aux Conservateurs* d'Auguste Comte.

Le débat assez vain sur « idéologie et tradition en Union soviétique » n'est pas au centre de notre propos, plus pratique que théorique, qui est de savoir ce que peut la France, demain l'Europe, au beau milieu des « supergrands ». Si la généalogie des formes de la vie sociale soviétique importe peu ici, ce que la France et l'Europe peuvent faire dépend néanmoins de ce qu'elles doivent penser d'un tel régime. Il apparaît somme toute raisonnable de supposer que le sixième de la planète n'obéit pas à des lois foncièrement différentes des cinq restants, et que l'histoire des sociétés ne commence pas en 1917. Ce postulat rationaliste verra son effronterie confortée par la lecture des bons auteurs d'antan. Tout, on l'a dit, est dans Custine, notre contemporain de 1839, jusqu'au moindre détail pratique de ce qu'un voyageur perspicace de 1939 imputait au régime — tracasseries du douanier, astuces de l'Intourist, double langage, censure des faits divers, passeport intérieur, surveillance de l'étranger, etc. —, sans oublier la grande ambition nationale comme exutoire au manque de liberté (« cette nation d'esclaves enchaînés rêve de dominer le monde »). Voilà qui incite à voir le « léninisme comme stade suprême du russisme » (Philippe Carré) et à réinsérer les éléments de rupture, indéniables, dans la continuité d'une histoire qui ne se déroule pas en vain dans les mêmes lieux, les mêmes voisinages, le même froid, la même odeur de chou, avec le même peuple et dans une langue qui a survécu, semble-t-il, à soixante ans de menuiserie. Cela ne veut pas dire qu'il n'y a rien de plus dans le K.G.B. que dans l'Okhrana, dans la hiérarchie soviétique que dans le tchinn tsariste, dans la patrie du socialisme que dans la troisième Rome, dans l'Etat d'inspection que dans la bureaucratie de Gogol, ni que le Goulag ait été une simple forteresse Pierre et Paul élargie. Mais qu'on ne peut comprendre le nouveau qu'à la lumière de l'ancien, et qu'il est absurde de répondre à ceux qui ont entièrement refoulé la dimension soviétique du monde russe par le refoulement inverse. « La faucille n'a pas tranché le panicaut des steppes » (Georges Nivat). D'autant qu'au fur et à mesure que le régime vieillit, les éléments de continuité — retour du refoulé ou effet de perspective ? — repoussent à l'arrière-plan les éléments de rupture. Au-delà des données permanentes de l'état de puissance — veiller à sa sécurité, conserver son glacis, étendre son aire d'influence sur tous les continents —, la diplomatie soviétique, en mûrissant, laisse apparaître la trame des desseins séculaires [1]. La longévité même des grands commis soviétiques se moule dans le passé russe et Gromyko fera bientôt bonne figure à côté de Nesselrode, nommé à l'ambassade de Paris à l'âge de vingt-deux ans et qui a dirigé la diplomatie russe de 1812 à 1857, ou de son successeur Gortchakov, aux affaires comme ministre, puis chancelier, de 1856 à 1882. Qui épingle « la dextérité des Russes à cacher et à taire les affaires de leur Etat. C'est la nation la plus défiante et soupçonneuse du monde. La Russie n'est pas un pays libre, auquel on puisse entrer pour apprendre la langue, s'informer de telle ou telle chose, car outre ce qu'il est fermé, toutes choses y sont si secrètes qu'il est fort difficile d'apprendre la vérité d'une chose si on ne l'a vue de ses propres yeux » ? M. de Margeret, en 1607 [2]. De qui et quand, cette notation : « la politique russe a toujours consisté à essayer d'en imposer aux gouvernements apathiques et faibles, alors que devant une résistance énergique, elle cède, attendant l'occasion de bondir à nouveau » ? Lord Palmerston, 1853 [3]. Et cette mise en garde, devant une opinion européenne jugée, déjà, veule et molle : « La frontière occidentale de l'empire russe est mal définie et ne coïncide pas avec les frontières naturelles. Elle subira des modifications et l'on s'apercevra qu'elle doit aller de Dantzig ou de Stettin jusqu'à Trieste. De conquête en conquête et d'annexion en annexion, après la Turquie, viendra le tour de la Hongrie, de la Prusse, de la Galicie, et finalement cet empire slave, dont rêvaient certains philosophes illuminés, deviendra une réalité » ? Karl Marx, la même année 1853 — ce vieux

---

1. Voir de Grunewald, *Trois siècles de diplomatie russe,* Calmann-Lévy, 1945.
2. *Etat de l'Empire de Russie,* 1<sup>re</sup> édition 1607. Cité dans *Le Mirage russe en France au XVIII<sup>e</sup>* d'Albert Lortholary, Boivin, 1951.
3. Lettre de Palmerston à Lord Clarendon, ministre des Affaires étrangères, 22 mai 1853.

Marx toujours obsédé par l'or et la désinformation de Saint-Pétersbourg qui dénonçait alors « les centaines d'agents russes circulant en Europe » pour fomenter des soulèvements soi-disant nationaux avec les mêmes accents que met le grand journaliste d'aujourd'hui à dénoncer les soulèvements soi-disant progressistes du tiers monde [1]. Ou ceci, qui s'écrit chaque jour : « on a souvent parlé des martyrs de Sibérie. Mais pourquoi d'eux en particulier ? C'est partout la Sibérie en Russie, il n'y a aucune distinction à faire. Cela commence à la Vistule. On parle des forçats, mais tout homme là-bas est un forçat. Dans un pays où la loi n'est qu'un simulacre, tous les hommes sont des bagnards » ? Michelet, 1871 [2]. Quel expansionniste soviétique a dit : « L'Europe occidentale est entrée dans la voie de la décadence et de la décrépitude. Nous autres Russes, au contraire, nous sommes jeunes et forts, et nous n'avons jamais trempé dans les crimes et les turpitudes de l'Occident. Il nous reste une grande et noble mission à remplir ; déjà notre nom est inscrit sur les tables de la Victoire, car notre génie est appelé à prendre sa place dans l'histoire de l'humanité. La victoire nous attend sur les ruines de l'Occident qui s'écroule !... » ? Le Prince Odojewski, en 1883, à Victor Tissot, qui note également que « la religion juive n'est pas reconnue en Russie, elle n'est que tolérée et doit se plier à tous les caprices bureaucratiques du gouvernement le plus bureaucratique de l'Europe et de l'Asie »[3]. Où cueille-t-on au passage cette remarque de géostratégie à la russe : « au premier plan, la question afghane. La victoire mémorable et brillante de la rivière Kushka, ainsi qu'une série d'articles enflammés et convaincants, prouvent l'impossibilité absolue de l'existence de la Russie sans la possession de la " clé vers l'Inde "... » ? Dans le *Russkie Vedomosti*, du 1ᵉʳ janvier 1886. Les tenants de l'actuelle révolution libérale se rassureront avec ce pronostic du révolutionnaire français Ernest Cœurderoy (1825-1866), qui souhaitait, lui, la victoire de Mos-

---

1. Article de Marx dans le *New York Daily Tribune* du 12 avril 1853.
2. « La France devant l'Europe », écrit en février 1871.
3. Victor Tissot, *La Russie et les Russes — Kiew et Moscou — Impressions de voyage*, 1884, Plon, p. 19 et 62.

cou : « La prochaine révolution en Europe se fera par la violence et par un pouvoir qui sera centralisé dans les mains de la Russie. Une deuxième révolution aura lieu plus tard, lorsque les fruits de la première auront perdu toute saveur et celle-ci, c'est l'Amérique qui la fera, par la liberté et les peuples fédérés[1]. » Ce disciple de Proudhon ajoutait — en 1854 — qu' « il appartiendra aux Etats-Unis et à la Russie de fixer, par des traités, les frontières des deux mondes : le monde de la liberté et de l'individualisme appartenant aux Anglo-Américains et le monde de la solidarité humaine appartenant aux Slaves. L'Angleterre abandonnera les Indes et ce sera le signal de l'invasion de l'Asie à la fois par les Américains et les Russes. L'Orient sera secoué par des révolutions incessantes, particulièrement la Chine, et chacun des deux grands envahisseurs s'efforcera de tourner ces révolutions à son avantage et d'en tirer profit[2] »...

Ne pouvoir annoncer nulle catastrophe à l'horizon est pour un auteur la pire des catastrophes. Comment faire un événement avec la pire des non-nouvelles : « *power as usual* » ?

Le communisme est un intellectualisme ; l'anticommunisme (lorsqu'il tient lieu de vision du monde) aussi : c'est le même. Ce qui permet la continuité des carrières, et à beaucoup d'entre nous de servir deux fois. La pensée juste gouverne le monde, encore une chance que ce soit la mienne, observe l'intellectuel de 1950. Le même, vingt ans après, se sacre redresseur de torts en sa qualité de démonteur des idées fausses, celles qu'il n'a plus. Souveraineté intacte : tout se passe dans la pensée. Pour un théoricien, philosophe ou idéologue, l'a-communisme, ce douloureux exil, est d'abord une perte de face. S'il sort des salles de cours, voyage, interroge, compare, bref abandonne le rapport spéculatif à l'histoire, il avoue qu'il n'est plus en droit le centre du monde, et que l'histoire se fait sans lui, aujourd'hui comme hier. La complexité ne paie pas, et le public préfère le délirant à idée fixe. Popularité de l'hystérique : plus la folie est furieuse, plus elle est collective, et

---

1. *Hurrah! ou la Révolution par les cosaques*, Paris, 1854.
2. Cité *in* H. Kolm, *Le Panslavisme, op. cit.*, p. 105.

vice versa. Plus le discours est abstrait et simplificateur, plus il mobilise et « parle ». D'où la force d'expansion des idées simples : « tout vient du juif, tout revient au juif », démontrait, sans se lasser, Drummond, qui trouva de l'écho, y compris à gauche. « Tout vient de Moscou, tout revient à Moscou » — débonde aujourd'hui l'écho, du côté droit, où ça fait masse : l'antisoviétisme va-t-il devenir le libéralisme des imbéciles, comme il y eut jadis un « socialisme des imbéciles » ? Où se rencontre une logique et une colère, une idée absconse et une passion forte, le délire se noue.

Il est juste qu'en France, « le pays de l'idée », où l'intellectuel règne par inertie et droit d'aînesse, le système léniniste (ou maoïste), ait trouvé ses plus nombreux et meilleurs exégètes, thuriféraires ou détracteurs, rédemption ou expiation, fascination ou répulsion, 1950 ou 1980. L'excès en France est une vertu. La soviétologie française paraît parfois se distinguer de sa consœur américaine par la conviction que moins il y a de faits dans un discours, plus il y a de pensée : elle déborde d'idées. Les Anglo-Saxons excellent dans l'histoire naturelle du monde soviétique, et nous dans une histoire providentielle, spiritualiste, où le sceau de la prédestination dispense d'une vaine information [1]. L'hygiène du théoricien répugne au reportage, à la monographie, à l'étude chiffrée. A quoi bon enquêter — puisque chacun taille sur mesure le paysage et choisit les données conformes à ses vues ? Le voyage n'est-il pas suspect, comme l'ont prouvé tant de faux témoins dupés par l'Intourist et d'autant plus gogos qu'instruits ? Arguer qu'on peut moissonner sur place comme Simon Leys plutôt que comme Philippe Sollers, comme André Gide et non comme Edouard Herriot, signale une certaine faiblesse d'esprit, sinon une complaisance envers l'ennemi. Au profane donc de zigzaguer entre Buffon et Bossuet, la plate exactitude ou le vertige gratuit, la mosaïque d'anecdotes et la prophétie invérifiable, jusqu'à terre ferme. Sans confondre une systématisation délirante du réel avec

---

1. Pour une excellente description, voir de David Shipler, *Russia*, Times Book, New York, 1983.

l'aptitude d'un système délirant à se réaliser — ni l'apparition d'un totalitarisme à visage humain avec un humanisme à relents totalitaires.

Intellectualiste, ou mythologique, est la démarche qui tend à faire d'une essence générale un substantif, ou d'une totalité abstraite comme le féodalisme, le capitalisme, le communisme, l'impérialisme, etc. un acteur de l'histoire. Se rappeler qu'il y a des sociétés totalitaires, libérales, impériales — qualités qui ne s'excluent pas entre elles —, mais que le Totalitarisme, le Libéralisme, l'Impérialisme n'existent pas (sinon dans ma tête, comme résultats idéaux d'un processus d'abstraction). Seuls les peuples, les nations, les cultures sont à la longue déterminants. Les qualificatifs passent, les sujets restent ; et les sociétés que leur Etat « totalitaire » prétendait placer hors du temps n'y échappent pas : revanche de la vie sur l'idée.

*2. L'autre Europe : le lent réveil de la mémoire.*

« Tout totalitarisme existant est un totalitarisme manqué », constate un aristotélicien. Et Pierre Hassner d'ajouter, fort justement : « toute libéralisation d'un régime totalitaire est également manquée ». Le monde soviétique reprendra-t-il à son compte le diagnostic de Cicéron sur la Rome de son temps : « *nec mala nec remedia pati possumus* » ? Ce cercle vicieux est en voie de s'ouvrir, en silence et par le bas — sociétés et cultures. Dans la nuit immobile du Totalitarisme avec majuscule, tous les satellites sont gris. Vus de près et sur la durée, les pays de l'Est européen (« l'Europe de l'Est, cela n'existe pas », disait dernièrement Siffert) reprennent leurs couleurs, chacun les siennes. Les cadres organisationnels restent, uniformes ; ces coquilles ne sont pas encore des fossiles mais elles se vident peu à peu, pendant que s'atténuent, par un mouvement irréversible, les formes extrêmes de l'Etat-Parti : terreur de masse, purges, procès-spectacles, monologue du Chef. Exceptions têtues mais fragiles, l'Albanie d'Enver Hodja et la Roumanie de Ceaucescu, en 1985, ne donnent pas l'impression d'annoncer l'avenir. L'éternité, sur le long terme, ça ne marche pas. Que la perfection formelle du système politique place les pays de l'Est sur une autre échelle de temps que la nôtre, n'empêche pas le Parti de se banaliser et de se diluer, gestionnaire bu par sa gestion. Le Prophète collectif devient une administration sobrement personnifiée, avec ses traits rassurants mais peu originaux (stabilité, continuité, régularité des successions, etc.).

L'Europe souffrira encore longtemps — 20 ou 50 ans ? — de son point de côté : l'U.R.S.S. l'a amputée d'un organe essentiel, cette *Mittel-europa* qui fut le berceau du siècle — philosophie, musique, peinture, littérature —, et qui s'est retrouvée, adulte, en 1945, déboîtée, captive de l'Eurasie. « Car l'Europe centrale, dit Kundera, n'est pas un Etat, mais une culture et un destin. » La déchirure européenne a commencé de nous faire crier à partir du moment — quelque part entre Prague 1968 et Varsovie 1981 — où la carte de l'Europe culturelle s'est recollée alors que la carte de l'Europe politique, elle, n'avait pas bougé. De ce décalage entre une communauté d'esprit et une partition territoriale, entre le sentiment nouveau d'une Europe retrouvée et l'évidence d'une perte ancienne désormais reconnue de jure, surgit cette crise de la conscience européenne que révéla chez nous le coup de force de Varsovie. En France, la société vivait l'Europe selon son cœur, et l'Etat avec sa tête, qui apparut aux enthousiastes cynique ou mesquine : d'où la déception devant un constat d'impuissance inexpliquée. L'opinion intellectuelle, qui vit le souhaitable au présent et parle ou exige en conséquence, n'avait pas tort de se croire en avance sur la diplomatie traditionnelle, qui prend acte des possibles et agit en conséquence. La première tient à honneur de regarder les fins sans se soucier des moyens, la seconde tient à bien d'ajuster ses fins déclarées aux moyens disponibles. Rares sont ceux qui pensent en homme d'action et agissent en homme de pensée. Ce fut le mérite du Président Mitterrand, en France, que de « dire le droit » sans méconnaître les faits — quand outre-Rhin la tendance était à l'oubli du droit, et outre-Atlantique, à la méconnaissance des faits. « Tout ce qui permettra de sortir de Yalta sera bon, à la condition de ne jamais confondre le désir que nous en avons et la réalité d'aujourd'hui. » Faire avec mais penser contre.

L'Union soviétique est stratégiquement, sur son glacis, à la défensive. Et pour cause : atteint dans son *étanchéité*, son *immobilité* et son *unité*, le système a subi dans son propre bloc, depuis quelque dix ans, une *triple défaite*. Par le biais du Comecon, l'U.R.S.S. appelle aujourd'hui ses alliés à renforcer l'autarcie du bloc, preuve que son autosuffisance non seulement économique mais politique et culturelle est entamée. Le Marché commun a franchi le mur de Berlin : le commerce interallemand n'a-t-il pas permis à la R.F.A. de faire entrer la R.D.A., par la petite porte, dans la Communauté européenne ? L'information aussi : comment inculquer les valeurs « socialistes » à une population est-allemande qui reçoit presque en totalité la télévision ouest-allemande ? A l'interdépendance financière (1 milliard de deutschmarks de crédits libérés par Strauss en 1983), s'ajoute la contagion des mentalités, notamment chez les jeunes : le modèle culturel à l'Est n'est plus le soviétique mais l'occidental. Mai 68 n'a pas été marqué par les idées qui viennent du froid, mais le Printemps de Prague comme le renouveau polonais portent la marque des nôtres. Les Hongrois voyagent à l'Ouest, sans tracasseries et à leur guise, comme ils peuvent écouter, sans brouillage, Radio-Free Europe. De façon générale et sur trente ans, à un moins de répression interne dans le « camp » correspond un plus de pressions extérieures, directes ou indirectes. De Budapest, où les chars entrent en tirant, à Varsovie où les chars russes ne sont pas entrés, en passant par Prague, où ils entrèrent sans tirer, l'usage de la force a reculé ; mais simultanément les moyens de sanction (ils disent : « de chantage ») ont augmenté. L'Est a un bâton plus court et l'Ouest une carotte plus longue — ceci expliquant cela : la panoplie de la « conditionnalité » des rapports inclut désormais l'adhésion au F.M.I., le rééchelonnement des dettes (qui suppose la mise en transparence de données économiques internes jusqu'alors secrètes), les contrats à l'importation, voire les crédits à l'agriculture privée, comme pour la Pologne. Sans doute une stricte conditionnalité politique des échanges commerciaux, économiques et financières est-elle une utopie (pour des raisons d'abord techniques propres aux économies de marché), mais la pesée de ces actifs, contrats et contacts est plus dissuasive pour l'Est qu'elle n'est intimidante pour l'Ouest. A quoi il faut ajouter le renforcement des moyens de détection et d'observation d'éventuels préparatifs militaires, comme la publicité qui peut leur être aussitôt donnée. Si l'Amérique ne choisit pas encore la musique, la Russie ne mène plus la danse en solitaire dans son camp, et on peut se demander si le mot de Kennedy après sa première rencontre avec Khrouchtchev : « ce qui est à eux est à eux, ce qui est à nous est négociable » ne s'est pas, depuis un quart de siècle, renversé. En Pologne, Jaruselski doit même partager l'Etat avec le Pape, comme le Parti avec l'Eglise. Aux premiers, le pouvoir séculier (la coercition), aux seconds, le magistère spirituel (l'hégémonie). Le contrôle politique de l'U.R.S.S. sur son glacis est à la baisse, son coût économique à la hausse (80 milliards de $ sur les vingt dernières années). Il est vrai qu'en 1985 l'économie des pays d'Europe centrale et balkanique est relativement plus dépendante de l'U.R.S.S. qu'en 1975, mais cette dernière, malgré un bas niveau d'endettement, ne s'est pas entre-temps rendue moins dépendante des débouchés occidentaux. L'Ouest dépend moins des marchés de l'Est pour la résorption de ses surplus agricoles que l'U.R.S.S. de l'Europe pour la vente de ses combustibles minéraux, principale source de devises convertibles qui financent ses importations. Or, si les exportations d'énergie représentent 2/3 des recettes en devises fortes de l'U.R.S.S., les fournitures de gaz soviétique ne représentent qu'environ 5 % de l'approvisionnement des pays occidentaux : qui serait le plus affecté par un chantage ?

L'U.R.S.S. n'appellerait pas les pays frères à « renforcer sans cesse le rôle dirigeant du Parti » si les choses n'avaient décollé des mots, si les sociétés civiles, anéanties dans le principe par l'Etat sans société, ne reprenait vie, bref si l'histoire ne perçait sous l'idéologie. Au fur et à mesure que disparaissent, ou plafonnent, les facteurs de légitimité de ces régimes — industrialisation, mobilité sociale, modernisation —, que le niveau de vie se tasse et que la « normalisation pour la consommation » s'enlise dans la crise, on voit se reconstituer entre les mailles de l'Etat une nouvelle légitimité des cultures refoulées. Petits journaux, revues semi-clandestines, samizdat de masse, clubs culturels ou associations académiques, groupes religieux, orchestres underground montrent un peu partout cette reconquête de l'autonomie. Le Parti a perdu le monopole de l'information et de l'autorisation. Début d'émancipation ou simple soupape de sûreté ? L'un et l'autre, sans doute. En Pologne, c'est l'exception, intellectuels et ouvriers ont fait la jonction — inexistante en U.R.S.S. La réforme du système par l'intérieur a échoué — sans doute, mais la normalisation polonaise piétine, et restera assurément très en deçà de la tchèque après 1968 — rapport de forces et récession obligent. On peut même se demander si le fameux mot d'ordre de Kuron en 1977 — « l'instauration du pluralisme sans autorisation » —, chassé par la porte, n'est pas en train de revenir par la fenêtre — par une multitude de soupiraux plus ou moins tolérés, et ce, malgré le lent rétablissement du Parti, de la censure et de la police. La vitalité de l'Eglise polonaise, écusson national, est certes unique. Mais le regain de la foi en Slovaquie, la multiplication des sectes en Roumanie, la présence de l'Eglise évangélique en R.D.A. (où les huit Eglises régionales comptent officiellement 6,5 millions de membres), refuge des objecteurs de conscience et des pacifistes contestataires, indiquent, à des degrés divers, un irrésistible affranchissement. La Charte 77 est marginalisée à Prague, les « groupes pour la paix et le dialogue » ont été dissous en Hongrie, et la R.D.A. évacue lestement ses contestataires vers la République fédérale. Mais le temps n'est plus à la « société des niches », à l'atomisation des citoyens, à la pulvérisation des communautés sous les coups de boutoir du Parti, même s'il est vrai que ce dernier conserve un peu partout son monopole de la représentation centrale. Quand une société civile sort de ses trous, elle surgit en ordre dispersé, non comme opposition organique, et le Parti unique a tout intérêt à entretenir cette fragmentation, qui reste son dernier atout. C'est en Yougoslavie qu'on voit fonctionner jusqu'à la caricature ce mécanisme de la cohésion négative — l'éparpillement des éléments constitutifs (huit républiques, cinq nationalités reconnues, quatre langues officielles, trois religions et deux alphabets !) se retournant en facteur de stabilité pour le centre. Il n'en reste pas moins que si le face-à-face des deux Europes et des deux systèmes est, comme on l'a dit, une course de vitesse entre deux décadences, l'Est paraît devoir se décomposer plus vite que l'Ouest. En attendant, leur « moi ou le chaos » sera toujours moins agglutinant que notre « tout sauf ça ».

Cité totale, cité globale. L'U.R.S.S. n'appellerait pas à plus de cohésion dans le camp si la croissante différenciation des personnalités nationales, de pays à pays mais aussi à l'intérieur (entre Bohême et Slovaquie, par exemple), ne la mettait en difficulté. Faire de nécessité vertu ne lui est pas facile car le « diviser pour régner » n'est pas naturel à l'esprit de bloc, qui ne se contente pas, comme l'esprit de camp, de mouvances mais veut du monolithe. « Particularismes » et « totalitarisme » jurent. Les manuels d'histoire, d'un pays à l'autre, racontent maintenant la guerre chacun à sa façon : plus de contrôle du passé. Les réactions divergentes de ses alliés dans l'affaire des euromissiles et des contre-mesures, ont récemment montré que si l'Europe de l'Est doit encore se voir comme un ensemble stratégique affrontant une même crise politique et financière, elle n'y fait pas face en bloc. Si l'U.R.S.S. est une société habilement parcellisée, il n'est pas sûr que l'Europe de l'Est puisse continuer de se morceler utilement (pour le système). Non que la dissidence polonaise soit susceptible de faire école : pour ses partenaires du Pacte, dont elle désorganise l'économie en ne remplissant pas ses quotas d'exportation, comme pour les peuples voisins, où l'on verrait plutôt dans le Polonais de la rue un orgueilleux flemmard qu'un romantique insurgé, la Pologne de *Solidarnosc* fait figure de contre-exemple. Mais la remontée des valeurs traditionnelles, le refus de l'acculturation soviétique sont inséparables d'une réaffirmation centrifuge des identités nationales, grosse de frictions mutuelles et de percées solitaires. Peu de chances de voir la voie hongroise, ou la voie prussienne converger entre elles, et encore moins vers la métropole des Slaves [1].

Le paradoxe, pour un « homme de gauche » : l'affirmation des autonomies civiles, dans toute la sphère soviétique, a en soi une valeur démocratique, mais elle n'est pas nécessairement porteuse de valeurs démocratiques (internationalistes, égalitaires, laïques, rationalistes), mais plus généralement rétrogrades (autoritaires, xénophobes ou chauvines, obscurantistes, nationalistes, etc.). Il doit donc la soutenir pour des raisons de principe, sans s'identifier par principe à tout opposant ni s'illusionner sur ses objectifs. Il faudra aussi porter un jour au débit du communisme d'avoir popularisé comme jamais, et à contretemps, les idéaux les plus conservateurs de l'héritage, libérant partout de formidables forces de régression sociale et mentale — divine surprise qui eût réjoui Maurras et consolé Joseph de Maistre. Nous ne vivons pas l'ère des révolutions mais des restaurations — contrecoup nécessaire de l'avortement des premières. Las des *Ave Maria,* nos arrière-petits-enfants redécouvriront un jour *Le Temps des cerises* et *L'Internationale,* avant un siècle d'ici, qui sait. En attendant, qu'il soit permis de saluer le rôle libérateur dévolu ici au culte de la Vierge noire de Czestochowa, là à l'idéalisation du tsarisme, de l'autocratie orthodoxe et du nationalisme grand-russe, ou ailleurs aux figures de Luther et de Frédéric II, sans se prosterner devant les clefs enfin trouvées du progrès collectif. On peut comprendre et soutenir les insurgés afghans dans leur résistance sans les habiller en « combattants de la liberté ». Ils ne le sont pas moins ou guère plus que les guérilleros du Christ-Roi retranchés derrière leurs curés et leurs montagnes, dans l'Espagne absolutiste de 1810, face aux « afrancesados » de Madrid, qui pour avoir accrocher le Siècle des Lumières aux sabres de Murat, l'ont discrédité pour un siècle auprès de leur peuple.

« Sortir de Yalta » n'est pas une Pentecôte, ni un chemin de croix. C'est une histoire en cours, interminable mais déjà commen-

---

1. Voir de François Gorand, « L'Europe de la nostalgie », in *Politique étrangère,* février 1984.

cée. Ce processus graduel, sinueux, instable, suppose que soit mené de front le dialogue d'Etat à Etat et de société à société. Nous avons cependant quelque raison d'être optimiste : l'Europe « kidnappée » a soulevé son bâillon, elle ne pourra plus passer par pertes et profits. Le seul avenir viable pour ces « petites nations » qui ont appris avant nous qu'elles sont mortelles, c'est d'approfondir leur appartenance à ce qu'on souhaite pouvoir de nouveau appeler la civilisation européenne. C'est notre tâche commune, dont nos amis allemands auront la plus grande part. Car ne nous le cachons pas : l'interlocuteur naturel, le partenaire historique des sociétés de la *Mittel-europa,* c'est la République fédérale (dont le satellite de télévision directe devrait couvrir une large partie de l'Europe orientale). Ce n'est pas un hasard si l'Ostpolitik fait l'objet du seul consensus national regroupant toutes les tendances de l'opinion allemande. Son intérêt pour ce qui fut l'Empire des Habsbourg, continu, patient, informé, s'enracine dans l'histoire, la forêt, le vieux *Drang nach Osten* et la famille de chacun : l'Ostpolitik est une donnée de la vie et de la politique intérieures allemandes, face à laquelle nos engouements, intellectuels et erratiques, traduisent plus souvent la pulsion idéologique ou l'émotion d'un jour que l'anxiété historique et la volonté d'être. Raison de plus pour tendre une oreille plus fine au murmure des cousins séquestrés.

Personne ne refera l'Europe à notre place. Aucun Européen continental n'était présent en décembre 1943 à Téhéran et on a vu le résultat. Nous n'avons ni champion ni protecteur, ni porte-parole, mais seulement, en la personne des Etats-Unis, un allié, ni plus ni moins. Lui déléguer notre défense, c'est abdiquer pour deux — pour nous et pour les « pays de l'Est ». Car on ne désoviétisera pas l'est de l'Europe sans désaméricaniser l'ouest. Si l'Europe centrale doit attendre sa libération de l'Amérique, autant attendre Godot, car l'objectif ne peut être en ce cas atteint que par une défaite militaire et globale de l'U.R.S.S., donc par une guerre. Elle n'est ni souhaitable ni possible. Si chaque recul de l'U.R.S.S. en Europe de l'Est doit se traduire par une avance de l'Amérique dans la brèche, Moscou trouvera les meilleurs prétextes pour refuser de voir son pire ennemi s'installer à ses portes. Pour l'Eurasie, l'Europe est une « menace » bien plus proche et imparable que l'Amérique. La sortie de secours n'est donc pas à chercher à Washington mais quelque part entre Paris, Bonn et Rome. On ne sortira pas de Yalta sans une réforme de l'entendement européen, qui le libérerait de la fausse alternative « Amérique ou Russie », du cercle vicieux des deux tutelles et des deux peurs qui se font la courte échelle depuis quarante ans. Cela ne veut pas dire une Europe neutraliste, coupée de l'Amérique, bouchée juteuse à avaler, mais le retour d'un troisième Grand chez lui, debout et sans complexes, comme il sied au plus grand rassemblement d'hommes, de cerveaux et de capacité productive de la planète. En attendant, plus il y aura d'Europe à l'Occident, moins il y aura d'Orient dans l'autre Europe. Plus il y aura d'unité européenne ici, plus il y aura de pluralisme là-bas. Les mots de renaissance et d'indépendance sont devenus, pour notre Europe, synonymes.

3. *La levée des complexes.*

Les relations franco-soviétiques, tout au long de l'histoire, obéissent à quelques postulats qui vont sans dire pour les professionnels mais qui n'en heurtent pas moins notre sens commun, comme d'immoraux paradoxes.

— C'est un péché contre l'intelligence, et contre notre capacité combative, que de laisser nos idées, nos émotions, nos aversions nous voiler la réalité, qui a pour fâcheuse caractéristique d'exister indépendamment de notre bonne ou mauvaise conscience, de nos penchants et de nos allergies. On ne fait pas de bonne stratégie avec de bons sentiments, ni une politique juste avec de justes indignations. Voir le socialisme réel à travers le prisme des dissidents est aussi trompeur que voir le libéralisme réel, comme on le fait à Moscou, à travers le prisme des communistes occidentaux. La « soviétisation » de l'information en France, où l'idéologie fait désormais le tri des nouvelles, entretient un narcissisme provincial, plaisant mais périlleux. Remplacer la sarabande des kolkhoziennes aux joues roses et des héros de Stalingrad entre les gerbes de blé et les aciéries futuristes par un lugubre quinconce de casernes et de camps de travail, ce n'est pas annuler une erreur de jeunesse mais s'en offrir une deuxième sur le tard. Posons-nous au moins la question, après, avec un expert attentif : « L'extraordinaire redressement moral incarné par la dissidence russe, l'avènement d'une grande littérature de résistance morale et de reconstruction de l'homme sur le charnier putride du goulag doit-il rendre aveugle à l'autre Russie, la " soviétique " qui élabore sa vie quotidienne " en faisant la part du péché ", comme on dit en russe ? Or en Occident, et plus particulièrement en France, la perception que l'on a de la Russie est parfaitement artificielle, exclusivement idéologique. La grille de lecture exaltée et progressiste a longtemps aveuglé ; une autre lui succède qui fait de la Russie soviétique un lieu zéro où tout est laminé par un totalitarisme orwellien. Il arrive même que les deux grilles se superposent...[1] » La balançoire des mythes, ce va-et-vient perpétuel entre le rose et le noir, empêche simplement de faire attention (au double sens du mot), et d'ouvrir les fenêtres. Toute stratégie est une ascèse qui doit faire table rase des antipathies et sympathies, en subordonnant coûte que coûte le principe de plaisir à l'aride principe de réalité. L'Amérique est aimable, et l'U.R.S.S. déplaisante. Ce n'est pas une raison suffisante pour confondre en toute circonstance nos intérêts à court et long terme avec ceux de Washington ou se voiler la face devant telle ou telle convergence avec Moscou (sur l'espace par exemple), ni à l'inverse pour qu'une coïncidence momentanée nous rende le régime soviétique plus aimable et vertueux. Les conjonctions n'empêchent pas les convictions, pas plus que les « dissentiments les sentiments ».

— C'est une faute envers l'esprit, et sans doute contre l'intérêt national, que de faire dépendre une stratégie internationale de considérations politiques intérieures. Ce laisser-aller que les administrations américaines peuvent se permettre, car la forte-

---

1. Georges Nivat, *Vers la fin du mythe russe*, L'Age d'homme, 1981, p. 10.

resse Amérique est à la fois une île et un continent, serait fatal à une puissance moyenne et exposée (d'où la tradition française de confier les grandes affaires à des professionnels sans ambition de carrière politique, ni souci de popularité, afin que nos ministres des Relations extérieures soient libres de préoccupations électorales). Vouloir se concilier les bonnes grâces de tel ou tel parti par tel ou tel accommodement extérieur, ou se dédouaner de tel accommodement à l'intérieur en prenant le contre-pied au-dehors — reviendrait à confondre deux plans de réalité, celui des « choix de société » et celui des positions d'Etat. La naïveté militante (qui rejoint curieusement le faux machiavélisme) plaque sur la politique étrangère des considérations idéologiques, quand assumer les conséquences des intérêts nationaux, comme des moyens de la guerre et de la paix, exige des adolescents du Bien et du Mal un dépucelage quelque peu traumatisant. Ce qu'on appelle l'Est-Ouest n'est pas un « gauche-droite » planétaire. Se demander si l'U.R.S.S. est à la gauche de la Suède ou à la droite de la Turquie, si le régime est un progressisme de droite ou un conservatisme de gauche, si et dans quelle mesure il incarne la négation de l'idée socialiste, et comment un socialiste européen peut-il être autre chose qu'antisoviétique — toutes ces questions fort intéressantes en elles-mêmes n'ont pas de pertinence stratégique. Il n'y a ni gauche ni droite dans l'arène des nations, il y a des équilibres et des conjonctures. L'antinomie absolue entre une autocratie de droit divin et une république radicale laïque n'était pas propre à déconseiller (non plus qu'à suggérer) l'alliance franco-russe d'avant 14 (« La France, qui est un cadavre en décomposition [aura] le sort de la Pologne », avait pourtant annoncé en 1886 un confident d'Alexandre III.) Lorsque de Gaulle s'est avisé, en 1944, que la voie la plus courte pour se rendre à Washington passait par Moscou, il n'a pas fait preuve de « philosoviétisme », ni cru en une convergence possible du stalinisme et de la démocratie. Si quarante ans après un Président français tire de la distribution des forces mondiales la conclusion — inverse mais de même nature — que la négociation avec Moscou passait d'abord par Washington, il serait aussi niais d'y voir un quelconque atlantisme ou un faible pour l'Empire dominant. Cette aptitude au dédoublement, entre la nécessité et l'affinité, distingue l'homme d'Etat des hommes de soupçon ou de passion — source infinie de procès idiots et de débats oiseux.

— C'est, pis qu'un crime contre le respect de soi, une erreur d'analyse, que de penser l'indépendance en terme d'équidistance, une politique d'équilibre selon un simple jeu de bascule, ou d'apprécier une position européenne ou française, en mesurant ce qui l'écarte ou la rapproche de telle ou telle métropole étrangère. La bienséance autant que la vérité ne permettant pas de retenir l'hypothèse trop honteuse d'une colonisation de nos meilleurs esprits qui les conduirait à regarder Paris avec les yeux de Washington — comme d'autres, ou les mêmes, jadis, avec ceux de Moscou —, c'est sans doute à la métaphore spatiale de l'Est-Ouest que nous devons de voir le monde comme une ligne de chemin de fer avec deux terminus à chaque bout, Washington et Moscou, sur les rails duquel le petit wagon français n'aurait le choix qu'entre se rapprocher du premier pour la plus grande joie des uns ou s'en écarter pour la plus petite joie des autres. Ce n'est pas à la France d'aujourd'hui, et encore moins à l'Europe de demain, de se demander chaque matin à quelle distance elle se trouve de l'Amérique et de la Russie, mais à chacun de ces pays de se demander à quelle distance ils se trouvent de nous, sur tel ou tel dossier, et d'en supporter les conséquences. La politique d'une nation qui se respecte n'a pas à être pro-ceci ou pro-cela. Il suffit à la nôtre d'être « profrançaise », et de ne pas perdre son nord, sans confondre démocratie et « démoscopie », souveraineté du peuple et cote de popularité. Aujourd'hui que le vent d'Amérique décoiffe et affole les boussoles, on vitupère tout ce qui semble « prosoviétique » — le « Nord-Sud » — et applaudit tout ce qui semble « proaméricain » — l'Est-Ouest (comme si le discours de François Mitterrand au Bundestag n'avait pas été *d'abord* profrançais et proeuropéen). C'est faire sien le plus ingénu des mythes marxistes — la lutte des classes à l'échelle mondiale — que d'imaginer l'humanité distribuée en deux Camps, théâtre d'un duel entre deux principes mystiques. « Eux » et « les nôtres » — « ony » et

« nachy » : c'est justement ainsi que les dirigeants soviétiques voient la planète, tout troisième terme — les « forces tierces » notamment — signifiant à leurs yeux diversion ou vaine subtilité. Vision bipolaire, spontanément condominiale — qui permet aux deux Grands de sauter sans transition de l'invective à la connivence, de la parade antagoniste au rêve du grand partage. Ce dualisme communicatif, ancré dans les soubassements religieux de l'inconscient collectif (l'*homo politicus* est parano et manichéen), a accrédité l'idée de l'*Est-Ouest comme jeu à somme nulle*, où ce que perd un pôle est gagné automatiquement par l'autre. L'Amérique a « perdu » l'Iran, la Russie l'a-t-elle « gagnée » ? Cette dernière a « perdu » la Yougoslavie — est-elle devenue américaine ? La France a « perdu » l'Algérie — est-elle passée à l'Est ? Et l'Alliance atlantique a cru qu'en décrochant de l'O.T.A.N., en 1965, la France amorçait une « dérive neutraliste » que l'U.R.S.S. ne manquerait pas de récupérer. Vingt ans après, c'est l'autonomie française qui apparaît aux mêmes, et à juste titre, comme le principal obstacle à la neutralisation de l'Europe, mais la pensée-réflexe a tout oublié et rien appris. « Il y a une chose dont je voudrais que l'Occident prenne maintenant conscience, disait Soekarno en 1958, il n'y a pas deux camps dans le monde, mais trois. Le troisième, c'est celui du nationalisme en Orient. » Le quart du siècle écoulé a vérifié le pronostic bien au-delà de la Chine, de l'Inde et de l'Indonésie : le troisième camp aura raison des deux autres, y compris à l'occident, dès que l'Europe se réveillera.

### 4. *Un code d'inconduites.*

La rumeur : « Si et quand on estime la Russie faible, on peut se déclarer " antiaméricain ", voyez de Gaulle. Si et quand on l'estime la plus forte, on doit se montrer " proaméricain ", voyez Mitterrand. Donc, quiconque souligne les faiblesses de l'U.R.S.S. justifie ipso facto un virage antiaméricain. » La réalité vécue rend la rumeur inepte. D'abord, parce que l'expérience de la dissuasion française a montré qu'on peut s'écarter de l'Amérique sans faire le jeu de son principal adversaire (et même en renforçant à terme la main occidentale). La logique de la disjonction (ou bien... ou bien) qui supporte ces naïfs jeux de bascule n'est pas celle du siècle par temps de paix. Ensuite, parce que l'U.R.S.S. ne ressemble guère à cette société en crise, cet Empire éclaté, ce régime en faillite et à bout de souffle que l'on nous dépeint chaque jour. La langue convenue des toasts et des échanges diplomatiques ne cède pas aux pieux mensonges lorsqu'elle évoque ce « grand peuple fier de son passé, de sa culture et de son rang, au courage et au patriotisme jamais démentis ». Ajoutons : fort d'un appareil d'Etat stable et compétent, suffisamment pour pallier les passages à vide de l'idéologie, avec de belles années devant lui et beaucoup d'espaces à aménager, sur son propre territoire, même si le mirage des « grandioses tâches de l'édification du communisme » se transforme en statue de sel. Prendre de plus justes mesures du colosse, sans le sous-estimer, c'est comprendre qu'on rentre au contraire dans son jeu en surestimant ses forces. Intérioriser la force militaire soviétique, qui commence par obnubiler et finit par paralyser — agir ou penser comme si la pesée soviétique devait fatalement hypothéquer toute affirmation d'indépendance, revient à exaucer gratis les plus sombres vœux de maréchaux. Si l'U.R.S.S. croit pouvoir surmonter ses divers handicaps par la force militaire, *il suffit de croire ce qu'elle croit pour qu'elle les surmonte effectivement*. En ce sens, les meilleurs alliés de l'U.R.S.S. sont les Nostradamus de la Chute et leurs « self-fulfilling prophecies », hantés qu'ils sont par « ce cadavre qui peut nous entraîner avec lui dans la tombe ». Que reste-t-il de ce potentiel de destruction dès lors qu'on le regarde en face sans ciller ? Vos divisions blindées sont magnifiques, mes félicitations pour ce bel effort. Vous prétendez maintenant m'en menacer ? « Eh bien, Monsieur l'Ambassadeur, nous mourrons ensemble. » Et après quoi ?

La liste, toujours facile, des chausse-trapes d'une politique à l'est ne rendra pas l'exercice moins difficile dans la réalité mais quelques garde-fous signalent en pointillés un chemin praticable. Que suggère aujourd'hui l'expérience acquise ?

— *De ne plus s'enfermer dans une formule fétiche* — « détente », « guerre froide », « paix chaude », « confrontation », etc. —, solidaire d'une périodisation artificielle des moments historiques. L'évacuation de l'Autriche date d'avant la « détente » et l'occupation de l'Afghanistan a précédé sa fin officielle : chaque étape des relations a mélangé le pire et le moins mauvais. Les faits d'abord, coup pour coup et cas par cas. Cette modestie doctrinale, tout en évitant bien des polémiques inutiles et des énervements sans objet sur le sens exact qu'il convient de donner à un mot, laisse à chacun sa liberté d'appréciation. L'Occident ne désignant pas un décideur par son nom mais un euphémisme de couverture — appeler à « une cohérence occidentale dans les objectifs et les moyens » voudrait dire, en fait, abdiquer sa liberté de jugement et d'action au profit de la seule puissance capable de globaliser l'approche pour le compte des autres, les Etats-Unis d'Amérique.

— *De ne plus ignorer l'entente franco-allemande* : la Deuxième Guerre mondiale est révolue, et l'Allemagne n'est plus l'ennemi commun de la Russie et de la France. La surveillance conjointe du vieux lascar germanique par la classique alliance de revers — noyau et moteur du rapprochement franco-soviétique depuis le début du siècle — placerait le dialogue en porte à faux avec la construction communautaire et manquerait de loyauté. Aucune démocratie française ne peut déclarer close la « question allemande », sans manquer au principe de l'autodétermination des peuples, et rechercher l'abaissement permanent de notre premier partenaire et allié, ou y consentir tacitement, serait encore le meilleur moyen de « réveiller les chiens endormis » de ce côté-là.

— *De ne plus attendre de miracle* : on apprendra d'autant mieux la patience qu'on aura *mesuré les attentes* au départ. Les « armes de la paix » n'ont pas changé en l'espace d'une décennie la nature du système, et demander aux armes de la guerre économique ou de la confrontation rhétorique qu'elles apportent une modification décisive de la conduite soviétique relevait d'une même illusion. Des deux attitudes, la première fut sans doute la plus déstabilisante : l'ouverture commerciale à tout-va des années soixante-dix a engendré pour le bloc désastres financiers et crises de dépendance dont le réveil polonais fut l'une des conséquences. On calcule qu'un embargo strict sur les biens d'équipement aurait un impact de 0,5 % sur le taux de croissance de l'U.R.S.S. — sans affecter le développement du secteur militaire, qui n'est pas dépendant de l'extérieur. Les importations ou détournements de technologie, qui permettent à l'U.R.S.S. de gagner du temps, lui sont « utiles mais non indispensables »[1]. Et s'il est vrai que de bonnes relations commerciales n'ont jamais empêché deux pays d'en découdre, le blocus enclenche une escalade dont on doit dès le début accepter les conséquences, sous peine d'inconséquence. Si « le changement par le rapprochement » (Egon Bahr) — quoique vérifié dans le cadre des relations interallemandes — apparaît encore une utopie à l'échelle soviétique, « le changement par l'affrontement » est certainement plus décevant encore. La détente n'a pas fait et ne fera pas de l'U.R.S.S. une démocratie à l'occidentale, mais une confrontation sérieuse y remettrait sans tarder un nouveau stalinisme à l'honneur. Une fois admis qu'une transformation démocratique de l'U.R.S.S. elle-même n'apparaît guère prévisible à vue humaine, non plus qu'une convergence graduelle des sociétés, et que le dépérissement des blocs n'est pas pour demain matin, faut-il renoncer à dialoguer ? Evidemment non, et les contacts seront d'autant moins décevants qu'on n'aura pas assimilé chaque reprise du dialogue à un début d'entente. Le système prévaut sur les individus, et la direction collégiale limite la vertu des relations personnelles. Les changements de dirigeants ne changent pas les invariants du régime, et assez vaines sont les spéculations sur les tournants stratégiques, réformes économiques et libéralisation escomptées lors de chaque succession au sommet. Mais récuser comme une feinte chaque signe de « modération » soviétique sous prétexte qu'il y a des naïfs pour la saluer comme un changement fondamental dans le système communiste et qu'une « offensive de paix » n'est qu'une variation de tactique, supposerait qu'on ait prise en quelque façon sur la stratégie. « La plupart des responsables non communistes ont du mal à concevoir

---

1. D'après Georges Sokolov, *L'Economie de la détente.*

l'existence simultanée de termes contradictoires, observe Jean Laloy. S'ils se heurtent à l'intolérance, ils s'attendent à la guerre. S'ils rencontrent la coexistence, ils croient les problèmes résolus. Ils se trompent dans les deux cas [1]. » Ne reste qu'un troisième terme : gérer au plus près la contradiction, en attendant que le meilleur gagne.

### 5. *Assumer ses responsabilités.*

La France et l'Europe ne peuvent préserver leur sécurité et tenir leur rang dans le monde sans entretenir avec l'Union soviétique un dialogue clair, soutenu et *direct*. Le contraire reviendrait, en loyaux dindons de l'Occident, à concéder à une superpuissance le droit au monopole des contacts politiques avec l'autre. Vieille division du travail impérial : un incessant défilé, public ou discret, d'officiels américains à Moscou ou soviétiques à Washington (sans oublier Genève, Stockholm, Madrid, etc.) — mais lorsqu'un officiel français rencontre un homologue soviétique, c'est lui, et lui seul qui, non content d'affaiblir l'Occident, « enrage et endeuille Varsovie, Budapest et Bucarest ». Si la France, cédant au chantage des émotions sélectives, renonçait à dire son mot dans le dialogue stratégique, elle perdrait sans tarder la maîtrise de son avenir car on se dépêchera, en haut lieu, de décompter à son insu ses forces nucléaires dans les calculs d'équilibre, assurant ainsi aux autres, Soviétiques et Américains, un double droit de regard sur sa politique de défense. Couper les ponts avec l'U.R.S.S., ce serait prendre son parti de cette mise en tutelle, et donc de notre décadence. Ceux qui se résignent à notre éviction au nom de la « cohésion occidentale » et de la « résistance au totalitarisme » appellent « fermeté » leur propre défaitisme.

Les relations franco-soviétiques ne relèvent pas de l'idéal mais du fait, inscrites qu'elles sont dans l'histoire et la géographie. Elles répondent à deux nécessités, deux sphères d'action et d'inter-

---

1. Jean Laloy, *Entre guerre et paix,* Plon, 1966, p. 24.

action. ***Impératif de sécurité*** d'abord, en Europe : la France et l'Union soviétique sont les deux seules puissances nucléaires du continent européen, et si nous avons la chance, depuis longtemps dans notre histoire, de n'être pas directement au contact de « l'adversaire potentiel », l'Allemagne s'interposant en « glacis de sécurité » (chacun le sien), cette proximité rend l'indifférence impossible, car on aura toujours intérêt à connaître les intentions, les moyens, les réactions de ceux auxquels s'adresse au premier chef notre dissuasion. Il en va de la paix et de la guerre — ***impératif de coexistence***. Ensuite, la France se trouve être la seule puissance ouest-européenne dont les intérêts et le rayon d'action embrassent d'autres continents. L'Allemagne officielle, qui a choisi de ne pas distraire ses forces et son attention sur plusieurs fronts à la fois, se moque au fond d'elle-même de l'Afghanistan, de l'Amérique centrale et du Proche-Orient. Elle n'a pas de partenaires ni d'alliés en Afrique. Nous savons que l'Est-Ouest se joue au Sud — le statu quo central étant gelé —, et que cette compétition impose précisément de ne pas penser l'action soviétique dans le tiers monde en termes de *menace*, comme le fait l'Amérique, mais de *défi*, comme doit le faire l'Europe. Et ce défi n'est relevé, sur le terrain (si on veut se donner les moyens de sa fin — car que vaut une pensée politique si elle n'est qu'une pensée ?), que si l'on refuse cette *autre division du travail impérial*, si propice à l'Est : « à nous le politico-militaire, à vous l'économico-financier. Apportez les capitaux, nous nous chargeons de la sécurité. Vous vous occupez de l'Agriculture et du Budget, nous de l'Intérieur et de la Défense, et nos conseillers militaires s'entendront à merveille avec vos boy-scouts ». Dans la (petite) mesure où la France ne limite pas sa coopération avec le tiers monde à l'Afrique francophone, mais se veut présente ailleurs, tous les problèmes internationaux d'actualité, sans exception, peuvent figurer sur l'agenda. Il en va de la justice et de l'avenir, socialisme ou barbarie — ***impératif de compétition***. Puisque nulle « détente », nulle « coexistence pacifique » ne peut empêcher cette dernière de se poursuivre partout et à tout instant, évidence fort justement rappelée par les dirigeants soviétiques.

« Power as usual » ne veut pas dire « embrassons-nous Folleville ». Il y a des règles de bienséance et de mesure. Ceux qui entendent mettre l'U.R.S.S. à genoux sont des fous dangereux. Ceux qui acceptent de se mettre à genoux devant l'U.R.S.S. en sont d'autres. Les premiers ignorent apparemment de quel bois se chauffe ce peuple millénaire, et les seconds qu'on ne respecte que ceux qui se respectent eux-mêmes. Un rapport d'égal à égal suppose que la règle de la réciprocité soit observée de part et d'autre. Elle ne l'est pas en ce moment, dans les pratiques monétaires, commerciales, douanières et d'abord diplomatiques. L'ambassadeur de France à Moscou n'est jamais reçu par le chef de l'Etat : il remet ses lettres de créance au Premier vice-président du Praesidium du Soviet suprême, et pourra serrer la main une fois l'an du ministre des Affaires étrangères. L'ambassadeur d'U.R.S.S. à Paris est reçu, à sa demande, par le Président de la République auquel il remet ses lettres de créance, et a aisément accès au ministre. On fait lanterner un diplomate français à Moscou pendant des mois pour une audience auprès d'un énième vice-ministre, un diplomate soviétique obtient ses rendez-vous dans la semaine. Les déplacements des diplomates français en U.R.S.S. sont soumis à des restrictions directes (notifications préalables de dates et d'itinéraire, zones interdites, contrôles sur la route) et indirectes (les réservations de billets, d'hôtel, de restaurant devant passer par un organisme centralisé). On ne comprend pas pourquoi les mêmes discriminations et contrôles officiels ne s'appliqueraient pas aux diplomates soviétiques en poste en France, dussions-nous à cette fin faire des entorses à notre législation intérieure (on ne peut sur ce point blâmer les mesures de rétorsion pratiques adoptées naguère par l'administration Reagan). Il n'est pas normal qu'en matière culturelle l'U.R.S.S. puisse utiliser notre droit commercial privé pour diffuser chez nous à sa guise films, livres, brochures, spectacles quand chaque invité soviétique se rendant à la salle de cinéma de l'ambassade de France est contrôlé et interrogé par les miliciens de garde. Ces déséquilibres appellent ou réparation ou compensation. Il est vrai que pour la langue nous sommes en reste : 30 000 jeunes Français apprennent le russe en première langue contre 3 400 000 Soviétiques pour le français. En U.R.S.S. 10 % des élèves de l'enseignement général apprennent le français (50 % l'allemand et 35 % l'anglais) alors que 98 % des élèves et étudiants français ont l'anglais pour première langue. Ce gros point noir mis à part, tous les déficits sont de notre côté. On connaît le déficit commercial — les contrats en diminution de biens d'équipement ne compensent pas, et de loin, nos achats d'énergie [1]. On connaît moins le déséquilibre traditionnel des échanges verbaux, pourtant plus facile à corriger : si depuis des lustres les dirigeants soviétiques paraissent enclins à nous tenir la jambe avec des banalités, pourquoi ne pas leur retourner le compliment ? L'U.R.S.S. n'a dans le passé ni consulté ni même informé les dirigeants français de ses virages sur l'aile, qu'il s'agisse de ses négociations avec Nixon ou avec Brandt. Elle n'a jamais cessé, au cours de la dernière décennie, de se rapprocher de l'Allemagne tout en dissuadant en tête à tête la France de le faire. Comme toutes les puissances sérieuses, elle n'agit et ne parle qu'en fonction de ses intérêts. Libre à la France de lui rendre la pareille : la langue de bois n'est pas une marque déposée.

Les Soviétiques ont trop le sens de leur dignité pour interpréter comme inamicales de simples mesures de normalisation qui conforteraient la nôtre. Elles seraient de nature, au contraire, à resserrer les liens d'estime mutuelle. Les récents échanges ont montré l'ineptie du dilemme « agressivité ou complaisance », comme une histoire déjà longue la fausseté du « servitude ou servilité ». Le Président Mitterrand, comme de Gaulle avant et d'autres après lui, a prouvé que respect et franchise, affirmation du droit et prise en compte des faits, lucidité et optimisme ne sont pas incompatibles : on peut explorer, voire approfondir des convergences sans faire tomber dans la trappe l'Afghanistan et la Pologne. Il n'y a pas à choisir entre « faucon » et « colombe », car

---

[1]. Les Soviétiques font porter la responsabilité de ce déséquilibre sur notre refus de leur accorder des crédits commerciaux en francs au taux ancien de 7,80 %.

en étant les deux en même temps, on sera modérément l'un et l'autre. La continuité du dialogue n'exclut pas celle de la défense, et de même que la détente des années soixante-dix n'a pas relâché l'effort d'armement soviétique, on ne voit pas pourquoi la prochaine et nouvelle phase de détente devrait relâcher le nôtre (d'autant moins que la dissuasion *minimale* permet d'opposer à la loi de l'effort *maximal* soviétique des procédures de défense *optimale*). On ne voit pas non plus pourquoi l'amélioration de nos relations signifierait le retour à une norme historiquement dépassée. Concélébrer l'amitié à jours fixes est un exercice quelque peu pavlovien, quoique prévu par les accords des années soixante-dix [1]. Ce n'est pas en aliénant sa liberté de manœuvre à l'Est qu'on la recouvrera mieux à l'Ouest, et puisque la désintoxication est un tout ou n'est pas, on aurait mauvaise grâce à critiquer l'automaticité des rencontres avec l'Allié pour souhaiter son rétablissement avec l'Autre. Mais si elle est maintenue ici, ne doit-elle pas réapparaître là ? Ce serait dommage car vis-à-vis de l'U.R.S.S., il n'est apparemment nul besoin de périodicité convenue d'avance, de déclarations conjointes inutilement solennelles (que personne ne lit, hormis les rédacteurs et quelques grincheux), ni d'envolées sur le bonheur futur de l'humanité et les dangers de la guerre atomique pour développer à bon escient, et en tant que de besoin, une relation cordiale et lucide entre deux Etats comme les nôtres qui ne peuvent être aujourd'hui ni amis ni ennemis.

## 6. L'avenir.

La France est à présent la seule puissance moyenne dotée d'une capacité mondiale. Outrecuidance, rhétorique ? Non, état de fait. A quoi tient cette anomalie ? A sa culture et à sa langue (encore parlée dans une trentaine de pays) ; à ses ingénieurs, ses savants et

---

1. Le Protocole des consultations de 1979 a établi entre la France et l'Union soviétique le principe d'un Sommet annuel, et un autre accord, en 1970, prévoyait deux rencontres annuelles des ministres des Affaires étrangères.

ses technologies de pointe (nucléaire civil, télécoms, aéronautique, espace, océanographie) ; à son statut juridique international (à l'O.N.U. comme à Berlin) ; à son agriculture (la troisième du monde et la deuxième à l'exportation) ; à ses armées qui n'agissent pas en sous-ordre (la France est la seule non-superpuissance à entretenir des porte-avions à catapultes, ainsi qu'un réseau de points d'appui naval dans l'océan Indien et le Pacifique) ; à sa force de dissuasion nucléaire en constante modernisation ; pas assez à son industrie et au dynamisme de ses entreprises, faibles à l'exportation et à la prospection ; certainement pas à sa monnaie mais sans doute à sa balance des paiements. Addition encore insuffisante (la preuve : le prestige de la France aux Etats-Unis et au Japon, mesuré à des critères matérialistes, est très en deçà de son envergure effective). C'est d'abord à sa capacité de penser juste, avec sa tête à elle, que la France doit d'avoir une influence supérieure à son importance. Qu'il s'agisse de la cause des peuples ou du droit de la mer, des euromissiles ou de l'Amérique centrale, de l'Afghanistan ou des Palestiniens, cette faculté de dire à haute et intelligible voix ce qui se pense ailleurs tout bas ne fait qu'un avec son rôle de nation-charnière, à l'intersection des axes, des blocs et des cultures. Ce rôle n'est pas un cadeau de la géographie, c'est un incessant combat pour l'autonomie. Si la France ne sait, ou n'ose, ou ne peut plus rester un pays non aligné, elle n'intéressera plus personne dans le monde (et encore moins dans ce « tiers monde » où notre modeste appareil industriel trouve le plus clair de ses marchés). Elle n'aura plus que la politique de son P.N.B.

Penser juste, ce n'est pas nécessairement penser seul ou contre, c'est d'abord penser mondial. « L'âge du Pacifique » nourrit peut-être un nouveau mythe rédempteur au futurisme douteux (mais comment décrocher cinq minutes d'antenne si on n'annonce pas au moins la fin des démocraties, de l'Europe, du monde ou de l'homme ?). Il n'empêche que l'évolution des conditions de production (des chantiers navals, de la sidérurgie, du textile, mais aussi des puces et des robots) joint au déploiement de fusées qui pourraient aussi bien s'appeler « asiomissiles » ne font déjà plus de l'espace atlantique le seul nombril du monde. Si le fait

Pacifique, comme l'observe Philippe Moreau-Desfarges, « signifie en matière stratégique un élargissement et une unification des espaces d'affrontement », l'atlantisme, nostalgie provinciale, n'est plus à la hauteur de ce changement d'échelle et des nouveaux enjeux. La vocation de la France à participer aux affaires du monde ne peut plus se satisfaire d'une stratégie qu'on appellerait « globale » parce qu'on y ferait figurer des Européens désunis en flanc-garde d'un condominium nippo-américain. Ce n'est que sur la projection de notre sphère dite de Mercator, établie en 1569, que l'Europe — découvreurs obligent — se dresse en pilier médian entre l'Amérique et l'Asie. L'Empire du milieu, aujourd'hui, ce sont les Etats-Unis. La route Los Angeles-Tokyo ne passe pas par Paris, ni Bonn, ni Madrid, et elle est déjà plus fréquentée que Paris-New York. Les échanges commerciaux des Etats-Unis avec les pays du Pacifique ont dépassé en 1983 ceux qui existent avec l'Europe. Si les Européens haussent leurs ambitions jusqu'à souhaiter d'être gouvernés par une commission nippo-américaine, ils pourront se rêver médiateurs ou trait d'union, mais se retrouveront employés des managers de la future « Pacific Basin Community ».

A l'échelle de ce nouveau « nouveau monde », des budgets de recherche et de développement requis (celui d'I.B.M. en électronique dépasse celui de la France), de l'accélération des cycles technologiques et de la taille des marchés intérieurs dont dépendent innovation et compétitivité, il n'y a pas d'alternative nationale à l'Europe industrielle. Un pays qui veut compter ne doit pas plus se confondre que s'isoler. « Ni isolement ni alignement » : ni nationalisme ni atlantisme. L'indépendance de la France sera sauvée avec et par l'Europe, et l'Europe ne se fera pas sans une France forte : c'est désormais le même combat. Bonn, Londres, Madrid et Paris seront vassalisés ensemble si nous n'harmonisons pas nos politiques industrielles et nos normes techniques, si nous ne savons pas unifier et défendre un marché européen. La coopération à deux ou trois vitesses, ou toute autre configuration adaptée — puisqu'on ne peut faire l'Europe avec ceux qui n'en veulent pas — s'offre à la France comme le seul vecteur possible de sa modernisation, sans quoi la « grandeur » tournera à la nostalgie aigre. La Communauté qui nous a pendant trente ans protégés contre la guerre et la misère peut-elle aller plus loin et dessiner un espace cohérent de civilisation ?

La première puissance commerciale du monde, dont le potentiel scientifique et technique dépasse ceux du Japon et des Etats-Unis, n'est pas une puissance politique car elle n'a ni politique extérieure ni stratégie militaire commune. Qui dit défense de l'Europe dit feu nucléaire. L'ingénieuse facétie d'un partage de l'arme nucléaire avec l'Allemagne fait seulement fi de quatre ou cinq réalités historiques dont chacune est à elle seule rédhibitoire : qu'il existe un peuple allemand qui ne veut à aucun prix de la bombe (il regimbe déjà au nucléaire tactique et s'est dérobé devant la double clef pour les euromissiles) ; un traité international en vigueur qui interdit à la République fédérale l'accès à l'arme nucléaire ; une Union soviétique pour qui, Etat et peuple confondus, une violation de cet engagement constituerait un *casus belli* ; et plus d'un pays européen, à l'Est comme à l'Ouest, que cette seule possibilité mettrait hors de lui. Mais plus contraignant encore que tous ces obstacles, il y a l'infranchissable horizon national où la décision d'emploi par nature indivisible cantonne l'arme nucléaire, ultime cadenas de l'égoïsme sacré. Prendre acte de l'impossible « dissuasion élargie », ne condamne pas au tout ou rien. Il y aura sans doute un après-nucléaire, nouvelle ère dont les lisières déjà s'explorent (au stade de la recherche, non encore de la production), permettant au Japon et à l'Allemagne de sauter par-dessus leur statut diminué et retrouver une stature militaire plus conforme à leurs capacités. En attendant ce jour encore lointain et somme toute redoutable, le rapprochement franco-allemand pose au plan conventionnel d'utiles pierres d'attente. Quand le chancelier Schmidt déclare préférer que son pays développe des relations de dépendance réciproque avec la France qu'avec les Etats-Unis ; quand il rappelle que les hommes passent avant la technique et la volonté avant le matériel ; quand il propose la création d'une force conventionnelle terrestre franco-allemande capable, avec ses réserves, de contrebalancer la masse soviétique — on voit le possible prendre outre-Rhin le chemin du souhaitable. Quand la France édifie sa Force d'Action rapide (F.A.R.), elle dépasse déjà, quant à elle, le faux dilemme « repliement ou intégration », « sanctuaire nucléaire ou créneau conventionnel », « dissuasion égoïste ou engagement automatique ». On doit et on peut se faire une religion de la dissuasion nucléaire sans verser dans une théologie de la non-bataille. Le troisième Grand — en fait, le premier par la densité anthropologique, économique, scientifique et culturelle — n'a pas besoin, dans l'ordre militaire, de décalquer les deux autres. L'unification politique et la centralisation des panoplies militaires ne sont pas indispensables à la formation d'un « bloc d'incertitude stratégique qui constitue le fond de toute sécurité dans les espaces couverts par le nucléaire [1] ». Il est vrai que le fait nucléaire divise l'Europe et la parcellise, alors que la stratégie classique suppose un espace homogène. Mais un écheveau de défense européen, dans le cadre d'une stratégie à cercles intersectés, peut faire de la diversité une force, par une intrication *indécidable* d'espaces de manœuvres telle qu'il ne soit pas possible à un adversaire de frapper un cercle extérieur sans craindre de précipiter l'intervention du cercle le plus proche. Quand l'Espagne, par-dessus le marché, cette puissance émergente qui ne pouvant être ni atlantiste ni nationaliste ne peut retrouver demain sa « différence » et un avenir qu'au sein d'une Europe autonome à laquelle elle a tant à apporter, s'apprête à faire sienne dans l'Alliance une posture stratégique semblable à la nôtre, la personnalité européenne reçoit d'outre-Pyrénées une contribution capitale. Un axe Paris-Bonn-Madrid ne serait pas une mauvaise poutre maîtresse pour la construction d'une Europe indépendante.

L'Europe, cela se mérite. Que l'indispensable futur ne tourne pas dès maintenant à l'alibi. La présence de la France dans le monde dépend de ses propres efforts mais surtout du choix de leurs points d'application, car trop d'enjeux anciens nous cachent les vrais. L'étendue des taches roses sur le planisphère ne mesure plus

---

1. Dominique David, directeur adjoint de l'Institut français de polémologie, *La Force d'action rapide en Europe : le dire des armes*, 1984.

l'influence, et ce n'est pas parce qu'on fait flotter le drapeau au milieu d'un Océan qu'on y rayonne effectivement — témoins les Britanniques, omniprésents dans le Pacifique Sud où ils n'ont plus colonie ni territoire. Fachoda est terminé ; l'obsession des oasis, nos colères de biffin et nos vanités de gendarme africain n'ont plus la taille de nos défis. L'avenir de la France, et a fortiori de l'Europe, ne se joue pas ou peu dans la brousse mais dans l'infiniment petit et l'infiniment grand (circuits intégrés ou physique des hautes énergies, navette spatiale et station orbitale européennes). Souhaitons, dans l'immédiat, que pour le satellite d'observation, attribut d'indépendance aussi discriminant pour la décennie à venir que le fut dans un passé récent la maîtrise du nucléaire et dont le coût ne dépasse pas celui d'une « opération Manta », le mieux franco-allemand ne soit pas l'ennemi du bien français. La France assure la moitié de l'activité spatiale européenne, et si l'Europe (dont l'agence spatiale regroupe onze pays) n'existe pas bientôt dans l'espace, elle se diluera aussi à terre. Dérisoires nos chamailleries, face à ce qu'exigent désormais de nous, si nous voulons vivre encore debout dans vingt ans, la robotique, la micro-électronique, la biotechnologie, le lanceur spatial, la miniaturisation des missiles, le renouvellement des techniques de la dissuasion, le réapprendre à lire et l'invention des téléfeuilletons, nos derniers récits collectifs. Programme minimum pour la survie : tous ceux qui ne confondent pas un changement de millénaire avec un changement de majorité, ni leur avenir personnel avec le sort de l'Europe, devraient pouvoir, là-dessus, tomber d'accord.

## POSTFACE

N'entrent au royaume du consensus que les dissidents d'en face. Je n'aurai pas la vanité d'espérer me faire entendre au-delà d'un petit cercle de marginaux informés. Le conformisme terrorisant qui règne dans les transmissions publiques (et qui ne fait symétrie qu'en apparence avec celui qui regroupait en sens inverse l'intelligentsia d'après-guerre car les organes de discussion intellectuelle se sont entre-temps singulièrement raréfiés), saura protéger le plus grand nombre de ces odieuses inventions. Je n'aurai pas non plus la sottise d'imputer la surdité de mes concitoyens aux très-respectés Jean d'Ormesson, Georges Suffert, Jean-François Revel, Alain Besançon, Branko Lazitch, Emmanuel Le Roy Ladurie, Jean-Marie Domenach, Annie Kriegel, Patrick Wajsman, André Glucksmann et tant d'autres moindres esprits, bref à tout ce que mon pays compte de plus lucide, original et attentif. Outre que ces grands médiateurs ne manquent jamais d'informer impartialement leurs lecteurs, auditeurs et téléspectateurs des opinions contraires aux leurs, en séparant le compte rendu du commentaire, selon la bonne règle anglo-saxonne, au lieu de les passer sous silence ou de les exécuter d'un coup de griffe comme de vulgaires idéologues à la française, ils sont trop conscients de l'extraordinaire privilège qui est le leur, celui d'instruire l'opinion éclairée, pour céder à la facilité de caricatures et des boycottages à la tête du client. La fonction des arbitres de l'importance est en effet irremplaçable : il se publie en

France *chaque jour* une vingtaine de livres d'intérêt général (sans compter les ouvrages techniques), et personne qui ne soit du métier n'a la possibilité, pas même d'en lire autant, mais seulement d'avoir vent des titres parus. Nous n'avons que le temps de regarder la télé un ou deux soirs par semaine, feuilleter les magazines, parcourir deux ou trois journaux — pour aller à la source filtrante, là où s'opère le tri entre les copies à lire et celles à jeter au panier [1]. Nous sommes tous débordés, coincés entre une offre en augmentation et un temps qui, lui, n'est pas élastique, et c'est pourquoi la chose écrite relève d'une loi de la valeur à l'envers. Plus un ouvrage est élaboré, et complexe, moins il sera présentable, lisible et communicable (trois heures de travail, trois cent mille consommateurs, trois mois, trente mille, trois ans, trois mille, trente ans, trois cents). Comment procéder autrement ? Les membres du jury, de plus en plus pressés eux aussi, font de leur mieux, et personne ne ferait mieux qu'eux. Le fait qu'ils viennent tous du même milieu et professent à peu près les mêmes opinions tempère le pluralisme de droit, tout en garantissant la rapidité et l'unanimité des verdicts (caractère brutal et cumulatif des bides et des booms). On publie sur la chose publique pour influencer tant soit peu ses contemporains, modifier leur perception, compléter leur système de valeurs, bref peser fût-ce infinitésimalement sur les consciences. Par quoi le publiciste se distingue de l'homme de lettres, pour qui le travail de la langue se suffit à lui-même, et qui ne gagne vraiment ses procès qu'en appel. Quand les tuyaux de la communication sont bouchés pour des raisons techniques (trop compliqué) et idéologiques (cet homme est dangereux), la cause semble perdue d'avance. Rien à gagner, beaucoup à perdre — quand il est si doux de laisser filer ou de gueuler avec les loups. Si

---

1. Un philosophe optimiste me disait l'autre jour : « Il faut expliquer aux Français pourquoi l'actuel système médiatique ruine l'idée de vérité, comme d'ailleurs celle de la réalité du monde extérieur, qui repose sur le postulat que le monde existe indépendamment des représentations qu'on s'en fait. Je m'y suis mis. — Et comment ? — J'ai sorti un livre sur la question, tu ne sais donc pas ? — Je n'en ai pas entendu parler. Je lis pourtant les journaux, j'écoute la radio et je regarde la télé religieusement. — Tu vois que j'ai raison, soupira-t-il, triomphalement. C.Q.F.D. ! » Ce stoïcisme confine au zen : avantage d'être philosophe.

l'on ajoute que l'auteur s'accroche ici à des valeurs ostensiblement « en baisse » (le collectif, la responsabilité, l'Etat), on comprendra la gaieté un rien masochiste qui a présidé à la trop longue confection (trois ans...) de mes deux dissertations sur la diplomatie [1]. Je jure qu'en tout état de cause celui-ci sera mon dernier livre politique — cochon qui s'en dédit.

Alors pourquoi ce travail pour moi ingrat, et presque absurde ? Moi qui tiens la politique, cet univers fait de choses qui nous paraissent chaque jour plus insignifiantes que la veille, pour l'attrape-nigauds de l'ambition humaine ; qui traduis « actualité » par impermanence et n'ai de goût que pour le temps qui reste — chansons, films, requiem, peintures, amours. Moi que les idées ennuient et qui n'attache de prix qu'aux émotions, à la petite musique cachée au fond des corps, qui seule peut les rendre immortels, pour peu que nous ayons le courage de l'écouter en silence, de la traduire dans les mots de tous les jours. Moi que les groupes font fuir, qui suis incapable d'adhérer à un parti, que la bagarre publicitaire effarre, tous ces jeux de coude et de jambe pour décrocher la photo, l'écho, l'article, la télé qu'on nomme « la vie culturelle ». Moi que les livres de sociologie, d'économie, de théorie politique assomment, quand une page de Morand, Giono, Céline ou Claude Simon me donne de quoi rêver pendant toute une journée ; moi qui vais me jeter dans la gueule hargneuse des poncifs, qui déteste les voyages mais préfère encore chevaucher dans les Rocheuses avec un « faucon » du Pentagone ou déambuler dans Washington Square avec un jazzman que de traverser en voiture n'importe quelle capitale « socialiste » où chaque slogan, chromo, effigie du Leader me hérisse le poil. Moi qui commence à me lasser du plaisir de déplaire et qui ai aussi envie de dire « moi je », comme tout le monde, et basta. Moi qui me répète chaque matin, avant de me recoucher, souviens-toi de te souvenir, des vivants et des morts, la rose et le réséda, peaux noires et perles blanches, et m'entends marmonner comme un Swann gâteux qui

---

1. *La Puissance et les Rêves*, Gallimard, 1984, constituant le premier volet de cette tentative.

ne serait pas même parti à la chasse au bonheur « et tout cela, pour une femme qui n'était pas mon genre... ». Trop bête, tout ce temps qui ne sera jamais retrouvé.

Conscience professionnelle ? La politique étrangère n'était pas ma profession. Velléité de prendre date ? La mémoire aujourd'hui se porte courte — « no future » ni grand soir. Scrupule d'intellectuel à l'ancienne, entendant par ce mot quiconque ordonne sa vie à une idée de la vie ? J'aime mesurer, il est vrai, le chemin parcouru, et savoir ce qui me fait agir (quoiqu'il soit plutôt recommandé de dire blanc un jour et noir le lendemain car une volte-face péremptoire est plus payante qu'un cheminement qui s'explique). Désir d'abattre son jeu ? Modeste collaborateur d'un grand homme d'Etat, auquel je dois d'avoir été en position d'apprendre presque tout ce que je sais des Empires et de ce que peut l'Europe face à eux, je n'ai rien à dire de plus que le Président de la République, sous qui j'ai l'honneur d'avoir servi, ne sache déjà. Et si le petit soldat est fier d'avoir toujours exécuté de son mieux et au pied de la lettre les instructions reçues, par conviction autant que par discipline, il n'a jamais dissimulé le caractère peu orthodoxe et sans doute non socialiste de ses propres lubies. La vraie raison ressortit à la morale de clan. A cet obscur sentiment d'appartenance, que mon *moi* n'est pas tout et qu'il ne survivrait pas longtemps à la fin de ce tout ; que mon temps ne m'appartient pas entièrement, et que je dois en donner à mon pays, parce qu'il y a dette, obligation et bonheur à s'en acquitter. A la conviction de vivre dans une société précaire, précieuse, rare, dont la rareté a été et reste obtenue, garantie par un Etat à l'avenir incertain ; que cet Etat de droit est en France notre bien le plus précieux, parce qu'il garantit nos libertés et d'abord celle d'être nous-mêmes, avec notre différence collective, notre voix singulière à timbres multiples qui fait tout notre apport au « concert des nations » ; qu'il serait mortel de dissocier la question des libertés individuelles et publiques de celle de l'identité. Que tout cela est en danger, l'a toujours été, l'est chaque jour, l'est par nature, car la meule ne s'arrête jamais, qui aplatit, lisse, homogénéise ; qu'il faut apporter sa pierre à cette conscience, résistance, innovation collectives, opiner dans son coin, ajouter chacun son grain de sable à cette création continue pour que cela ne tombe pas en quenouille, ne file pas vers la mort avec le courant, mais se transmette et se transforme et se relance.

On aurait tort de renifler du désespoir ici ou là. Les spirales sans fin de l'intégration et le réglage cybernétique de la *pax americana* d'un côté, la clôture et les blocages du système russo-soviétique de l'autre, voilà un diptyque qui ne donne pas envie de fredonner l'Hymne à la Joie. Notre indépendance, toujours inconfortable, n'est cependant pas compromise. En fait d'Empires, nous avons évité le pire. Le soviétique, régressif, eût gelé notre histoire et momifié notre culture pour un siècle. Bref, nous sommes tombés du moins mauvais côté, qui est aussi, rassurons-nous, celui du plus fort. En fait d'identité, il y a du *nous* qui se cherche en chaque individu européen, et pas seulement chez les immigrés qui nous ont fait la grâce de choisir notre pays comme le leur. Peut-être même faut-il déjà veiller à ce que les retrouvailles avec l'esprit de création, la mémoire et la *furia francese* ne prennent pas demain des dehors vaniteux, xénophobes ou agressifs : un Mussolini, un Khomeiny, ou même un Reagan tricolores ne paraissent pas, par bonheur, inévitables. Pour le moment, les patriotes européens ont un côté « dernier des Mohicans » qui n'attire pas les foules. Ce mauvais moment passera plus vite qu'on ne croit. Ceux qui en bons libéraux jouent l'Empire contre l'Europe, pendant que quelques autres la confieraient volontiers à la *pax sovietica*, oublient que les nations hibernent mais que les Empires vieillissent ; qu'on ne connaît pas la fin des premières mais encore moins de pérennité aux seconds ; que la nation américaine, comme la russe, survivra à l'empire atlantique comme au soviétique, comme ont survécu la nation turque à l'empire ottoman, la République française à l'Empire et l'Union du même nom. Ils oublient surtout la loi des rendements décroissants de l'hégémonie qui depuis six mille ans raccourcit progressivement la longévité des empires, et augure mal des imitateurs actuels. Les mêmes confondent, en bons technocrates, la politique avec l'économie, les valeurs avec les biens, l'autonomie des vitalités culturelles avec l'interdépendance des marchés et monnaies, le principal avec le secondaire. En attendant que se dissipent ces menus malentendus, puissent quelques marathoniens, dans l'indifférence ou la risée générale, passer le mot, le souvenir, le feu de l'indépendance — loupiote ou flambeau, peu importe.

*Annexe 1.*

# LE TRAITÉ DE L'ATLANTIQUE NORD
## (4 AVRIL 1949)

Les Etats parties au présent traité,
Réaffirmant leur foi dans les buts et les principes de la Charte des Nations unies et leur désir de vivre en paix avec tous les peuples et tous les gouvernements,
Déterminés à sauvegarder la liberté de leurs peuples, leur héritage commun et leur civilisation, fondés sur les principes de la démocratie, les libertés individuelles et le règne du droit,
Soucieux de favoriser dans la région de l'Atlantique Nord le bien-être et la stabilité,
Résolus à unir leurs efforts pour leur défense collective et pour la préservation de la paix et de la sécurité,
Se sont mis d'accord sur le présent traité de l'Atlantique Nord.

*Article premier.* — Les parties s'engagent, ainsi qu'il est stipulé dans la Charte des Nations unies, à régler par des moyens pacifiques tous différends internationaux dans lesquels elles pourraient être impliquées, de telle manière que la paix et la sécurité internationales, ainsi que la justice, ne soient pas mises en danger, et à s'abstenir dans leurs relations internationales de recourir à la menace ou à l'emploi de la force de toute manière incompatible avec les buts des Nations unies.

*Article 2.* — Les parties contribueront au développement de relations internationales pacifiques et amicales en renforçant leurs libres institutions, en assurant une meilleure compréhension des principes sur lesquels ces institutions sont fondées et en développant les conditions propres à assurer la stabilité et le bien-être. Elles s'efforceront d'éliminer toute opposition dans leurs politiques économiques internationales et encourageront la collaboration économique entre chacune d'entre elles ou entre toutes.

*Article 3.* — Afin d'assurer de façon plus efficace la réalisation des buts du présent traité, les parties, agissant individuellement et conjointement, d'une manière continue et effective, par le développement de leurs propres moyens et en se prêtant mutuellement assistance, maintiendront et accroîtront leur capacité individuelle et collective de résistance à une attaque armée.

*Article 4.* — Les parties se consulteront chaque fois que, de l'avis de l'une d'elles, l'intégrité territoriale, l'indépendance politique ou la sécurité de l'une des parties sera menacée.

*Article 5.* — Les parties conviennent qu'une attaque armée contre l'une ou plusieurs d'entre elles survenant en Europe ou en Amérique du Nord sera considérée comme une attaque dirigée contre toutes les parties, et en conséquence, elles conviennent que, si une telle attaque se produit, chacune d'elles, dans l'exercice du droit de légitime défense, individuelle ou collective, reconnu par l'article 51 de la Charte des Nations unies, assistera la partie ou les parties ainsi attaquées en prenant aussitôt, individuellement et d'accord avec les autres parties, telle action qu'elle jugera nécessaire, y compris l'emploi de la force armée, pour rétablir et assurer la sécurité dans la région de l'Atlantique Nord.

Toute attaque armée de cette nature et toute mesure prise en conséquence seront immédiatement portées à la connaissance du Conseil de sécurité. Ces mesures prendront fin quand le Conseil de sécurité aura pris les mesures nécessaires pour rétablir et maintenir la paix et la sécurité internationales.

*Article 6*[1]. — Pour l'application de l'article 5, est considérée comme une attaque armée contre une ou plusieurs parties, une attaque armée :
— contre le territoire de l'une d'elles en Europe ou en Amérique du Nord, contre les départements français d'Algérie[2], contre le territoire de

---

1. Rédaction nouvelle résultant de l'article 2 du protocole d'accession au traité de l'Atlantique de la Grèce et de la Turquie (22 octobre 1951).
2. Le 16 janvier 1963, le représentant français a fait, devant le Conseil de l'O.T.A.N., une déclaration relative aux incidences de l'accession de l'Algérie à l'indépendance sur

la Turquie ou contre les îles placées sous la juridiction de l'une des parties dans la région de l'Atlantique Nord au nord du tropique du Cancer ;

— contre les forces, navires ou aéronefs de l'une des parties se trouvant sur ces territoires ainsi qu'en toute autre région de l'Europe dans laquelle les forces d'occupation de l'une des parties étaient stationnées à la date à laquelle le traité est entré en vigueur, ou se trouvant sur la mer Méditerranée ou dans la région de l'Atlantique Nord au nord du tropique du Cancer, ou au-dessus de ceux-ci.

*Article 7.* — Le présent traité n'affecte pas et ne sera pas interprété comme affectant en aucune façon les droits et obligations découlant de la Charte pour les parties qui sont membres des Nations unies ou la responsabilité primordiale du Conseil de sécurité dans le maintien de la paix et de la sécurité internationales.

*Article 8.* — Chacune des parties déclare qu'aucun des engagements internationaux actuellement en vigueur entre Etats n'est en contradiction avec les dispositions du présent traité et assume l'obligation de ne souscrire aucun engagement international en contradiction avec le traité.

*Article 9.* — Les parties établissent par la présente disposition un conseil, auquel chacune d'elles sera représentée pour examiner les questions relatives à l'application du traité. Le conseil sera organisé de façon à pouvoir se réunir rapidement et à tout moment. Il constituera les organismes subsidiaires qui pourraient être nécessaires ; en particulier, il établira immédiatement un comité de défense qui recommandera les mesures à prendre pour l'application des articles 3 et 5.

*Article 10.* — Les parties peuvent, par accord unanime, inviter à accéder au traité tout autre Etat européen susceptible de favoriser le développement des principes du présent traité et de contribuer à la sécurité de la région de l'Atlantique Nord. Tout Etat ainsi invité peut devenir partie au traité en déposant son instrument d'accession auprès du gouvernement des Etats-Unis d'Amérique. Celui-ci informera chacune des parties du dépôt de chaque instrument d'accession.

certains aspects du traité de l'Atlantique Nord. Le Conseil a constaté que toutes les dispositions de ce traité qui concernent les anciens départements français d'Algérie sont devenues sans objet à dater du 3 juillet 1962.

*Article 11.* — Ce traité sera ratifié et ses dispositions seront appliquées par les parties conformément à leurs règles constitutionnelles respectives. Les intruments de ratification seront déposés aussitôt que possible auprès du gouvernement des Etats-Unis d'Amérique, qui informera tous les autres signataires du dépôt de chaque instrument de ratification. Le traité entrera en vigueur entre les Etats qui l'ont ratifié dès que les ratifications de la majorité des signataires, y compris celles de la Belgique, du Canada, des Etats-Unis, de la France, du Luxembourg, des Pays-Bas et du Royaume-Uni, auront été déposées et entrera en application à l'égard des autres signataires le jour du dépôt de leur ratification [3].

*Article 12.* — Après que le traité aura été en vigueur pendant dix ans ou à toute date ultérieure, les parties se consulteront, à la demande de l'une d'elles, en vue de réviser le traité, en prenant en considération les facteurs affectant à ce moment la paix et la sécurité dans la région de l'Atlantique Nord, y compris le développement des arrangements tant universels que régionaux conclus conformément à la Charte des Nations unies pour le maintien de la paix et de la sécurité internationales.

*Article 13.* — Après que le traité aura été en vigueur pendant vingt ans, toute partie pourra mettre fin au traité en ce qui la concerne un an après avoir avisé de sa dénonciation le gouvernement des Etats-Unis d'Amérique, qui informera les gouvernements des autres parties du dépôt de chaque instrument de dénonciation.

*Article 14.* — Ce traité, dont les textes français et anglais font également foi, sera déposé dans les archives du gouvernement des Etats-Unis d'Amérique. Des copies certifiées conformes seront transmises par celui-ci aux gouvernements des autres Etats signataires.

Washington, 4 avril 1949

---

3. Le traité est entré en vigueur le 24 août 1949.

*Annexe 2.*

## OTAN : STRUCTURE CIVILE ET STRUCTURE MILITAIRE

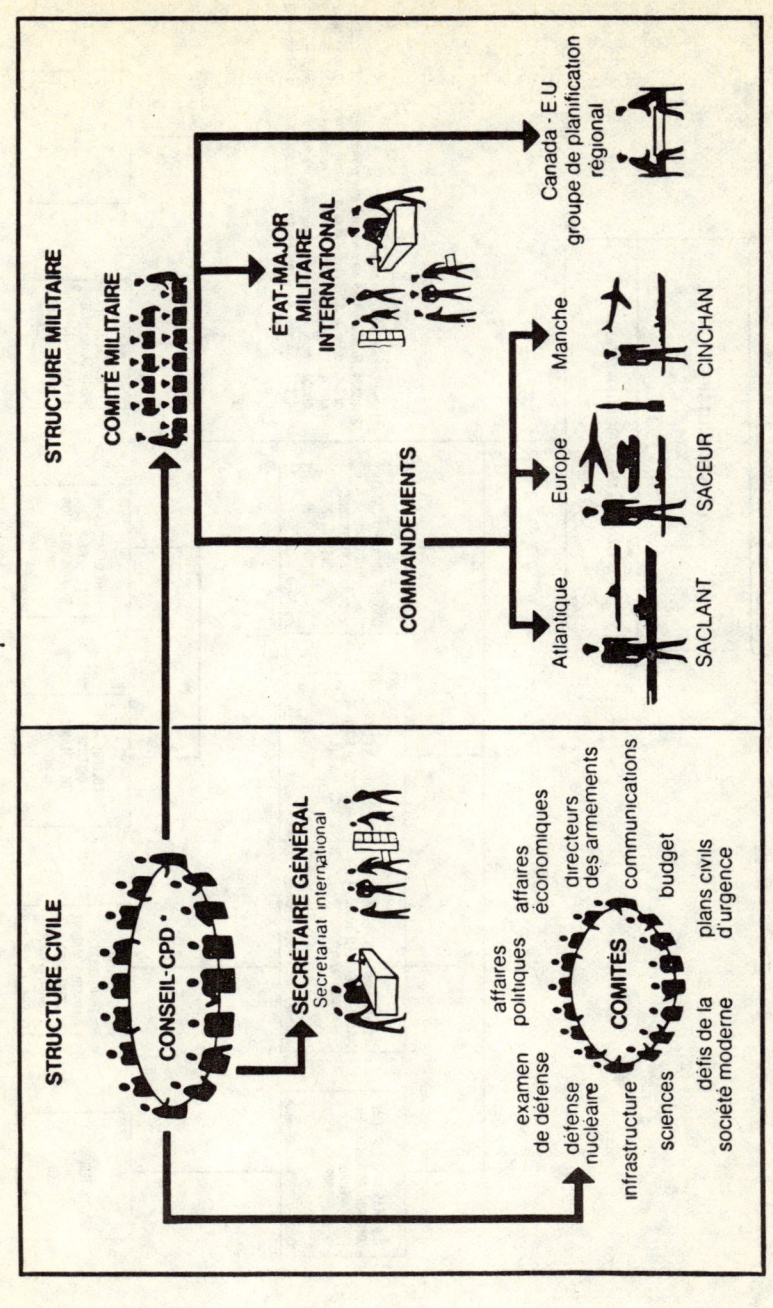

**STRUCTURE CIVILE**

CONSEIL-CPD*

SECRÉTAIRE GÉNÉRAL
Secrétariat international

COMITÉS
- affaires politiques
- affaires économiques
- directeurs des armements
- communications
- budget
- plans civils d'urgence
- défis de la société moderne
- sciences
- infrastructure
- défense nucléaire
- examen de défense

**STRUCTURE MILITAIRE**

COMITÉ MILITAIRE

ÉTAT-MAJOR MILITAIRE INTERNATIONAL

COMMANDEMENTS
- Atlantique — SACLANT
- Europe — SACEUR
- Manche — CINCHAN
- Canada - E U groupe de planification régional

\* Le Comité des plans de défense, qui traite des problèmes militaires, se réunit aux mêmes niveaux que le Conseil.
*Source* : OTAN Documentation, Bruxelles, 1976.

# STRUCTURE MILITAIRE DE L'OTAN

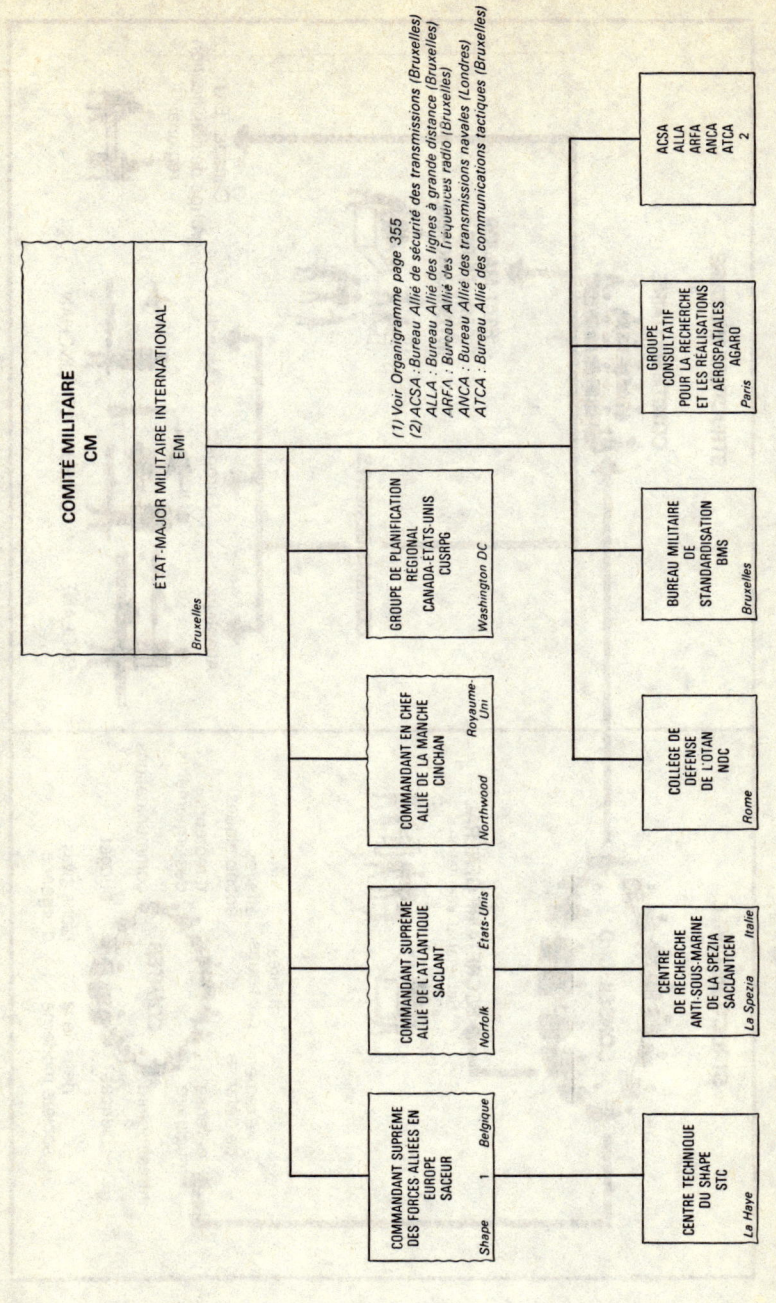

**COMITÉ MILITAIRE CM**
ÉTAT-MAJOR MILITAIRE INTERNATIONAL EMI
*Bruxelles*

(1) Voir Organigramme page 355
(2) ACSA : Bureau Allié de sécurité des transmissions (Bruxelles)
ALLA : Bureau Allié des lignes à grande distance (Bruxelles)
ARFA : Bureau Allié des fréquences radio (Bruxelles)
ANCA : Bureau Allié des transmissions navales (Londres)
ATCA : Bureau Allié des communications tactiques (Bruxelles)

- COMMANDANT SUPRÊME DES FORCES ALLIÉES EN EUROPE — SACEUR — *Shape, Belgique* — 1
- COMMANDANT SUPRÊME ALLIÉ DE L'ATLANTIQUE — SACLANT — *Norfolk, États-Unis*
- COMMANDANT EN CHEF ALLIÉ DE LA MANCHE — CINCHAN — *Northwood, Royaume-Uni*
- GROUPE DE PLANIFICATION RÉGIONAL CANADA-ÉTATS-UNIS — CUSRPG — *Washington DC*

- CENTRE TECHNIQUE DU SHAPE — STC — *La Haye*
- CENTRE DE RECHERCHE ANTI-SOUS-MARINE DE LA SPEZIA — SACLANTCEN — *La Spezia, Italie*
- COLLÈGE DE DÉFENSE DE L'OTAN — NDC — *Rome*
- BUREAU MILITAIRE DE STANDARDISATION — BMS — *Bruxelles*
- GROUPE CONSULTATIF POUR LA RECHERCHE ET LES RÉALISATIONS AÉROSPATIALES — AGARD — *Paris*
- ACSA / ALLA / ARFA / ANCA / ATCA — 2

*Source* : OTAN Documentation, Bruxelles, 1976.

# LE COMMANDEMENT SUPRÊME ALLIÉ EN EUROPE

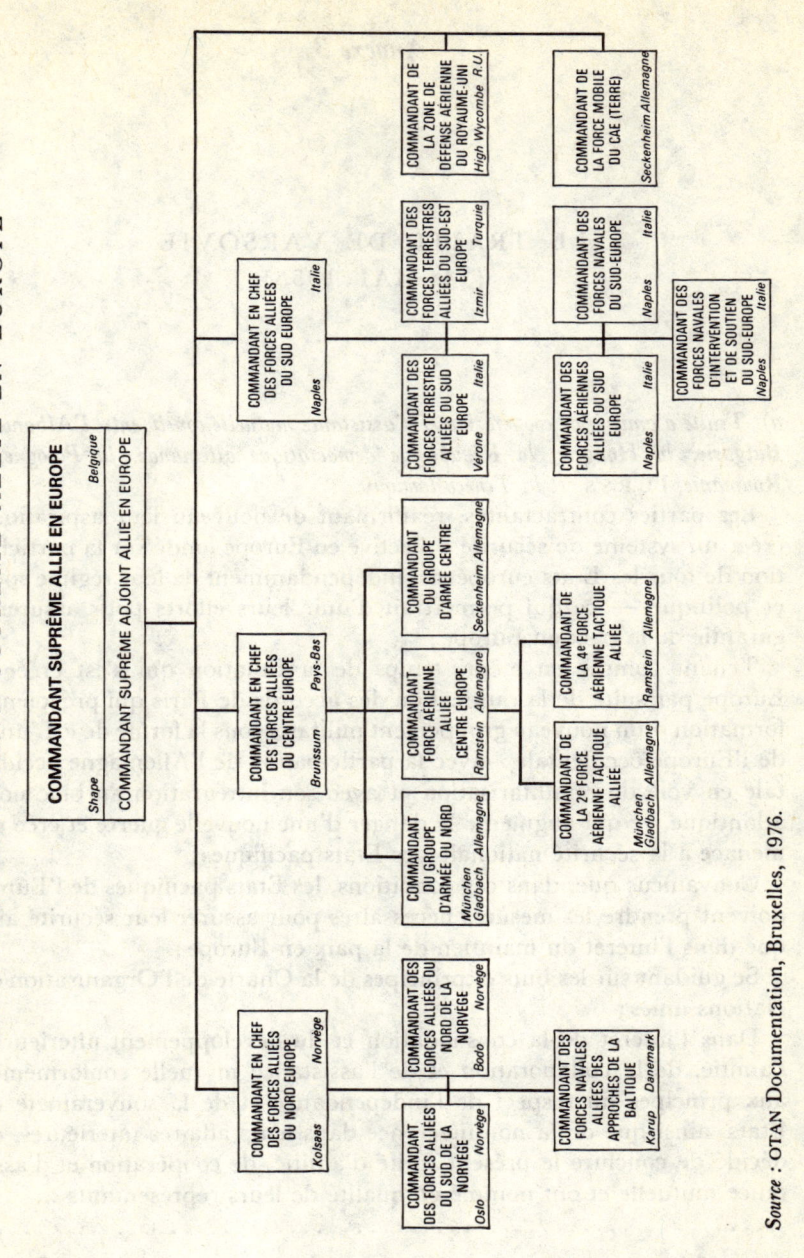

```
                    COMMANDANT SUPRÊME ALLIÉ EN EUROPE
                              Shape    Belgique
                    COMMANDANT SUPRÊME ADJOINT ALLIÉ EN EUROPE
```

| COMMANDANT EN CHEF DES FORCES ALLIÉES DU NORD EUROPE | COMMANDANT EN CHEF DES FORCES ALLIÉES DU CENTRE EUROPE | COMMANDANT EN CHEF DES FORCES ALLIÉES DU SUD EUROPE | COMMANDANT DE LA ZONE DE DÉFENSE AÉRIENNE DU ROYAUME-UNI |
|---|---|---|---|
| Kolsaas Norvège | Brunssum Pays-Bas | Naples Italie | High Wycombe R.U. |

- COMMANDANT DES FORCES ALLIÉES DU SUD DE LA NORVÈGE — Oslo Norvège
- COMMANDANT DES FORCES ALLIÉES DU NORD DE LA NORVÈGE — Bodo Norvège
- COMMANDANT DES FORCES NAVALES ALLIÉES DES APPROCHES DE LA BALTIQUE — Karup Danemark

- COMMANDANT DU GROUPE D'ARMÉE DU NORD — Munchen Gladbach Allemagne
- COMMANDANT FORCE AÉRIENNE ALLIÉE CENTRE EUROPE — Ramstein Allemagne
- COMMANDANT DU GROUPE D'ARMÉE CENTRE — Seckenheim Allemagne
- COMMANDANT DE LA 2ᵉ FORCE AÉRIENNE TACTIQUE ALLIÉE — Munchen Gladbach Allemagne
- COMMANDANT DE LA 4ᵉ FORCE AÉRIENNE TACTIQUE ALLIÉE — Ramstein Allemagne

- COMMANDANT DES FORCES TERRESTRES ALLIÉES DU SUD EUROPE — Vérone Italie
- COMMANDANT DES FORCES TERRESTRES ALLIÉES DU SUD-EST EUROPE — Izmir Turquie
- COMMANDANT DES FORCES AÉRIENNES ALLIÉES DU SUD EUROPE — Naples Italie
- COMMANDANT DES FORCES NAVALES DU SUD-EUROPE — Naples Italie
- COMMANDANT DES FORCES NAVALES D'INTERVENTION ET DE SOUTIEN DU SUD-EUROPE — Naples Italie

- COMMANDANT DE LA FORCE MOBILE DU CAE (TERRE) — Seckenheim Allemagne

*Source* : OTAN Documentation, Bruxelles, 1976.

*Annexe 3*

# LE TRAITÉ DE VARSOVIE
## (14 MAI 1955)

*a) Traité d'amitié, de coopération et d'assistance mutuelle conclu entre l'Albanie, la Bulgarie, la Hongrie, la République démocratique allemande, la Pologne, la Roumanie, l'*U.R.S.S. *et la Tchécoslovaquie*

Les parties contractantes, réaffirmant de nouveau leur aspiration à créer un système de sécurité collective en Europe fondé sur la participation de tous les Etats européens, indépendamment de leur régime social et politique — ce qui permettrait d'unir leurs efforts pour assurer la garantie de la paix en Europe;

Tenant compte en même temps de la situation qui s'est créée en Europe par suite de la ratification des accords de Paris qui prévoient la formation d'un nouveau groupement militaire sous la forme de « L'union de l'Europe occidentale » avec la participation de l'Allemagne occidentale en voie de remilitarisation et avec son intrégration au bloc nord-atlantique, ce qui augmente le danger d'une nouvelle guerre et crée une menace à la sécurité nationale des Etats pacifiques;

Convaincus que, dans ces conditions, les Etats pacifiques de l'Europe doivent prendre les mesures nécessaires pour assurer leur sécurité ainsi que dans l'intérêt du maintien de la paix en Europe;

Se guidant sur les buts et principes de la Charte de l'Organisation des Nations unies;

Dans l'intérêt de la consolidation et du développement ultérieur de l'amitié, de la collaboration et de l'assistance mutuelle conformément aux principes du respect de l'indépendance et de la souveraineté des Etats, ainsi que de la non-ingérence dans leurs affaires intérieures, ont décidé de conclure le présent traité d'amitié, de coopération et d'assistance mutuelle et ont nommé en qualité de leurs représentants :

..............................................................................

Lesquels, ayant présenté leurs pleins pouvoirs, qui ont été trouvés en bonne et due forme, sont convenus de ce qui suit :

*Article premier.* — Les parties contractantes s'engagent, en conformité avec la Charte de l'Organisation des Nations unies, à s'abstenir dans leurs relations internationales de menaces de violence ou d'application de celle-ci, et à résoudre leurs litiges internationaux par des moyens pacifiques, de façon à ne pas menacer la paix et la sécurité internationale.

*Article 2.* — Les parties contractantes se déclarent prêtes à participer, dans l'esprit d'une collaboration sincère, à toutes les actions internationales ayant pour but d'assurer la paix et la sécurité internationale, et consacreront entièrement leurs forces à la réalisation de ces objectifs.

En même temps, les parties contractantes tendront, en accord avec les autres Etats qui désireront collaborer à cette œuvre, à l'adoption de mesures effectives pour la réduction universelle des armements et pour l'interdiction des armes atomiques, des armes à hydrogène et autres armes de destruction massive.

*Article 3.* — Les parties contractantes se consulteront entre elles sur toutes les questions internationales d'importance touchant leurs intérêts communs en s'inspirant des intérêts de la consolidation de la paix et de la sécurité internationale.

Elles se consulteront d'urgence chaque fois que, de l'avis d'une d'entre elles, surgira une menace d'agression armée contre un ou plusieurs Etats signataires du traité, afin d'assurer la défense collective et de maintenir la paix et la sécurité.

*Article 4.* — En cas d'agression armée en Europe contre un ou plusieurs des Etats signataires du traité, de la part d'un Etat quelconque ou d'un groupe d'Etats, chaque Etat signataire du traité, exerçant son droit à l'autodéfense individuelle ou collective, conformément à l'article 51 de la Charte de l'Organisation des Nations unies, accordera à l'Etat ou aux Etats victimes d'une telle agression une assistance immédiate, individuellement ou par entente avec les autres Etats signataires du traité par tous les moyens qui lui sembleront nécessaires, y compris l'emploi de la force armée.

Les Etats parties au traité se consulteront immédiatement quant aux mesures collectives à prendre dans le but de rétablir et de maintenir la paix et la sécurité internationale.

Les mesures prises sur la base du présent article seront communiquées au Conseil de sécurité conformément aux dispositions de la Charte de l'Organisation des Nations unies. Elles prendront fin dès que le Conseil de sécurité aura adopté les mesures nécessaires pour le rétablissement et le maintien de la paix et de la sécurité internationale.

*Article 5.* — Les parties contractantes se sont entendues pour créer un commandement unifié des forces armées qui seront placées, par accord entre les parties, sous les ordres de ce commandement, agissant sur la base de principes établis en commun.

Elles prendront aussi les autres mesures concertées nécessaires pour consolider leur capacité défensive, de façon à protéger le travail pacifique de leurs peuples, à garantir l'intégrité de leurs frontières et territoires et à assurer la défense contre toute agression éventuelle.

*Article 6.* — Afin d'assurer les consultations envisagées par le présent traité entre les Etats signataires du traité, et pour examiner les questions surgissant au cours de la mise en application du présent traité, il est créé un comité consultatif politique au sein duquel chaque Etat signataire du traité sera représenté par un membre du gouvernement ou un autre représentant. Ce comité peut créer les organismes auxiliaires qui seront jugés nécessaires.

*Article 7.* — Les parties contractantes s'engagent à ne participer à aucune coalition ou alliance et à ne conclure aucun accord dont les buts seraient en contradiction avec ceux du présent traité.

Les parties contractantes déclarent que les engagements pris par elles en vertu des traités internationaux en vigueur ne sont pas contraires aux clauses du présent traité.

*Article 8.* — Les parties contractantes déclarent qu'elles agiront dans un esprit d'amitié et de collaboration dans le but de développer et de consolider encore davantage les liens économiques et culturels existant entre elles, en se conformant aux principes du respect mutuel de leur indépendance et de leur souveraineté, ainsi que de non-ingérence dans leurs affaires intérieures.

*Article 9.* — Le présent traité est ouvert aux autres Etats qui, indépendamment de leur régime social et politique, se déclareraient prêts à contribuer, en participant au présent traité, à l'union des efforts des Etats pacifiques dans le but d'assurer la paix et la sécurité des peuples.

Cette adhésion entrera en vigueur, avec le consentement des Etats signataires du traité, après le dépôt des documents d'adhésion entre les mains du gouvernement de la République populaire de Pologne.

*Article 10.* — Le présent traité est sujet à ratification et les instruments de ratification seront déposés entre les mains du gouvernement de la République populaire de Pologne.

Il entrera en vigueur le jour du dépôt du dernier instrument de ratification. Le gouvernement de la République populaire de Pologne informera les autres Etats signataires du traité du dépôt de chaque instrument de ratification.

*Article 11.* — Le présent traité entrera en vigueur pour une durée de vingt ans. Pour les parties contractantes qui, une année avant l'expiration de cette période, n'auront pas remis au gouvernement de la République populaire de Pologne de déclaration dénonçant le traité, ce dernier restera en vigueur pendant les dix années suivantes.

En cas de création en Europe d'un système de sécurité collective, et de conclusion dans ce but d'un traité général européen sur la sécurité collective, ce à quoi tendront invariablement les efforts des parties contractantes, le présent traité perdra sa force dès le jour de l'entrée en vigueur du traité général européen.

Fait à Varsovie, le 14 mai 1955, en quatre exemplaires dont un en russe, un en polonais, un en tchèque et un en allemand, tous ces textes faisant également foi.

Les copies légalisées du présent traité seront envoyées par le gouvernement de la République populaire de Pologne à tous les signataires du traité.

En foi de quoi, les plénipotentiaires ont signé le présent traité et y ont apposé leurs sceaux.

*b) Communiqué sur la formation du commandement unifié des forces armées des Etats signataires du traité d'amitié, de coopération et d'assistance mutuelle (Varsovie, 14 mai 1955)*

Conformément au traité d'amitié, de coopération et d'assistance mutuelle conclu entre la République populaire d'Albanie, la République populaire de Bulgarie, la République populaire hongroise, la République démocratique allemande, la République populaire polonaise, la République populaire roumaine, l'Union des Républiques socialistes soviétiques et la République tchécoslovaque, les Etats signataires du traité ont pris la décision de créer un commandement unifié des forces armées.

*Annexe 4.*

## STRUCTURE DU PACTE DE VARSOVIE

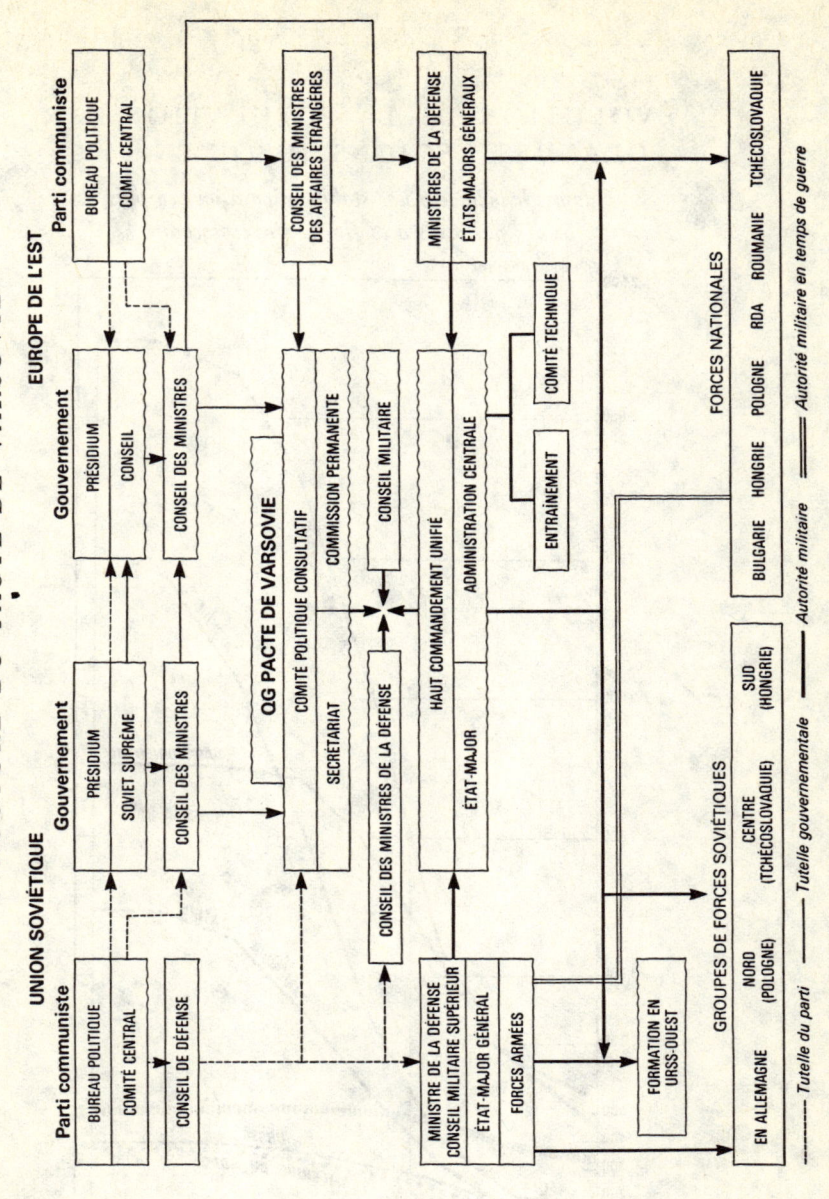

Reproduit de *Problèmes politiques et sociaux*, n° 431 (Documentation française).
*Source* : The military balance 1981-1982, Londres, I.I.S.S., 1981.

*Annexe 5.*

## ÉVOLUTION DE LA POPULATION PAR GRANDES RÉGIONS JUSQU'EN 2100

*(dans l'hypothèse d'une stabilisation à un peu plus de dix milliards à la fin du siècle prochain)*

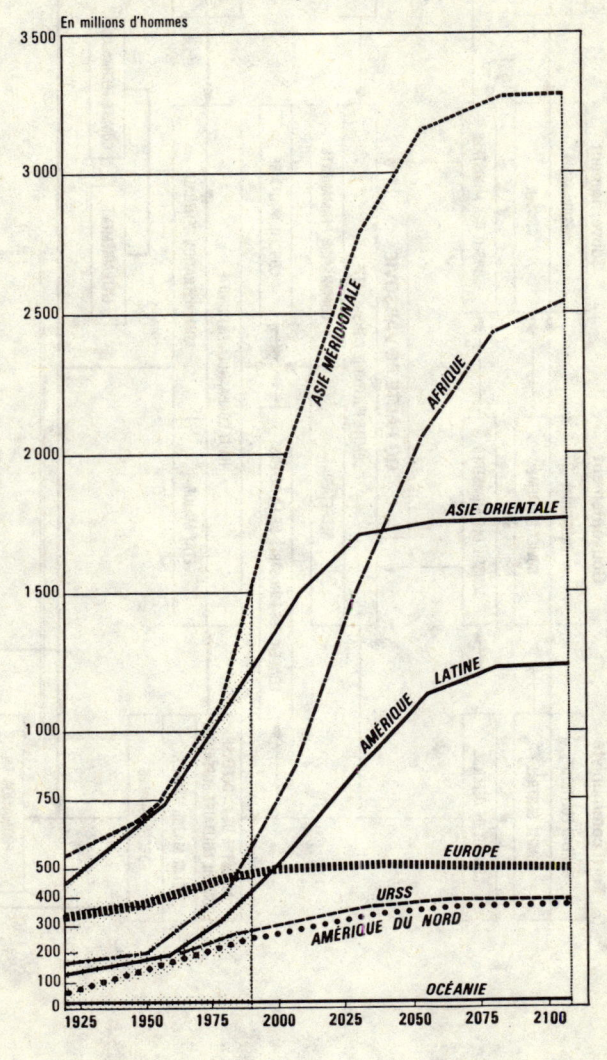

*Annexe 6.*

## ALLIANCE ATLANTIQUE
## ET PACTE DE VARSOVIE

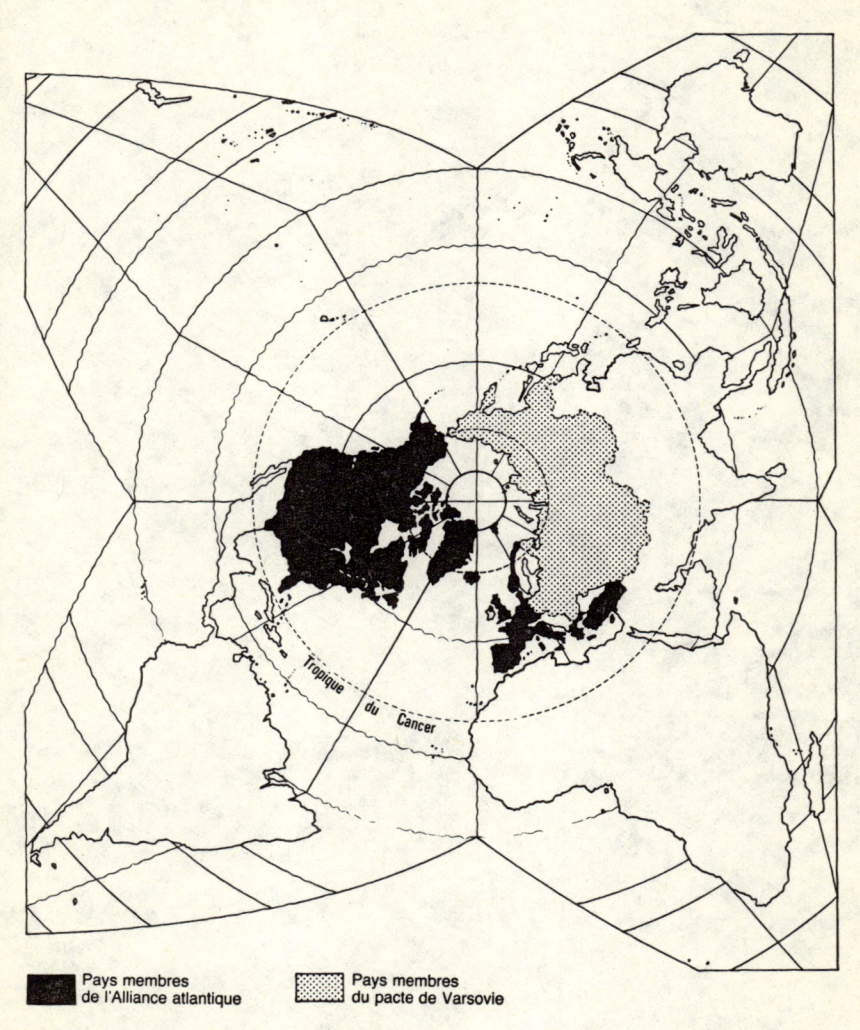

Pays membres de l'Alliance atlantique

Pays membres du pacte de Varsovie

*Source :* OTAN Documentation, Bruxelles.

| | |
|---|---|
| *Avertissement* | 11 |
| *Avant-propos* | 15 |

## LIVRE I
## *L'Alliance*

| | |
|---|---|
| I. DE L'ALLIANCE AU SYSTÈME. | 35 |
| II. L'ENGRENAGE. | 60 |
| III. DE LA SURVIE À LA SURVIVANCE. | 88 |
| IV. THIS LAND IS YOUR LAND. | 113 |
| V. QUE FAIRE? | 140 |

## LIVRE II
## *La menace*

| | |
|---|---|
| I. LA FORCE ET SES MYTHES. | 167 |
| II. LES FORCES MORTES : CONTES ET DÉCOMPTES. | 208 |
| III. FAUSSES SYMÉTRIES. | 230 |
| IV. LE BLOC BLOQUÉ. | 262 |
| V. LA PAIX FROIDE. | 308 |

| | |
|---|---|
| Postface | 343 |
| *Annexes* | 349 |

*Composition Bussière
et impression S.E.P.C.
à Saint-Amand (Cher), 27 mars 1985,
Dépôt légal : mars 1985.
Numéro d'imprimeur : 372-233.*

ISBN 2-07-070391-6 Imprimé en France.